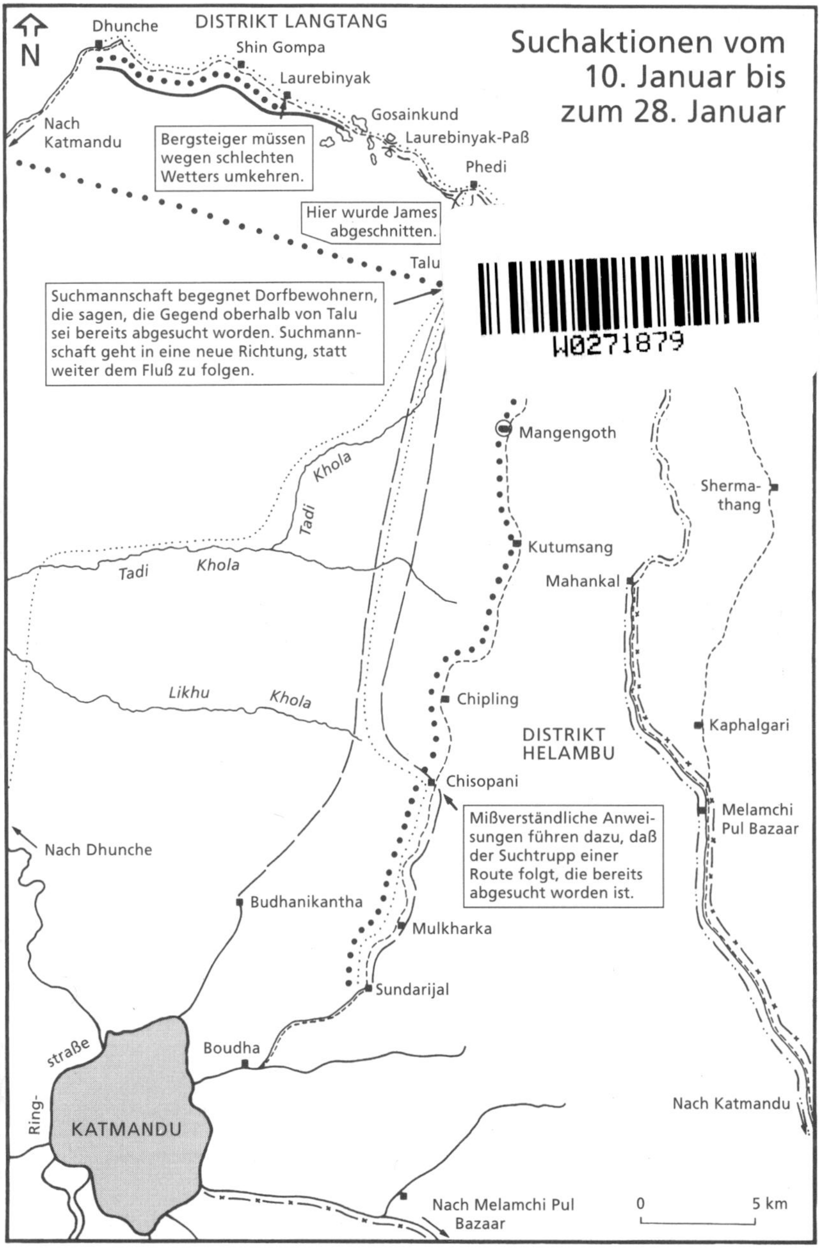

- ○ Orte, die der Chinia Lama und Colonel Pun aufsuchen
- ·········· Geplante Route vom 10. bis 16. Januar
- ●●●●●● Tatsächliche Route vom 10. bis 16. Januar
- — — Suchtrupp von Amadablam Trekking (18. bis 23. Januar)
- ——— Bergsteiger von Amadablam Trekking (18. bis 22. Januar)
- — ·· — Harrison, Schnabel und Suchmannschaft (18. bis 28. Januar)
- —×— 15. bis 17. Januar

Scott/Robertson

Solange ich atme, hoffe ich

AUSTRALIAN KARATE DO

James Scott • Joanne Robertson

Solange ich atme, hoffe ich

Verschollen im Himalaja
Eine Geschichte vom Überleben
Deutsch von Ute Mareik

Schweizer Verlagshaus • Buchverlag

Die australische Originalausgabe erschien 1993
unter dem Titel *Lost in the Himalayas*
bei Thomas C. Lothian Pty Ltd, Port Melbourne

Die in diesem Buch reproduzierten Fotografien wurden von Laien aufgenommen, teilweise unter extremsten Bedingungen. Die Bildqualität ist, diesen Umständen entsprechend, nicht immer gut. Der Verlag hofft auf Verständnis.
Abbildung Seite 2: James und Joanne nach der Rettung im Krankenhaus von Patan.

Die deutsche Bibliothek - CIP-Einheitsaufnahme

Scott, James:

Solange ich atme, hoffe ich : verschollen im Himalaja ; eine Geschichte vom Überleben / James Scott ; Joanne Robertson.
Dt. von Ute Mareik. – Zürich : Schweizer Verl.-Haus, 1996

Einheitssacht.: Lost in the Himalayas <dt.>
ISBN 3-7263-6701-2
NE: Robertson, Joanne

Schutzumschlag: Eberle & Kaiser, Freiburg i. Br.
Umschlagabbildung: Robert Bösch
Druck und Bindung: Ebner Ulm
ISBN 3-7263-6701-2
6 5 4 3 2 1

Dieses Buch ist all jenen Menschen in der ganzen
Welt gewidmet, die uns unterstützten und mit uns beteten,
während James im Himalaja verschollen war.

Dum spiro spero:

Solange ich atme, hoffe ich!

Prolog

James: Phedi, 22. Dezember 1991, im Morgengrauen

Im Zimmer war es noch dunkel, als ich erwachte. Sofort zog ich mir den Schlafsack wieder über den Kopf und rollte mich so klein zusammen, wie ich nur konnte. Seit meiner Ankunft in Nepal hatte ich nicht so gefroren. Am anderen Ende des Zimmers, wo Mark schlief, rührte sich nichts. Ich versuchte, genug Mut zu sammeln, um aus meinem Schlafsack zu kriechen und nachzusehen, wie das Wetter draußen aussah. So lag ich da, bewegte hier und da einen Muskel und versuchte, etwas Wärme zu erzeugen. Tageslicht schimmerte durch die Risse in der Hüttenwand. Endlich beschloß ich, daß es an der Zeit sei aufzustehen.

Ich war nicht besonders überrascht, als ich hinaustrat und den Erdboden und die Dächer der Hütten mit einer leichten Schneeschicht überzogen fand. Das erweckte die Sorge, die mich bereits gestern erfüllt hatte, zu neuem Leben. Ich blickte hinab auf die Wolken, die drohend am Grund des gewaltigen Tales schwebten. Gelegentlich löste sich eine aus der Menge, um von einem eisigen Wind zu mir heraufgetragen zu werden. Die Sicht wurde plötzlich schlechter, wenn die Wolke mich einhüllte, und besserte sich erst wieder, wenn die Windstöße sie höher den Berg hinauftrieben – bis sie schließlich über den Paß hinweg verschwand.

Der Hüttenwirt kam mit einem freundlichen Gruß aus seiner Unterkunft und betrachtete das unter uns liegende Tal. Er fragte, ob wir Getreidebrei zum Frühstück wollten. Ich nickte geistesabwesend und erkundigte mich meinerseits: »Glauben Sie, daß es heute schneien wird?«

Er zögerte einen Moment, ehe er antwortete: »Nein, heute wird es nicht mehr schneien.«

Das war nicht die Antwort, mit der ich gerechnet hatte. Erneut blickte ich auf die drohenden Wolken im Tal hinunter und auf den Schnee zu meinen Füßen. Im stillen suchte ich bereits einen Vorwand, um zusammen mit dem Hüttenwirt und seiner Familie ins Tal zurückzukehren. Ich konnte mir einfach nicht vorstellen, daß es nicht weiter schneien sollte.

»Sind Sie sicher, daß es heute nicht schneien wird?«

Dieses Mal blickte er mich voll an und entgegnete mit Entschiedenheit: »Heute wird es nicht schneien.«

Etwas in meinem Innern sagte mir, ich sollte an jenem Tag nicht zum Paß hinaufsteigen. Als ich drei Tage zuvor mit Tim Katmandu verließ, beabsichtigten wir nicht, über den Laurebinyak-Paß zu gehen.

Tim und ich waren Mitte November in Nepal eingetroffen. Wir studierten beide Medizin und hatten beschlossen, unser praktisches Jahr am Bir-Hospital in Katmandu zu beenden. Das zu organisieren, war alles andere als leicht gewesen. Doch als wir im Krankenhaus eintrafen, sagte man uns, wir müßten eine Gebühr bezahlen, um auf der Station dabeisein zu dürfen. Weder Tim noch ich waren auf diese zusätzliche Geldausgabe eingestellt. Wir versuchten es in einem anderen Krankenhaus in Patan, aber auch dort gestattete man uns lediglich die Teilnahme an einer Visite. Mehr konnte man nicht für uns tun. So gingen wir in der Annapurna-Region wandern. Als wir nach Katmandu zurückkehrten, blieb uns noch immer etwas Zeit vor dem Rückflug nach Bangkok am 28. Dezember. Wir beschlossen, einen weiteren Trek in Angriff zu nehmen.

Nach einiger Diskussion und umfangreichen Erkundigungen entschieden wir uns für den Helambu-Trek. In den Wanderführern wird er als relativ einfacher Weg beschrieben, der entfernte, aber großartige Ausblicke auf den Himalaja bietet. Wir würden kaum zusätzliche Ausrüstung benötigen, da der Pfad, wie es hieß, in gutem Zustand war und nicht besonders hoch lag; sein höchster Punkt erreichte knapp 3600 Meter. Außerdem sollte es reichlich Hütten geben, wo Essen und Unterkunft, wenngleich spartanisch, zur Verfügung standen. In unserem Wanderhandbuch wurde uns versichert, daß wir keinen Bergführer bräuchten. Darüber freuten wir uns, denn der Führer, den wir für unsere erste Wanderung angeheuert hatten, Krishna, war eher ein Problem als eine Hilfe gewesen. Am 19. Dezember brachen wir auf.

Am ersten Abend trafen wir im Dorf Chisopani ein. Dort lernten wir ein deutsches Pärchen kennen, das uns sehr riet, den Gosainkund-Trail zu gehen. Er zweigt im Dorf Tharepati vom Helambu-Trek ab. Wenn man den Laurebinyak-Paß (4600 m) und einige Gletscherseen in die Wanderung mit einbeziehe, sagten die beiden Deutschen, erschienen die Berge des Himalaja so nah, daß man das Gefühl habe, die Hand ausstrecken und sie berühren zu können. Viel Überzeugungsarbeit war nicht nötig, um Tim und mich zu einer Änderung unserer Pläne zu bewegen. Ich fragte, ob der Paß zu dieser Jahreszeit sicher sei, und sie sagten, das ginge schon in Ordnung, solange es nicht schneie.

»Wenn es schneit, müßt ihr umkehren«, hatte die Frau wörtlich gesagt.

Am nächsten Morgen waren wir aufgebrochen und noch nicht weit gegangen, als wir einen anderen Australier trafen, Mark Fulton. Mark wanderte allein und war gern bereit, sich uns anzuschließen.

Bereits auf unserer letzten Wanderung hatte Tim Probleme mit einem Oberschenkelmuskel gehabt. Jetzt sah es so aus, als hätte er ihn erneut verletzt. Ich bot an, zusammen mit ihm zurückzugehen, aber er bestand darauf, daß ich weiterging. Wir teilten unsere Ausrüstung; ich gab Tim die bessere Karte, und Mark und ich gingen weiter. In jedem Dorf fragte ich, ob es möglich sei, den Paß sicher zu überqueren, und die Antwort war immer die gleiche: Wir würden keine Probleme haben. Gestern nun waren Mark und ich einen Weg gewandert, der an den zerklüfteten Hängen einer gewaltigen Bergkette entlangführte. Unter uns lag jetzt ein weites Tal, und über uns ragten nackte Felsspitzen auf.

Hütte und Hüttenwirt von Phedi

Ich beschloß, meine Frage an den Hüttenwirt von Phedi noch einmal anders zu formulieren. »Glauben Sie, wir könnten heute Probleme bei der Paßüberquerung haben?«

Der Hüttenwirt entgegnete noch zuversichtlicher als beim ersten Mal: »Sie werden keine Schwierigkeiten haben.«

Mark und ich traten in die Hütte der Familie, wo der Getreidebrei über einem wärmenden Feuer dampfte. Wir schlürften den heißen Tee, der uns serviert wurde. Der Hüttenwirt erklärte, es daure drei Stunden bis zum Paß und eine weitere Stunde bis zu den Hütten von Gosainkund auf der anderen Seite. In diesem Moment erlag ich noch der Versuchung, ihn zu fragen, ob er uns über den Paß führen würde, aber er erinnerte mich daran, daß er noch am selben Tag packen und mit seiner Familie aufbrechen mußte, um Talu zu erreichen, bevor das Wetter sich endgültig verschlechterte. Wie er bereits am Abend zuvor erklärt hatte, mußte er reichlich Zeit einplanen wegen der Kinder.

Eilig packten wir unsere Sachen zusammen und baten den Hüttenwirt, die Rucksäcke bereits geschultert, ein letztes Mal um eine Wegbeschreibung. Er zeigte auf einen steinigen Pfad, der durch das Gestrüpp führte, das überall auf dem Berghang wuchs. Die Pflanzen sahen dickblättrig und stachelig aus. Obwohl sie uns nur bis zu den Oberschenkeln reichten, wären sie ohne den Pfad schnell zu einem ernstzunehmenden Hindernis geworden.

»Sie folgen dem Weg, der zum Paß hinaufführt«, sagte der Hüttenwirt. Ich fragte ihn, wohin er sich wenden wolle, und er zeigte auf einen anderen Pfad. Es war nicht derselbe, auf dem wir hierhergelangt waren; er schien schmaler und weniger auffällig.

»Dieser Pfad führt in mein Dorf. Mit all unseren Sachen und mit den Kindern wird die Wanderung einen ganzen Tag dauern.«

Ich streckte meine behandschuhte Hand aus und sah eine Schneeflocke leichthin auf die Innenfläche fallen. Der Hüttenwirt mußte meine Gedanken gelesen haben, denn er sagte: »Machen Sie sich keine Sorgen. Sie werden gut durchkommen.«

Das letzte Foto, das von James Scott aufgenommen wurde, bevor er verschwand. Es entstand vor dem Aufbruch zum Laurebinyak-Paß.

Solange ich atme ...

James: Phedi, 22. Dezember 1991

Die ganze Zeit, während wir bergauf stiegen, blickte ich immer wieder über die Schulter zurück. Die beiden Hütten von Phedi waren nicht mehr zu sehen. Noch immer folgten wir einem Wasserlauf zu unserer Linken. Ich bemerkte, daß Teilstücke des Baches vereist waren. Die Wolken schienen dunkler denn je und kamen schnell zu uns herauf.

Wir waren nicht viel mehr als eine Stunde gegangen, als die ersten richtigen Schneeflocken fielen. »Sieht ganz so aus, als gäbe es weiße Weihnachten«, sagte ich.

Obwohl ich mir Sorgen machte, bat ich Mark, ein Foto von mir zu machen. Er reichte mir seine Kamera, damit ich ihm meinerseits den gleichen Gefallen tat. Ich stellte die Schärfe ein und drückte auf den Auslöser. Nichts passierte. Die Batterien versagten in der Kälte. Ich bot an, meine Kamera zu benutzen und ihm Abzüge zu schicken, aber Mark nahm die Batterien aus seinem Apparat und rieb sie kräftig zwischen den Händen, um sie aufzuwärmen. Es dauerte fünfzehn Minuten, bis seine Kamera in Gang kam. Innerhalb jener Viertelstunde wurde die Sicht immer schlechter. Wolken hüllten uns ein, und als wir schließlich weitergingen, überzog eine dichte weiße Schneedecke unseren Weg. Wir konnten den Pfad nicht mehr sehen und versuchten statt dessen, den Lücken im Dorngesträuch zu folgen, die so aussahen, als verlaufe dort ein Pfad. Jedesmal, wenn wir einen Durchlaß fanden, waren wir ganz begeistert. Immer wieder versperrten Felsblöcke oder dichtes Gestrüpp den Weg; ein anderes Mal fanden wir uns mitten auf einem steilen Schneefeld wieder, unsicher, in welche Richtung wir uns wenden sollten. Bestenfalls konnten wir ausmachen, ob wir bergauf oder bergab gingen. Der Laurebinyak-Paß war nicht mehr zu sehen.

Als der Schneefall immer stärker wurde und die Wolken immer dichter, verringerte sich unsere Sichtweite auf ungefähr zehn Meter. Wir überquerten den Bachlauf. Ich hatte das Gefühl, wir sollten uns mehr nach Westen wenden, so daß wir beim Anstieg links vom Bach blieben. Mark war anderer Ansicht. Er sagte, auf der Karte sei eindeutig zu sehen, daß der Weg rechts vom Fluß verlaufe, also am anderen Ufer. Ich stimmte zu, aber noch immer konnten wir keinen Pfad erkennen. Zudem gab es mehrere Bachläufe den Berghang hinunter. Ich hatte das Gefühl, der Weg könne neben jedem von ihnen sein.

Links vom Bach erstreckte sich ein Höhenrücken, der leicht zu ersteigen war. Ich glaubte, der Ausblick von dort oben könne uns weiterhelfen. Mark sagte, er würde lieber nah am Fluß bleiben. Ich kraxelte zu der Anhöhe hinauf. Mark einen Moment aus dem Blickfeld zu verlieren, schien mir kein Problem zu sein. Oben angekommen, fand ich die Ruinen mehrerer Hütten. In der Nähe war ein Durchlaß in der Vegetation, der weiterzuführen schien und dem man leicht folgen konnte. Er war ungefähr so breit wie der Weg, dem wir früher am Morgen gefolgt waren. Ich rief aufgeregt in das Schneegestöber hinein. Keine Antwort. Ich rief wieder und wieder und pfiff auch mehrere Male. Noch immer keine Antwort. Dann ging ich zum Wasserlauf zurück, alle paar Schritte laut rufend. Ich war mir sicher, daß wir höchstens ein paar hundert Meter voneinander entfernt sein konnten. Warum reagierte Mark nicht? Plötzlich fühlte ich mich sehr einsam. Ich wurde mir meiner eigenen Winzigkeit bewußt, verglichen mit meiner gewaltigen Umgebung. Und ich begriff auch, daß ich in eine Situation geraten war, die ich nicht mehr unter Kontrolle hatte.

Es war eine große Erleichterung, als ich Mark schließlich durch den Schneevorhang rufen hörte. Ich eilte auf seine Stimme zu, durch Dornengestrüpp und über Steine. Den Höhenrücken hinter mir verlor ich aus dem Blick. Mark fand ich rechts vom

Fluß, ein Stück weiter oben, als ich ihn verlassen hatte. Das Wasser war jetzt völlig überfroren. Ich querte den Bachlauf vorsichtig. Bei diesen Temperaturen mußten nasse Füße zu Frostbeulen führen.

Ich erzählte Mark, was ich entdeckt hatte. Er hörte mir zu, beharrte jedoch darauf, daß der Weg auf der rechten Seite des Flußlaufs liegen müsse, wie auf der Karte eingezeichnet. Ich starrte ins Weiße: »Aber hier ist kein Pfad, dem wir folgen könnten«, sagte ich.

Mark erläuterte seinen Plan. Er war zu dem Schluß gekommen, daß der Weg weiter rechts vom Fluß liegen mußte, als wir gedacht hatten. Daher schlug er vor, wir sollten in nordöstlicher Richtung weitergehen, um so sicherzustellen, daß wir den Pfad kreuzten. Der Paß lag im Nordwesten. Wenn die Karte stimmte, war dieses Vorgehen durchaus sinnvoll. Doch ich war nicht von der Genauigkeit der Karte überzeugt und hatte das sichere Gefühl, daß das, was ich auf der Anhöhe am anderen Ufer des Baches entdeckt hatte, der Weg war, nach dem wir suchten. Mark zeigte sich nach wie vor davon überzeugt, daß es kein Fehler sein könne, ein kurzes Stück in Richtung Nordosten vom Fluß weg zu gehen, daher lenkte ich ein. Aber meine Zweifel wuchsen, als der Hang steiler wurde und das Vorwärtskommen beschwerlicher. Inzwischen hatte ich Kopfschmerzen, die mit zunehmender Höhe stärker wurden.

Ärgerlich sagte ich zu Mark, es sei doch alles Blödsinn. Inzwischen waren wir ein gutes Stück vom Bachlauf, unserem einzigen Orientierungspunkt, entfernt; wir hatten keine Ahnung, in welche Richtung wir gingen, und da es immer stärker schneite, brachten wir uns in große Gefahr. Ich sagte: »Am sichersten ist es, wenn wir zurück nach Phedi gehen und darauf warten, daß der Schneefall nachläßt, damit wir eine Chance haben, einen Weg über den Paß zu finden.«

Mark war anderer Ansicht. »Ich möchte noch ein wenig weitersuchen. Jetzt ist es halb elf. Wenn wir um eins immer noch keinen Weg gefunden haben, kehre ich um.«

Wir befanden uns auf einer Höhe von fast 4600 Metern in

ausgesprochen felsigem, schwierigem Gelände. Keiner von uns hatte die erforderliche Ausrüstung dabei, um unter diesen Bedingungen lange draußen zu sein. Ich wußte, es wäre am besten, wenn wir zusammenblieben, aber ich konnte mich so gar nicht mit Marks Vorstellung vom Herumtappen auf dem verschneiten Berghang anfreunden. Die zunehmende Heftigkeit meiner Kopfschmerzen sagte mir außerdem, daß es unklug war, weiter bergauf zu gehen, besonders weil es ja darauf ankam, daß wir schnell Höhe gewannen. Mir blieb keine andere Wahl, als allein nach Phedi zurückzukehren. Die einzige Vorsichtsmaßnahme, die mir unter diesen Bedingungen einfiel, bestand darin, unsere Adressen in Katmandu auszutauschen. So könnten wir jeweils überprüfen, ob der andere heil zurückgekehrt war. Ich machte mir mehr Gedanken um Marks Sicherheit als um meine eigene, weil ich das Gefühl hatte, er gehe das größere Risiko ein. Wir tauschten also die Anschriften aus und verabredeten uns am ersten Weihnachtsfeiertag zum Abendessen.

Damit kehrte ich Mark den Rücken und machte mich auf den Weg zurück zum Fluß, den ich als Orientierungshilfe benutzen konnte, um Phedi zu finden. Marks Sicherheit bereitete mir größte Sorgen, und ich hoffte, er würde vernünftig genug sein, nicht irgendwelche heiklen Kraxeleien in Angriff zu nehmen. In jenen Höhenlagen und mit der Ausrüstung, die er hatte, würde er keine einzige Nacht überleben, besonders wenn er sich verletzen sollte.

Ich erreichte den Bachlauf und folgte ihm abwärts. Das Gelände war schwierig. Das Flußufer stieg immer wieder steil an, außerdem war es rutschig von Eis und Schnee. Ich schlitterte und glitt abwärts, den Fluß immer zu meiner Rechten, während ich nach irgendwelchen Anzeichen für den Weg oder die Hütten von Phedi suchte. Plötzlich rutschten meine Füße ganz und gar unter mir weg, und ich fiel krachend auf die Steine. Glücklicherweise federte mein Rucksack den Sturz ab, doch meine Wasserflasche fiel heraus und hüpfte die Felsen hinunter zum Fluß. Ich überlegte, ob ich ihr nachsteigen sollte. Der drei bis vier Meter hohe Steilabfall bot zwar durchaus einigen Halt, trotzdem konnte ich mich arg verletzen, wenn ich ausrutschte. Ich betrachtete die Flasche eine Weile und fragte mich, wie dringend ich sie benötigte. Immerhin wanderte ich neben einem Flußlauf, der mich reichlich mit Wasser versorgte, und selbst wenn ich auf dem Weg, den wir am Tag zuvor eingeschlagen hatten, nach Tharepati zurückkehren sollte, gab es in regelmäßigen Abständen Bachläufe. Ich beschloß, es sei nicht unbedingt erforderlich, Wasser mitzunehmen. Trotzdem beschlich mich das Gefühl, immer mehr die Kontrolle über meine Lage zu verlieren, als ich die Flasche zurückließ. Daß ich nicht einfach in der Lage war, hinunterzugehen und sie zu holen, frustrierte mich und schien kein gutes Vorzeichen. Jetzt spürte ich die Kälte noch stärker und dachte: »Ich muß bald einen Unterschlupf finden.«

Es schneite unablässig weiter; der Rand meines Strohhuts bog sich unter dem Gewicht der weißen Last. Ich versuchte, trocken zu bleiben, indem ich den Schnee von meinen Kleidern wischte, bevor er schmelzen konnte. Ich fragte mich, wie weit ich noch laufen mußte, um Phedi zu erreichen, als der Fluß plötzlich abrupt nach unten führte und in einem Wasserfall talwärts stürzte. In der Nähe einer hölzernen Brücke versuchte ich, ihm zu folgen. Diese Brücke sah etwa so aus wie diejenige, die wir am Tag zuvor überquert hatten, doch ich wußte, es gab mindestens zwei, wenn nicht sogar drei Brücken in der Nähe von Phedi. Und sie sahen nicht nur eine wie die andere aus, sondern sie standen auch noch alle am Fuß eines Wasserfalls. Ich befand mich auf der östlichen Seite des Wasserlaufs. Phedi mußte auf der anderen Seite, am Westufer, liegen. Außerdem hatte ich das Gefühl, es müßte viel höher am Berg sein, als ich mich derzeit befand, vielleicht oben auf einem der Steilufer vor mir. Ich überquerte die Brücke und suchte nach einem Pfad. Es war keiner zu sehen.

»Was ist das bloß für eine Brücke, die nirgendwohin führt?« dachte ich ärgerlich. Ich war mir ziemlich sicher, daß das steile Ufer Teil des gleichen Anstiegs war, den wir am Tag zuvor bewältigt hatten, um Phedi zu erreichen, aber die dicke Schneeschicht verbarg jeden Pfad. Ich konnte nicht weiter als fünf

Meter den Hang hinauf sehen, und es widerstrebte mir, den Versuch zu unternehmen, ihn weglos zu ersteigen. Ich überquerte die Brücke erneut, doch auch auf der anderen Seite gab es keinen Weg. Nach meiner Einschätzung hätte dort aber ein Pfad nach Gopte führen müssen. Zum oberen Ende des Wasserfalls wollte ich nicht wieder hinaufklettern, nachdem ich so vorsichtig daneben heruntergestiegen war. Bei diesem Wetter war ein solcher Anstieg nicht leicht zu bewältigen und durchaus gefährlich.

Ungefähr dreißig Minuten lang suchte ich die Gegend um die Brücke ab. Ich war mir sicher, daß Phedi ganz in der Nähe liegen mußte, aber es gelang mir nicht, unter dem Schnee den Weg zu finden. Das war sehr frustrierend. Und ich schaffte es nicht mehr, den Schnee daran zu hindern, auf meiner Jacke, der Hose und den Turnschuhen zu schmelzen. Meine Kleidung wurde durchweicht, so daß mir noch kälter wurde. Es war unbedingt notwendig, weiter ins Tal hinunter abzusteigen. In einer niedrigeren Höhenlage durfte ich zumindest erwarten, einigen Schutz durch die Vegetation zu finden, und mit etwas Glück würde ich es bis unter die Schneegrenze schaffen.

Verzweifelt zog ich die Karte hervor. Sie zeigte, daß der Fluß zum Tadi Khola hin verlief, der seinerseits zwei Dörfer verband, Talu und Kaseri. Ich wußte, daß der Hüttenwirt unserer letzten Unterkunft in Phedi nach Talu wollte. Es *mußte* möglich sein, jenes Dorf zu erreichen, wenn ich dem Fluß folgte.

Inzwischen war es ungefähr Mittag. Ich war zuversichtlich, daß ich Talu noch am Abend, zumindest aber im Laufe des nächsten Tages erreichen würde. Voll Optimismus machte ich mich auf den Weg, brach mir einen Weg durch das dornige Gestrüpp und hielt mich westlich des Flußlaufs.

Obwohl ich ständig darauf achten mußte, wohin ich trat, fiel mir der Abstieg jetzt leichter. Mit jedem Schritt wuchs die Gewißheit, daß es richtig gewesen war umzukehren. Mit der tieferen Lage verschwanden auch meine Kopfschmerzen. Die Vegetation wurde dichter: Schlanke, hohe Bambusstauden lösten das dornige Gestrüpp ab. Daran konnte ich mich festhalten, um an steilen Stellen das Gleichgewicht nicht zu verlieren. Die meiste Zeit rutschte ich auf meinem Allerwertesten talwärts. Nadelbäume mischten sich unter die breitblättrigen Sträucher. Es schneite noch immer heftig, aber die veränderte Vegetation gab mir ein Gefühl von Sicherheit. Ich war nicht mehr den eisigen Winden einer kahlen Landschaft ausgesetzt, die jetzt Hunderte von Metern über mir lag.

Der Fluß rauschte laut, während er immer schneller über große Felsblöcke den steilen Berghang hinabstürzte. Er lag zu meiner Linken, ungefähr zwanzig oder dreißig Meter tiefer, in einer Schlucht. Ich folgte jeder Biegung des Flußlaufs und hoffte, dabei auf die Brücke zu stoßen, die Kaseri und Talu verbinden mußte. Mir war kalt, und ich war völlig durchnäßt. Immer wieder mußte ich daran denken, wie schön es wäre, frische, trockene Kleider anzuziehen, an einem warmen Feuer zu sitzen und etwas zu essen. Talu lag nicht an den üblichen Trekkingrouten, aber ich war mir sicher, daß ich die Leute dort überreden könnte, mir etwas *dhal bhat* zu verkaufen, oder vielleicht sogar Fleisch. Doch jede neue Biegung des Flusses brachte neue Enttäuschung. Ich redete mir ein: Es ist nur noch ein Kilometer. Du wirst es schon schaffen!

Das Steilufer fiel zum Wasserlauf hinunter ab, und ich fand mich in einem tiefen Einschnitt wieder. Das Rauschen des Wassers neben mir wurde ohrenbetäubend. Hinter einer scharfen Kurve sah ich zu meinem Schrecken den Grund für das verstärkte Geräusch vor mir: Das Wasser stürzte über eine Felswand hinab. Zentimeterweise bewegte ich mich auf dem vereisten Gestein vorwärts und spähte nach unten. Die Wand war nicht mehr als fünfzehn Meter hoch, aber sie war ganz und gar nackt und bot keinerlei Möglichkeit, sich festzuklammern. Nur wenige Meter unterhalb des Wasserfalls machte der Fluß eine weitere Biegung. Lag Talu gleich hinter jener Kurve?

Ich beschloß, daß es zu gefährlich sei, den Wasserfall hinunterzuklettern, weil mir jegliche Erfahrung im Felsklettern fehlte. Ich blickte wieder nach oben, von wo ich gekommen war: Zurückgehen hatte keinen Sinn. Dort würde ich keinen Unterschlupf finden, und ich bezweifelte auch, daß es mir überhaupt gelingen würde, meinen Weg zurückzuverfolgen. Zu beiden Seiten erhoben sich die Steilufer des Flusses. Auf einem Felsen mitten in den weißschäumenden Fluten hockend, zog ich Bilanz. Das Ufer zu meiner Rechten zu erklimmen war ebenso unmöglich wie das Absteigen über den Wasserfall: Da war nichts als glatter Fels und Eis. Das Ufer zu meiner Linken, so redete ich mir ein, konnte dagegen nicht höher als zehn Meter sein, und ich suchte es nach hilfreichen Vorsprüngen, Bewuchs und Rissen ab. Wenn ich abstürzte, würde ich auf die darunterliegenden Felsen prallen oder sogar in den Fluß eintauchen, der mich dann über den Wasserfall davonspülen würde. Ich wollte kein unnötiges Risiko eingehen, aber ich fühlte mich stark und fit. Talu konnte nicht allzu weit entfernt sein, höchstens noch einen Tagesmarsch. Leicht nervös begann ich, die Felswand zu erklettern.

Ich schob meine Hände und Füße tief in die Ritzen und Spalten und blickte nur nach oben. Manchmal war das Vorwärtskommen ganz leicht. Dann wieder hatte ich das Gefühl, ich würde am liebsten umkehren. Ich ließ mir Zeit, probierte lange, bis ich einen sicheren Halt für den Fuß fand, und wenn ich einen der vereinzelten Büsche erreichte, die sicher in den Spalten der Felswand wurzelten, ruhte ich mich aus, schöpfte Atem und sagte mir, ich könne meine Höhenangst überwinden und es schaffen. Bei einer dieser Ruhepausen aß ich die Hälfte eines Schokoladenriegels, um frische Energie zu tanken.

Etwa auf halber Höhe begriff ich, daß zehn Meter eine grobe Fehleinschätzung gewesen waren. Ich blickte nach unten und sah, daß ich mindestens um das Vierfache meiner Körpergröße über dem Fluß hing, und immer noch hatte ich die gleiche Distanz vor mir. Ich war entsetzt.

Mehrere Male, wenn ich das Gefühl hatte, daß das Gewicht meines Rucksacks mich von der Felswand nach außen zog, dachte ich daran, das lästige Gepäckstück abzuwerfen. Viel zu oft rutschte ich aus und griff ohne nachzudenken nach jedem erreichbaren Riß oder Vorsprung, um mich mitunter fast eine Viertelstunde lang daran festzuhalten, unsicher, wohin ich mich als nächstes wenden sollte.

Schließlich hatte ich es geschafft und zog mich über den Rand. Ich blickte die Wand hinunter. Das Schlimmste mußte überstanden sein.

Es wurde dunkel. Vor mir erhob sich ein großer Felsblock. Der Erdboden in seinem Windschatten war gut gegen Wind und Schnee geschützt und einigermaßen trocken. Ich streifte meine Kleider ab und breitete meine Skijacke aus in der Hoffnung, daß sie über Nacht ein wenig trocknen würde. Dann trocknete ich mich ab, wobei ich besondere Sorgfalt auf die Stellen zwischen meinen Fingern und meinen Zehen verwendete, immer auf der Suche nach schwarzen Flecken. Doch nichts dergleichen war zu sehen. Das Gewebe schien in Ordnung zu sein, wenn auch ein wenig taub. Ich zog meine lange Unterhose an und mehrere Paar Socken. Dann streifte ich meine Windjacke über. Da meine Handschuhe durchweicht waren, zog ich Socken über meine Hände.

Meine Hände und Füße waren taub vor Kälte, und ich hätte nur zu gern an einem Feuer gesessen. Ich durchsuchte jeden Winkel meines Rucksacks nach dem Feuerzeug, während ich mich immer wieder fragte, ob das Holz trocken genug sein würde, um zu brennen. Nach und nach schüttelte ich jedes einzelne Kleidungsstück aus, aber zu meiner Überraschung konnte ich das Feuerzeug nicht finden. Das letzte Mal hatte ich es in der Hütte in Chisopani gesehen, als Tim noch bei mir war. Wir hatten es so wenig gebraucht, daß ich gar nicht mehr darauf geachtet hatte. Das Feuerzeug mußte inzwischen, zusammen mit Tim, wieder in Katmandu sein. Innerlich fluchend räumte ich die Stelle im Schutz des Felsens einigermaßen frei, bevor ich versuchte, mich in meinen Schlafsack zu rollen.

Meine Hände schob ich zwischen meine zusammengepreßten Oberschenkel. Als sie warm wurden, fingen meine Finger und Zehen an zu brennen. Obwohl das weh tat, war ich froh darüber. Ich stellte mir vor, wie das Gewebe in meinen Händen und Füßen wieder zum Leben erwachte, während das Blut in Gefäße zurückkehrte, die sich vor Kälte verengt hatten. Mit der anderen Hälfte des Schokoriegels kuschelte ich mich in meinen warmen Schlafsack. Dieses Stück lutschte ich langsam; genießerisch ließ ich es auf der Zunge zergehen. Draußen schneite es noch immer heftig, und es blies ein kalter Wind. Ich betete um Marks Sicherheit, für meine Familie zu Hause in Brisbane, für meine Verlobte Gaye und schließlich auch für mich selbst. Morgen würde ich Talu erreichen. Ich schlief ein. Mein letzter Gedanke galt Mark: Wo mochte er sein?

James: 23. Dezember 1991

Wolken und Nebel hüllten den schmalen Höhenrücken ein, auf dem ich übernachtet hatte. Im kalten Tageslicht war der Ausblick bedrückend. Die ganze Nacht hindurch hatte es stark weitergeschneit. Ich schaufelte eine große Handvoll Pulverschnee zusammen, um mir die Hände zu waschen. Die weiße Masse wog fast nichts. Als ich den Schneeball fallen ließ, zerstob er.

Ich schlüpfte aus meiner Thermo-Unterwäsche, zog mich an und packte ein. Die durchweichte Trainingshose von gestern, die ich in den Schutz des Felsens gelegt hatte, war fast steif und wog schwer. Ich beschloß, sie nicht weiter mitzunehmen. Ich spürte, daß ich dringend meinen Darm entleeren mußte, und tat dies bewußt im Schutz des Felsens in der Nähe der Trainingshose. Die zurückgelassene Hose und meine Fäkalien würden den Suchhunden helfen, mir zumindest bis an diesen Ort zu folgen, dachte ich. Zwar glaubte ich immer noch, daß ich eine gute Chance hätte, Talu zu finden, aber der starke Schneefall in der Nacht hatte mich überrascht, und ich wußte, daß es schwierig werden würde, durch tief verschneites, zerklüftetes Gelände das Dorf zu erreichen.

Ich dachte zurück an die Brücke, die nirgendwohin führte. Hätte ich dort bleiben und länger nach den Hütten von Phedi suchen sollen? Oder hätte ich an der Brücke einen Zettel befestigen sollen, auf dem ich vermerkte, in welche Richtung ich ging? Ich zog meine Skijacke und die Handschuhe an. Die Kleidungsstücke waren von außen gefroren, gaben aber dennoch Wärme. Ich wies mich im stillen zurecht, weil ich so negativ dachte. Wenn es Abend wurde, würde ich bestimmt in Talu sein, vielleicht schon zur Mittagszeit. Das Dorf konnte nicht mehr als ein paar Kilometer entfernt liegen.

Die Felswand, die ich gestern erklettert hatte, lag im Westen; der Fluß und der Wasserfall dröhnten weiter unterhalb. Im Osten konnte ich ein ähnliches Geräusch hören, und ich glaubte, daß ich dem Höhenrücken, auf dem ich mich befand, an jenem Wasserfall vorbei folgen könnte. Ich begann durch den Schnee zu stapfen. Auf beiden Seiten wurde das Geräusch schnell strömenden Wassers immer lauter. Der Schnee reichte mir bis über die Knie, und der unebene Boden machte das Vorwärtskommen schwierig. Es dauerte nicht lange, und ich hatte das Ende des Bergrückens erreicht. Vor mir lag ein Steilabfall. An seinem Fuß vereinigten sich die beiden Flußläufe zu einem tosenden Sturzbach. Hier führte kein Weg hinunter. Also wandte ich mich zu dem Felsen zurück, in dessen Schutz ich übernachtet hatte. Von dort stieg ich den sanfter geneigten Hang nach Osten hinab, bis ich den Bachlauf an seinem Fuß erreichte. Es war purer Zufall, daß ich gerade am unteren Ende eines massigen Wasserfalls auf den Fluß stieß. Ich war dankbar, daß ich so nicht gezwungen war, am Wasserfall nach unten zu klettern.

Voll wiedererwachter Zuversicht folgte ich dem Wasserlauf talwärts an dem Zusammenfluß vorbei. Ganz stolz auf mein Vorwärtskommen, machte ich munter weiter und erwartete, hinter jeder Biegung Talu auftauchen zu sehen. Dabei kam ich nur langsam voran, weil ich von Fels zu Fels springen mußte. Wo es keine Trittsteine gab, hangelte ich mich an den Ufern entlang, indem ich mich an den Pflanzen festklammerte. Einmal sprang ich auf einen Felsblock, der mit Eis überzogen war und überhaupt keinen Halt bot, so daß ich plötzlich bis zur Hüfte im eisigkalten Wasser stand. Durch die Anstrengung, die diese Art des Vorwärtskommens bedeutete, blieb meine Körpertemperatur auf einer vernünftigen Höhe. Vorerst hatte ich nicht unter der Kälte zu leiden. Kaum einen Kilometer vom Zusammenfluß der beiden Wasserläufe entfernt hörte ich zu meinem Leidwesen erneut das vertraute, ohrenbetäubende Rauschen.

Bitte, lieber Gott, laß ihn nicht so aussehen wie den anderen Wasserfall, dachte ich. Dabei konnte ich über die Ironie des Schicksals nur lächeln: Auf unserer ersten Wanderung hatte ich so viel Zeit damit verbracht, die Wasserfälle am Weg zu bewundern, daß Tim schon ganz irritiert reagierte, wenn ich wieder einmal »Verdammt schöner Wasserfall!« sagte. Wie doch die Umstände die Wahrnehmung verändern!

Dieser Wasserfall war völlig unbegehbar. Ich setzte mich auf einen Stein und fing sofort an zu zittern. Von meiner Hose tropfte das Wasser. Doch ich war entschlossen, mich nicht unterkriegen zu lassen: Es mußte einen Weg geben, den Wasserfall zu umgehen und nach Talu zu gelangen. Mir wurde klar, wie dumm ich gewesen war, einem Fluß talwärts zu folgen. Bei einem Höhenunterschied von fast zweitausend Metern zwischen Phedi und Talu mußte es einfach jede Menge Wasserfälle geben. Wenn ich mich vom Fluß entfernte und einem Kamm folgte, der parallel dazu verlief, würde ich vielleicht die plötzlichen, steilen Abfälle vermeiden können.

Der Wasserlauf rauschte nach Süden am Grund eines gewaltigen Tales entlang, in das ich nun im Verlauf des gestrigen Tages abgestiegen war. Ich blickte auf die Ufer, die sich zu beiden Seiten erhoben, und beschloß, es zunächst mit dem westlichen zu versuchen. Im Vergleich zu den Felsklippen von gestern sollte die Kletterei unproblematisch sein. Allerdings machte der zusätzliche Schnee die ganze Sache etwas schwieriger. So kraxelte ich vom Fluß weg und kämpfte mich aufwärts voran, indem ich nach dem Bewuchs der Wand griff. Dann versuchte ich, etwa parallel zum Flußlauf weiterzugehen. Doch der Hang wurde so steil, daß ich nicht mehr sicher auftreten konnte. Erneut kehrte ich zum Fluß zurück, um mein Glück auf der anderen Seite zu versuchen. Das schien schwieriger zu sein, weil der Fluß dort gegen eine nackte Felswand anströmte. Immerhin hatte ich keine Angst, auszurutschen und mich zu verletzen, weil das Ufer nicht mehr als zweieinhalb Meter hoch war, gerade so hoch, daß ich das obere Ende nicht erreichen konnte.

Ich hockte auf einem Felsen in der Nähe der Wand. Mit den Fingern versuchte ich krampfhaft, einen Griff zu ertasten, der mir erlauben würde, die Wand zu erklimmen. Aber ich konnte keinen Halt finden. So beschloß ich, in die Höhe zu springen und nach der Oberkante der Felsklippe zu greifen. Meine Hand glitt jedoch ab, ich rutschte schmerzhaft am Felsgestein hinunter und stand bis zu den Oberschenkeln im eisigen Wasser des Flusses. So schnell ich konnte, kletterte ich aus dem Wasser hinaus und versuchte es noch einmal. Beim fünften oder sechsten Versuch gelang es mir, einen Halt zu finden und mich über den Rand zu ziehen.

Überallhin war das Wasser gedrungen. Mir war eisig kalt, und ich war ausgesprochen wütend über die Lage, in die ich mich gebracht hatte. In meinen Schuhen konnte ich das Wasser hin- und herschwappen fühlen, und von der Taille abwärts waren meine Kleider ganz und gar durchnäßt. Meine Füße glichen Eisklumpen, und die Gefahr, Erfrierungen zu erleiden, war realer denn je. Durch meine medizinische Ausbildung wußte ich, daß mir aufgrund der kältebedingten Verengung der Blutgefäße in meinen Füßen nur eine Zeit von zwölf Stunden blieb, bis der Schaden nicht wiedergutzumachen wäre. Ich mußte nach Talu gelangen, so schnell ich konnte.

Ich kletterte höher auf das östliche Ufer hinauf, wandte mich dann wieder nach Süden, um dem Verlauf des Flusses zu folgen. Wie auf dem Westufer wurde der Hang zu steil, um sicher daran entlangwandern zu können. Ich zog die Karte hervor. Talu, so beschloß ich, wenn auch widerstrebend, war ein unmögliches Ziel.

Es war ungefähr um die Mittagszeit, und ich gönnte mir den Luxus von zwei weiteren Stücken Schokolade. Beim Blick auf die Karte hatte es den Anschein, als verliefen die Höhenlinien vom Tadi Khola nach Tharepati hinauf in gutem Abstand zueinander, was auf eine leichtere Steigung hinzudeuten schien. Ich dachte an die Anstrengung, die es bedeuten würde, tausend Meter höher zu steigen – das Minimum, wenn ich den Weg erreichen wollte, der von Gopte nach Tharepati führte. Angesichts des tiefen Schnees und der Steilheit des Geländes war ich mir nicht sicher, ob es überhaupt möglich sein würde, bergauf zu wandern. Doch es war unsinnig, weiter nach Talu zu gehen durch Gelände, von dem ich wußte, daß es extrem abschüssig war. Solange ich zwei heile Arme und zwei heile Beine hatte, war ich mir sicher, daß ich aus diesem Tal hinauskommen würde. Es wäre dumm gewesen, irgendwelche weiteren Risiken einzugehen. Am sichersten schien es, mir ein erreichbares Ziel zu setzen und hart daran zu arbeiten, dorthin zu gelangen. Ich beschloß, meine Zielrichtung zu ändern: Direkt die Ostwand des Tales hinauf, auf das obere Ende der steilen Talwand zu. Von dort sollte es mir möglich sein, den Weg zu sehen, dem wir einige Tage zuvor gefolgt waren. Dieser würde mich dann bis zum sicheren Hafen von Tharepati führen.

Noch nie habe ich mich so verausgabt wie an jenem Nachmittag. Der steile Berghang, das Gewicht meines Rucksacks und der knietiefe Schnee erschöpften mich. Der Boden unter dem Schnee war eine dicke Lage aus Ranken und dornigen Zweigen, an denen ich immer wieder hängenblieb. Jeder Schritt bedeutete eine Riesenanstrengung.

Ich fragte mich, wie weit ich gehen mußte, um Tharepati zu erreichen. Meine Berechnungen ergaben, daß es möglich sein sollte, noch am Abend dort einzutreffen. Das setzte ich mir zum Ziel, denn ich war mir sicher, daß ich unter den derzeitigen Bedingungen keine weitere Nacht draußen überleben würde. Der Nebel und die Wolken verringerten die Sicht auf weniger als hundert Meter. Wieder und wieder nahm ich mir einen möglichst weit entfernten Baum, den ich gerade noch sehen konnte, als Anhaltspunkt und stapfte, so schnell ich konnte, darauf zu, immer in der Hoffnung, daß der Boden eben werden würde und Tharepati oder der Weg zu sehen wären. Doch alles, was ich erblickte, war ein noch längerer Anstieg – und einen weiteren Baum als nächstes Ziel. So ging es den ganzen Nachmittag weiter. Dann, als es wieder anfing zu schneien und die Sicht sich auf Null verringerte, konnte ich mir nicht einmal einen Baum zum Ziel nehmen! Es schien möglich, daß ich fünfzig Meter entfernt an Tharepati vorbeilief und es nicht einmal bemerkte.

Ich aß zwei weitere Stücke Schokolade, während ich mir Gedanken über meine Lage machte. Die Dinge standen schlecht. Mir blieb nichts anderes übrig, als einen Unterschlupf zu suchen. Geeignete geschützte Stellen hatte ich kaum gesehen, mit Sicherheit keine Felsen, die so massig gewesen wären wie der von letzter Nacht. Nachdem ich mich weitere fünfzehn Minuten abgekämpft hatte, gelangte ich zu einem schmalen Felsband, das kaum einen Meter Schutz vor dem Schnee bot.

Das wird gehen müssen, dachte ich. Sofort zog ich all meine nassen Kleider aus und trocknete mich sorgfältig ab, wobei ich wieder besondere Sorgfalt auf meine Füße und meine Zehen verwandte. Noch immer waren keine schwarzen Stellen zu sehen, aber meine Füße insgesamt hatten eine beunruhigende blaue Färbung angenommen. Als ich mich davon überzeugt hatte, daß sie nicht mehr feucht waren, zog ich ein Paar trockene Socken an und streifte meine lange Thermo-Unterhose über. Erleichtert stellte ich fest, daß der Rucksack sich als wasserdicht erwiesen hatte: Sein Inhalt war noch immer trocken. So besaß ich ein letztes Paar trockene Hosen und eine Windjacke. Alles, was ich während des Tages getragen hatte, war durchnäßt. Ich breitete die Kleider aus, so gut ich konnte, aber unter dem schmalen Felsvorsprung war wenig Raum. Ich kletterte in meinen Schlafsack und zog den Reißverschluß zu; mir war immer noch unglaublich kalt. Meine Hände waren blau angelaufen, und es fiel schwer, die Finger kontrolliert zu bewegen. Meine Zähne schlugen aufeinander. Dies sollte die erste von vielen Nächten sein, in denen ich die Kälte stärker spürte, als ich mir je hätte vorstellen können – nicht die oberflächliche Art von Kälte, die viele Leute kennen, sondern eine frostige, beißende Kälte, die sich anfühlt, als wolle sie deinen innersten Lebensnerv töten. Diese Kälte war wie ein Schmerzgefühl. Gerade wenn man den Eindruck hatte, sie sei so schlimm, daß sie auf keinen Fall noch schlimmer werden könne, nahm sie weiter zu, und es tat noch mehr weh. Ich hatte das sichere Gefühl, es sei nicht möglich, so sehr zu frieren wie ich und dennoch die Nacht zu überleben.

Meine Füße waren taub und hatten eine beunruhigende blaue Färbung angenommen.

Ich mußte mich in einer Höhe von mindestens dreitausendfünfhundert Metern befinden, an der Ostwand eines riesigen, dicht bewaldeten Tales. Da lag ich, geschützt nur von einem winzigen Felsvorsprung. Welche Chancen hatte ich, daß mein Leichnam je gefunden würde? Selbst das kleine Felsband konnte meinen Körper in einem so riesigen Tal sehr wohl für immer verbergen.

Im Fach Psychiatrie hatten wir uns mit den Faktoren beschäftigt, welche die Trauer verstärken, die enge Familienangehörige nach dem Tod eines Verwandten erleben. Ein wichtiger Faktor, der es den Menschen erschwert, einen Verlust zu akzeptieren, ist das Nichtauffinden der Leiche. Ich wußte, wenn ich die Nacht nicht überlebte, würde man meinen Leichnam vermutlich nicht finden. Meine größte Sorge galt – mehr als meinem eigenen Sterben – dem Leid, das meine Familie und Gaye durchzumachen hätten. Die Schuld, daß ich der Verursacher solchen Leids sein sollte, lastete schwer auf mir. Ich wollte meinen Angehörigen schreiben; sie sollten erfahren, was passiert war.

Wie sollte ich einen Brief schreiben, in dem all die Gefühle, die ich empfand, in angemessener Form zusammengefaßt waren, einen Brief, um endgültig Abschied zu nehmen? Diese Worte – wenn sie je ihre Empfänger erreichten – wären eine letzte Erinnerung an mich. Ich lag zitternd in meinem Schlafsack und las, zu einer Kugel zusammengerollt, die drei Seiten, die ich in Phedi an Gaye geschrieben hatte. Damals war mir warm, das Abendessen stand kurz bevor, und es sollte keine vier Wochen mehr dauern, ehe ich Gaye wiedersehen würde. Die krakelige Schrift verlieh meinem Brief den Charakter einer Geschichte, wie sie ein kleines Kind aufgeregt erzählt. Ich hatte das Gefühl, in der Zwischenzeit um Jahre gealtert zu sein, und so fuhr ich fort, wo ich aufgehört hatte:

Zwei Tage später schreibe ich an diesem Brief weiter, und alles ist fürchterlich schiefgelaufen. Ich möchte erst einen Brief an Dich schreiben, und dann einen an meine Familie. Ich fürchte, ich werde bald sterben, möglicherweise noch heute nacht.

Als ich diesen letzten Satz schrieb, war ich überrascht, wie wenig ich dabei empfand. Die Vorstellung des Todes faszinierte mich. Er schien kein Ende zu sein, sondern ein Anfang. Dessen war ich mir sicher. Man stelle sich all die Dinge vor, die ich erfahren würde, wenn ich starb, vielleicht schon in wenigen Stunden!

Ich faßte die Umstände, unter denen Mark und ich uns getrennt hatten, kurz zusammen und gab der Hoffnung Ausdruck, daß mein Trekking-Partner sicher über den Paß gekommen sei.

Auf zwei Seiten beschrieb ich dann, wie ich unter den kleinen Felsvorsprung gelangt war. Nun war es Zeit, von dem zu sprechen, was mich bewegte. Diese Aufgabe erwies sich als schwierig. Es ist bei weitem einfacher, einen Bericht über Tatsachen zu schreiben, als Gefühle auf das Papier zu bannen.

Mir ist kalt, aber abgesehen davon leide ich nicht. Um mich herum sieht es sehr schön aus mit all dem Schnee. Sicher wird er morgen noch tiefer sein. Das einzig Dumme an meinem Aufenthaltsort ist: Ich bezweifle, daß ich hier je gefunden werde. Doch ich hoffe, ich werde die Nacht überstehen und morgen früh weitergehen.
Gaye, ich liebe Dich aus tiefstem Herzen, und wenn ich es bedaure, daß ich sterben muß, dann nur, weil ich über Dich und meine Familie so viel Leid bringen werde. Ich bin froh, daß ich Dich kennengelernt habe. In der kurzen Zeit, die wir zusammen waren, sind wir so glücklich gewesen, wie ich es noch nie in meinem Leben war. Es tut mir sehr leid, daß ich Dich nun nicht heiraten kann.

ICH LIEBE DICH – ICH LIEBE DICH –
ICH LIEBE DICH!

Bitte traure nicht zu lange um mich, sondern lebe Dein Leben mit allen Möglichkeiten, die sich Dir bieten, und genieße es. Denk ab und zu an mich, und ich werde vom Himmel aus nach Dir schauen und für Dich sorgen. Ich hoffe, daß dieser Brief eines Tages gefunden wird und Du ihn zu lesen bekommst.

Ich liebe Dich aus ganzem Herzen und in allen meinen Gedanken auf immer,

James

Bitte, lieber Gott, mach, daß dieser Brief im Frühjahr gefunden wird, damit Gaye ihr Leben weiterleben kann, dachte ich, als ich auf den Umschlag die Adresse ihrer Eltern in Australien schrieb.

Die Nacht brach schnell herein, und trotz der Taubheit in meinen Fingern beschloß ich, gleich weiter an meine Familie zu schreiben. Dieser zweite Brief war noch schwerer. Bei uns zeigt man die Gefühle nicht so, und obwohl wir uns alle der starken Bindungen innerhalb der Familie bewußt sind, finden sie nur selten körperlichen oder sprachlichen Ausdruck. Ich dachte daran, wie wenig ich von meiner Familie in den letzten sechs Jahren seit meinem High-School-Abschluß gesehen hatte. In gewisser Weise war die Nähe dieser Menschen für mich eine Selbstverständlichkeit gewesen. Mir würde noch genug Zeit bleiben, die ich später mit meiner Familie verbringen könnte, hatte ich gedacht und so die Stunden gerechtfertigt, die ich mit Freunden verbrachte, beim Studium, in der praktischen Ausbildung, auf Reisen oder einfach im gemütlichen Beisammensein. Jetzt lief meine Zeit ab, und ich konnte mich nicht einmal persönlich von meiner Familie verabschieden. Die Kälte sandte krampfartige Zuckungen durch meinen Körper, was das Schreiben immer schwieriger machte.

Liebe Mum und Dad, Joanne, Robbie, John und Calum,
es kann Jahre dauern, ehe Ihr diesen Brief erhaltet. Ich denke, er wird eine Zeitlang nicht gefunden werden. Ich habe mich in einem Schneesturm fürchterlich verirrt. Die Details könnt Ihr in meinem Brief an Gaye lesen.

Ich hatte das Gefühl, dieser Hinweis kam etwas plötzlich, aber wenn ich Zeit darauf verschwendete, die gleichen Fakten noch einmal zu erzählen, würde ich keine Zeit mehr haben, von meinen Gefühlen zu schreiben.

Dies ist meine zweite Nacht draußen unter freiem Himmel und, so fürchte ich, meine letzte. Ich habe nicht besonders gelitten, auch wenn mir jetzt ein wenig kalt ist.
Dem Tod sehe ich gefaßt entgegen. Mein Glaube an Gott ist stark. Er hat bis jetzt sehr gut für mich gesorgt, und ich bin sicher, er wird es auch weiterhin tun, wenn ich gestorben bin.
Mum, ich danke Dir, daß Du der liebste und wundervollste Mensch bist, den ich kenne. Ich liebe Dich sehr. Ich weiß, für Dich wird mein Tod schwerer sein als für alle anderen, aber glaube mir, ich habe keine Angst, und wir werden uns im Himmel wiedersehen. Ich habe mit aller Anstrengung versucht, aus dieser mißlichen Lage herauszukommen, so wie ich in den letzten Jahren immer versucht habe, mein Bestes zu geben. Das habe ich von Dir gelernt. Danke für alles. Ich werde Dich immer liebhaben.
Dad, ich weiß, mein Tod wird auch für Dich eine große Enttäuschung sein. Es tut mir leid; ich hätte besser auf mich achtgeben sollen. Mein liebster Vater, Du bist der Mann, den ich am meisten achte. Bitte glaube mir, wenn ich sage, daß Du ein großartiger Vater warst und daß ich Dich sehr liebe.
Joanne und Calum, es tut mir leid, daß wir in den letzten Jahren nicht besonders viel voneinander gesehen haben. Ich liebe Dich sehr, Joanne, und ich weiß, Calum, daß Du alles tun wirst, um Joanne glücklich zu machen. Bitte habt doch Kinder, damit Mum und Dad sich über die Enkel freuen können. Paßt gut auf Euch auf, macht etwas aus Eurem Leben, und ich werde Euch beide im Himmel wiedersehen.
Robbie, Dich liebe ich mehr, als Du je begreifen wirst. Wir sind zusammen aufgewachsen, haben alles gemeinsam gemacht, und ich habe die innigsten Erinnerungen an Dich. Bitte genieß das Leben, Rob. Das ist sehr, sehr wichtig. Ich bin nicht traurig, daß ich sterbe, denn ich sterbe bei etwas, das mir Freude bereitete. Doch ich bin traurig wegen all des Leids, das Ihr zu Hause meinetwegen durchmachen müßt. Rob, Du bist der großzügigste Mensch, den ich kenne. Das ist eine gute Eigenschaft, bleib so!

Lieber John, Du wirst der einzige männliche Nachkomme in unserer Familie sein, der noch am Leben ist, und trägst deshalb eine große Verantwortung. Mach Dir einen guten Namen. Gib immer Dein Bestes, sei gut zu den Menschen, handle aufrichtig, und Du kannst nicht fehlgehen. Du bist ein guter Mensch, John, und hast viele Talente. Nutze sie! Ich liebe Dich, John. Denk immer daran und an die guten Dinge, die wir gemeinsam hatten.
Mir ist kalt. Ich werde versuchen, mich in meinen Schlafsack zu kuscheln. Ich hoffe, dieser Brief wird Euch alle erreichen.
Auf Wiedersehen, in Liebe,

James

Im Dunkeln machte ich mich daran, den Umschlag an meine Familie in Brisbane zu adressieren. Dann schrieb ich in Großbuchstaben darauf: »FALLS MEIN LEICHNAM GEFUNDEN WIRD, SCHICKT BITTE DIESE BEIDEN BRIEFE AB – EINEN AN MEINE FAMILIE UND EINEN AN MEINE VERLOBTE.«

Als ich damit fertig war, packte ich die Umschläge sorgfältig in die braune Plastiktasche in meinem Rucksack. Bevor ich den Rucksack wieder verschloß, nahm ich die letzten vier Stücke Schokolade heraus. Ich werde auf keinen Fall sterben, solange ich noch etwas zu essen habe, dachte ich, und das erste Mal, seit ich mich verirrt hatte, spürte ich nagenden Hunger. Ich aß die Schokolade, ein Stück nach dem anderen, und versuchte, mir das bißchen Wärme vorzustellen, das die Energiezufuhr mir geben würde. Viel zu schnell war das letzte Stück in meinem Mund dahingeschmolzen. Alles, was ich zu essen hatte, war jetzt aufgebraucht.

Ich lehnte mich zurück und führte mir Schritt für Schritt die Ereignisse vor Augen, die mich in diese Situation gebracht hatten: Hilflos saß ich mutterseelenallein unter einem winzigen Felsvorsprung im dichten Wald, Tausende Kilometer von den Menschen entfernt, die ich liebte. Die Ironie des Ganzen war wirklich erstaunlich. Ich hatte mich von Mark getrennt, weil es mir nicht gelungen war, ihn davon zu überzeugen, daß er sich mir bei dem Versuch anschließen solle, den sicheren Rückweg nach Katmandu zu finden. Damals hatte ich mir größte Sorgen um seine Sicherheit gemacht. Was mich betraf, hatten mich allenfalls die wenigen Tage bekümmert, die ich möglicherweise vom Schnee eingeschlossen in Phedi verbringen müßte. Inzwischen war ich mehr als zwanzig Kilometer durch extrem unwirtliches Gelände gewandert und geklettert, und meine Lage verschlimmerte sich immer noch. Solche Sachen passierten anderen Leuten, nicht mir!

Das Ganze schien das Resultat einer ausgesprochen ungewöhnlichen Aneinanderreihung von Zufällen zu sein. Im Krankenhaus in Katmandu als Freiwilliger zu arbeiten war nicht möglich gewesen; statt dessen konnten wir wandern gehen. Tim und ich hatten uns bereits am ersten Tag unserer Wanderung verlaufen und in Chisopani übernachtet statt in Borlang Bhanjyang. Dort waren wir dem deutschen Pärchen begegnet, das mich überredete, die Wanderung mit neuer Route fortzusetzen. An einem der nächsten Tage war ich dann Mark über den Weg gelaufen, und statt mit Tim umzukehren, war ich weitergegangen. Als letzter Nagel zu meinem Sarg erwies sich dann der plötzliche und dramatische Wetterumschwung. Selbst die Einheimischen hatten noch auf Tage hinaus keinen Schnee vorhergesagt. So fanden wir uns weglos und ausgesetzt – und völlig unvorbereitet auf derartige Bedingungen – in einer Höhe von 4400 Metern wieder. Hätte es an jenem Morgen früher zu schneien begonnen, wäre ich gemeinsam mit dem Hüttenwirt den Berg hinuntergestiegen; hätte es später angefangen, wären wir bereits jenseits der Paßhöhe gewesen.

Ich konnte daraus nur schließen, daß es mir bestimmt schien zu sterben, und während der Wind durch das Tal pfiff, so daß die Kälte noch tiefer in meinen Körper eindrang, bereitete ich mich auf den Tod vor. Ich betete für meine Familie, dann betete ich noch einmal für Mark. Und, lieber Gott, wenn es irgendeine Möglichkeit gibt, aus dieser Situation herauszukommen, bitte laß sie Wirklichkeit werden.

Ich versuchte, mir etwas einfallen zu lassen, um meine Lage zu verbessern. Ich lag in meinen Schlafsack eingewickelt, der bei den Temperaturen, denen ich hier ausgesetzt war, nicht ausreichend Wärme gab. Mein Körper war trocken, über meine Hände und Füße hatte ich Socken gezogen. Dennoch spürte ich, wie ich zunehmend an Wärme, an Energie verlor, wie mein Leben mir langsam entglitt.

Aus Vorlesungen über Unterkühlung erinnerte ich mich daran, daß ein Großteil der Körperwärme über den Kopf abgegeben wird. Im Dunkeln durchwühlte ich meinen Rucksack und nahm trockene Baumwollshorts und T-Shirts heraus, die ich mir um den Kopf wickelte.

Darüber hinaus gab es wenig, was ich tun konnte, doch selbst diese geringfügige Maßnahme trug in jener Nacht zu meinem Überleben bei. Vielleicht verhinderte gerade meine Kopfbedeckung die Unterkühlung und erlaubte mir so, klarer zu denken – ich weiß es nicht. Ich weiß jedoch, daß sich von jenem Moment an meine Einstellung änderte, die bestimmen sollte, wie ich mich in den vielen Tagen, die mir noch bevorstanden, verhielt.

Ich werde es schaffen, sagte ich mir. Das Gefühl völliger Machtlosigkeit wurde abgelöst von der Überzeugung, daß ich Herr über mein Schicksal sei. Trotz der Kälte, die im Laufe der Nacht weiter zunahm, klammerte ich mich an den Glauben, daß es mir am Morgen möglich sein würde, weiter nach Tharepati hinaufzuwandern.

Es war eine Nacht, die ich nie vergessen werde. Schlafen konnte ich nicht, nur leiden. Ich dachte an das Karatetraining, das ich mitgemacht hatte, an die vielen Male, als ich auf die Matte geworfen wurde und trotzdem weiterkämpfen mußte.

»In solchen Momenten wird dein Geist gestählt«, erklärte mir mein Lehrer damals. Er hatte recht. Jedesmal wenn ich mit meiner Kampftechnik eine neue Hürde überwunden hatte, fühlte ich mich stärker und zuversichtlicher als zuvor. Ich beschloß, aus dem Leid der bevorstehenden Nacht das Bestmögliche zu machen. Mir war klar, daß niemand mich je ganz verstehen würde. Die Leute zu Hause kannten den Schmerz einfach nicht, den ich jetzt fühlte. Wenn ich wieder zum Karatetraining ging, würde mein Geist stärker sein denn je. Ich würde eine neue Einstellung mitbringen, nachdem ich Kälte und Schmerz in einem Ausmaß durchlitten hatte, das ich nicht ertragen zu können glaubte.

Ich denke, es war diese Einstellung, aus der schrecklichen Situation in irgendeiner Weise Kapital zu schlagen, die bei meinem Überleben in jener Nacht eine entscheidende Rolle spielte. Dazu kamen ein enormer Überlebenswille und der starke Wunsch, die Menschen, die ich liebte, wiederzusehen.

James: 24. Dezember 1991

Eine sehr schwierige Entscheidung stand mir bevor, als es um mich her hell wurde. Obwohl immer noch eine Wolkenwand über dem Tal die Sicht begrenzte, war es erfreulich zu wissen, daß hoch oben über all den Wolken die Sonne aufging.

Ich war müde, und meine Muskeln schmerzten. Durch das ständige Zittern während der vergangenen Nacht fühlte ich mich am ganzen Körper wund. Doch jetzt war mir nicht mehr so kalt. Es ging mir ganz gut, was die bevorstehende Entscheidung noch schwieriger machte. Ich trug meine letzten warmen, trockenen Kleider und versuchte, mich dazu zu bringen, sie zu wechseln. Wenn ich heute nicht das Dorf erreichte, würde ich die trockenen Sachen heute abend brauchen, um am Leben zu bleiben.

Widerwillig hob ich die Karatehose auf, die ich gestern getragen hatte. Sie war steif wie ein Brett. Ich konnte sie am Hosenbund festhalten, und statt nach unten zu hängen, ragte sie horizontal vor mir in die Luft.

Du liebe Güte, dachte ich und stellte mir vor, wie unbequem sie sein mußte. Mit meiner Skijacke war es genau das gleiche. Ich zerschlug das Eis auf den Kleidern mit den Fäusten und machte mit jedem Schlag meiner Wut Luft. Als erstes zog ich die Hose an, vor Kälte zitternd. Dann kam die Jacke. Jetzt hieß es schnell aufbrechen. Kräftiges Ausschreiten war immerhin eine Möglichkeit, Wärme zu erzeugen. Die gefrorenen Socken verstärkten den brennenden Schmerz in meinen Füßen. Ich war jedoch froh, daß ich überhaupt etwas fühlte. Noch immer waren keine schwarzen Stellen zu sehen.

Meine Schuhe waren das größte Problem. Es waren *Nikes:* Laufschuhe aus hochwertigem Leder, die jetzt so hart schienen wie Stein. Ich bearbeitete sie mit aller Macht, bog die Seiten und die Lasche vor und zurück, bis ich meine Füße hineinzwängen konnte. Es war höchst unbequem, tiefgefrorene Schuhe an den Füßen zu tragen.

In sämtlichen Büchern steht, man soll knöchelhohe Stiefel tragen, wenn die Gefahr von Schneefällen besteht. Meine Wanderstiefel hatten mir auf dem ersten Trek solche Qualen bereitet, daß ich sie gegen die Turnschuhe ausgetauscht hatte. Hätte ich jetzt meine Wanderschuhe getragen und wären sie gefroren gewesen wie meine Turnschuhe – es wäre schlicht unmöglich gewesen, die Füße hineinzuzwängen. Und wenn ich an die Wanderstrecke vom Vortag dachte und an den ständigen Kampf durch den Schnee, der noch vor mir lag, war ich dankbar, daß ich nicht bei jedem Schritt das größere Gewicht der Stiefel heben mußte.

Mein Rucksack war gepackt, die Kapuze der Skijacke hatte ich mir über den Kopf gezogen, und obenauf thronte – inzwischen etwas mitgenommen – mein Strohhut. So brach ich auf in den Schnee hinein, um die erste von vielen bösen Überraschungen an jenem Tag zu erleben. Ich sank tief ein. Meine Oberschenkel verschwanden völlig in dem leuchtend weißen Pulver. Ich schnaufte und kämpfte mich mühsam den steilen Hang hinauf. Manchmal zog ich mich einfach an jeder verfügbaren Pflanze weiter. Wie zuvor setzte ich mir einen bestimmten Baum zum Ziel und hielt darauf zu. Doch ich kam jetzt viel langsamer vorwärts, und trotz großer Anstrengung bewältigte ich nur kleinste Strecken. Daher war es ein glücklicher Umstand, daß die zweite Überraschung des Tages sich relativ bald ereignete.

Die Vegetation war spärlicher geworden, der Hang steiler, und über mir konnte ich durch die Wolken- und Nebelfetzen massive Felswände erkennen, deren Oberkanten nicht zu sehen waren. Ich kämpfte mich vorwärts, um einen besseren Blick darauf zu werfen. Doch als die gewaltigen Hindernisse schließlich vor mir aufragten, mußte ich denken: Das habe ich wirklich nicht verdient. Die Felswände waren schlicht und ergreifend unbezwingbar. Ich schlug mir aus dem Kopf, sie erklettern zu wollen, ohne auch nur ein zweites Mal darüber nachzudenken. Die Felsklippe vor zwei Tagen zu erklettern war schlimm genug gewesen, doch im Vergleich zu den Felsen hier erschien sie wie ein Ameisenhügel. Ich fühlte mich entmutigt.

Dann muß ich eben doch nach Talu gehen, beschloß ich und versuchte, nicht an die sechs harten Wegstunden zu denken, die es mich gekostet hatte, bis hierher zu gelangen. Ich wanderte am Fuß der Felswand entlang in der Annahme, ich ginge geradewegs nach Süden, parallel zum Fluß, der jetzt weit unter mir dahineilte. Ich bemühte mich, nicht an Höhe zu verlieren, und verfluchte die dichten Wolken, die noch mehr Schnee mit sich brachten. Wenn es nur aufklaren würde, könnte ich feststellen, wo genau ich mich eigentlich befand, und vielleicht sogar ein Dorf sehen.

Obwohl ich fest entschlossen war, möglichst hoch an der Wand weiterzugehen, stellte ich fest, daß ich nach und nach immer weiter abstieg. Stellenweise war der Schnee so tief, daß mir keine andere Wahl blieb, als talwärts auf den Fluß zuzuhalten. Ich muß mich von den Bachläufen am Talboden fernhalten, rief ich mir in Erinnerung. Weitere Wasserfälle und Felswände zu bezwingen kam nicht in Frage. Ich hatte kaum genug Kraft, die steilen Hänge hier oben zu queren, ganz zu schweigen von den steilen Abstürzen, auf die ich in Flußnähe gestoßen war. Der Schnee in den Rinnen, welche die Talwände durchschnitten, reichte mir stellenweise bis zum Bauch. An anderen Stellen war die Vegetation – dickes, breitblättriges Strauchwerk, durchsetzt von Büscheln arg verfilzten Bambusgrases – zu dicht, um überhaupt in sie einzudringen.

Ich kam an einer kleinen Höhle vorbei. Ihr Eingang war weniger als einen Meter breit. Große, katzenartige Fußabdrücke waren in dem glatten, im übrigen unberührten Schnee vor dem Eingang zu sehen. Das Tier schien an jenem Morgen mehrmals die Höhle betreten und wieder verlassen zu haben, und ich fragte mich, wo es jetzt wohl sein mochte. Da ich keine Lust hatte, in der Höhle nachzusehen, marschierte ich weiter, so schnell ich konnte, immer auf der Hut vor einem plötzlichen Angriff.

Mehrere Stunden nachdem ich auf die Felswand gestoßen war, fühlte ich mich völlig erschöpft. Zu wenig Schlaf, verbunden mit der enormen Anstrengung, die es bedeutete, durch den Schnee zu waten – meine letzten Kraftreserven waren aufgezehrt. Kalt und müde, fehlte mir die Energie weiterzumachen, selbst wenn der Schnee nur bis zu meinen Oberschenkeln reichte – ganz zu schweigen von jenen Momenten, wenn ich bis zum Bauch einsank.

Die Eiskruste auf meiner Kleidung war inzwischen geschmolzen, und ich fühlte mich völlig durchweicht. Erneut begann ich zu zittern. Selbst das anstrengende Vorwärtswandern reichte nicht mehr aus, um mich warm zu halten. Meine Zähne schlugen unkontrollierbar aufeinander, und ein Gefühl wie in der vergangenen Nacht beschlich mich: Langsam schien mir der Lebensfunke zu entgleiten. Meine Füße waren aufs neue vollkommen taub geworden, was mich sehr bekümmerte. Ich schätzte, es war reines Glück, daß ich noch keine Erfrierungen hatte, doch ich wußte auch, daß mein Glück nicht mehr lange anhalten würde.

Mir war inzwischen so kalt, und ich war so naß, daß ich größte Gefahr lief, an Unterkühlung zu sterben. Die Erinnerung an die Qualen, die ich in der vergangenen Nacht ausgestanden hatte, zwang mich, nach einem Unterschlupf Ausschau zu halten. Da es immer noch schneite, wußte ich, daß ich unter diesen Bedingungen nicht mehr lange weitergehen konnte. Ich rutschte den steilen Hang hinunter und suchte mir einen Weg um einen riesigen Felsblock herum, mindestens so groß wie ein Haus. Als ich den Felsen passierte, fiel mir auf, daß er überhängend war.

Unter dem Überhang lag eine recht große, schneefreie Fläche. Das allein war noch nicht besonders ungewöhnlich. Ich hatte viele Felsen und Höhlen gesehen, die ähnlichen Unterschlupf boten und besseren Schutz vor dem Wind. Meine Aufmerksamkeit wurde jedoch geweckt von dem, was unter dem Überhang lag.

Dort sah ich die Überreste eines alten Lagerfeuers: große, angesengte Holzstücke und lang schon verglühte Kohlen. Die alte Feuerstelle befand sich am Rand der geschützten, ebenen Fläche, die ungefähr drei Meter tief und fünf Meter lang und absolut schneefrei war. Und dort lagen auch zwei Werkzeugstiele, von Hand gefertigt, die offensichtlich einmal Teile von Äxten oder ähnlichen Geräten gewesen waren.

Der zweite Anziehungspunkt war eine große Lichtung seitlich von dem Felsblock, etwa dreißig Meter weiter den Hang entlang und fünfzig Meter tiefer gelegen. Sie bildete einen deutlichen Kontrast zum übrigen Tal, das stark bewaldet schien. Gleich hinter dem Felsen befand sich ein steiler, nicht unerheblicher Einschnitt im Gelände.

Noch konnte ich nicht aufgeben. Ich muß nach Talu kommen, sagte ich mir, denn ich bezweifelte, daß ich eine weitere Nacht in freier Natur überleben könnte. Aber als ich in den tiefen Einschnitt hinunterkletterte, reichte mir der Schnee bis zum Bauch. Ich kam kaum voran und wollte doch ganz auf den Grund der Rinne gelangen, um auf der anderen Seite wieder hinauszuklettern. Doch die Vegetation dort drüben war absolut dicht und undurchdringlich.

Der Einschnitt führte steil das Tal hinunter, und ich folgte ihm immer weiter, ständig auf der Suche nach einer guten Möglichkeit, wieder hinauszugelangen. Es bot sich keine, und ich machte mir zunehmend Sorgen, weil ich jetzt unter mir den Fluß rauschen hören konnte. Obwohl er noch mindestens einen Kilometer entfernt sein mußte, wurde der Hang immer steiler, und die Talwand schien ins Nichts hinabzustürzen.

Mir war bitterkalt, ich war hungrig und erschöpft. So begann ich, erneut über meine Situation nachzudenken. Immer tiefer begab ich mich in Gelände, aus dem kein Weg zurück führte. Ich hatte die Kraft nicht mehr, aus dem Graben hinauszuklettern. Je weiter ich talwärts kam, desto tiefer schien der Schnee zu liegen. Ich wußte, auf kurze Sicht bestand meine einzige Hoffnung darin, so schnell wie möglich trocken und warm zu werden. Es war nur zu wahrscheinlich, daß ich durch die Kälte sterben würde. Vor allen Dingen schien es wichtig, daß mein Leichnam eines Tages gefunden würde, damit die Menschen zu Hause, die ich so sehr liebte, ihr Leben weiterleben konnten im Wissen um das, was mir zugestoßen war.

Darin lag die Anziehungskraft des riesigen Felsens, an dem ich vorbeigekommen war. Die alte Feuerstelle gab mir die Hoffnung, daß die Menschen, die hier schon einmal gewesen waren, möglicherweise wiederkämen. In diesem Fall würde mein Leichnam mit Sicherheit gefunden werden. Außerdem würde Mark, wenn er es über den Paß geschafft hatte, Tim von den Umständen erzählen, unter denen wir uns getrennt hatten. Es bestand immerhin die Chance, daß sie einen Hubschrauber hochschickten, um mich in Phedi abzuholen, und wenn ich nicht da war, konnte es sein, daß sie aus der Luft das Tal absuchten. Die große Lichtung in der Nähe des Felsens würde es mir ermöglichen, in den Schnee hinauszuwaten und dem Hubschrauber ein Signal zu geben. Das heißt, wenn du lange genug lebst, dachte ich bitter.

Ärgerlich bemerkte ich, wie schnell sich meine Prioritäten schon wieder geändert hatten. Noch wenige Stunden zuvor hatte ich damit gerechnet, mich nach Tharepati hinauf durchzukämpfen, zu einer warmen Feuerstelle und einer guten Mahlzeit. Jetzt setzte ich meinen ganzen Ehrgeiz darein, einen Flecken zu finden, wo die Chance bestand, daß meine Familie und Gaye irgendwann einmal erfuhren, was mir zugestoßen war.

Ich kraxelte den ausgesprochen steilen Hang wieder hinauf, den ich erst heruntergerutscht war, und langsam, aber sicher kam ich tatsächlich vorwärts. Schließlich konnte ich durch Wolken und Schnee meinen Felsen sehen. Als ich aus der Rinne auf die freie Fläche in seinem Windschatten hinausgeklettert war, schlüpfte ich schnell aus den Kleidern und unterzog mich der gleichen, äußerst sorgfältigen Abtrocknungsroutine, die es mir ermöglicht hatte, bereits die letzte Nacht immerhin trocken zu verbringen. Ich leerte meinen Rucksack auf den Boden im Schutz des Felsens aus und zog trockene Kleider an. Die durchnäßten Sachen und das nasse Handtuch breitete ich aus. Da sie völlig durchweicht waren, konnte ich mit der Skijacke, der Hose, meinen Handschuhen und meinen Turnschuhen nichts mehr anfangen. Die diversen Paare dicker Wollsocken, die meine tauben Füße wärmen sollten, schienen mich zu verhöhnen, als ich verzweifelt versuchte, sie auszuwringen. Jetzt trug ich ein T-Shirt und einen alten, weiten Pullover, Thermo-Unterhosen, ein Paar dicke nepalesische Hosen aus Baumwolle und zwei Paar Socken, eins für meine Hände und eins für meine Füße. Ich suchte die übrigen T-Shirts und die kurze Hose zusammen und wickelte sie mir um den Kopf. So würde ich zumindest den schlimmsten Verlust an Körperwärme verhindern können. Alles, was jetzt noch übrig blieb, waren meine Schreibutensilien, meine Lektüre, das Toilettenpapier, die Erste-Hilfe-Ausrüstung und ein zusätzlicher Schlafsackbeutel, angefüllt mit verschiedenen Medikamenten. Keins dieser Dinge konnte mir als Schutz vor der Kälte nützlich sein. Selbst mit meinem Schlafsack zusammengenommen, reichte das, was von meiner Bekleidung noch übrig war, für die Temperaturen an jenem Tag nicht aus, ganz zu schweigen von der Kälte, die über Nacht herrschen würde.

Steine und Kiesel lagen auf dem knochentrockenen Boden unter dem Felsüberhang verstreut, auf dem ich jetzt saß. Weit drinnen unter dem Felsen ragte steil die Wand auf, und die Höhe reichte gerade noch zum Sitzen. Weniger als einen Meter von der Rückwand entfernt wurde das Dach deutlich höher, und ich konnte größtenteils aufrecht stehen, ohne mit dem Kopf anzustoßen. Schließlich schwang sich der Überhang ganz in die Luft, bis er wirklich keinen Schutz mehr bot. Mein Unterschlupf hatte nur die eine Wand, dort, wo der Fels an den Boden stieß. Die anderen drei Seiten waren offen. Ich war überrascht von der

Größe der schneefreien Fläche, wenn man bedachte, wie frei dieser Platz doch dalag.

Die Aussicht wurde durch den dichten Schneefall behindert. Ich konnte mit Mühe ein paar große Nadelbäume erkennen, die aufrecht zehn Meter vom Felsen entfernt standen, unten in dem steilwandigen Einschnitt, der meinem weiteren Fortkommen ein Ende gesetzt hatte. Ich fragte mich, ob diese Bäume zusätzlichen Schutz bieten mochten. Ein eisiger Wind ließ sie offensichtlich erzittern, aber dort, wo ich lag, dicht an der Rückwand, ging kein Lufthauch.

Ich hob einen der Werkzeugstiele auf und war überrascht, wie leicht er war. Dann begann ich, damit an dem Boden herumzugraben, um mir ein weicheres Bett zu bereiten. Nachdem ich mehrmals zugestoßen hatte, brach der Griff; das alte Holz war morsch geworden. Möglicherweise war es schon lange her, seit eine andere Menschenseele sich an diesem Ort aufgehalten hatte. Ich fuhr fort, mit dem zerbrochenen Griff im Erdreich herumzukratzen. Als ich die oberste Schicht durchbrochen hatte, nahm ich meine Haarbürste heraus, um die Kiesel und Steine beiseite zu fegen. Ich arbeitete auf Händen und Knien, den Schlafsack bis zum Bauch heruntergeschoben. Dabei zitterte ich unablässig. Es fiel mir schwer, mich zu konzentrieren. Ich fühlte mich erschöpft und legte mich auf mein primitives Bett. Druckstellen in meinem Rücken bedeuteten mir, wo ich einige Steine und Kiesel übersehen hatte, und ich unternahm den halbherzigen Versuch, sie wegzuräumen. Doch manche waren einfach zu fest im Erdreich eingebettet und ließen sich nicht entfernen. Als ich mich zum zweiten Mal hinlegte, mußte ich wohl oder übel annehmen, daß meine Lagerstatt nun ausreichend hergerichtet war. Ich nahm Stift und Papier heraus, um meinen Brief an Gaye weiterzuschreiben. Es war wichtig, daß sie und meine Familie erfuhren, daß ich alles versucht hatte, um mich aus dieser Situation zu befreien. Es tröstete mich ein wenig, daß die Chance, daß mein Leichnam gefunden würde, hier sehr viel größer war als unter dem winzigen Vorsprung weiter oben im Tal, wo ich in der letzten Nacht Schutz gesucht hatte.

Ich bin sehr hungrig, und mir ist sehr kalt, doch die Erschöpfung ist zu groß, es kümmert mich nicht. Ich hoffe, daß Gott heute nacht so gnädig sein wird, mir das Leben zu nehmen, damit ich nicht länger leiden muß.
Ich mache mir keine Sorgen über das Sterben, aber ich bin wütend auf mich, daß ich Dir und meiner Familie dies antun kann. Ich hatte so große Pläne für unsere Zukunft, und jetzt sind sie alle zerschlagen. Ich weiß, es wird für Dich sehr viel schwieriger sein als für mich; Du mußt auf immer mit dem Verlust leben. Doch, wie ich schon gestern schrieb: Mach das Beste aus deinem Leben! Denk immer voll Zuneigung an mich, aber gib meinetwegen nichts auf.

Ich glaube, meine größte Sorge an diesem Punkt war, daß Gaye in Australien auf mich warten würde, damit ich wieder meinen Platz in ihrem Leben einnähme. Ich wußte, daß sie nicht in Trauer verharren durfte, sondern mit ihren eigenen Plänen weitermachen mußte, wenn sie in den vielen Jahren, die ihr noch blieben, ein befriedigendes Leben führen wollte. Ich sprach ein stilles Gebet, daß sie jemand anderen in ihr Leben aufnehmen würde, sobald ihr dies möglich wäre, um so den Schmerz des Verlustes zu lindern.

Ich dachte an das Geld, das wir gespart hatten, um nächstes Jahr ein Auto zu kaufen, und schrieb, daß alles, was mir gehörte, jetzt ihr Eigentum war. Meine Hände wurden kalt, weil sie nicht im Schlafsack steckten, und ich wollte den Brief schnell zu Ende bringen.

Es ist hart, zu wissen, daß ich entweder am Heiligen Abend oder am ersten Weihnachtstag sterben werde. Euch wird die Nachricht von meinem Verschwinden zu einer Zeit der Freude erreichen, die Ihr genießen solltet. Ich bete für Dich, Gaye, daß Dein weiteres Leben glücklich verlaufen wird. Es tut mir leid, daß diese Reise Dir so viel Leid gebracht hat, und – muß ich es sagen? – ich wünschte, ich hätte Deine

Arme nie verlassen. Ich werde Dich immer lieb haben, Gaye, mein Schatz. Paß auf dich auf, und genieße das Leben.
In Liebe,

James

Ich konnte mich nicht dazu bringen, an meine Familie zu schreiben. Ich wußte, eine solche Einstellung war egoistisch, aber Gaye war jung. Sie hatte noch ein ganzes Leben zu leben. Meine Mutter und mein Vater würden von meinem Tod völlig niedergeschmettert werden, und es war für mich einfacher, nicht mehr an zu Hause zu denken, als noch einmal an sie zu schreiben. Außerdem hatte ich das Gefühl, daß ich mich am gestrigen Abend bereits verabschiedet hatte, und ich wollte das nicht noch einmal durchmachen müssen.

Mein Mund war vollkommen ausgetrocknet. Seit dem gestrigen Morgen hatte ich kein Wasser mehr getrunken. Zwar hatte ich unterwegs Schnee gegessen, doch die Flüssigkeitsmenge reichte offensichtlich nicht aus, um meinen Körper angemessen zu versorgen. Der Gedanke daran, aufstehen zu müssen, um Schnee zum Essen zu sammeln, war zuviel für mich. Ich konnte spüren, wie die eisige Kälte auf meinem Gesicht prickelte; es war der einzige Teil meines Körpers, der noch freilag. Ich wußte, wie ausgesprochen wichtig es war, weiterhin Flüssigkeit zu mir zu nehmen, und indem ich die Socken von meinen Händen streifte, zwang ich mich, aus dem Schlafsack zu kriechen und hinüber zum Rand meines Lagerplatzes zu gehen. Ich füllte den Schlafsackbeutel mit Schnee, stopfte ihn dicht an dicht hinein und eilte zu meinem Schlafsack zurück. Gierig kaute ich eine Handvoll Schnee nach der anderen, wobei ich jeweils nur eine Hand benutzte, die andere hielt ich fest zwischen meine Oberschenkel gesteckt. Ich staunte über die Schneeflocken, die zu Boden trieben. Dies war die erste Gelegenheit, die sich mir bot, den Schnee wirklich fallen zu sehen. Die größeren Flocken tanzten abwärts; sie bewegten sich elegant mit jedem Lufthauch. Die harten, graupelartigen Kügelchen sackten hingegen schwer zu Boden, geradewegs in die Schneeschicht hinein. Der Schnee selbst schmeckte nach nichts, aber es war ein gutes Gefühl, überhaupt etwas zu essen. Alle paar Minuten mußte ich von einer Hand zur anderen wechseln, weil meine Finger vor Kälte schmerzten. Nach und nach schlang ich den Großteil des Schnees aus dem Beutel hinunter. Eine gewisse Sattheit breitete sich in meiner Magengegend aus, doch wurde ich gleichzeitig von einem seltsamen Gefühl übermannt.

Tief in meinem Unterleib schien sich ein eisigkalter Klumpen zu bilden, der sich langsam über den Rest meines Körpers auszuweiten begann. Es dauerte nicht lange, und ich zitterte am ganzen Leib; selbst das Atmen fiel mir schwer. Mir wurde übel, und als die Müdigkeit mich überwältigte, dachte ich: Jetzt hast du's endlich geschafft. Während mir langsam das Bewußtsein schwand, begriff ich, daß ich nun für meine Gier bezahlen mußte.

Als ich aufwachte, dauerte es eine Weile, ehe ich verstand, was vorgefallen war. Doch sobald ich logisch darüber nachdenken konnte, wurde mir klar, was für ein Dummkopf ich gewesen war, eine so große Menge Schnee zu essen, obwohl es mir bereits schwerfiel, überhaupt eine vernünftige Körpertemperatur aufrechtzuerhalten. Ich mußte pinkeln. Weil es mehrere Tage dauern würde, ehe der Schneefall nachließ und ein Hubschrauber ausgeschickt werden konnte oder ich mich selbst auf den Weg machte, dachte ich mir, ich sollte eine bestimmte, immer gleiche Stelle als Toilette benutzen. Ich wählte einen Platz links von der überdachten Fläche, wo ich über den Absatz hinaus in den tiefergelegenen Einschnitt urinieren konnte. Von dort würde der Geruch meinen Lebensraum vermutlich nicht erreichen. Schnee konnte ich ohne Schwierigkeiten auf der gegenüberliegenden rechten Seite sammeln, und meinen Lebensbereich dazwischen wollte ich so sauber wie möglich halten. Unmittelbar vor der felsigen Rückwand konnte ich Schnee sammeln, um mir die Hände zu waschen.

Jetzt zitterte ich nicht mehr, und mir war relativ warm. Ich nahm Charles Dickens' *Große Erwartungen* aus dem Rucksack und begann zu lesen. Verwundert fragte ich mich, ob ich wohl noch so eine lange Nacht überstehen würde. Ich aß weiterhin Schnee, aber langsam: nur einen Mundvoll oder zwei pro Seite

Dickens. Außerdem ließ ich den Schnee in meinem Mund schmelzen und trank ihn als Wasser. So würde ich keine große Menge zu mir nehmen, aber ich wußte, wenn ich nur weitermachte, würde die Flüssigkeitszufuhr schon ausreichen.

Der Einbruch der Dunkelheit setzte meiner Lektüre ein Ende, und die Kälte bedrängte mich erneut, zunächst kaum wahrnehmbar. Ich rollte mich klein zusammen und begann, die lange Reihe von Gebeten aufzusagen, die ich in den vielen Nächten, die noch kommen sollten, immer wiederholen würde. Darunter waren Gebete für Mark und Tim und für die Menschen zu Hause. Die Liste schien endlos. Da mir genug Zeit zur Verfügung stand, konnte ich mich an viele, viele Menschen erinnern, die ich in meinem kurzen Leben kennengelernt hatte. Vor allen Dingen betete ich weiterhin für meine Familie und Gaye, für ihre Gesundheit, für Glück und Zufriedenheit. Gayes Vater Noel hatte einmal in seiner lauten, selbstsicheren Art zu mir gesagt: »Sieh mal, James, die einzigen beiden Dinge, die im Leben zählen, das sind Gesundheit und Glück.« Wie wahr erschienen mir diese Worte jetzt, und ich hoffte von ganzem Herzen, daß meiner Familie beides auch in Zukunft zuteil würde.

Während die Nacht voranschritt, rollte ich mich kleiner und kleiner zusammen. Nach und nach verlor ich die Kontrolle über meine Muskeln, die sich gewaltsam zusammenzogen und mich hilflos am ganzen Körper zittern machten. Ich wollte mich zwingen zu schlafen und betete zu Gott, er möge gnädig sein und, wenn es in seiner Absicht läge, mich sterben zu lassen, mein Leben schnell beenden, statt mich noch eine lange Nacht hindurch leiden zu lassen.

James: 25. Dezember 1991

Doch mein letztes Stündlein hatte noch nicht geschlagen. Zwar war die Kälte nicht so schmerzhaft wie in der Nacht zuvor, aber sie hinderte mich immer noch am Schlafen. Schließlich brach der Tag an, und das Zittern ließ nach.

Die Wolken waren nach wie vor dicht, und der Schnee lag tiefer denn je. Zweige bogen sich unter dem Gewicht ihrer weißen Last. Weiter hinten konnte ich über die Rinne hinwegsehen; dort war der Bewuchs dichter. Baumstümpfe und Felsblöcke stachen aus der weißen Decke hervor, die den Boden verhüllte. Ich fragte mich, wie tief der Schnee wohl sein mochte. Ungefähr hundert Meter entfernt stand eine hohe, aufrechte Tanne allein auf einer Hügelkuppe. Vielleicht könnte ich an einem klaren Tag Talu sehen, wenn ich es schaffte, bis zu jenem Baum zu kommen. Heute waren die Wolken jedoch zu dicht, und es dauerte nicht lange, bis die Schneefälle wieder einsetzten.

Ich fing wieder an, Dickens zu lesen. Heute war ich optimistischer, was mein Überleben anging. Ich konnte mir nicht vorstellen, daß es noch kälter werden sollte als in den beiden vergangenen Nächten. Mein Bauch tat weh, weil ich zu viel Schnee gegessen hatte, aber ich hatte nicht mehr das Gefühl, daß mir der Tod unmittelbar bevorstand. Der Kälteschmerz wurde zunehmend von Hunger abgelöst – krampfartig und übelkeiterregend. Ich mußte all meine Kraft zusammennehmen, um nicht ständig ans Essen zu denken, sondern mich auf Dickens' Worte zu konzentrieren. Im Verlauf des Tages wurde mein Magen zu einem harten Klumpen, und es fiel mir immer schwerer, meine Gedanken von Eßbarem fernzuhalten. Dabei half es ganz und gar nicht zu wissen, daß meine Familie sich just in diesem Moment zum Weihnachtsmahl setzte. Zur Zeit hatten sie von meinem Verschwinden möglicherweise noch gar nicht erfahren.

Das Weihnachtsmahl war bei uns zu Hause immer einer der Höhepunkte des Tages gewesen. Meine Eltern bereiteten mit viel Aufwand einen frischen Truthahn, den meine Mutter dann im Ofen garte, gestopft mit würziger Füllung. Dazu gab es Berge von goldgelben Kartoffeln, gebackenen Kürbis und gedünstetes Gemüse. Auf einem besonderen Teller lagen hauchzarte Schinkenscheiben, umrahmt von verschiedenen Salaten. Körbe mit Obst und Nüssen vervollständigten die festliche Anordnung auf dem Tisch, der sich unter der Last förmlich bog. Gerade wenn wir das Gefühl hatten, daß wir wirklich nichts mehr hinunterbringen konnten, gab es einen mit Weinbrand übergossenen Weihnachtspudding, brennend serviert. Goldgelbe Butter schmolz über diesem üppigen, fruchtigen Nachtisch. Ganz egal, wie satt ich nach der Hauptmahlzeit war – dem Pudding konnte ich nie widerstehen.

Meine Weihnachtstage des Jahres 1991 standen in starkem Kontrast zu solchen Erinnerungen. Über die Ironie der schlaflosen Nacht, die hinter mir lag, mußte ich grinsen. Als Kind konnte ich am Abend vor Weihnachten nie einschlafen: Ich wußte, die Geschenke lagen schon bereit. Gestern abend war wieder so ein schlafloser Vorweihnachtsabend gewesen, doch es gab keine freudige Erwartung, nur Leid. Da es mir nicht gelingen wollte, die Erinnerungen an das Weihnachtsessen aus meinen Gedanken zu verbannen, wandte ich mich meinem Schneebeutel zu. Kalt und geschmacklos, wie sein Inhalt war, half er mir nicht, den Hunger zu betäuben. Ein ausgesprochen kümmerlicher Ersatz! Bei dem Gedanken, daß ich nach Nepal gereist war, um einen Eindruck vom Leben in der Dritten Welt zu bekommen, mußte ich lächeln. So langsam begann ich wirklich zu verstehen, was echter Hunger ist, ein Gefühl, mit dem Millionen Menschen auf der ganzen Welt jeden einzelnen Tag ihres Lebens fertigwerden müssen.

Ich fühlte mich extrem einsam und isoliert. Es gab nichts, was ich hätte tun können, um den Schmerz zu lindern. Eine düstere, depressive Stimmung hing wie eine dunkle Wolke über mir, und ich versuchte mit aller Macht, sie durch Gedanken an zu Hause zu verscheuchen. Ich erinnerte mich an die Briefe, die ich vom Postamt abgeholt hatte. Seit Katmandu hatte ich nicht darin gelesen. Darunter waren auch zwei Weihnachtskarten, die vielleicht meine Stimmung heben würden.

Zuerst las ich den Brief von meiner Mutter – zwei lange, maschinengeschriebene Seiten, datiert vom 1. Dezember. Der Brief erzählte mir von all den Dingen, die sich zu Hause ereignet hatten. Wie ganz und gar alltäglich wäre mir sein Inhalt unter normalen Bedingungen erschienen! Doch jetzt gewann jedes Wort eine besondere Bedeutung. Joanne schrieb mir über ein

Wochenende, das sie und Calum in einem Nationalpark in Springbrook verbracht hatten, in einem Regenwaldgebiet südlich von Brisbane. Diese beiden Briefe riefen mir noch einmal die Lektion ins Gedächtnis, die ich in meiner Zeit in Nepal gelernt hatte: Wieviel von dem, was ich zu Hause besaß und tat, hielt ich doch für nur allzu selbstverständlich! Jetzt, hier unter meinem felsigen Überhang, spürte ich die Bedeutsamkeit der Nachrichten von zu Hause stärker denn je. Als ich Joannes Brief las, mußte ich daran denken, wie wir vier immer gesagt hatten, wir wollten gemeinsam einen Campingausflug unternehmen. Dazu war es nie gekommen. Jetzt wünschte ich mir, wir alle hätten uns mehr bemüht, die Zeit dafür zu finden. In den Tagen, die noch kommen sollten, wenn mein Mut mich zu verlassen drohte, malte ich mir diesen Zeltausflug aus, die Mahlzeiten, die Wanderroute und die Gesellschaft der anderen. Allein der Gedanke daran war Grund genug, am Leben zu bleiben: ein Wochenende gemeinsam mit Gaye, Joanne und Calum.

Doch damit war ich wieder am Ausgangspunkt angelangt. Ich saß da und dachte viel zu viel über die möglichen Mahlzeiten auf dem Ausflug nach. Um mich abzulenken, las ich die beiden Weihnachtskarten. Die eine, von Gayes Mutter Beverley, schilderte lauter alltägliche Dinge, die ich jetzt faszinierend fand. Sie endete mit den Worten: »Paß gut auf dich auf. Alles Liebe, Bev und Noel.« Als ich diese Worte las, hatte ich das Gefühl, die Familie Ryan wirklich enttäuscht zu haben. Es war nicht viel, wenn man jemanden darum bat, gut auf sich aufzupassen – und ich hatte nicht einmal das geschafft.

Gayes Karte übermittelte mir eine herzliche, liebevolle Nachricht. Sie schrieb, wie sehr sie mich vermißte. Das gab mir das Gefühl, sie noch viel, viel mehr enttäuscht zu haben. Die gedruckte Botschaft auf ihrer Karte lautete: »Fröhliche Weihnachten«. Ich konnte mir kaum einen Menschen vorstellen, der weniger fröhliche Weihnachten verbrachte als ich.

In den langen Tagen, die noch vor mir lagen, würde ich die Briefe und Karten wieder und wieder lesen. Zu wissen, daß die Menschen zu Hause mich so sehr liebten, half mir, die leidvollen

Erfahrungen zu überstehen, welche die Zukunft für mich bereithielt. Ich beschloß, noch einmal an Gaye zu schreiben.

> *Meine liebste Gaye,*
> *inzwischen habe ich die dritte und vierte Nacht überlebt, seit ich mich verirrt habe. Ich bin noch immer böse auf mich selbst. Eigentlich sollte ich in Katmandu sein, oder, noch besser, in Cairns bei Dir. Das ist einfach keine Art, Weihnachten zu verbringen! Es ist mir gelungen, warm und trocken zu bleiben, aber ich bin völlig ausgehungert. Ich befinde mich an einem Ort, der von einem Hubschrauber aus gut zu sehen ist, falls einer ausgeschickt wird, um nach mir zu suchen.*

Lange dachte ich über den letzten Satz nach. Sollte ich ihn stehenlassen? Was würde meine Familie empfinden, wenn niemals ein Hubschrauber in dieses Tal geschickt würde und sie dennoch, vielleicht erst nach Jahren, diesen Satz läsen? Aber sie werden bestimmt einen Hubschrauber schicken, dachte ich. Es kam nur darauf an, daß Mark zurückkehrte und Tim erzählte, unter welchen Umständen wir uns getrennt hatten. Tim würde dann meine Eltern benachrichtigen und die australische Botschaft. Möglicherweise würden sie ein paar Tage lang abwarten, für den Fall, daß ich mich nur einfach verspätet hatte oder eingeschneit war. Aber wenn ich bis zu meinem Flug am achtundzwanzigsten nicht auftauchte, würden sie wissen, daß etwas nicht stimmte. Dann wäre es ganz einfach, einen Hubschrauber nach Phedi zu schicken und das unterhalb liegende Tal abzusuchen. Von der Lichtung gleich neben meinem Felsblock aus konnte ich leicht dem Helikopter zuwinken. Ich hatte bereits bewiesen, daß ich mich gegen die Kälte zu wehren wußte; jetzt ging es nur noch darum abzuwarten. Ich mußte einfach ausharren, bis das Wetter besser wurde und der Schneefall aufhörte. Dann würde ein Hubschrauber das Tal hinaufgeflogen kommen. Und es konnte ja nicht ewig so weiterschneien.

Joanne: 25. Dezember 1991

Weihnachten 1991 verlief still und ruhig. Es war seit mehreren Jahren das erste Weihnachtsfest, das Calum, mein Mann, und ich zu Hause verbrachten. Wir sind beide Tierärzte und waren erst im August nach Brisbane zurückgekehrt, nachdem wir zwei Jahre in Großbritannien gearbeitet hatten.

Es war wunderschön, unsere Familien wiederzusehen, die beide in Brisbane ansässig sind. Als älteste von vier Geschwistern habe ich eine jüngere Schwester, Robbie, und zwei jüngere Brüder, James und John. Weihnachten feierten wir auf der Farm meiner Eltern, einem friedlichen Ort am Stadtrand. Das hochgelegene Haus dort wird immer von einer kühlen Brise umweht, so daß der queensländische Sommer nicht gar so drückend erscheint. Meine Eltern, Ken und Janet, lehren beide an der Universität von Queensland.

Zu schade, daß James nicht da war! Es wäre schön gewesen, die Familie vollständig versammelt zu sehen. Doch wir wußten, daß es ihm sicherlich gut ging. Er hatte sich schon so lange auf diese Reise gefreut, und 1992 sollte ein wichtiges Jahr für ihn werden. Als James einige Monate zuvor seine Verlobung mit Gaye Ryan ankündigte, hatte er uns damit alle überrascht. Am 24. Januar sollte eine Verlobungsfeier stattfinden und im Juni dann die Hochzeit in Cairns, wo Gayes Familie lebt.

Ich vermute, James' Begeisterung für die Nepalreise wurde etwas dadurch beeinträchtigt, daß er Gaye zurücklassen mußte. Sie hatte sich bestimmt Sorgen gemacht, als er abflog – was mir kaum verwunderlich schien, wenn ich daran dachte, daß ihre einzige Kontaktadresse »Poste Restante Katmandu« war. James und ich hatten über die geplante Reise gesprochen, ehe er sich verabschiedete. Er erzählte mir, daß im Jahr zuvor ein Medizinstudent, der sein praktisches Jahr in einem Land der Dritten Welt absolvierte, an einer Krankheit gestorben war, die nie diagnostiziert werden konnte. Ich hatte mich verwundert darüber geäußert, daß James, obwohl er davon wußte, dennoch gehen wollte. Er erwiderte scherzhaft, wenn er schon in Nepal sterbe, würde er dort wenigstens einen glücklichen Tod finden.

Vier Tage nach Weihnachten erhielten wir eine Nachricht, die unser Leben von Grund auf verändern sollte.

James: 26. Dezember 1991

Ich war mir so sicher gewesen, daß ich den nächtlichen Temperaturen unter dem Gefrierpunkt die Stirn bieten könnte, aber nach der letzten Nacht war diese Sicherheit geschwunden. Wie immer lag ich zitternd in meinem Schlafsack und wälzte mich unruhig hin und her. Dabei achtete ich sorgfältig darauf, daß der Schnürzug sich nicht öffnete, damit ich so warm wie irgend möglich blieb. Es schien zwar kalt, doch ich wußte inzwischen, daß die Temperaturen nicht lebensbedrohlich waren, solange ich in der schützenden Hülle meines Schlafsacks blieb. Dadurch hatte ich neues Vertrauen gewonnen, daß ich doch noch eine Überlebenschance hätte. Aber letzte Nacht, als ich mich umdrehte, hörte ich, wie der Stoff einriß, weil er sich an einem scharfen Stein unter mir verfangen hatte. Als der Morgen graute und ich den Kopf nach draußen streckte, stellte ich fest, daß über meinen Schlafplatz lauter Daunenfedern verstreut lagen, die vom Wind auch in den tieferliegenden Einschnitt geblasen wurden. Der Riß im Schlafsack war nur klein, aber mein ständiges Hin- und Herwälzen während der Nacht hatte eine beunruhigende Menge Federn entweichen lassen. Ich wußte, es wäre vergebliche Liebesmüh, sie von dem Schmutz am Erdboden abzusammeln. Das einzige, was ich tun konnte, war, den Riß mit Heftpflaster aus meinem Erste-Hilfe-Vorrat zu verkleben. Seit jener Nacht bemerkte ich, daß mein Schlafsack weniger wärmte. Da meine übrigen Kleider immer noch durchnäßt waren, hatte ich keine zusätzliche Möglichkeit, mich gegen die niedrigen Nachttemperaturen zu schützen.

James: 27. Dezember 1991

Ich brauchte immer sehr lange, bis ich genügend Mut fand, mich den morgendlichen Temperaturen zu stellen – je nachdem, wie stark mein Bedürfnis war, Wasser zu lassen, oder ob ich mehr Schnee holen wollte, um meinen Durst zu stillen. An manchen Tagen war der Druck auf meine Blase erheblich, weil ich bereits stundenlang wach gelegen und auf die Möglichkeit gewartet hatte, endlich zu gehen. Letzte Nacht konnte ich es nicht länger aushalten. Ich öffnete den Reißverschluß meines Schlafsacks und setzte mich auf. Die Empfindung der Kälte in jenen ersten Sekunden war unglaublich – sie durchdrang jede Faser meines Körpers. Das verstärkte mein Bedürfnis zu pinkeln, und so stand ich schnell auf, wobei ich mit dem Kopf gegen das felsige Dach über mir stieß. Ich fluchte lauthals und rieb die schmerzhafte Beule, die sich sofort auf meinem Schädel bildete. Dann stolperte ich zu meiner Latrine hinüber und trat auf Stiefel und Steine, doch das taube Gefühl in meinen Füßen ließ mich kaum erkennen, was ich da eigentlich berührte. Ich ging, so weit ich mich traute, am ganzen Körper zitternd, und fummelte an dem Knoten in dem Band herum, das meine Hose festhielt. Endlich konnte ich mich erleichtern, aber ich mußte hören, wie die Flüssigkeit auf meinem geschützten Felsvorsprung landete, statt in den Einschnitt hinunterzuplätschern. Ich wagte nicht, dichter an den Rand zu treten, um nicht etwa in den tiefen Schnee zu fallen. Und ich konnte es auch nicht über mich bringen, mir die Hände zu waschen. Die Kälte war inzwischen unerträglich geworden. Aus Angst, mir wieder den Kopf zu stoßen, kroch ich auf Händen und Knien zu meinem Schlafsack zurück und hüllte mich schnell ein. Die Kälte hatte ihren Tribut gefordert: Ich zitterte immer weiter. Fast eine Stunde lang war es mir nicht möglich, Körperwärme zu speichern. Wieder hatte ich eine Lektion gelernt. Ich schwor mir hoch und heilig, auf keinen Fall noch einmal bei Nacht meinen Schlafsack zu verlassen.

James: 28. Dezember 1991

Liebe Gaye,
ich kann nicht glauben, daß ich immer noch am Leben bin. Ich befinde mich an der gleichen Stelle und habe mich damit abgefunden, daß dies der Ort ist, an dem ich bleiben werde, bis sie mich finden. Es würde mich sehr überraschen, wenn ich dann noch am Leben sein sollte. Ich leide nicht besonders; allerdings bin ich ein wenig hungrig. Die Schneefälle haben kaum nachgelassen. Gestern nachmittag klarte es vorübergehend auf, aber der Schnee liegt jetzt so tief, daß ich nirgends hingelangen kann. Heute muß es etwas wärmer sein, denn es fällt mehr Graupel als Schnee.
Ich möchte Dich auf diese Weise wissen lassen, daß ich in den letzten sieben Tagen kaum etwas bedauert habe, einmal abgesehen von dem Schmerz, den ich Dir und meiner Familie bereite. Die Zeit, die ich in Nepal verbracht habe, war gut, und das Wandern in den Bergen hat mir wirklich gefallen. Ich hatte einfach großes Pech, und ich war sehr unvorsichtig. Dafür muß ich jetzt bezahlen.
Weißt Du, Gaye, es bricht mir das Herz, wenn ich daran denke, daß ich heute den Rückflug nach Thailand angetreten hätte, und dann, in drei Wochen, wären wir wieder beisammen gewesen. Ich habe noch einmal durchgelesen, was ich an Dich geschrieben habe, und meine Gefühle sind natürlich immer noch die gleichen.
Gaye, glaube mir, es gibt einen christlichen Gott, und ich weiß, er wird für mich sorgen, wenn dieses Leben hinter mir liegt. Bitte glaube auch Du weiter an ihn, vertraue ihm und liebe ihn. Ich weiß, er existiert. Dieses Wissen hat mich sehr getröstet. Ich habe keine Angst vor dem Tod, und ich kann in tiefem Vertrauen sagen, daß der Herr für mich sorgen wird.

Mit diesen Worten hatte ich das Ende der Seite erreicht. Auf einem neuen Blatt schrieb ich weiter. Aber noch bevor ich den ersten Satz beenden konnte, hörte die Tinte auf zu fließen. Ich versuchte, den Kugelschreiber auszuschütteln, und kritzelte damit wie wild auf dem Papier herum. Dann rieb ich ihn zwischen den Händen und versuchte, oben hineinzublasen. Doch nichts geschah. Der Stift war meine einzige Möglichkeit, mit den Menschen zu Hause zu kommunizieren, der einzige Weg, der mir noch blieb, ihnen zu sagen, was mit mir geschah. Wieder einmal ging alles schief. Seit ich mich vor sechs Tagen von Mark getrennt hatte, schien ich einfach kein Glück zu haben. Ich hätte es wirklich bis nach Talu schaffen sollen, dachte ich. Aber dieser verdammte Schnee hört einfach nicht auf zu fallen.

Ich begriff nicht, warum der Stift so plötzlich streikte. Im Innern war noch Farbe zu sehen. Resigniert ergab ich mich diesem neuen Schicksalsschlag und legte mein Schreibwerkzeug sorgsam beiseite in den Schmutz, in der Hoffnung, es möge später vielleicht doch wieder funktionieren. Daß ich nicht mehr schreiben konnte, war noch bedrückender als das Loch in meinem Schlafsack.

In den Nächten litt ich durch die Kälte unvorstellbare Schmerzen, aber tagsüber machte ich mir eine Routine zu eigen, die es mir ermöglichte, Wasser zu trinken, zu schlafen, und die half, die Zeit herumzubringen. Ich konnte es einfach nicht glauben, daß es immer noch schneite. Die Felsen und Baumstümpfe, die am ersten Weihnachtstag noch zu sehen gewesen waren, lagen jetzt vollständig bedeckt da. Der Schnee in dem Einschnitt hatte mir bis zum Bauch gereicht, als ich am Heiligabend versucht hatte, die Rinne zu durchwaten. Ich mochte gar nicht daran denken, wie tief er jetzt sein mußte. Wenn ich einen Steinbrocken in die Rinne warf, versank er sofort. Der Schnee bot nicht mehr Widerstand als das Wasser in einem Teich.

Wenn ich über all die Ereignisse nachdachte, die dazu geführt hatten, daß ich in diesem Tal festsaß, glaubte ich nach wie vor, daß ihre scheinbar beliebige Aufeinanderfolge mehr war als bloßer Zufall. Ich hatte das sichere Gefühl, aus irgendeinem Grund sei es mir bestimmt, hier zu sein. Ich versuchte, mich mit dem Gedanken zu trösten, daß Gott im Himmel vielleicht Arbeit für mich zu tun hatte. Solche Gedanken halfen mir sehr. Zwar

war ich nie regelmäßig in die Kirche gegangen, doch hatte ich immer an Gott geglaubt. Erst als ich mich mit dem Tod konfrontiert sah, dachte ich wirklich viel darüber nach, was vor mir lag. Bis zu jenem Moment hatte ich solche Gedanken ignoriert oder weit von mir gewiesen. Während ich beobachtete, wie der Graupel den Schnee noch tiefer werden ließ, kam ich mit meinem Schicksal ins reine. Es gab keine Ablehnung mehr, kein Verhandeln, einfach nur Ergebenheit darin, daß das wahrscheinliche Ende dieses Ausflugs mein Tod sein würde. Ich glaubte fest daran, daß mich ein Leben nach dem Tod erwartete, und ich war überrascht, wie leicht ich alles akzeptierte. Wie ich schon in meinem Brief geschrieben hatte, war ich daran gewesen, etwas zu tun, das mir Freude bereitete, als mich das Schicksal ereilte. Und es tröstete mich auch, daß es, wenn ich über die vergangene Woche nachdachte, absolut nichts gab, was ich anders hätte machen sollen – immer vorausgesetzt, was ich damals wußte.

Mein einziges Bedauern galt all dem Leid, das ich zu Hause hervorrufen würde, aber ich begriff, daß ich aufhören mußte, wieder und wieder darüber nachzusinnen, sonst würde mich das Schuldgefühl verrückt machen. Selbstsüchtig konzentrierte ich mich auf die Gedanken an meine Zukunft. Hier hatte ich eine eigene kleine Welt, völlig losgelöst von den Menschen, die so weit weg waren, in Australien. Und in dieser kleinen Welt mußte ich überleben.

Immer wenn ich an zu Hause dachte, besann ich mich auf glückliche Zeiten der Vergangenheit. Mit Absicht vermied ich es, an schlechte Lebensphasen oder irgendwelche Streitigkeiten zu denken, die ich mit Freunden oder meiner Familie erlebt hatte. Meine Erinnerungen an zu Hause waren sämtlich gut. Auch diese Art des Denkens half mir, den Kopf oben zu behalten.

Die Nächte waren am schlimmsten. Tagsüber konnte ich schlafen, lesen oder aufstehen, um Schnee zu sammeln. So war ich abgelenkt. Doch sobald es dunkel wurde – und damit auch extrem kalt –, lag ich auf dem unbequemen, steinigen Boden wach und zitterte unkontrollierbar, während mein Mut sank. Dann fiel es mir schwer, mich mit der Situation abzufinden.

Auch wenn der Tod selbst mich nicht ängstigte, schienen die Schmerzen von Kälte und Hunger in jenen langen, dunklen Nächten eine schreckliche Ungerechtigkeit.

Manchmal riß ich an meinen Haaren, oder ich kniff mich in verschiedene Körperteile, um von meinem Leiden abzulenken. Ich wollte mir in Erinnerung rufen, daß es noch viel schlimmeren Schmerz gab als den, den ich fühlte. Doch das tröstete mich kaum.

Tagsüber hielt mich eine strenge Routine ständig beschäftigt und half mir zu überleben. Jeden Morgen wartete ich auf den ersten schwachen Schimmer des Lichts. Der düstere Vorhang aus dicken grauen Wolken, der allmorgendlich die Gegend verhüllte, gefiel mir überhaupt nicht. Noch immer hatte ich keine wirkliche Vorstellung von meinem Aufenthaltsort im Verhältnis zum Laurebinyak-Paß, zu Phedi oder Talu. Nach sechs Tagen im Nebel und in den Wolken war ich mir nicht einmal über die Höhenlage sicher. Ich konnte den Flußlauf unter mir hören, dessen Rauschen von den Hängen widerhallte, aber es war mir unmöglich festzustellen, wie tief genau er unter mir lag.

War ich am Morgen erst einmal aus dem Bett heraus, ging ich die wenigen Schritte zum Rande des Felsüberhangs hinüber und beobachtete mit Zufriedenheit, wie mein Urin den Schnee schmelzen ließ. Das half, mir in Erinnerung zu rufen, daß die weiße Last nicht ewig bleiben würde. Wenn es nur aufhörte zu schneien …

Dann ging ich vorn unter meinem Überhang entlang, hielt auf halbem Weg inne und säuberte mir die Hände im Schnee. Dabei dachte ich nicht nur daran, daß der Urin meine Hände beschmutzt haben könnte. Während der Nacht rutschte mein Schlafsack manchmal herunter und gab meinen Kopf frei. Ich mußte dann in dem trockenen Schmutz herumtasten, um ihn wieder an seinen Ort zu schieben. Nach vier Tagen starrten die Socken an meinen Händen und Füßen vor Schmutz. Ihr Geruch allein machte mich würgen. In mehr als einer Hinsicht schien es daher sinnlos, mir die Hände zu waschen, wußte ich doch, daß ich später die Socken wieder überziehen würde. Aber ich dachte mir, bevor ich Schnee zum Essen sammelte, sollten meine Hände sauber sein, damit das Wasser, das ich trank, nicht verschmutzt würde.

Nach dem Händewaschen ging ich zur rechten Seite meines Unterschlupfs hinüber, wo der Boden steil anstieg und ich ein Stück hinaufklettern und mich setzen konnte, die Beine gegen den abschüssigen Fels unter mir gestellt. In Reichweite meiner Arme befand sich genügend Schnee. Hier konnte ich eine ganze Weile bequem sitzen, bis die Kälte mich wieder in den Schlafsack zurücktrieb.

Ich griff neben mich und grub meine Hände tief in die weiße Masse, hob schwere Schneeklumpen in die Luft und verstaute sie in meinem wasserdichten Schlafsackbeutel. Während ich das tat, gönnte ich mir das Vergnügen, gelegentlich einen kleinen Schneeball zu kosten, um meinen völlig ausgetrockneten Mund zu befeuchten. Mehrere Armvoll Schnee reichten aus, um den Beutel zu füllen, den ich darauf zu meiner Lagerstatt zurücktrug. In der Dämmerung spielte sich der gleiche Vorgang in umgekehrter Reihenfolge ab. Gegen Ende des Tages ging mir regelmäßig der Schneevorrat aus. Am stärksten schneite es am späten Nachmittag. Gelegentlich wurde das monotone Rauschen des entfernten Wasserlaufs vom Knacken eines Zweigs durchbrochen, der unter der Schneelast nachgab.

Es bereitete mir Freude, dem Fallen der Schneeflocken zuzusehen. Während ich dasaß und Schnee sammelte, fühlte ich mich freier und sauberer. Ich konnte aufrecht sitzen und das Naturschauspiel genießen. Dann hatte ich das Gefühl, es täte mir gut, mich ein wenig zu strecken und zu recken, solange ich nicht im Schlafsack lag. Meine Gelenke knirschten und knackten dabei wie die Gelenke eines alten Mannes. Meine Beweglichkeit nahm täglich ab, je mehr meine Muskeln sich unter dem Einfluß der Kälte zusammenzogen. Von Tag zu Tag fiel es mir schwerer, meine Dehnübungen zu machen. Der Bewegungsspielraum, den meine Gelenke zuließen, verringerte sich spürbar. Meine Finger waren am schlimmsten dran. Die Gelenke fühlten sich ständig fest an, und ich verspürte wiederholt das Bedürfnis, mit den

Knöcheln zu knacken. Wenn sie mit lautem Geräusch gegeneinanderschabten, fragte ich mich, welchen Schaden meine Knochen auf diese Weise wohl nehmen mochten.

Als ich am allerersten Tag die Felswand erstiegen hatte, hatte ich meine Fäuste gebraucht, um möglichst verläßliche Tritte in das Eis und das Erdreich zu boxen. Irgendwann hatte ich mir dabei einen Knöchel aufgeschürft. Damals erschien die Wunde unbedeutend, und ich achtete kaum darauf. Jetzt hatte sie sich jedoch entzündet, und die Haut um den Knöchel war stark gerötet und schmerzte. Ich benutzte eine Nadel aus meiner Erste-Hilfe-Ausrüstung, um in die Wunde hineinzustechen. Dann drückte ich sie fest zusammen und sah zu, wie der Eiter hervortrat. Ich machte mir Sorgen, daß die Entzündung bis zum Gelenk voranschreiten oder, schlimmer noch, sich über die Blutbahn ausbreiten könnte. Zur Desinfektion tupfte ich Jod auf den Knöchel.

Wenn ich den Schnee für die Nacht gesammelt und meine Gymnastik beendet hatte, kehrte ich zu meinem Schlafsack zurück und las, bis das Licht zu schwach wurde, um die Worte zu erkennen. Dann stand ich noch einmal auf und benutzte die Latrine, immer in der Hoffnung, daß ich in der Nacht nicht gehen müßte.

An den meisten Tagen hatte ich reichlich Zeit, und den Großteil davon verbrachte ich mit Lesen. Am Ende des ersten Weihnachtstages hatte ich den Dickens-Band durch. Daraufhin nahm ich mir *Das Schweigen der Lämmer* vor, ein Buch, das ich mir erst am Tag vor unserer Wanderung gekauft hatte. Anfang des Jahres war ich im Kino gewesen, um den Film zu sehen, und viele meiner Freunde hatten mir das Buch empfohlen. Es sollte noch besser sein. Ich las es begierig, sog jedes Wort in mich hinein. Dann wandte ich mich meinen Reiseführern über Nepal zu. Ich war noch immer ganz fasziniert von der Beschreibung des Jomson-Treks, die so viele gute Erinnerungen an die zweiwöchige Wanderung wachrief, die Tim und ich vor Weihnachten unternommen hatten. Auch die Beschreibung des Gosainkund-Treks fesselte mich, und als ich von den Ausblicken auf die Berge und von den Gletscherseen las, konnte ich nicht umhin, mich zu ärgern, daß ich das alles nicht mit eigenen Augen gesehen hatte.

Ungefähr um Mittag überwältigte mich meist die Müdigkeit. Die Kälte war dann weniger stark, und ich fühlte mich wohl genug, um einzuschlafen. Doch mein Schlaf wurde immer wieder unterbrochen, weil ich mich nicht umdrehen konnte, ohne wach zu werden. Meine Träume waren angenehm und sehr lebhaft. Immer wieder kreisten sie ums Essen. Oft befand ich mich zu Hause bei einer Grillparty. Unmengen von Fleisch, Salaten und Desserts waren auf einem Tisch aufgehäuft. Sie forderten mich nur allzu nachdrücklich auf, mich zu bedienen. Immer waren in diesem Traum Angehörige meiner Familie anwesend, und während ich aß, unterhielten wir uns angeregt und glücklich. Bemerkenswert erschien mir, wie deutlich die Bilder waren – bis hin zu Details der Einrichtung und einzelnen Worten, die gesprochen wurden. Es hatte ganz den Anschein, als wäre ich tatsächlich dort. Wenn ich aufwachte, vermochte ich kaum zu glauben, daß ich noch immer unter einem Felsen gefangen saß. Ja, meine Träume schienen mir so wirklich, daß ich beim Aufwachen bemerkte, wie mir der Speichel aus dem Mund getropft war und auf dem Schlafsack einen feuchten Fleck zurückgelassen hatte.

Sobald ich begriff, wo ich war, fühlte ich mich zunächst frösteliger und hungriger denn je. Dann, während Minuten verstrichen, fand ich mich nach und nach mit der Realität meiner Situation ab und versuchte verzweifelt, den Schmerz auszuschalten. Ich verbannte alles aus meinen Gedanken, was irgendwie mit zu Hause zu tun hatte, und blieb mit einem Gefühl unbeschreiblicher Leere zurück.

Der heutige Tag, der 28. Dezember, hatte eine besondere Bedeutung. Tim und ich wollten nach Bangkok und von dort nach Hause fliegen. Logischerweise war damit heute auch der letzte Tag, an dem er darüber hinwegsehen konnte, daß ich nicht nach Katmandu zurückgekehrt war. In den letzten Nächten hatte ich oft an Tim gedacht. Ich war mir bewußt, in welch schwierige Lage ich ihn gebracht hatte. Ohne Zweifel würde er sich irgendwann an meine Eltern wenden, aber er würde den Moment

Noch kälter konnte mir nicht werden. Sollte ich diese Nacht überleben, würde ich wissen, daß ich auch aushalten konnte, bis sie mich fänden.

hinausschieben, solange es möglich schien. Auf gar keinen Fall würde er eine so tragische Nachricht unnötigerweise über Weihnachten überbringen und meine Eltern damit beunruhigen wollen. Wenn Mark es nicht über den Paß geschafft hatte, würde Tim wissen, daß etwas nicht stimmte. Hatte Mark im einzelnen von den Bedingungen berichtet, unter denen wir uns trennten, würde Tim sofort gehandelt haben. Doch es gab noch eine weitere Möglichkeit: Mark schien so selbstsicher, als wir uns trennten, daß er Tim vielleicht erzählt hatte, ich sollte mit dem Rückweg wirklich keine Schwierigkeiten haben. Vielleicht nahm er meine verspätete Rückkehr auf die leichte Schulter und meinte nur, ich sei vorübergehend eingeschneit. Das würde Tim in eine Zwickmühle bringen. Er hatte ja keine Ahnung, wie ernst meine Lage tatsächlich war. Doch wie auch immer – der Umstand, daß ich heute nicht in Katmandu war, würde Tim zwingen, etwas zu unternehmen.

Ein anderes Problem sah ich darin, daß ich mich nun schon seit fast einer Woche in dieser fürchterlichen Situation befand. Aus Australien wußte ich, daß bei Leuten, die bei schlechtem Wetter seit kurzer Zeit vermißt wurden, in der Regel eine große Suchaktion eingeleitet wurde. Hatte man nicht bald etwas gefunden, wurde der Suchaufwand entsprechend schnell verringert. Im Wissen um die Bedingungen, unter denen ich mich verirrt hatte, mutmaßte ich, daß man allenfalls einen Hubschrauber losschicken würde, um die Hütten von Phedi abzusuchen. Darüber hinaus würde vermutlich oberhalb der Schneegrenze keine Suche stattfinden. Sechs Tage waren jetzt vergangen, seit man mich zuletzt gesehen hatte. Kaum jemand würde glauben, daß ich unter diesen Bedingungen in der freien Natur überlebt hatte.

Ich rechnete damit, daß der Hubschrauber zu den Hütten losgeschickt würde, sobald sich das Wetter besserte. Das wäre dann meine einzige Chance auf Rettung. Nach meinen Berechnungen mußte der Helikopter das Tal hinauffliegen, um Phedi zu erreichen, und wenn er an mir vorbeiflog, hätte ich die Möglichkeit, ihm von der Lichtung neben meinem Felsen ein Signal zu geben. Ob der Hubschrauber mich dabei ausmachen würde oder nicht, blieb zweifelhaft. Aber da der tiefe Schnee es unmöglich machte, von hier wegzukommen, sah ich darin meine einzige Chance. An diese Hoffnung klammerte ich mich jetzt.

Meine Gedanken wanderten zu unserem Flug mit *Thai Air* nach Katmandu zurück. Nach sechs Tagen ohne irgendwelche Nahrung verwandelte sich das Essen an Bord in meiner Fantasie von einem schlichten Imbiß für unterwegs in ein wahres Festmahl. Was würde ich nicht tun, um ein Glas Wein, eine Dose Coca-Cola, einen Krug Orangensaft zu bekommen ... Die Begierden erwachten erneut. Während der letzten zwei Wochen unseres Aufenthalts in Katmandu hatten Tim und ich uns nach *Fast Food* zum Mitnehmen gesehnt. In Nepal fehlte mir besonders »Kentucky Fried Chicken«. Zwar aß ich da gar nicht oft, aber wenn ich es tat, genoß ich das leckere Hühnerfleisch in vollen Zügen. Wir hatten uns vorgenommen, die Wartezeit in Bangkok damit zu verbringen, den nächsten »Kentucky Fried Chicken«-Imbiß zu suchen. Ich begann, Pläne für die Speisenfolge zu machen. Dazu stellte ich mir vor, daß ich genau in diesem Moment gerettet würde und sofort in ein Flugzeug nach Bangkok stieg, direkt zum nächsten »Kentucky Fried Chicken«. Ich malte mir aus, was ich von der Speisekarte wählen würde. Zu Anfang eine »Dinnerbox« (drei Stücke Huhn und Pommes frites), aber ich wußte, daß das noch nicht einmal den schlimmsten Hunger stillen würde. Als nächstes nähme ich einen Hamburger, belegt mit Schinken und Käse, sowie Hühnchenfilet – zwei davon! Dann ein halbes Dutzend Chicken Nuggets und mehrere Dosen Coca-Cola, um alles hinunterzuspülen ... Doch plötzlich kam mir ein trauriger Gedanke: Noch nie hatte ich den Schokoladenpudding probiert, der immer so einladend in den Kühltheken stand. Mindestens einen davon mußte ich obendrein essen.

Die Krämpfe in meinem Magen hatten schier unglaublich zugenommen, ich knirschte mit den Zähnen und bekam schon Kopfschmerzen. Nach all den quälenden Gedanken ans Essen bezahlte ich jetzt dafür, daß ich meiner Fantasie freien Lauf gelassen hatte. Wieder einmal machte ich mich daran, sämtliche

Gedanken an irgendwelche Nahrungsmittel in meinem Hirn auszuschalten. Statt dessen fragte ich mich, ob ich Tim wohl je wiedersehen würde.

Joanne: 29. Dezember 1991

An: Professor Scott
Durch: W. D. Hooper
Von: Tim Hooper
Datum: 29.12.91

Lieber Professor Scott,
ich möchte Sie nicht unnötig beunruhigen, aber ich denke doch, ich sollte Sie darüber informieren, daß James sich möglicherweise in Schwierigkeiten befindet. Er ist nicht zur vereinbarten Zeit von einem Trek im Langtang-Nationalpark hier in Nepal zurückgekehrt. Ich hatte um den 25. Dezember mit seiner Rückkehr nach Katmandu gerechnet, und wir wollten beide am 28. Dezember weiter nach Bangkok fliegen. Der wahrscheinlichste Grund für sein Ausbleiben könnte darin liegen, daß er eingeschneit ist. In jener Gegend hat es, allem Anschein nach, schwere Schneefälle gegeben.
Am 27. Dezember habe ich Kontakt zur australischen Botschaft aufgenommen. Sie hat eine genaue Beschreibung von James und zieht mit Hilfe der Polizei entlang der Trekkingroute Erkundigungen ein, um herauszufinden, wo James das letzte Mal registriert wurde. (Auf dem Wanderweg gibt es ungefähr jeden Tag einen Checkpoint.) Wenn James heute nicht zurückkehrt, werde ich höchstwahrscheinlich morgen gemeinsam mit einem Botschaftsangestellten aufbrechen, um nach ihm zu suchen.
Die genauen Angaben zu dem Trek, auf dem wir gemeinsam unterwegs waren, sind wie folgt: Am 19. Dezember verließen James und ich zusammen Katmandu, um mehrere Tage auf dem Helambu-Rundweg zu wandern. Nach zwei Tagen

zerrte ich mir einen Oberschenkelmuskel und war gezwungen, umzukehren. James wanderte mit einem Australier weiter, den wir unterwegs kennengelernt hatten. Zu zweit gingen sie zum Fuß eines Passes (Laurebinyak-Paß) und versuchten am 22. Dezember, ihn zu überqueren. James kehrte um, und der andere Australier, Mark Fulton, ging allein weiter. Ich habe seither mit ihm gesprochen. Er wanderte über den Paß und kehrte am 24. Dezember mit dem Bus nach Katmandu zurück. Die letzte Information, über die ich verfüge, besteht daher darin, daß James am 22. Dezember zu einem Dorf namens Gopte zurückwandern wollte. Weil seitdem bereits eine Woche vergangen ist, wendet sich die hiesige Botschaft heute an das Außenministerium in Australien.

Ich fürchte, das ist zur Zeit alles, was ich Ihnen berichten kann. Der Name des Botschaftsangehörigen, mit dem ich zu tun habe, ist Graeme Fay. Ich komme täglich hierher, um nach einem Fax zu schauen. Außerdem habe ich meinen Vater gebeten, mir Ihre Telefonnummer zu geben. Ich werde Sie anrufen, sobald es mir möglich ist, oder wenn ich Neuigkeiten für Sie habe.

Mit freundlichen Grüßen,

Tim Hooper

Soviel stand in dem Fax, das Dr. Hooper meinen Eltern am Telefon vorlas, und so erreichte uns das erste Anzeichen, daß James in Schwierigkeiten sein könnte. Es war ein gewaltiger Schock.

Wären wir uns nicht so sicher gewesen, daß James in der Lage war, auf sich aufzupassen, wären wir vielleicht eher darauf gefaßt gewesen, daß etwas schiefgehen könnte. Aber James war ein kluger, selbstbewußter, offener Mensch, der es zum schwarzen Karate-Gürtel gebracht hatte und der eine erstaunliche Fähigkeit besaß, immer wieder auf die Füße zu fallen. Er war weit gereist. Selbst als sie später davon hörten, daß James immer noch nicht von einer Wanderung zurückgekehrt war, zuckten viele seiner Freunde nur mit den Schultern und sagten: »Er wird schon okay sein.« Irgendwie haftete meinem Bruder eine Aura der Unverletzlichkeit an, und so mancher konnte sich überhaupt nicht vorstellen, daß ihm etwas Unerfreuliches widerfahren sollte. Gaye war sich nicht so sicher.

Sie hatte erwartet, daß James am 27. Dezember anrufen würde. Vor Weihnachten hatte sie einen Brief von ihm erhalten. Da hatte er eine Wanderung in der Annapurna-Region hinter sich. Den Rest seiner Zeit in Nepal wollte er bei der Arbeit im Krankenhaus verbringen.

James hatte am Siebenundzwanzigsten nicht mit seiner Verlobten telefoniert. Am 28. Dezember hatte Gaye den ganzen Tag lang gewartet (das war der Tag, an dem James nach Thailand fliegen sollte) – immer noch kein Anruf. Am 29. Dezember hielt sie die Anspannung nicht länger aus. Um die Mittagszeit rief sie meine Eltern an und sagte, daß James sich nicht gemeldet habe. Ob wir etwas von ihm gehört hätten? Dad tat so, als nähme er das Ganze leicht, und versetzte lachend: »Was, Gaye? Glaubst du, er hat sich verlaufen?«

Mum sprach ebenfalls mit Gaye. Nein, sie hatten auch nichts gehört, aber sie machten sich keine Sorgen. Vielleicht war es gar nicht so einfach, in Nepal ein Telefon zu finden. Außerdem mußten Auslandsgespräche sehr teuer sein. Vielleicht machte James es sich gerade in Thailand gemütlich und rief später von dort aus an. Vielleicht hatte er es versucht, und Gaye war nicht zu Hause gewesen. Es gab viele mögliche, logische Erklärungen. Mum sagte Gaye, sie solle sich keine Sorgen machen. Wenige Stunden später erhielten sie das Fax.

Ungefähr eine Stunde nach jener ersten Nachricht rief Dad bei uns an und erzählte mir, was er wußte. James war seit dem 22. Dezember nicht mehr gesehen worden, seit genau sieben Tagen. Als er sich von diesem anderen Australier namens Mark trennte, hätte er noch drei, allenfalls vier Tage bis Katmandu benötigen sollen.

»Aha, und wer ist Mark?« fragte ich.

»Irgendein anderer Wanderer, den sie unterwegs getroffen haben«, entgegnete Dad.

»Warum ist James nicht mit Tim zurückgegangen?«

»Ich will verflucht sein, wenn ich das weiß.«

»Wo ist Mark jetzt?«

»Er ist nach Thailand geflogen, am 27. Dezember. Sie sind sich nicht sicher, wo er sich aufhält.«

Ein Suchtrupp war organisiert worden; er sollte gleich morgen aufbrechen. Tim und Graeme Fay gingen bis zu einer Ortschaft namens Sundarijal mit. In einem Dorf namens Gopte gab es eine Reihe von Hütten. Dort könnte James Zuflucht gesucht haben. Möglicherweise wartete er auf besseres Wetter. Es würde mindestens drei Tage dauern, bis die Suchmannschaft Gopte erreichte. Die einzige Verbindungsmöglichkeit nach Katmandu war der Armee- und Polizeifunk. Sobald es irgendwelche Neuigkeiten gab, würde ein Läufer zur Funkstation geschickt. Frühestens am Donnerstag konnten wir damit rechnen, irgend etwas zu hören.

»Donnerstag!« Ich vermochte nicht zu glauben, daß wir so lange warten sollten.

Zum Suchtrupp gehörten ein erfahrener Bergsteiger namens Carl Harrison, ein paar Sherpas und Suchhunde. Die Männer hatten Fotos von James bei sich. Ihr Plan bestand darin, nach Gopte hinaufzuwandern und mit jedem zu sprechen, den sie unterwegs trafen. Möglicherweise war James ja gesehen worden. Die Botschaft würde außerdem alle Krankenhäuser und Kliniken informieren.

»Was für Ausrüstung hat James bei sich? Kann er ein Feuer machen? Hat er ausreichend Nahrungsmittel?«

Es schien, als habe James nicht viel bei sich. Soweit Tim wußte, besaß er keine Lebensmittel und verfügte auch nicht über die Möglichkeit, Feuer zu machen. Möglicherweise besaß er eine Landkarte. Nach James' Schuhwerk befragt, meinte Tim, er habe lediglich Turnschuhe getragen.

»Was zum Teufel hat er sich dabei gedacht?« rief ich aus. »Wandert mit Turnschuhen durch den Schnee! Warum hatte er keinen Führer dabei? Warum hat er sich von Mark getrennt? Ich verstehe das alles nicht!« Dad konnte offensichtlich keine meiner Fragen beantworten.

Es war immer noch möglich, daß James sich auf dem Rückweg nach Katmandu befand und dort eintraf, während noch die Suchmannschaft unterwegs war.

»Wir können nichts anderes tun als warten«, sagte Dad zu mir. »Deine Mutter und ich müssen Geld nach Nepal schicken, um für die Kosten der Suchaktion aufzukommen. Ich habe gesagt, sie sollen sich um das Finanzielle keine Gedanken machen und ausgeben, was immer erforderlich ist. Wir müssen morgen früh in der Stadt ins Büro für Auswärtige Angelegenheiten, um einen ersten Betrag zu überweisen.«

Benommen legte ich den Hörer auf. Solche Dinge passierten anderen Leuten, nicht uns. Ich war krank vor Sorge. Mir war klar, daß etwas Schlimmes passiert sein konnte – auch wenn es möglich schien, daß James in einer Hütte in diesem Ort Gopte Unterschlupf gefunden hatte. Dort oben mußte es bitterkalt sein. Ich dachte zurück an das friedliche, glückliche Weihnachtsfest, das hinter uns lag. Da hatten wir gesessen, hatten uns über die Hitze beklagt und einen Truthahn zum Abendbrot verspeist, während James möglicherweise schon seit drei Tagen tot am Fuß eines Felsens lag. Vielleicht war er gestürzt und hatte sich ein Bein gebrochen? Er würde auf einem Felsvorsprung sitzen und auf Hilfe warten. Jetzt war bereits eine ganze Woche vergangen, und noch war die Suchmannschaft nicht einmal aufgebrochen! Ich schloß die Augen und versuchte, die Dinge positiv zu sehen. Was konnte ich tun, um zu helfen? Wen kannte ich, der weiterwußte? Ich hatte einen Freund, der im Außenministerium in Canberra arbeitete. Vielleicht hatte er eine Idee.

Ich rief sofort dort an, aber als es daran ging, den Sachverhalt zu schildern, konnte ich die Tränen nicht zurückhalten, und Calum mußte das Gespräch übernehmen. Nachdem ich mich wieder beruhigt hatte, erzählte mir mein Bekannter, daß es jemanden gab, der speziell in solchen Situationen weiterhelfen sollte, einen Konsularbeamten. Er würde den Betreffenden bitten, mich anzurufen.

Schon kurz darauf rief der zuständige Beamte bei uns an. Er sagte, ihm sei bekannt, daß James vermißt werde. Am Nachmittag habe er ein Telex aus Katmandu erhalten. Er schlug vor, wir sollten die Weitergabe von Informationen organisieren. Dazu sollte eine Person ausgewählt werden, an die Canberra sich jeweils wenden würde. Mehr als eine Person würde nur zu Verwirrung führen. Er meinte, es sei nicht nötig, daß wir uns direkt mit Nepal in Verbindung setzten. Alle Neuigkeiten von dort würden nach Canberra übermittelt und sofort an uns weitergegeben. Ich fragte, ob einer von uns daran denken sollte, nach Nepal zu fliegen. Er sagte, das hätte keinen Sinn, die Botschaft würde sich um alles kümmern. Dad sei derjenige, an den sie sich wenden würden.

Ich zermarterte mir das Hirn nach weiteren Kontaktpersonen oder irgend etwas anderem, das ich tun könnte, aber mir fiel nichts ein. Ich versuchte, die Dinge in einem günstigen Licht zu sehen. James saß wahrscheinlich in Gopte und wartete darauf, daß das Wetter besser wurde. Schließlich war es Mark gelungen, durch unbekanntes Gelände zu wandern und über den Paß zu klettern. James' Umkehr schien die klügere Entscheidung gewesen zu sein. Wenn Mark es geschafft hatte, warum nicht auch James? Als nächstes würden wir vermutlich hören, daß er völlig gelassen über Nacht in Katmandu einmarschiert war. Während ich noch versuchte, mir selbst gut zuzureden, konnte ich doch meine Gedanken nicht davon abhalten, die Möglichkeit in Betracht zu ziehen, daß etwas weitaus Schrecklicheres passiert sein mochte.

Die folgende Woche war extrem schwierig. Es schien, als könnten wir nichts tun als herumsitzen und warten. Die Zeitverschiebung zwischen Brisbane und Katmandu betrug fünf Stunden. Das bedeutete, daß wir in Australien um sieben Uhr morgens aufwachten und wenigstens bis Mittag warten mußten, bevor es in Nepal überhaupt hell genug war, um eine Suchaktion zu beginnen. Die Büros schlossen um zehn Uhr abends – nach unserer Zeit. Darüber konnte es spät werden. In jener ersten Woche kamen Calum und ich nach Hause und verbrachten drei oder vier Stunden am Telefon, sprachen mit meinen Eltern, mit Gaye, Canberra und Nepal. Es wurde Mitternacht, und wir hatten noch nicht einmal etwas gegessen, geschweige denn uns nach der Arbeit umgezogen.

Meine Eltern beschlossen, James' Verschwinden nicht an die große Glocke zu hängen. Auf keinen Fall wollten sie, daß besorgte Freunde anriefen, um ihr Mitgefühl zum Ausdruck zu bringen oder Hilfe anzubieten. Das einzig Wichtige war, Anrufe aus Katmandu so schnell wie möglich entgegenzunehmen. Niemand konnte wirklich etwas tun – warum also anderen soviel Kummer und Sorge bereiten? Ich war nicht ganz ihrer Ansicht. Mir bereitete es keine Schwierigkeiten, jedem, der meinte, er könne uns helfen, von James zu erzählen. Aber ich konnte auch verstehen, warum meine Eltern sich anders entschieden. Wir alle hofften einfach darauf, daß der Alptraum am Donnerstag zu Ende sein würde.

Ich arbeitete die ganze Woche mit Ausnahme des Neujahrstages und war froh über die Ablenkung. Zu Hause wäre ich verrückt geworden. Die Leute, denen ich von James erzählte, waren meist optimistisch. Manche waren selbst in Nepal gewesen und berichteten, wie die Wanderwege überraschend viel begangen seien. Es hörte sich so an, als gäbe es viele Hütten, bewohnt von Einheimischen. Und immer wieder war es vorgekommen, daß sie sich um Wanderer kümmerten, denen es nicht gut ging. Vielleicht saß James wirklich trocken in einer Hütte und wartete auf seine Retter oder auf besseres Wetter.

Meine Eltern mußten sich darum kümmern, Geld nach Katmandu zu schicken. In Nepal wurde ein Konto eröffnet; die Überweisung erfolgte telegrafisch durch das Außenministerium. Am Montag, dem 30. Dezember, schickten sie die ersten tausend Dollar. Die Suchaktion hatte einzig und allein deshalb schon vorher beginnen können, weil Tim Hooper in Katmandu persönlich dafür garantierte, daß die Kosten übernommen würden. Gaye rief häufig aus Cairns an. Ihr Vater Noel telefonierte täglich mit der Botschaft in Katmandu. Später erfuhren wir, daß Graeme Fay um die Erlaubnis des Außenministeriums nachgesucht hatte, direkt mit der Familie sprechen zu dürfen, doch das war ihm verwehrt worden. Im Auswärtigen Amt beharrte man darauf, daß jegliche Kommunikation per Telex von Katmandu nach Canberra stattfinden solle, dann würde man sich an Dad wenden. Graeme bekam schon Schwierigkeiten, weil er überhaupt Anrufe annahm. Doch wir hatten das Gefühl, es sei von entscheidender Bedeutung, daß wir mit Nepal direkt Kontakt hielten. Schließlich war dort der Schauplatz der Ereignisse. Wir mußten den Leuten von der Botschaft immer wieder deutlich machen, wie sehr wir uns sorgten, damit sie einfach alles taten, was in ihren Kräften stand. Und immer wieder wurde uns versichert, daß Canberra uns umgehend informieren würde, sobald es etwas Neues gab – ganz egal, ob zur Tages- oder Nachtzeit.

Nach Katmandu durchzukommen war unglaublich schwierig. Mindestens jedes zweite Mal, wenn man gewählt hatte, sagte eine Stimme auf einem Band: »Kein Anschluß unter dieser Nummer. Bitte versuchen Sie es noch einmal« oder: »Wir können Ihr Gespräch zur Zeit nicht vermitteln, da alle Leitungen belegt sind. Versuchen Sie es in wenigen Minuten noch einmal.« Besonders Dad wollte schier verzweifeln, knallte den Hörer auf die Gabel und fluchte. Wenn wir es schafften durchzukommen, wurde unser Anruf häufig von jemandem entgegengenommen, der kein Englisch sprach. Immer wieder versuchten wir, eine Nachricht weiterzugeben. Die Antwort war Nepalesisch im Eiltempo. Dann hieß es mitunter: »Einen Moment bitte«, und man ließ uns ewig am Ende der Leitung hängen, wenn wir nicht einfach getrennt wurden.

Gaye sollte am Freitag, dem 3. Januar, von Cairns nach Brisbane zurückkehren, aber sie und ihre Eltern beschlossen, bereits am Neujahrstag zu fliegen. Gaye hatte die Nachricht sehr schlecht verkraftet. Sie hatte sich etwas verschreiben lassen müssen, um nachts schlafen zu können. Von dem Moment an, als James nach Nepal aufbrach, hatte sie sich Sorgen gemacht. Als er am 27. Dezember nicht anrief, war sie nicht einmal sonderlich überrascht gewesen. Bereits am Morgen jenes Tages hatte sie ihrer Mutter prophezeit, daß James sich nicht melden würde. Ja, in der Sonntagnacht, am 22. Dezember, also an jenem Tag, als James zuletzt gesehen wurde, träumte Gaye, er sei gestorben.

Tagsüber konnte ich mich mit meiner Arbeit ablenken, aber die Nächte waren sehr lang. Morgens fühlten wir uns alle besser. Dann waren wir immer optimistisch, daß es James gut ging. Aber um zwei Uhr nachts, unfähig einzuschlafen, machten wir uns quälendste Gedanken über James' mögliches Schicksal.

Ich kann mich nicht genau daran erinnern, wann ich beschloß, nach Nepal zu reisen, aber am Silvesterabend wußte ich, daß ich fliegen würde, wenn es bis Donnerstag nichts Neues gab. Calum und ich sprachen ausführlich darüber, und er unterstützte mich. Die Entscheidung fiel mir nicht leicht. In fast sieben Jahren waren Calum und ich nur zwei Nächte getrennt gewesen. Der Gedanke, auf unbestimmte Zeit so weit weg zu sein, war beängstigend. Doch es war nicht möglich, daß er mit mir kam. Wir hatten finanzielle Verpflichtungen, und einer von uns mußte weiter Geld verdienen. Das Geld für das Flugticket mußte ich ohnehin schon von meinen Eltern borgen. Ich war noch nie allein gereist, und ich war noch nie in Asien gewesen.

Ich fürchte, ich bin nicht der Typ, mich im Hintergrund zu halten und andere die Dinge regeln zu lassen. Ich glaube, wenn man möchte, daß etwas ordentlich getan wird, muß man es oft selbst tun. Daher gefiel es mir gar nicht, daß wir unser ganzes Vertrauen in Leute setzen mußten, die wir nicht kannten. Und mir gefiel nicht, wie wenig Einfluß wir auf die Situation hatten. Wenn James' Leichnam eines Tages gefunden wurde, oder auch wenn sie nie etwas finden sollten – ich würde mich ewig fragen, ob es etwas geändert hätte, wenn ich geflogen wäre. Es ging einfach nicht an, den Rest meines Lebens mit einer solchen Frage herumzulaufen. Ich wußte, ich würde gehen, wenn es sein mußte, aber ich betete darum, daß es nicht nötig wäre.

Als ich das Thema meinen Eltern gegenüber anschnitt, sagten sie mir, ich solle mich nicht vom Fleck rühren: »Es hat keinen Sinn, wenn du nach Nepal reist.«

Joanne: 31. Dezember 1991

Der Silvesterabend war schrecklich. Wir hatten schon lange vorher abgemacht, daß die ganze Familie sich in einem bestimmten Restaurant zum Abendessen treffen sollte. Dad rief mich bei der Arbeit an, um zu sagen, daß er und Mum zu dem vereinbarten Treffen gehen würden. Schließlich könnten sie zu Hause auch nichts ausrichten. Ich sagte, ich würde lieber nicht kommen. Ich hatte das Gefühl, daß immer jemand am Telefon sein sollte. Es goß an jenem Abend in Strömen, und ich kann mich daran erinnern, daß ich einen Fernsehfilm sah, in dem ein alter Mann im Sterben lag. Über eine Stunde lang habe ich geweint.

Andrew Ross, ein enger Freund von James, hatte meine Eltern tagsüber auf der Farm besucht. James' Freunde hatten tausend Dollar gesammelt, um zu den Kosten für die Suchaktion beizutragen. Ursprünglich wollte Andrew Silvester an der Nordküste verbringen, aber schon bald verspürte er dazu keine Lust mehr und trampte statt dessen nach Hause.

Joanne: 1. Januar 1992

Der Silvesterabend war schlimm – der Neujahrstag noch schlimmer. Calum und ich trafen uns mit den Ryans und meiner Familie draußen auf der Farm. Dad hatte darum gebeten, nicht über James zu sprechen.

»Es regt mich zu sehr auf«, erklärte er mit Tränen in den Augen. Meine Eltern sahen schrecklich aus. Nachts schliefen sie überhaupt nicht. Mum sagte, sie liege ständig wach und mache sich Gedanken, was passiert sei. Ich war entsetzt, als ich sah, wie stark sie mitgenommen waren. Keiner von beiden schien in der Lage, auch nur die einfachsten Dinge zu tun. Immer wieder vergaßen sie, wo sie irgendwelche Sachen hingelegt hatten, und wenn man sie etwas fragte, klangen die Antworten oft ausgesprochen vage. Dad wollte irgendwohin fahren und konnte sich nicht an den Weg zu einer Straße erinnern, die er seit zehn

Jahren praktisch täglich benutzte! Innerlich verfluchte ich das Außenministerium für seine strikte Politik, alle Informationen nur über ein Familienmitglied weiterzugeben. Mein Vater hatte jedes Recht, alles aus erster Hand zu hören, aber er war nicht unbedingt in der Lage, was er gehört hatte weiterzuvermitteln und sich an alles zu erinnern. Ich sah nicht ein, warum sie sich nicht an mich wenden konnten. Ich war auch völlig durcheinander, aber ich funktionierte immer noch besser als meine Eltern.

Zu der Trauer und der Sorge um James kam ein Element der Verärgerung hinzu. Ärger darüber, daß er überhaupt nach Nepal gereist war. Genausogut hätte er sein praktisches Jahr in einem westlichen Land oder sogar vor Ort absolvieren können. Ärger über seine Entscheidung, zu dieser letzten Wanderung aufzubrechen. Er hatte gesagt, er würde im Krankenhaus bleiben, bis er nach Thailand abreiste. Und Verärgerung darüber, daß er eine solche Wanderung ohne Führer unternahm. Ich nahm es James übel, daß er meine Eltern und Gaye diesen schrecklichen Qualen aussetzte, die so leicht hätten vermieden werden können.

Umgekehrt half der Ärger aber auch, die Trauer, die wir spürten, etwas zu lindern. Wenn (was Gott verhüten möge) James ums Leben gekommen war, wußten wir, daß es passiert war, weil er etwas tat, das er tun wollte. Niemand trug die Schuld daran, daß er in Nepal war oder sich auf diese Wanderung begeben hatte. In jener Woche dachte ich oft an die Worte, die er mir gegenüber geäußert hatte, bevor er nach Nepal aufbrach: »Wenn ich dort sterbe, werde ich zumindest glücklich sein.«

An jenem ersten Januar machten wir den ganzen Tag lang Konversation, sprachen sogar über die Vorbereitungen zur Verlobungsfeier von James und Gaye und über Pläne für die Hochzeit. Wir saßen um den Mittagstisch, als Dad einen Trinkspruch ausbrachte: »Laßt uns auf James trinken und auf seine sichere Rückkehr.« Wir alle erhoben das Glas.

Dann sprach ich allein mit Gaye. Sie hatte einen neuen Reisepaß beantragt. Im Postamt liefen ihr die Tränen in Strömen über das Gesicht, sagte sie. Aber das war ihr vollkommen gleichgültig. Ich erzählte, daß ich nach Katmandu fliegen würde, und fragte, ob sie mich begleiten wolle. Nichts lieber als das, entgegnete sie, aber ihre Eltern würden sich größte Sorgen um ihr Wohlbefinden machen, wenn sie dort drüben wäre. Sie hatte sich gerade erst von einem ernsten Anfall Pfeifferschen Drüsenfiebers erholt, und die Reise würde sehr anstrengend werden. Außerdem sollte sie in ein Land der Dritten Welt führen, wo man sich sehr leicht eine neue Krankheit zuziehen könnte. Gaye hatte kein Geld für den Flug, und sie meinte, ihre Eltern würden eine Reise nach Nepal lieber nicht finanzieren.

Nach dem Mittagessen gingen wir alle spazieren. Als wir an altvertrauten Orten vorbeikamen, begann Dad über James zu sprechen. »Hier hat James zum ersten Mal den Traktor gefahren« und: »Hier hat James mir damals mit dem Vieh geholfen.« Alles, was er sagte, war in der Vergangenheitsform, als weile James schon nicht mehr unter den Lebenden.

Wir trösteten uns mit dem Gedanken, daß heute bereits Mittwoch war, und versicherten einander immer wieder, daß es innerhalb der nächsten vierundzwanzig Stunden gute Nachrichten geben würde.

James: 1. Januar 1992

Wasser rieselte ständig vom Rand des felsigen Daches über mir herunter und tropfte in den Geländeeinschnitt. Seit die Temperatur über den Gefrierpunkt geklettert war, ging es mir besser. Der erste Tag Sonnenschein neigte sich dem Ende zu, und es war wunderbar gewesen, mich in den sanften, warmen Strahlen zu aalen. Ich begriff nur nicht, warum noch kein Hubschrauber nach Phedi geschickt worden war.

Als ich aus meinem Schlafsack hervorspähte, stellte ich überrascht fest, daß die Wolken sich verzogen hatten und die Aussicht frei war. Ich setzte mich auf. Die Kälte war noch ebenso durchdringend wie immer, aber ich konnte jetzt sehen, in welchem Teil des Tales ich mich befand. Strahlen des Sonnenlichts beleuchteten die Gipfel gegenüber, zerklüftete Bergspitzen, weiß von Schnee. Als die Sonne hinter mir aufging, warf der Berg, an dessen Hängen ich gefangensaß, seinen Schatten auf die gegenüberliegende Wand.

Was mich überraschte, war die enorme Weite des Tales. Von dort, wo ich saß, konnte ich deutlich den Laurebinyak-Paß sehen. Er lag im Nordwesten, vielleicht zwanzig Kilometer entfernt. Ich schätzte ab, wo Phedi liegen mochte, ein Stück weit den Berg hinunter in meine Richtung. Der Höhenzug gegenüber war vielleicht drei Kilometer entfernt, und als ich zu den hoch aufragenden Gipfeln emporblickte, stellte ich mir vor, daß sie höchstwahrscheinlich jenen ähnelten, die sich jetzt über mir befanden. Ich erinnerte mich an die Felswände, die an Heiligabend meinen Weg versperrt hatten. Als ich einige der gegenüberliegenden Felsklippen betrachtete, ging mir durch den Kopf, wie nah ich möglicherweise daran gewesen war, aus großer Höhe abzustürzen – bei den schlechten Sichtverhältnissen an jenem Tag.

Der Höhenzug auf der anderen Talseite setzte sich nach Süden fort. Ich konnte sein Ende nicht sehen, aber direkt gegenüber von meinem Schutzdach waren die Berge am höchsten; von dort aus schienen sie nach und nach abzufallen. Hinter den massigen Bergen konnte ich die Gipfel einer weiteren Kette aufragen sehen. Ich war ein winzigkleiner Punkt inmitten einer großartigen Landschaft.

Ich schätzte, daß der Fluß mindestens fünfhundert Meter unter mir dahinströmte. Möglicherweise war es weiter unten deutlich wärmer, doch ich entschied, am Talboden hätte ich keine Chance, von einem Hubschrauber entdeckt zu werden. Es war richtig gewesen, in der Nähe der Lichtung zu bleiben.

Irgendwelche Anzeichen menschlicher Zivilisation waren nicht zu entdecken. Es half mir nicht einmal weiter, die ungefähre Lage der beiden Hütten von Phedi zu kennen. Ich suchte nach dem Rand des Waldes, nach einem Ort, wo die Vegetation für den Ackerbau gerodet worden war, aber ich konnte nichts dergleichen ausmachen.

Seit elf Tagen wurde ich vermißt. Würde irgendjemand glauben, daß ich so lange überlebt hatte? Wahrscheinlich hofften meine Retter, daß ich in Phedi Schutz gefunden hatte. Heute war der erste klare Tag. Ich war optimistisch, daß sie einen Hubschrauber heraufschicken würden. Dann mußte ich nur mit meinem Schlafsack winken und dafür sorgen, daß sie mich bemerkten. Der entscheidende Punkt war, ob ein Suchtrupp, der die Hütten von Phedi leer vorgefunden hatte, dann die Hänge des Tales absuchen würde. Möglicherweise hielten sie das für sinnlos. Ich versuchte abzuschätzen, wie gut meine Aussichten waren. Da ich keine unrealistischen Hoffnungen hegen wollte, setzte ich meine Chance auf Rettung bei ungefähr fünf Prozent an. Das bereitete mir aber keine großen Sorgen, weil ich mich noch gut daran erinnerte, daß ich erst neun Tage zuvor völlig sicher gewesen war, in jener Nacht sterben zu müssen. Damals hatte ich mir überhaupt keine Überlebenschance eingeräumt. Doch bis jetzt war es mir gelungen, am Leben zu bleiben, und ich hatte mich in die bestmögliche Position gebracht, um gerettet zu werden. Meine Tage hatte ich nicht nur faul mit Lesen und Schlafen verbracht, sondern ich hatte auch versucht, ein Feuer zu entzünden. Dazu hatte ich auf verschiedenste Art Holzstücke gegeneinander gerieben, aber nichts funktionierte. Dann hatte ich trockene Steine genommen und sie hart gegeneinandergeschlagen in der Hoffnung, sie wären wie Feuerstein zu behandeln, aber es gab keine Funken. Vor wenigen Tagen hatte ich dann den Mut verloren und aufgegeben. Heute beschloß ich, es sei wichtiger denn je, ein Feuer zu entzünden, nicht nur der Wärme wegen, sondern weil der Rauch an einem so klaren Tag besonders weit sichtbar sein würde. Meine Bemühungen führten jedoch zu nichts.

Nach mehreren Stunden Tageslicht bemerkte ich, daß der Schatten auf der gegenüberliegenden Wand nach unten gekrochen war und die Wipfel der hohen Nadelbäume vor meinem Unterschlupf im Sonnenschein lagen. Zu meiner Freude tauchten einige kleine Vögel auf. Sie flatterten von Baum zu Baum und landeten gelegentlich auf dem Bambusgras ganz in meiner Nähe. Sie waren wunderhübsch. Bis jetzt war mir alles so tot erschienen, daß ich zu dem Schluß gekommen war, ich sei die einzige lebende Kreatur auf dem Berghang, das einzige, einsame Wesen, das mit der Kälte und dem Hunger fertigwerden mußte. Die Gegenwart der winzigen Vögel bestärkte mich darin, daß ein Überleben in dieser unwirtlichen Umgebung möglich sein mußte.

Ich hatte den Eindruck, mir würde auf diese Weise die Gelegenheit gegeben, endlich etwas Nahrung zu mir zu nehmen. In der letzten Woche hatte mich der Hunger dazu getrieben, jegliche nur erreichbare Vegetation zu probieren. Dazu gehörten neben dem Bambusgras die Nadeln der Bäume, die zu mir herübergeweht wurden, und die Flechten und Moose, die auf den Felsen wuchsen. Alles war faserig und bitter im Geschmack. Die Moose ließen ein sandiges Gefühl zurück. Die dünnen Nadeln der Bäume hatten einen stechenden, scharfen Geschmack, der mich eiligst dazu veranlaßte, den Mund auszuspülen. Das Bambusgras war geschmacklos, aber ausgesprochen zähfaserig. Ich konnte es essen, doch es befriedigte mein Hungergefühl nicht. Obwohl es nicht unangenehm schmeckte, schien es – wenn es denn überhaupt etwas bewirkte – meinen Hunger nur noch zu vergrößern. Außerdem war da noch ein kleiner Busch, ein eher kümmerliches Gewächs, das bei mir unter dem Felsvorsprung wuchs, ganz in der Nähe meiner Latrine. Dieser Busch hatte breite Blätter mit gezackten Rändern. Die Blätter schmeckten würzig. Auch wenn sie ebenfalls nicht das geringste dazu beitrugen, meinen gewaltigen Hunger zu stillen, ließen sie in meinem Mund doch ein Gefühl entstehen, das nicht ganz und gar unangenehm war. Das Problem bestand darin, daß sich ein völlig übler Geschmack entwickelte, sobald die Blätter zu Brei zerkaut waren, so daß ich am Ende alles ausspucken mußte. Ich lernte, daß ich ein würziges Geschmackserlebnis haben konnte, wenn ich die Blätter nur kurze Zeit kaute, um sie dann auszuspucken oder herunterzuschlucken, bevor der andere Geschmack sich durchsetzte. Ich achtete jedoch darauf, daß ich nur selten von diesem Strauch aß.

Zusätzlich unternahm ich einen Ausflug zu der kahlen Stelle rechts von meinem Felsen. Der Schnee war unglaublich tief, aber ich dachte, unter der dicken, eisigen Decke mochte sich irgendeine Form von Nahrung finden lassen. Ich grub und grub, die gefrorenen Fäustlinge an den Händen, bis ich auf Fels und Erde stieß. Hier wuchsen kleine Büsche, die vom Schnee zugedeckt und flachgedrückt worden waren. Ich probierte eins der braunen Blätter. Der Geschmack erinnerte mich an fauliges Gemüse. Selbst in meinem ausgehungerten Zustand konnte ich ihn nicht ertragen. Ich stellte mir vor, daß an den Büschen im Frühjahr wilde Beeren wachsen mußten. Meine Fantasie schlug Kapriolen beim Gedanken an das reichliche Nahrungsangebot, das auf den Winter folgen würde. Wenn ich nur genug Kalorien zusammenbekommen könnte, um den Winter zu überstehen …

Ich sah den kleinen Vögeln zu, wie sie anmutig von Zweig zu Zweig hüpften, ganz in meiner Nähe. Auch wenn der Gedanke an rohes Vogelfleisch mir nicht gerade das Wasser im Mund zusammenlaufen ließ, befand ich mich doch in einer verzweifelten Lage, und hier bot sich eine immerhin erreichbare Eiweißquelle. Ich rutschte aus meinem Schlafsack und sammelte ein paar Steine. Immer wenn ein Vogel in meine Nähe kam, versuchte ich, ihn zu treffen, aber ich warf ständig daneben. Oft flogen die Vögel schon auf, wenn ich nur den Arm hob. Meine Schulter schmerzte. Dies war die erste aktive Bewegung meiner oberen Gliedmaßen seit neun oder zehn kalten Tagen, und die Anstrengung verursachte Schmerzen in meinem Ellbogen und meiner Schulter. Doch dies war nicht der Hauptgrund, warum ich aufhörte: Während ich zusah, wie sie sich so niedlich bewegten, hatte ich das Gefühl, daß die Vögel mehr Recht hatten, hier zu sein, als ich. Ich war der Eindringling in ihrer Umgebung, war nicht ihr natürlicher Feind. Sie hatten mir mit ihrer Schönheit und ihren Bewegungen große Freude bereitet, und nun versuchte ich, sie zu zerstören. Das schien mir unrecht. Ich setzte mich hin, lutschte ein wenig Schnee und freute mich an dem Schauspiel der Vögel. Ich würde sie in Ruhe lassen, beschloß ich. Schon nach kurzer Zeit trieb mich die Kälte wieder in meinen Schlafsack.

Stunden vergingen, während ich las, immer ein Ohr zum Himmel gerichtet, um allenfalls das Geräusch eines herannahenden Hubschraubers zu hören. Da bemerkte ich, daß direktes Sonnenlicht auf meinen Lagerplatz fiel. Ich stand auf und setzte mich in die Sonne – das erste Mal seit vielen Tagen. So wie ich saß, konnte ich direkt in den gelben Feuerball sehen. Er hatte nicht die Kraft der australischen Sonne, aber die Wärme munterte mich auf. Ich kam auf die Idee, das Sonnenlicht durch ein Stück Glas auf ein Stück Papier zu fokussieren, um so ein Feuer zu entzünden. Ich suchte in meinem Ersatzbeutel für den Schlafsack nach Medikamentenflaschen und fand zwei Fläschchen, beide aus dunklem Glas. Als ich durch dieses Glas in die Sonne blickte, wurde mir klar, daß es die Strahlen eher absorbieren als bündeln würde.

Doch ich konnte das Sonnenlicht in anderer Hinsicht zu meinem Vorteil nutzen. Ich sammelte die gefrorenen Kleidungsstücke zusammen, die ich auf meinem Lagerplatz verstreut hatte, und legte sie flach in die Sonne. Bisher waren sie kein bißchen angetaut. Allesamt waren sie so steif wie Bretter. Vielleicht würde die direkte Sonneneinstrahlung nachhelfen.

Ich legte mich im Schlafsack in die Sonne und las. Mittlerweile arbeitete ich mich das zweite Mal durch Charles Dickens' *Große Erwartungen* hindurch, und das Buch gefiel mir noch ebenso gut wie beim ersten Mal. Ich entdeckte viele Feinheiten, die mir zunächst entgangen waren, und verstand die Geschichte und die Charaktere jetzt noch besser.

Schließlich erreichte das Sonnenlicht die Rückwand meines Felsüberhangs. So konnte ich in meinem üblichen Bett liegen und die Wärme genießen. Als die Sonne hinter die Nadelbäume vor mir herabsank, war die Veränderung deutlich zu spüren. Der Unterschied an Wärme und Helligkeit, den die direkte Sonneneinstrahlung ausmachte, war bemerkenswert. Ich las weiter, während ich mich nach wie vor fragte, ob an diesem Tag wohl noch ein Hubschrauber auftauchen würde.

Gegen Ende des Tages döste ich ein und erwachte wieder in der Dämmerung, als die flammende, orangefarbene Sonne hinter den gegenüberliegenden Bergen unterging. Selbst lange nach Sonnenuntergang war es noch erstaunlich hell. Es war großartig gewesen, die zusätzliche Wärme zu spüren. Leider schien die Nacht um so kälter zu sein. Das Fehlen der Wolkendecke brachte wohl tiefere Temperaturen mit sich.

James: 2. Januar 1992

Der heutige Tag verlief ganz ähnlich. Ich erwachte voller Zuversicht, daß ich einen Hubschrauber vorbeifliegen sehen würde, doch je länger die Stunden sich dehnten, desto mehr nahm meine Hoffnung ab. Meine Umgebung hatte sich in den zwei kurzen Tagen bereits erheblich verändert. Der gegenüberliegende Berg hatte einen Großteil seiner Schneedecke verloren, und das Felsgestein lag bloß. Weil die Westseite des Tales den ganzen Tag lang der Sonne ausgesetzt war, schmolz der Schnee dort sehr viel schneller. Was meine Seite anging, traf das direkte Sonnenlicht den Schnee erst spät. Das bedeutete, daß der Schnee, der mich gefangenhielt, nur sehr langsam verschwand. Wieder einmal hatte ich das Gefühl, es sei einfach unfair. Ich hatte mir sorgfältig überlegt, welche Talseite ich hinaufklettern wollte, und hatte diejenige gewählt, wo am oberen Rand die Dörfer liegen mußten. Es schien ungerecht, daß ich so sehr gekämpft hatte, nur um den Weg versperrt zu finden und nun unter diesem Felsvorsprung festzusitzen. Doch ich mochte noch so sehr darüber nachsinnen, wie schön es wäre, jetzt auf der anderen Seite zu sein – damals wäre es eine irrationale Entscheidung gewesen. Wieder einmal mußte ich mich mit meiner Lage abfinden. Es war das Schicksal, das mich hatte stranden lassen.

Durch die Schneeschmelze dröhnte der Fluß lauter denn je. Gelegentlich vernahm ich das betäubende Geräusch einer donnernden Lawine; Tonnen von Schnee krachten auf den Talboden. Das Wasser, das über den Rand meines Überhangs rann, zeigte an, daß der Schnee über mir sehr langsam schmolz. Ich wünschte von ganzem Herzen, daß es schneller ginge. Als ich am Ende des zweiten klaren Tages das goldene Glühen der Sonne beobachtete, wurde mir klar, daß niemand nach mir suchte. Ich kam zu dem

Schluß, daß es allein an mir lag, hier herauszukommen. Offensichtlich hatte irgend etwas in der Verständigung zwischen Tim und meinen Eltern nicht geklappt. Hatten sie mich bereits als tot aufgegeben und beschlossen, daß eine Suche sinnlos sei? Der gesunde Menschenverstand ließ vermuten, daß ich nicht mehr am Leben war. Dennoch fühlte ich mich etwas vernachlässigt: Sie hatten nicht einmal versucht, die Hütten von Phedi zu überprüfen. Ich saß eine ganze Weile da und versuchte, telepathisch mit meinem Vater Kontakt aufzunehmen, um ihm zu sagen, daß ich noch am Leben sei, und ihn darum zu bitten, herzukommen, um mich zu holen. Doch schon bald gab ich das als Energieverschwendung auf und konzentrierte mich lieber darauf, einen logischen Fluchtplan auszudenken.

Noch ein paar Tage Sonnenschein, und ich würde versuchen, zu Fuß hier herauszukommen. Meine Kleider waren nicht mehr gefroren, aber noch waren sie nicht trocken genug, um mir viel zu nützen. Die eisigkalte Luft, die den Einbruch der Nacht begleitete, ließ mich die Reihe von Gebeten aufsagen, die ich jede Nacht sprach. Jetzt betete ich intensiver denn je darum, daß es zu Hause allen gut ging und daß Gott so gnädig sein möge, mir weiterhin schönes Wetter zu bescheren. Noch immer hatte ich keine Angst vor dem Tod, denn ich wußte, daß Gott auf meiner Seite war. Aber die Gebete und die Gedanken an die Menschen zu Hause, an ihr Leid, bestärkten mich in meinem Entschluß, aus diesem Gefängnis auszubrechen.

Joanne: 2. Januar 1992

Donnerstag, der 2. Januar, kam und ging, und immer noch hatten wir keine Nachricht von James. Gaye und ihre Eltern verbrachten den Tag damit, nach Karten und Büchern über die Gegend zu suchen, in der James verschollen war. Ich eilte mit einem sehr guten Gefühl von der Arbeit nach Hause. Bestimmt würden wir hören, daß James jetzt in Sicherheit und bereits auf dem Heimweg war. Calum war vor mir zu Hause. Ich stieß die Tür auf.

»Irgendwelche Neuigkeiten?« Calum schüttelte den Kopf.

Ich rief meine Eltern an. Jedesmal, wenn sie abnahmen, hörte ich den Klang der Hoffnung in ihren Stimmen und die Enttäuschung, wenn sie feststellten, daß der Anruf nicht aus Nepal kam.

»Es hat keinen Sinn, Trübsal zu blasen«, sagte Mum. »Donnerstag war der früheste Zeitpunkt, zu dem wir etwas hören sollten. Vielleicht sind die Witterungsbedingungen schlimmer als gedacht. Vielleicht konnte der Läufer nicht durchkommen.«

Das machte Sinn. Calum und ich sprachen alle Möglichkeiten durch und beschlossen, daß es reichlich logische Gründe gab, warum uns noch keine Nachricht erreicht hatte. Vielleicht würden wir am Freitagmorgen etwas hören.

Um zehn Uhr hatte sich noch immer nichts gerührt. Ich hielt es nicht länger aus und rief den Konsularbeamten in Canberra an. Wenn ich nach Nepal reisen mußte, wollte ich am besten schon einmal herausfinden, was ich tun mußte und ob das Außenministerium bereit war, mir mit den Papieren zu helfen. Von der Reaktion des Beamten war ich unangenehm überrascht.

»Hallo«, fing ich an. »Hier spricht Joanne Robertson. Ich bin die Schwester von James Scott.«

»Tsst«, kam die Antwort höchst ungnädig. »Was wollen denn Sie jetzt? Wir haben gerade lange mit Gaye Ryan telefoniert. Dabei haben wir Ihnen doch gesagt, wir würden Sie kontaktieren, wenn wir etwas Neues wissen.«

Ich war wütend. Es war nicht zu glauben, daß man derart unprofessionell mit uns umsprang. Als enge Familienangehörige eines Vermißten hatte ich zumindest ein Anrecht auf ein gewisses Verständnis, wenn nicht auf tiefes Mitgefühl!

»Es tut mir leid«, sagte ich, »aber ich rufe nicht an, um zu hören, ob es irgendwelche Neuigkeiten gibt, und ich hatte keine Ahnung, daß Sie eben mit Gaye gesprochen haben. Ich rufe an, weil ich die Absicht habe, nach Nepal zu reisen, obwohl Sie mir davon abrieten, und ich frage mich, ob Sie mir mit Informationen über die Einreisebedingungen weiterhelfen können. Es tut mir wirklich leid, wenn Sie die Gespräche mit uns so schrecklich anstrengend finden, aber wir stehen selbst unter einer gewissen

Anspannung, wissen Sie.« Den Sarkasmus in meiner Stimme konnte ich einfach nicht unterdrücken.

Er entschuldigte sich nicht. Statt dessen wiederholte er noch einmal den Standpunkt des Außenministeriums, daß es nichts nützen würde, wenn ein Familienmitglied nach Nepal reiste, aber, wenn ich denn wirklich wollte, sollte ich mich am besten an Linda Griffith wenden, die königlich-nepalesische Generalkonsulin in Brisbane.

Dr. Griffith war außergewöhnlich hilfsbereit. Als sie hörte, was passiert war, hatte sie größtes Verständnis für meine Lage. Mehrere Jahre lang hatte sie in Nepal gelebt. Am Nachmittag könne sie mein Visum fertig haben, sagte sie. Außerdem verfüge sie über eine Reihe von Kontakten in Nepal, die sich als nützlich erweisen könnten.

»Meist finden sie doch die Leute, die vermißt werden, oder?« fragte ich. »Jemand kann sich doch nicht einfach in Luft auflösen.«

Dr. Griffith schwieg einen Moment. »Manchmal finden sie nie etwas«, sagte sie, »aber es ist unbedingt notwendig, daß jemand nach Nepal fliegt.« Ich brachte meinen Reisepaß vorbei und beschloß dann, bei meinen Eltern hereinzuschauen.

Dad erzählte mir, daß ein Brief von James gekommen sei, geschrieben, bevor er zu der Wanderung aufbrach. Ich nahm den Umschlag in die Hand und blickte auf die vertraute Schrift, aber ich konnte mich nicht dazu überwinden, darin zu lesen.

»Dad«, fing ich an, etwas nervös, weil ich auf meine Reise nach Nepal zu sprechen kommen wollte. »Ich habe meinen Reisepaß abgegeben, um ein Visum für Nepal zu bekommen, und habe mich gerade impfen lassen. Die nächste Maschine geht am Dienstag. Wenn wir bis dahin nichts gehört haben, fliege ich.« Er widersprach nicht. Ich schätzte, auch er sah langsam ein, wie notwendig es war, daß jemand fuhr.

Als ich an jenem Abend zu Hause eintraf, gab es immer noch keine Neuigkeiten. Gaye hatte in Katmandu angerufen, um herauszufinden, was los war. Es schien, als habe man dort den Kontakt zu der Suchmannschaft verloren.

»Wie zum Teufel kann das passieren?« fragte ich Calum. »Mein Gott! Warum haben sie keine Walkie-Talkies? Was für ein Suchtrupp ist das eigentlich, der nicht einmal eine Rückmeldung organisieren kann?« Wir wollten es einfach nicht glauben. James' Überleben war davon abhängig, daß diese Leute ihn fanden, und es hatte ganz den Anschein, als hätten sie sich irgendwo verlaufen! Ich war die Unfähigkeit anderer Leute satt. Jetzt rief ich die Botschaft in Katmandu an. Es war kurz nach zehn Uhr abends australische Zeit; jemand sollte also noch im Büro sein.

Ich kam fast sofort durch. Am anderen Ende war weit entfernt ein mehrmaliges Klingeln zu hören, fast übertönt von atmosphärischen Störungen. Dies machte mir einmal mehr schmerzhaft deutlich, wie gewaltig die Unterschiede, geographisch wie technisch, zwischen Australien und der Dritten Welt waren. Dann nahm eine Nepalesin den Hörer ab.

»Ich rufe aus Australien an. Bitte holen Sie Graeme Fay.« Das gefürchtete »Einen Moment, bitte« widerhallte schwach in der Leitung. Dieses Mal dauerte es jedoch nur kurze Zeit, bis eine andere Frau ans Telefon kam.

»Mit wem spreche ich?« fragte ich.

»Hier ist Auli Uotila. Ich bin die stellvertretende Leiterin der Botschaft hier.«

»Mein Name ist Joanne Robertson. Ich rufe aus Australien an wegen James Scott. Was passiert bei Ihnen da drüben eigentlich?«

»Joanne, wir haben heute nachmittag einen Hubschrauber losgeschickt, der versuchen sollte, die Suchmannschaft zu finden. Tim und Graeme waren in dem Hubschrauber. Sie sind gerade zurückgekommen. Noch haben wir nicht gehört, wie es gelaufen ist. Rufen Sie doch in einer Viertelstunde noch einmal an.«

»In Ordnung. In fünfzehn Minuten dann.«

Meine Wut war für den Moment vergangen. Die fünfzehn Minuten schienen ewig zu dauern. Der Fernseher lief, aber wir kriegten kein Wort von der Sendung mit. Alle dreißig Sekunden sah ich auf die Uhr. Als die Viertelstunde schließlich um war, zwang ich mich, weitere fünf Minuten zu warten, ehe ich es erneut versuchte. Ich wollte den Leuten in der Botschaft reichlich Zeit geben. Nervös wählte ich die Nummer. Auli war am Apparat.

»Joanne, Tim und Graeme haben die Suchmannschaft in der Nähe von Kaphalgari gefunden. Das ist in der Gegend von Helambu. Sie haben in Tharepati eine Gruppe von Kanadiern getroffen, die James höchstwahrscheinlich gesehen haben – unterhalb der Schneegrenze und auf dem Weg zurück nach Katmandu.«

»Was?« quiekte ich ins Telefon. »Sie meinen, er ist gesehen worden?«

»Die Kanadier sind sich einig, daß es sich bei dem einzelnen Wanderer, den sie gesehen haben, um James handelt. Dieser Wanderer befand sich unterhalb der Schneegrenze in einer dichtbesiedelten Gegend und war auf dem Rückweg nach Katmandu. Sie haben ihn am 30. Dezember gesehen, das heißt, er kann praktisch jederzeit in Katmandu eintreffen. Der Suchtrupp hat auch noch jemand anderen gefunden, der ihn gesehen hat.«

»Das sind ja großartige Neuigkeiten«, sagte ich. »Also Sie sind sich ziemlich sicher, daß es sich um James handelt?«

»Ja, wir haben das Gefühl, daß zumindest eine fünfundneunzigprozentige Chance besteht, daß er es ist und daß er sich außer Gefahr befindet.«

»Das ist einfach fantastisch. Ich nehme an, Sie werden die genauen Einzelheiten sofort nach Canberra durchgeben?«

»Ja«, entgegnete Auli.

»Okay, dann werden wir von dort informiert. Halten Sie uns auf dem laufenden!«

In Hochstimmung legte ich auf. Zwar hatten sie James nicht tatsächlich gefunden, aber diese Neuigkeit war immer noch sehr viel besser als die Nachricht, sie hätten eine Leiche gefunden. Sofort rief ich bei meinen Eltern an.

Dad stellte mir eine Reihe von Fragen, die ich nicht beantworten konnte. Die Ortsnamen, die Auli erwähnt hatte, sagten mir nichts. »Am besten warten wir ab, bis die Leute vom Ministerium bei dir anrufen. Die Botschaft in Katmandu schickt sofort eine Nachricht, du solltest also bald etwas hören«, sagte ich zu Dad. Ich erinnere mich, daß ich von seiner Reaktion enttäuscht war. Dies war die erste echte Information, die wir bekamen, trotzdem klang Dad nicht überzeugt oder auch nur besonders glücklich. Vielleicht hörte sich die Neuigkeit in seinen Ohren einfach zu gut an, um wahr zu sein.

Dann rief ich bei Gaye zu Hause an. Ihr Vater Noel nahm ab, und ich berichtete von der erfreulichen Nachricht. Wiederum sollte ich Fragen beantworten, und ich versicherte Noel, daß wir die genauen Einzelheiten in Erfahrung brächten, sobald die Nachricht aus Canberra da wäre.

Inzwischen war es fast elf Uhr abends. Ich saß mit untergeschlagenen Beinen neben dem Telefon und wartete darauf, daß Dad zurückrief. Schließlich klingelte um Mitternacht das Telefon. Dad hatte aus Canberra bisher nichts gehört. Wir beschlossen, eine weitere halbe Stunde zu warten. Dreißig Minuten später immer noch kein Wort. Schließlich rief Dad seinerseits im Außenministerium an. Man sagte ihm, ein Hubschrauberflug habe nicht stattgefunden. Niemand wußte etwas davon, daß James gesehen worden sein sollte. Dad sagte, wir stünden in Kontakt mit Katmandu und wüßten, daß ein Hubschrauber losgeflogen sei und daß die Botschaft ein Telex geschickt habe. Im Außenministerium versicherte man meinem Vater, es gäbe kein Telex. Wir konnten einfach nicht begreifen, warum keine Informationen eingetroffen waren. Ich fühlte mich trotzdem sehr viel besser: James war gesehen worden! Er befand sich unterhalb der Schneegrenze! In jener Nacht schlief ich deutlich ruhiger als zuvor. Alles würde gut werden.

Am nächsten Morgen erfuhren wir, daß in Canberra am vergangenen Abend doch ein Telex eingegangen war (auf das die Mitarbeiter in Katmandu »DRINGEND« geschrieben hatten, wie wir später herausfanden). Dad fragte, warum man uns nicht sofort davon in Kenntnis gesetzt hatte. Er erhielt zur Antwort, irgend jemand sei der Ansicht gewesen, das habe Zeit bis zum Morgen. Daher war das Telex unter »NICHT EILIG« abgelegt worden. Es erschien mir seltsam, daß jemand den Umstand, daß

James definitiv gesehen worden war, für nicht eilig hielt. Soviel war also die Zusicherung des Ministeriums wert, daß wir sofort über neue Entwicklungen informiert würden, sobald sie selbst davon Kenntnis hätten!

Joanne: 4. Januar 1992

Am Samstagnachmittag fuhren wir hinaus zu meinen Eltern. Sie hatten einige Landkarten besorgt. So bekam ich zum ersten Mal die Gelegenheit, mir die Gegend, in der James verschwunden war, genauer anzusehen. Die Informationen aus dem Telex ließen eine Reihe von Fragen offen. Der Ort, wo die Kanadier James gesehen hatten, war auf unseren Karten nicht eingezeichnet. Wir verstanden immer noch nicht, warum der Suchtrupp nicht schon früher eine Nachricht durchgegeben hatte. Wo war James vom 22. bis zum 30. Dezember gewesen? Wir schrieben eine Reihe von Fragen auf, und ich rief Graeme Fay in der Botschaft in Katmandu an.

Graeme antwortete geduldig auf alles, was ich wissen wollte. James war von einer größeren Gruppe kanadischer Wanderer gesehen worden, die der Suchtrupp Silvester in Tharepati getroffen hatte. Ich blickte auf unsere Karte. Tharepati war das Dorf vor Gopte. Von dort aus konnte man in drei Richtungen gehen: erstens südlich nach Katmandu auf dem westlichen Teilstück des Helambu-Treks (das war der Weg, auf dem James und später der Suchtrupp in Tharepati eingetroffen waren). Zweitens konnte man sich bergauf nach Nordwesten wenden und den Laurebinyak-Paß überqueren (das war die Route, die James und Mark von Tharepati aus ursprünglich genommen hatten). Und drittens führte eine Route nach Südosten zum östlichen Arm des Helambu-Treks und damit auf anderem Weg nach Katmandu.

Die Kanadier waren aus eben dieser Richtung in Tharepati eingetroffen. Sie hatten der Suchmannschaft erzählt, sie seien am Tag zuvor einem einzelnen Wanderer begegnet, auf halbem Weg zwischen den Dörfern Shermathang und Tarke Ghyang.

Dann sahen sie sich auf Bitten der Suchmannschaft die Fotos von James an, und alle stimmten überein, daß er es war, den sie getroffen hatten.

»Hat James mit ihnen gesprochen?« fragte ich Graeme.

Er antwortete, eine Unterhaltung habe nicht stattgefunden. Die Kanadier hätten gegenüber der Suchmannschaft angegeben, der Betreffende habe einen gedankenverlorenen Eindruck gemacht. Er sei energisch vorwärts marschiert, den Kopf gesenkt. Einer der Kanadier beschrieb den Wanderer als »verzweifelt«. Die Person sei jedoch kräftig ausgeschritten und habe keine offensichtlichen Verletzungen gehabt. Weil die Kanadier sich so sicher schienen, daß es sich tatsächlich um James handelte, war die gesamte Suchmannschaft entlang der Route weitergegangen, auf der die Kanadier gekommen waren.

Später sollte uns das noch erheblichen Kummer bereiten. Die Suchmannschaft war nur Stunden von Gopte entfernt gewesen, als sie auf die Kanadier trafen. Bestimmt wäre es sinnvoller gewesen, wenn die Gruppe sich getrennt hätte, damit wenigstens irgend jemand nach Gopte hinaufging, um nachzusehen, ob James dort in einer Hütte Unterschlupf gefunden hatte, falls er es *nicht* gewesen sein sollte, den die Kanadier getroffen hatten. Als ich Graeme das sagte, entgegnete er, die Art und Weise, wie die Kanadier James beschrieben hätten, habe den Suchenden das Gefühl gegeben, sie sollten ihn so schnell wie möglich finden. Der Anführer der Gruppe, Carl Harrison, äußerte sich sehr viel direkter, als er später das gleiche gefragt wurde: »Wenn er oberhalb von Gopte war, mußte er tot sein. Es schien wichtig, ihn lebend zu finden.«

Dann fragte ich Graeme, wer James außer den Kanadiern noch gesehen hatte. Er erwiderte, die Suchmannschaft habe auf dem Weg, den die Kanadier entlanggewandert seien, später einen Hüttenwirt getroffen, der ebenfalls einen einzelnen Wanderer gesehen hatte. Doch hier ging einiges durcheinander. Der Hüttenbesitzer war sich nämlich nicht so sicher, daß er tatsächlich James gesehen hatte. Er berichtete, er habe den Wanderer ungefähr zwanzig Minuten von der Stelle entfernt getroffen, wo die Kanadier an ihm vorbeigelaufen waren. Der Hüttenwirt sah »seinen« Wanderer um die Mitte des Vormittags. Die Kanadier behaupteten jedoch, sie hätten James nach dem Mittagessen getroffen. Wenn beide die gleiche Person gesehen hatten, mußte man sich fragen, was der Betreffende vom Vormittag bis in den Nachmittag hinein gemacht hatte, obwohl er für die Wegstrecke weniger als eine halbe Stunde gebraucht haben sollte.

»Es muß doch viele Einzelwanderer auf den Wegen dort geben«, sagte ich. Graeme bestritt das. Weil jetzt die kälteste Zeit des Jahres war, gab es nicht so viele Trekker, und nur wenige gingen allein.

Es schien seltsam, daß James sich dazu entschlossen haben sollte, für den Abstieg eine andere Route zu wählen als die, der er mit Mark beim Aufstieg gefolgt war. Wäre es nicht sinnvoller gewesen, auf einem vertrauten Weg zurückzukehren? Graeme erklärte, der Wanderweg, auf dem die Kanadier James gesehen haben wollten, verlaufe teilweise einer Straße entlang. Möglicherweise hatte James dies anhand seiner Karte festgestellt und war deshalb nach Melamchi Pul Bazaar aufgebrochen, von wo es eine Busverbindung nach Katmandu gab. Das machte Sinn, weil James sicher so schnell wie möglich zurückkehren wollte.

»Hat irgendein Busfahrer James gesehen?« fragte ich. Graeme sagte, die Suchmannschaft habe mit allen Busfahrern gesprochen, die sie traf. Keiner konnte sich daran erinnern, jemanden gesehen zu haben, auf den James' Beschreibung zutraf.

»Wir setzen uns zusammen, um zu besprechen, was wir als nächstes tun werden«, fuhr Graeme fort. »Ich schlage vor, Sie rufen in ungefähr einer Stunde wieder an.«

Wir betrachteten unsere Karten im Lichte dessen, was wir von Graeme erfahren hatten. Uns fiel auf, wie viele kleine Nebenwege es in der Gegend von Helambu gab. Eine der Karten verzeichnete auch viele Wohnhäuser. James konnte in jedem einzelnen davon sein. Sie mußten alle durchsucht werden.

Rückblickend denke ich, bereits damals hätte mir klar werden sollen, daß die sogenannt »zweifelsfreie« Begegnung der Kanadier alles andere war als das. Wenn sie tatsächlich *James* getroffen hatten, warum war er dann nicht stehengeblieben und hatte mit den Kanadiern gesprochen? Er mußte doch wissen, daß wir nach ihm suchen lassen würden! Er hätte jedem, den er traf, eine Nachricht übermittelt und erzählt, wer er war. Oder er hätte um Hilfe bitten können, wenn er sie brauchte. Warum war er nicht auch von anderen Leuten gesehen worden? James' leuchtend rotes Haar war auffallend genug. Aber nach Graemes und Carls Einschätzung hatte es ganz den Anschein, daß die Begegnung mit den Kanadiern die einzige reelle Chance war, James *lebendig* zu finden. Deshalb klammerten wir uns daran.

Nach einer Stunde riefen wir erneut in Katmandu an. Wir konnten mit Carl Harrison sprechen und auch mit Graeme. Inzwischen war entschieden, daß der Suchtrupp sich in zwei Gruppen aufspalten sollte. Die erste würde sechs Männer umfassen, die sich auf den Weg nach Helambu machten. Später sollten sie sich in drei Zweiergruppen aufteilen und jeden noch so kleinen Pfad unter die Lupe nehmen und mit jedem sprechen, den sie trafen. Auf ihre Suche sollten sie zwei Fassungen eines Plakats mitnehmen, das es zu verteilen galt. Eine Belohnung von zwanzigtausend Rupien wurde dem geboten, der James lebendig fand; zehntausend Rupien sollte der Finder seiner Leiche erhalten. Dieser Suchtrupp sollte gleich am Sonntagmorgen aufbrechen. Er würde frühestens nach fünf Tagen zurückkehren. Die Geldbeträge, die als Belohnung ausgesetzt waren, schienen nicht hoch. James lebendig zu finden würde dem Betreffenden lediglich etwas mehr als sechshundert australische Dollar einbringen. Man versicherte uns, daß das in Nepal eine beträchtliche Summe sei, mehr als ein Jahreslohn für die meisten Leute. Außerdem wollten wir wissen, warum es eine Belohnung für das Auffinden der Leiche geben sollte. Carl meinte, ein Einheimischer würde mit Schwierigkeiten zu rechnen haben, wenn er zugab, die Leiche eines Westlers gefunden zu haben. Wenn keine Belohnung ausgesetzt wurde, würden die Einheimischen einen Leichnam vermutlich einfach ignorieren.

Ein zweiter Suchtrupp sollte zurück nach Gopte hinauf gehen und die Gegend von dort bis zum Paß durchkämmen. Diese

Männer würden einen Spürhund mitnehmen und sich per Hubschrauber absetzen lassen. Der Trupp sollte am Montag aufbrechen und würde ebenfalls mindestens fünf Tage brauchen. Darüber hinaus sollte erneut in allen Krankenhäusern nachgefragt und eine Vermißtenmeldung in englischer Sprache auf Plakate gedruckt und in Katmandu verteilt werden.

All das schien sinnvoll zu sein. Dad sprach noch etwas länger mit Carl. Er sagte zu ihm, er könne es einfach nicht akzeptieren, daß ein Mensch spurlos vom Erdboden verschwinde. Irgendwo müsse James doch stecken. Carl stimmte zu, wies aber darauf hin, daß das Gelände sehr unübersichtlich sei. Man könne sich sehr leicht verirren. Einmal war ein Wanderer in Katmandu wieder aufgetaucht, der bereits seit dreiundzwanzig Tagen vermißt wurde. Er war völlig orientierungslos durch ein Waldgebiet nur wenig nördlich von Katmandu gelaufen.

Daß die Kanadier ihn gesehen hatten, war der einzige Hinweis darauf, daß James sich unterhalb von Gopte befand. Noch immer wußten wir nicht, warum er und Mark sich getrennt hatten. Es schien wichtig, daß wir versuchten, Mark zu erreichen. Gaye hatte ebenfalls einen Brief von James erhalten, in dem er einen Mann namens Krishna erwähnte. Sie hatten sich für den Abend, bevor er und Tim aufbrachen, zum Essen verabredet. Gaye wollte gern, daß jemand mit Krishna sprach.

Die Suchmannschaft, die in der vergangenen Woche unterwegs gewesen war, hatte uns ungefähr zweihundertfünfzig US-Dollar pro Tag gekostet. Das einzig Positive an diesen Suchaktionen in Nepal war, daß die Löhne dort niedrig waren. Einen Bergsteiger wie Carl anzuheuern war schon etwas teurer, aber immer noch billig, verglichen mit dem, was wir in einem westlichen Land bezahlt hätten. Für die Dienste der Sherpas wurden uns pro Mann zwischen zehn und dreißig US-Dollar täglich berechnet, je nach seinen Fähigkeiten und den Bedingungen, unter denen die Suche vonstatten ging. Carl stellte uns hundert US-Dollar pro Tag in Rechnung. Die Benutzung des Hubschraubers war der größte Posten. Er kostete ungefähr achthundert US-Dollar pro Stunde. Ich fragte mich, was wohl mit

Leuten passierte, die es sich nicht leisten konnten, eine Suche zu finanzieren.

Anfang der Woche hatten meine Eltern die genauen Angaben zu James' Reiseversicherung durchgefaxt. Keine der bisherigen Suchaktionen war von der Police gedeckt, es sei denn, James würde verletzt aufgefunden oder sein Leichnam lokalisiert. In beiden Fällen würden die Kosten für die betreffende Suchaktion übernommen werden, die zur Entdeckung und Rettung der verletzten Person oder zur Bergung der Leiche geführt hatte. Wenn es hundert Suchaktionen brauchte, um den Verletzten oder den Leichnam zu finden, wären neunundneunzig davon nicht durch die Versicherung abgedeckt. In einem Land wie Australien übernimmt die Regierung einen Teil der Kosten für solche Aktionen, aber natürlich kann die nepalesische Regierung es kaum rechtfertigen, Geld für Touristen auszugeben, die sich verlaufen haben, wenn gleichzeitig die Leute auf der Straße verhungern.

Wir waren in einer ausgesprochen glücklichen Lage, denn wir konnten sagen: »Geld ist unwichtig. Und wenn es uns eine Million Dollar kostet – in zehn Jahren wird der Preis für die Suche keine Rolle mehr spielen. Wichtig wird lediglich sein, die Gewißheit zu haben, daß alles Menschenmögliche unternommen worden ist.« Meine Eltern hatten Immobilienbesitz: zwei Häuser und einiges Land. Wenn es darauf ankam, würden sie alles verkaufen, um die Kosten der Suchaktion zu decken. Doch vorerst waren wir tief gerührt über die großzügige Unterstützung seitens vieler Freunde, und auch die Ryans sicherten uns ihre Hilfe zu.

James: 4. Januar 1992

Ich verfolgte, wie der Schatten auf der gegenüberliegenden Wand zum Talboden hinabsank, als die Sonne ihren Aufstieg begann. Dort drüben waren die Berghänge jetzt größtenteils schneefrei. Das morgendliche Rieseln des Wassers über mein Felsdach hatte noch nicht begonnen, aber ich wußte, in wenigen Stunden würde das monotone Tröpfeln einsetzen. Eine weitere kleine Freude war mir zuteil geworden. Das tropfende Wasser war über Nacht gefroren und hatte Eiszapfen in verschiedenen Formen und Größen gebildet. Manche klammerten sich regelrecht an den Felsen, während andere mir so heikel befestigt erschienen, daß ich nur darauf wartete, sie fallen zu sehen. Es war hübsch zu verfolgen, wie sie ihre Form veränderten, während es im Lauf des Tages wärmer wurde und das Tropfen begann.

Heute war der vierte klare Tag. Die Nadelbäume waren jetzt fast frei von Schnee. Baumstümpfe und Steine, die nach den starken Schneefällen völlig verschwunden gewesen waren, ragten jetzt wieder durch die weiße Pracht und bestätigten mir so erneut, daß die Dicke der Schneedecke langsam, aber sicher abnahm.

Schließlich zwang ich mich dazu, mit meiner täglichen Routine fortzufahren. Faul streckte ich mich, bevor ich den Reißverschluß meines Schlafsacks öffnete. Dann erhob ich mich und ging hinüber zur Latrine. Beizeiten fand ich mich wieder auf der rechten Seite meines Lagerplatzes ein, um Schnee zu sammeln. Die Temperaturen stiegen tagsüber jetzt weit genug an, um den Schnee zum Schmelzen zu bringen. Weil die nächtlichen Temperaturen jedoch nach wie vor unter Null fielen, gefror der geschmolzene Schnee immer wieder. Er hatte seine pulvrige Konsistenz verloren und wirkte jetzt kompakter, mehr wie Eis.

Ich schob meine Hand in den Schneerand und brach große Stücke heraus, um sie zu essen. Wenn ich jetzt durch den Schnee laufen müßte, würde ich nicht so tief einsinken wie damals, als er noch pulvrig war. Der Tag war schön und klar, und meine Kleider auf dem Boden waren fast trocken. Die Turnschuhe konnte ich jetzt bestimmt wieder anziehen, auch wenn sie noch ein wenig feucht schienen. Ich beschloß, einen Ausflug von meinem Felsen zu wagen.

Dabei dachte ich nicht nur ans endgültige Entkommen. Etwa dreißig Meter jenseits des steilen Grabens zu meiner Linken standen Bäume, die scheinbar Früchte trugen. Sie waren mir aufgefallen, als das Wetter besser und die Sicht klarer geworden war. Die Bäume hatten eine gedrungene Form und ein ausladendes

Blätterdach. An den Enden ihrer Zweige konnte ich konische Formen erkennen. Mein verzweifelter Hunger bestärkte mich darin, daß diese Verdickungen, egal ob Knospen oder Früchte, möglicherweise eßbar wären. Weiter hinten lag die Anhöhe mit der einsamen Tanne. Von dort glaubte ich eine gute Aussicht zu haben. Vielleicht würde ich Talu oder ein anderes Dorf sehen können.

Meine Strümpfe waren jetzt trocken, daher brauchte ich mir keine Sorgen zu machen, falls das Paar, das ich trug, naß werden sollte. Der widerwärtige Schmutz, von dem sie starrten, wirkte abstoßend auf mich, und ich würde froh sein, sie wechseln zu können, wenn ich zurückkehrte. Ich zog meine Schuhe an und trat hinaus auf das Eis. Dabei sank ich bis eben über die Knie ein. Steil kletterte ich in den Einschnitt hinunter; vorsichtig suchte ich mir meinen Weg zwischen Felsblöcken, Baumstümpfen und umgefallenen Bäumen hindurch. An manchen Stellen brach mein Fuß durch die Eisschicht in ein tiefes Loch. Doch ich kämpfte mich weiter voran, immer auf den »Obstbaum« zu. Den Schlafsackbeutel hatte ich mitgenommen, um ihn mit reicher Beute zu füllen.

Den Baum zu erreichen kostete mich große Mühe. Als ich näher herankam, sah ich, daß die Büschel keine Früchte waren, sondern nur Knospen. Dennoch hoffte ich, daß vielleicht auch sie eßbar wären. Schwer atmend riß ich ungeduldig einen Zweig herunter. Ich brach eine Knospe ab, biß tief hinein und spuckte sie angeekelt aus. Sie war so bitter, daß ich sofort davon überzeugt war, daß sie giftig sein mußte. Verärgert kämpfte ich mir meinen Weg die gegenüberliegende Seite des Einschnitts hinauf.

Ich war überrascht, wie sehr meine Körperkraft und meine Kondition in der kurzen Zeit nachgelassen hatten. Seit ich mich verirrt hatte, waren noch nicht einmal zwei Wochen vergangen, und obwohl ich deutlich dünner geworden war, hatte ich doch nicht erwartet, daß das meine Vitalität so sehr beeinträchtigen würde.

Alle paar Schritte mußte ich anhalten und Atem schöpfen. Als ich schließlich zwanzig Minuten später neben der hohen

Tanne stand, hatte ich das Gefühl, wirklich etwas geleistet zu haben. Voller Erwartung blickte ich über das Tal hinweg, hoffte, Talu zu sehen oder zumindest etwas gerodetes Ackerland. Nebel und Dunst verhüllten das südliche Ende des Tales. Mindestens zehn Kilometer weit konnte ich jedoch klar sehen, aber da war nichts als Felsen, Bäume, Felswände und Schnee. Mir sank das Herz, als ich in die Ferne blickte und das Gelände betrachtete, das es zu überwinden galt, um in die Zivilisation zurückzukehren. Und ich wußte, daß ich nicht entkommen würde, solange der Schnee liegenblieb.

Ich stolperte zurück, in der Hand den leeren Schlafsackbeutel. Der Rückweg fiel mir leichter, weil ich meinen eigenen Spuren folgen konnte. Sobald ich den Schutz meines Felsens erreicht hatte, zog ich die Turnschuhe, die Socken und die durchnäßte Hose aus. Nachdem ich mich abgetrocknet hatte, zog ich trockene Kleidung an und untersuchte das erste Mal seit zwei Wochen wieder meine Füße. Sie hatten noch immer eine besorgniserregende bläuliche Färbung, aber schwarze Flecken waren nicht zu sehen. An manchen Stellen begann die Haut abzupellen, doch darunter wuchs neues Gewebe nach, ich wußte also, daß es sich nicht um ein Geschwür handelte. Was mir am meisten Sorgen bereitete, war das Taubheitsgefühl. Ich berührte vorsichtig meine Zehen und spürte nichts. Dann tippte ich mit den Fingerspitzen leicht gegen meine Beine, strich von den Knien aus abwärts, um herauszufinden, wo die Berührungsempfindlichkeit nachließ. Die Rückseite meiner Fersen, das Fußgewölbe und die Sohlen beider Füße sowie alle meine Zehen fühlten sich bei leichter Berührung taub an. Ich warf einen Blick in meine Erste-Hilfe-Ausrüstung. Der einzige scharfe Gegenstand war eine Schere. Um das Schmerzempfinden zu testen, drückte ich ihre Spitze mehrfach gegen die Beine. Der Schmerz war auf ganzer Länge beide Beine hinunter zu fühlen, aber in den gleichen Bereichen, wo das Gefühl für leichte Berührung verlorengegangen war, fehlte mir auch das Schmerzempfinden. Ich wußte nicht so ganz, was ich davon halten sollte. Waren meine Füße abgefroren? Der Puls auf dem Fußrücken und an der Innenseite meiner Beine war kräftig zu spüren. Die großen Gefäße können also noch nicht betroffen sein, dachte ich. Dann drückte ich fester mit dem Daumen auf den Spann meines Fußes. Ich konnte eine leichte Andeutung von Druck spüren, aber darauf kam es mir jetzt nicht an. Ich nahm den Daumen weg und beobachtete, wie lange es dauerte, bis die Haut wieder Farbe bekam. Die Stelle blieb weiß, solange ich hinsah. Schließlich untersuchte ich die Innenseite meines Fußes mit der Schere, drückte immer stärker zu. Daß ich jegliches Gefühl in den Füßen verloren haben sollte, konnte ich einfach nicht hinnehmen. Ich war mir sicher, wenn ich nur fest genug drückte, würde ich irgendwann etwas fühlen. Ich trieb die Schere immer heftiger gegen meinen Fuß und sah zu, wie die Haut unter dem Druck einriß und die Spitze in das Fleisch eindrang. Als die Schere vielleicht einen halben Zentimeter tief eingedrungen war, sickerte endlich Blut an die Hautoberfläche. Noch immer fühlte ich keinen Schmerz. Ich war einerseits schockiert, andererseits neugierig: schockiert, weil ich glaubte, daß es um meine Füße nicht gut stand, und neugierig, den genauen Grund der Gefühllosigkeit herauszufinden. Offensichtlich war ich in einen Bereich vorgedrungen, wo immer noch Blut zirkulierte, doch aus irgendeinem Grund funktionierten die Nerven nicht richtig.

Jetzt wurde mir bewußt, in welche Gefahr ich mich gebracht hatte. Bisher hatte ich Erfrierungen und den damit einhergehenden Wundbrand vermeiden können. Indem ich nun absichtlich die Haut in einem Bereich verletzt hatte, der nicht gut durchblutet war, hatte ich das Risiko einer Infektion erheblich vergrößert. Der Abszeß auf meinem Handrücken bereitete mir immer noch Probleme. Das letzte, was ich brauchen konnte, war eine Infektion am Fuß. Ich tupfte Mercurochrom auf den Schnitt.

Dann kroch ich unter meinem Felsvorsprung herum und suchte die warmen Socken zusammen. Die dünnen, alten grauen Strümpfe, die mir so wenig Schutz gewährt hatten, breitete ich zum Trocknen aus und ersetzte sie voller Begeisterung durch zwei Paar dicke wollene Socken. Das Empfinden in meinen

Füßen änderte sich dadurch nicht, aber ich dachte doch, es sei wichtig, sie so schnell wie möglich aufzutauen.

Der Morgen war eine Enttäuschung gewesen, und jetzt mußte ich Angst um meine Füße haben. Vielleicht mußten sie amputiert werden – wenn ich hier je herauskam. Ich hatte das starke Gefühl, daß ich ohne meine Füße nicht wirklich überleben wollte. Es war schwierig, mit einem so pessimistischen Gedanken zurechtzukommen. Ich hatte doch so sehr darum gekämpft, mich der Situation in jedem Fall gewachsen zu zeigen! Die sorgfältige Analyse der Ereignisse an jenem Morgen und der Zustand meines Körpers zeigten mir, daß ich keine Chance hatte zu entkommen, solange der Schnee liegenblieb. Ich wußte, daß ich ohne Nahrung nicht erwarten konnte, länger als siebzig Tage zu überleben. Ich dachte an die Hungerstreiks der IRA, an Bobby Sands, der fast so lange ausgehalten hatte. Wenn er das konnte, mußte ich es auch schaffen. Schließlich war meine Konstitution am Anfang durchaus kräftig gewesen; ich bewegte mich kaum, und die niedrigen Temperaturen senkten Stoffwechsel und Energiebedarf noch weiter. Selbst wenn ich nicht mehr in der Lage sein sollte zu laufen, wenn der Moment gekommen wäre, konnte ich immer noch auf Händen und Knien ins Freie kriechen. Ich schätzte meine Lage erneut ab und kam zu dem Schluß, daß die Chancen zu überleben eins zu einer Million standen. Trotzdem mußte ich optimistisch bleiben. Ich mußte ein Ziel haben. Unter diesen entsetzlichen Bedingungen konnte ich nur überleben, solange ich hoffte. Siebzig Tage sollten mein neues Ziel sein. Ich wußte, es würde schwer werden, aber ich glaubte von ganzem Herzen, daß es nicht unmöglich war.

Um mich zu beschäftigen, wandte ich mich wieder meiner Lektüre zu. Ich hatte den Charles-Dickens-Roman zum zweiten Mal durchgelesen und war mittlerweile auch zum zweiten Mal weit in *Das Schweigen der Lämmer* vorgedrungen. Beim ersten Mal hatte ich die Worte voll Spannung in mich aufgesogen. Doch das Buch erneut zu lesen machte mich verrückt. Die einzigen Menschen, zu denen ich überhaupt Kontakt hatte, waren die Figuren des Romans – in diesem Fall zwei psychoti-

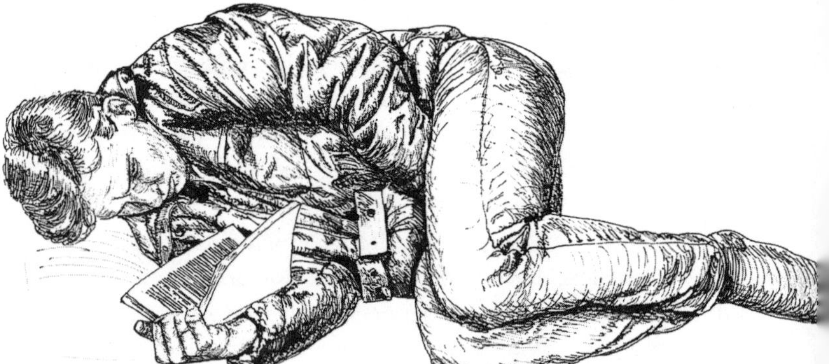

Die einzigen Menschen, zu denen ich Kontakt hatte, waren
die Romanfiguren in *Große Erwartungen* und *Schweigen der Lämmer.*

sche Killer. Ich las das Buch durch und legte es neben mich. Mir war übel. Ich schwor mir, *Das Schweigen der Lämmer* nicht noch einmal zu lesen, und wollte das Buch schon in den Graben werfen, aber beim Anblick des Sonnenuntergangs über dieser friedlichen weißen Welt zum abendlichen Gesang der Vögel hatte ich das Gefühl, ich würde damit die Umwelt verschmutzen.

Ich fuhr mit meiner üblichen Routine des Schneesammelns fort und schluckte eine ganze Menge davon gleich hinunter, während ich noch dasaß und die Berge bewunderte, bevor ich mich zur anderen Seite hinüberbewegte, um meine Latrine zu benutzen. Heute konnte ich meinen Skianorak tragen, der endlich getrocknet war, und er wärmte mich sehr. Das saubere Paar Socken an meinen Händen war eine willkommene Abwechslung nach dem stinkenden Paar Strümpfe, das ich fast zwei Wochen lang getragen hatte. Ich sagte meine lange Reihe von Gebeten auf, und nach vielen Stunden des Nachdenkens über mein Zuhause, leckeres Essen und meine Familie fiel ich in Schlaf.

Im Lauf der Nacht wachte ich auf; die Seite, auf der ich gelegen hatte, schmerzte. Aber als ich mich umdrehte, war das neue Gefühl von Wärme, das ich dank meiner Jacke spürte, wunderbar angenehm. Dies war die erste Nacht seit langer Zeit, die ich nicht unablässig zitternd verbrachte. Statt dessen konnte ich ein paar Stunden lang den Frieden wunderbarer Träume von meiner Familie und Gaye genießen.

Joanne: 5. Januar 1992

Der Sonntag war ein sehr langer Tag.

Morgens bot Dad mir an, mit mir nach Nepal zu kommen. Ich spürte ein enormes Gefühl der Erleichterung. Zwar hatte ich keinen Moment Zeit gehabt, darüber nachzudenken, aber tief in meinem Innern machte ich mir Sorgen darüber, daß ich allein reisen mußte. Die Erleichterung war jedoch nicht von Dauer. Mir fiel wieder ein, wie durcheinander Mum und Dad waren. Sie konnten einfach nicht mehr. Außerdem war Katmandu nach allem, was man hörte, ein recht schmutziger Ort. Und wenn mein Vater erkrankte, während wir dort waren? Der Druck, unter dem ich stand, würde sich verdoppeln. Mum war ganz und gar gegen den Vorschlag. Es fiel nicht leicht, aber wir überzeugten Dad schließlich, daß es keine gute Idee war.

Dad hatte seinerseits in der Nacht über den Plan für die Suchaktion nachgedacht. Er ärgerte sich darüber, daß wir bereits einen Suchtrupp finanziert hatten, der sich bis auf wenige Wegstunden Gopte genähert hatte, und dennoch niemand in das Dorf geschickt worden war. Jetzt sollten wir für einen Hubschrauber bezahlen, der am gleichen Ort einen zweiten Suchtrupp absetzte. Es war ein Ausdruck der Niedergeschlagenheit, die wir alle empfanden, daß Dad bei der Botschaft anrief, um sich noch einmal die Notwendigkeit für den zweiten Hubschrauberflug erläutern zu lassen.

»Ich möchte hier wirklich keine Vergnügungsreisen finanzieren«, waren seine Worte. Wir hatten das Gefühl, daß mit uns umgesprungen wurde, wie es den Leuten von der Botschaft gerade paßte. Wir waren Tausende von Kilometern entfernt, und ein Mensch, den wir liebten, war allem Anschein nach verschwunden. Wir waren nicht durch irgendwelche offiziellen Stellen von James' Verschwinden benachrichtigt worden, sondern durch ein Fax von Tim an seinen Vater, der sich dann wiederum an meinen Vater gewandt hatte. Tim hatte James schon seit fast einer Woche nicht mehr gesehen, ehe wir überhaupt hörten, daß es Probleme gab. Und der letzte Mensch, der James tatsächlich gesehen hatte, war jemand, den er kaum kannte: Mark Fulton hatte noch nicht *einmal* mit einer offiziellen Stelle gesprochen und war jetzt scheinbar unauffindbar nach Thailand verschwunden!

Ich kam ziemlich spät am Abend von der Arbeit nach Hause und fühlte mich deprimiert und erschöpft. So langsam begann ich zu begreifen, daß ich wirklich ein Flugzeug nach Nepal besteigen sollte, um nach meinem Bruder zu suchen – oder vielleicht nach seiner Leiche. In weniger als sechsunddreißig Stunden würde ich abreisen. Jetzt gab ich meiner Besorgnis Ausdruck, daß ich allein fliegen sollte.

»Der einzige andere Mensch, von dem ich mir überhaupt vorstellen kann, daß ich ihn fragen mag, ist Andrew«, sagte ich zu Calum. Andrew Ross war ein langjähriger Freund von James. Ich dachte darüber nach. Ich wußte, daß es nicht nur um meinetwillen, sondern auch für Calum und den Seelenfrieden meiner Eltern sehr viel besser wäre, wenn ich einen Begleiter hätte. Also rief ich Andrew an.

»Andrew, hier ist Joanne. Hör mal, ich weiß, was ich jetzt sage, ist eine Zumutung, und ich gebe dir nicht einmal Zeit, darüber nachzudenken. Bitte fühl dich nicht verpflichtet, ja zu sagen. Es handelt sich bloß darum, daß ich am Dienstag ganz allein nach Nepal fliegen soll, und ich habe wirklich Angst. Besteht auch nur die entfernte Chance, daß du mich vielleicht begleiten könntest?«

Andrew zögerte nicht. »Okay.«

Einen Moment lang wollte ich meinen Ohren nicht trauen. Dann weinte ich fast vor Erleichterung. Ich wußte nicht, daß Gaye und Beverley den gleichen Gedanken gehabt hatten. Sie hatten sich bereits an Andrew gewandt und ihm angeboten, für sein Flugticket zu bezahlen, wenn er mich begleiten würde. So hatte er die nötige Zeit gehabt, um an seinem Arbeitsplatz alles Erforderliche zu regeln. Calum war wirklich froh, daß ich nicht allein reisen würde. Außerdem stand Andrew der ganzen Angelegenheit ein wenig distanzierter gegenüber, was es leichter machen sollte, Entscheidungen zu fällen.

Joanne: 6. Januar 1992

Der nächste Tag verging in einem Taumel von Aktivität. Beverley gab uns Geld, das von der Familie Ryan zusammengetragen worden war. Mum und Dad hatten ebenfalls weitere fünftausend Dollar nach Katmandu überwiesen. Von ihrem Haus fuhren wir zur Universität, wo wir in der Fotostelle ein Bild von James und Gaye abgaben. Wir baten darum, zweihundertfünfzig Schwarzweißabzüge zu machen, ein großer Auftrag, den die Mitarbeiter ohne weiteres ausführten. Sie schnitten und vergrößerten das

Foto, so daß nur noch James darauf zu sehen war. Außerdem machten wir zweihundert Fotokopien von dem Bild, das wir nach Nepal gefaxt hatten, um es für das Plakat mit der Vermißtenmeldung zu verwenden. Ich wollte sichergehen, daß ich reichlich Bilder bei mir hatte, um sie den Leuten zu geben, die ich treffen würde. Dann holten wir Andrew ab, der noch unter den Nachwirkungen seiner Hepatitis-A-Impfung litt. Wir hatten beide nicht ausreichend Zeit, uns gegen Cholera oder Typhus impfen zu lassen.

Wir besorgten Reiseschecks und reichlich amerikanische Dollars. Gegebenenfalls waren wir durchaus darauf eingestellt, die Leute in Katmandu zu bestechen, um die erforderliche Unterstützung zu bekommen. Ich fragte Andrew, ob er jemals einen Menschen bestochen habe. Nein, war seine Antwort. Da hatten wir also etwas gemeinsam.

Schließlich wurde es Zeit, Andrew wieder zu Hause abzusetzen und letzte Einkäufe zu erledigen. Ehe ich mich's versah, war es fünf Uhr nachmittags, und wir befanden uns auf dem Heimweg. Als die Hektik nachließ, fiel mir etwas ein, das ich wissen mußte, bevor ich abreiste. Ich fragte meine Eltern, was ich tun sollte, wenn wir einen Leichnam fänden.

»Laß die Leute von der Botschaft und die Reiseversicherung das organisieren. Steig du einfach ins Flugzeug nach Hause«, war ihre Antwort. Ich erwähnte es nicht, aber mir war klar, daß die Leiche möglicherweise identifiziert werden mußte, bevor sie Nepal verlassen durfte.

»Paß du nur gut auf dich auf da drüben, Joanne«, sagte mein Vater. »Flieg nicht mit irgendwelchen Hubschraubern, und geh auf keinen Fall wandern. Ich möchte nicht, daß du Katmandu verläßt. Wenn dir in Nepal irgend etwas zustößt, bedeutet es das Ende für deine Mutter und mich. Du weißt das, nicht wahr?«

Ich blickte aus dem Wagenfenster und konnte durch den Tränenschleier kaum etwas sehen. Die Verantwortung, die ich übernahm, drohte mich zu überwältigen. Alles war so schnell gegangen. Vor einer Woche wußte ich kaum, wo Nepal lag, und jetzt befand ich mich auf dem Weg dorthin. Meine Eltern und

Gaye vertrauten darauf, daß ich mich darum kümmerte, daß alles nur Menschenmögliche getan wurde. Und wenn ich versagte? Ich zwinkerte die Tränen beiseite und riß mich zusammen. »Ich werde vorsichtig sein.«

Von zu Hause aus rief ich Linda Griffith an, um zu fragen, ob ich vorbeikommen und einige Empfehlungsschreiben abholen könne. Ich war noch nicht lange wieder da, als Gaye anrief. Besorgniserregende Informationen waren ans Licht gekommen. Als der Suchtrupp sich in Katmandu bereit gemacht hatte, den Hubschrauber nach Gopte zu besteigen, hatte Ingo Schnabel, der Hundeführer der Gruppe, eine Nachricht erhalten, die von einem deutschen Wanderer namens Mateus stammte. Er war allein in der Gegend unterwegs gewesen, wo die Kanadier angeblich James gesehen haben wollten. Jetzt schien es mehr als wahrscheinlich, daß es dieser Deutsche gewesen war, den die Kanadier getroffen hatten.

»Und warum erkundigt sich keiner bei den Kanadiern?« fragte ich Gaye.

»Niemand weiß, wo sie sind.«

Das erschien mir wieder einmal ganz und gar unglaublich. Eine komplette Suchmannschaft hatte mit der Gruppe von Kanadiern gesprochen und sich daraufhin zu einer grundlegenden Änderung ihrer Pläne entschlossen, aber niemand hatte daran gedacht zu fragen, wie man die Leute später erneut kontaktieren könnte.

»Und was ist mit dem Deutschen?« fragte ich Gaye.

»Er hat das Land verlassen.«

»Mist!« Die einzige Möglichkeit, jemals mit Sicherheit herauszufinden, ob die Kanadier nun James gesehen hatten oder diesen Deutschen, bestand darin, einen oder beide zu fragen. Und ebenso wie bei Mark Fulton erwies es sich als unmöglich, sie zu erreichen.

Ich hatte keine Zeit, lange darüber nachzugrübeln. Calum kam nach Hause, und wir fuhren zu Dr. Griffith. Sie hat ein faszinierendes Haus voller Kunstgegenstände, die wohl aus Nepal stammen. Gemeinsam gingen wir alle nur denkbaren Kontaktpersonen durch. Darunter waren eine Reihe einflußreicher Geschäftsleute und ein General der Armee. Dr. Griffith konnte mir außerdem den Namen des Geschäftsführers der Vereinigung nepalesischer Trekkingagenturen geben. Dann erzählte sie mir ein wenig über Katmandu. Frauen wurden dort nicht immer besonders zuvorkommend behandelt. Es wäre daher sicherlich gut, wenn ich mich bemühte, mich so deutlich wie möglich ins rechte Licht zu rücken. Außerdem schlug sie vor, daß ich mich eingedenk meines akademischen Titels »Doktor Robertson« nennen sollte, damit man mir mehr Respekt entgegenbrachte. Sie war auch ganz ehrlich, was die Chancen anging, James zu finden. Heute schrieben wir den 6. Januar. James war zuletzt vor fünfzehn Tagen gesehen worden. Dr. Griffith erklärte, wie tückisch das Gelände war und welchen Gefahren sich ein einsamer Wanderer gegenübersehen konnte. Sie erzählte, sie wisse von einem Mann, der nach Nepal gereist war, um seinen Sohn zu suchen. Sechs Wochen war er im Land geblieben, hatte hunderttausend Dollar ausgegeben und nichts gefunden. Doch sie gab zu, daß die Chance bestand, daß James verletzt irgendwo untergeschlüpft war und versorgt wurde. Allerdings reagierten die Dorfbewohner in solchen Fällen meist recht prompt mit der Übermittlung einer Nachricht.

»Ich denke, ich möchte einfach herausfinden, was passiert ist«, sagte ich zu ihr. »Selbst wenn es sich darum handelt, eine Leiche zu bergen. Wir können nicht weiterleben, ohne Bescheid zu wissen.«

Sobald wir zu Hause eintrafen, beschloß ich, Graeme anzurufen. »Was zum Teufel macht ihr denn da drüben?« waren meine ersten Worte, als ich ihn erreichte. Ich fragte nach der Nachricht, die Ingo erhalten hatte, und artikulierte zum wiederholten Male unseren Unglauben, daß die gesamte Suchmannschaft dem gefolgt war, was sich jetzt als völlig falsche Spur erwies. Ich deutete auch an, daß ich nicht verstand, warum die Kanadier nicht gefunden worden waren.

»Katmandu kann doch nicht so eine große Stadt sein, meine Güte!«

Ich erzählte ihm, daß Andrew und ich am Mittwoch eintreffen würden.

An jenem Abend hatte ich noch einige weitere Telefongespräche zu führen. Ich rief Kimberley an, meine Halbschwester im kanadischen Edmonton. Ich wußte, daß sie mehrfach zu einem Hellseher gegangen war, der eine Reihe zutreffender Voraussagen gemacht hatte. Schon länger hatte ich mit dem Gedanken gespielt, sie zu bitten, sich wieder an diesen Mann zu wenden. Jetzt beschloß ich, daß wir nichts mehr zu verlieren hatten. Kimberley mußte nach Toronto fliegen, um persönlich mit dem Hellseher zu sprechen, aber sie willigte sofort ein, das für mich zu tun. Dann rief ich ein paar gute Freunde an und bat sie, sich um Calum zu kümmern, während ich weg war.

Mitternacht war längst vorüber, als wir endlich ins Bett gingen. Ich war sehr pessimistisch und niedergeschlagen und brach in Tränen aus. Es waren Tränen der Trauer um meinen Bruder, einen jungen Mann, der so viel besaß, für das sich zu leben lohnte, der aber wahrscheinlich unter höchst unnötigen Umständen an einem eisigen Berghang den Tod gefunden hatte. Und es waren Tränen des Schmerzes und der Angst – des Schmerzes angesichts der bevorstehenden Trennung von meinem Mann und der Angst, was ich wohl vorfinden mochte, wenn ich Katmandu erreichte.

Joanne: 7. Januar 1992

Der Dienstagmorgen des 7. Januar war schön und warm. Ich glaube, ich begriff erst wirklich, daß ich tatsächlich nach Nepal reisen sollte, als Calum sich fertig machte, um zur Arbeit zu gehen. Calum war großartig. Nicht ein einziges Mal machte er Einwände gegen meine Abreise. Als der Augenblick des Abschieds gekommen war, zerfloß ich in Tränen. Wir hielten einander lange Zeit fest im Arm, und Calum bat mich, gut auf mich aufzupassen und nach Hause zu kommen, sobald ich könne. Ich nickte, wir küßten uns, und er ging.

Im Flugzeug sah ich die Startbahn unter mir verschwimmen, als wir abhoben. Immerhin hatte ich endlich das Gefühl, etwas Konstruktives zu tun. Ich beschloß, nichts unversucht zu lassen – was auch immer geschehen mochte.

Der Flug nach Bangkok verlief ruhig. Ich las in Büchern über Nepal und betrachtete Karten der Gegend, wo James verschwunden war. Außerdem studierte ich Beschreibungen der Hauptwanderwege durch Helambu und Gosainkund. Sobald ich mit der Lektüre begonnen hatte, begann ich zu verstehen, warum James sich für diese Region entschieden hatte. Die Beschreibungen der Dörfer, Bergpässe und Gletscherseen hörten sich wundervoll an. Als ich eine Beschreibung des Treks las, auf dem James sich befunden hatte, kamen mir allerlei Fragen in den Sinn. Nach unseren Informationen hatten James und Mark sich etwa zwei Stunden oberhalb von Gopte getrennt. Dort sollte es für Wanderer praktisch keine Möglichkeit mehr geben, irgendwo unterzukommen. Doch in einem der Bücher wurde ein Ort namens Phedi erwähnt. Hier, etwa vier Stunden Wegzeit hinter Gopte und zwei Stunden vom Paß entfernt, gab es angeblich zwei Hütten. War es möglich, daß James und Mark am Abend des 21. Dezember in Phedi übernachtet hatten und nicht in Gopte?

Außerdem wurden in dem Buch zwei verschiedene Wege vom Paß hinunter nach Tharepati beschrieben: einer über Gopte (vermutlich derjenige, den James und Mark auf dem Weg nach oben benutzt hatten) und ein anderer, der sehr viel unwegsamer war und an Gopte vorbeiführte. Könnte James versucht haben, diesen anderen Pfad zurück nach Tharepati zu nehmen? Ich hoffte wirklich, das sei nicht der Fall, denn allem Anschein nach war dieser Weg extrem gefährlich und barg bei schlechtem Wetter die Gefahr tödlicher Fehltritte. In mehreren Büchern wurde auch eine Höhle in Gopte erwähnt. Ich machte mir eine Notiz, um sicherzustellen, daß sie durchsucht wurde, für den Fall, daß James dort Schutz gesucht haben sollte.

Außerdem bestand noch die Möglichkeit, daß James seinen Entschluß zur Umkehr revidiert hatte und doch versuchen wollte, den Paß zu überqueren und Mark Fulton einzuholen, oder aber daß er den Weg verloren und sich nach Südwesten gewandt hatte, um ein Dorf namens Talu zu erreichen. Auf der Karte war ein Fluß namens Tadi Khola eingezeichnet, der den Trail, auf dem James und Mark unterwegs gewesen sein mußten, schnitt und dann in Richtung Talu verlief. Sollte James den Weg verloren haben, wäre es ihm sicher klug erschienen, einem Fluß zu folgen, der zu einem Dorf führte. Bei jeder dieser Aktionen konnte er gestürzt sein, verletzt Unterschlupf gefunden haben oder auf der Suche nach einem Dorf in die Irre gegangen sein.

Je mehr ich über nepalesische Geographie und das Wandern in Nepal las, desto besser lernte ich den Charakter der Landschaft einschätzen, mit der wir es zu tun hatten. Im Himalaja gibt es viele Berggipfel, die mehr als 8000 Meter hoch sind. Solche Höhenlagen sind für einen Australier praktisch unvorstellbar. Mit knapp über 2200 Metern ist der Mt. Kosciusko bereits der höchste Berg unseres Landes. Der europäische Montblanc, der höchste Alpengipfel, ist 4810 Meter hoch. Der Paß, den James überqueren wollte, hätte ihn auf eine Höhe von 4600 Metern geführt. Was um Himmels willen tat er dort oben in Turnschuhen? Eins der ersten Anzeichen für das Auftreten der Höhenkrankheit ist geistige Verwirrung. Konnte James aus diesem Grund eine unsinnige Entscheidung gefällt haben?

Vom Flughafen in Bangkok nahmen wir ein Taxi zum *Central Plaza Hotel.* Wir traten an die Rezeption, und ich spürte die Angst wie Übelkeit in mir aufsteigen, während wir warteten, ob irgendwelche Nachrichten für uns da waren. Sollte im Verlauf des Tages James' Leichnam gefunden worden sein, würden wir es jetzt erfahren. Doch es gab keine Neuigkeiten. Wir gingen in unser Zimmer und direkt ins Bett.

Mir schien, ich hätte die Augen gerade erst geschlossen, als das Läuten des Telefons mich aufschreckte. Andrew und ich richteten uns im Bett auf und blickten einander an. Ich konnte spüren, wie mein Herz klopfte.

»Wie spät ist es?«

»Mitternacht«, entgegnete Andrew.

»Ich habe viel zu viel Angst, um ranzugehen, Andrew. Übernimmst du das bitte?«

Andrew griff nach dem Hörer. Ich beobachtete seine Gesichtszüge, während er sprach.

»Ach so«, sagte Andrew. Er schüttelte den Kopf und bedeckte die Sprechmuschel mit der Hand. Dann wandte er sich zu mir: »Es ist nichts. Mach dir keine Gedanken.«

Da bemerkte ich, daß ich den Atem angehalten hatte. Ich ließ die Luft aus meinem Körper strömen und begann, langsam und tief einzuatmen, um mein rasendes Herz zu beruhigen. Es war nur die Hotelrezeption, die uns mitteilen wollte, daß *Thai Air* unseren Transfer zum Flughafen veranlaßt hatte und unsere Hotelrechnung bezahlen würde. Ich weiß immer noch nicht, warum die Leute meinten, wir müßten aus diesem Grund geweckt werden.

Das Hotelfrühstück bestand aus einem riesigen Büffet. Wir machten Witze darüber, wie sehr es James gefallen hätte. »Wenn wir ihn finden, müssen wir auf dem gleichen Weg zurückreisen, damit wir hier noch einmal frühstücken können!« Wir lachten.

James: 7. Januar 1992

Was um alles in der Welt ist das? dachte ich, als das Gekreisch noch einmal durch das Tal hallte. Ich konnte mir wirklich nicht vorstellen, was auf Erden ein solches Geräusch machte. Das Geschrei hatte eine irrsinnige, menschliche Qualität. Aber selbst die Patienten, die ich in den geschlossenen Abteilungen der psychiatrischen Kliniken erlebt hatte, hörten sich nicht so grauenerregend an. Es klang wie jemand, der unvorstellbare Schmerzen litt und in hoher Tonlage wie ein Kind oder ein Baby vor sich hin jammerte.

Die Schreie kamen von dem Berghang über mir, und ich konnte ein hölzernes Knacken hören. Ich suchte mit den Augen die Büsche ab, und bald darauf tauchte ein großes schwarzes Tier auf. Mein erster Gedanke war positiv.

Das ist ein Büffel oder eine Kuh, schoß es mir durch den Kopf, denn ich konnte mir kein anderes Tier von dieser Größe vorstellen, das in dieser Gegend anzutreffen wäre. Ich wurde ganz aufgeregt. Gelegentlich hatte ich gesehen, wie die Dorfbewohner auf Büffeln und Kühen die Wege entlang ritten, und ich dachte: Vielleicht kann ich auf dem Rücken dieses Tieres hier wegreiten. Was auch immer es war, es schien wenig Schwierigkeiten zu haben, im Schnee seinen Weg durch das Buschwerk zu finden. Als zweites mögliches Schicksal für das Tier malte ich mir aus, daß ich es schlachten würde. Das Fleisch mußte ausreichen, um mich den Rest des Winters hindurch zu versorgen.

Aber dann, als es wieder schrie, gewann die Vernunft die Oberhand: Keine Kuh könnte sich je so anhören.

Mittlerweile war ich aus meinem Schlafsack geschlüpft und wühlte in meinem Rucksack herum. Ich suchte nach der Schere, ein Auge immer auf das Tier gerichtet. Es war vielleicht einen guten Meter groß, wie es sich seinen Weg durch die Büsche bahnte und gelegentlich herumrollte. Ich packte die Schere, als es aus dem Gesträuch kam. Sein Kopf war nicht so groß wie der einer Kuh, aber seine Vorderbeine waren gewaltig. Wieder schrie es. Mein Gott! Das ist ein Bär!

Seltsamerweise spürte ich kaum Furcht. Schließlich hatte ich dem Tod schon viele Male ins Angesicht geblickt. Der einzige Unterschied war diesmal, daß die Gefahr von einer anderen lebenden Kreatur ausging – mit der in vieler Hinsicht leichter zurechtzukommen war. Während der Bär nur dreißig Meter entfernt schnaubte und schrie und durch den Schnee stapfte, überlegte ich, was ich tun sollte.

Meine Chancen, nicht zu verhungern, standen eins zu einer Million. Weniger als dreißig Meter von mir entfernt befand sich ein Wintervorrat an Nahrung. Welche Chancen hatte ich, ihn zu erlegen? Als ich erneut die Vorderbeine und Schultern des Bären betrachtete, konnte ich mir keine wirkliche Chance einräumen, besonders eingedenk der Magerkeit, zu der mein eigener Körper geschrumpft war. War eins zu tausend zu optimistisch? Ich hatte wirklich nichts zu verlieren. Gelänge es dem Bären, mich zu töten, hätte all mein Elend ein Ende; schaffte ich es, ihn umzubringen, würden sich meine Chancen, den Winter zu überleben, erheblich vergrößern.

»Komm her!« rief ich dem Tier zu und pfiff laut. Seine Ohren richteten sich auf. Es schrie zur Antwort. Ich pfiff noch einmal und wartete, was der Bär wohl tun würde. Wütend stürmte er vor und zurück, kam jedoch nicht näher, sondern lief auf und ab, als könne er sich nicht entscheiden. Wir starrten einander an, mehrere Minuten lang, jeder Muskel meines Körpers zum Kampf bereit. Aber der Bär begann sich zu entfernen, und obwohl er weiterhin schrie, schien er doch das Interesse an mir verloren zu haben.

Ich pfiff noch mehrmals, denn in jenen kurzen, angespannten Minuten hatte ich schon beschlossen, in welchen Teil des kräftigen Nackens ich meine Schere hineinbohren wollte. Ich stellte mir vor, wie ich das Tier häutete und das Fleisch gefrieren ließ.

Doch der Bär war der Herausforderung aus dem Weg gegangen. Mein Schweiß floß in Strömen. Als die Anspannung nachließ, begann ich zu zittern.

Einige Zeit später betrachtete ich die ganze Situation sehr viel nüchterner und erwog, wie gering meine Chance gewesen wäre, jenen Bären wirklich zu töten. Sehr viel wahrscheinlicher wäre ich schwer verletzt zurückgeblieben mit weiteren Wunden, die es zu versorgen galt. Ich war überrascht über meine tollkühne Dummheit. Zu guter Letzt nahm ich meine tägliche Routine wieder auf, ganz aufgeregt darüber, daß ich einen Bären in freier Wildbahn gesehen hatte. Schade, daß es mir nicht möglich gewesen war, ihn zu fotografieren. Meine Mutter wäre begeistert gewesen, wenn sie von der Begegnung erfahren hätte. Sie liebte wilde Tiere und hätte es wirklich zu schätzen gewußt, einen Bären in seiner natürlichen Umgebung zu sehen. Es stimmte mich traurig, daß ich diesen dramatischen Morgen nicht mit ihr teilen konnte. Dennoch war das Gefühl der Erleichterung vorherrschend.

In der Nacht wurde die Stille wiederum von jenen schrecklichen Schreien durchbrochen. Manchmal waren sie nicht mehr als ein weit entferntes Echo. Zu anderen Zeiten konnte ich hören, wie der Bär sich einen Weg durch das Gesträuch ganz in meiner Nähe bahnte. Ich pfiff jetzt nicht mehr nach ihm und rief ihm auch keine Herausforderungen zu. Lieber lag ich still in meinem Schlafsack, den Kopf völlig zugedeckt, und hielt die Schere fest umklammert. Immer wieder sah ich vor meinem geistigen Auge Bilder der mißhandelten Opfer, wie sie in *Das Schweigen der Lämmer* beschrieben werden, und stellte mir einen schrecklichen Tod vor. Trotz meiner warmen Skijacke fröstelte mich, als Schauder der Angst über meinen Rücken rannen.

Joanne: 8. Januar 1992

So ziemlich das erste, was uns in Katmandu auffiel, war das Licht. Es war ein dunstiges, gelbliches Licht, wie man es erhält, wenn man beim Fotografieren einen speziellen Filter verwendet. Aber hier war die Ursache die Luftverschmutzung. Katmandu liegt in einem Tal, und der Smog, den die Fahrzeuge, die offenen Feuer und die Industriebetriebe produzieren, bleibt oft über der Stadt hängen, je nach den Witterungsbedingungen. Ich hatte geglaubt, man könne von Katmandu aus die Berge des Himalajas sehen. In den nächsten sechs Wochen sollte ich nur an drei Tagen einen Blick auf die Berge erhaschen.

Wir waren etwas beunruhigt, als wir feststellen mußten, daß am Flughafen kein Botschaftsangehöriger auf uns wartete. Statt dessen trieben sich zwei Männer vom Zollschalter im Hintergrund herum, die bei jeder sich bietenden Gelegenheit verstohlen fragten: »Australische Dollars? Thailändische Baht?« Andrew wurde schließlich ziemlich ärgerlich. Sie sollten es bloß nicht wagen, Hand an unser Gepäck zu legen!

Wir beschlossen, es sei am besten, vor dem Flughafengebäude zu warten. Glücklicherweise befanden wir uns immer noch in einem eigens abgetrennten Bereich und wurden daher nicht von den Fahrern mit ihren eifrigen Rufen: »Taxi, Sir? Taxi, Ma'am?« überschüttet. Ich war ganz begeistert, als ich in unmittelbarer

Nähe einen bunt bemalten Elefanten Heu fressen sah, während sein Treiber versuchte, Passagiere für einen Ritt auf dem Dickhäuter zu gewinnen. Nach einiger Zeit gingen wir in das Gebäude zurück und fragten uns, was wir jetzt tun sollten.

Ich nickte einer Frau zu. Sie war etwa in meinem Alter und stand ganz in unserer Nähe. Der weiße Schal, den sie trug – so erfuhr ich später –, war ein Kleidungsstück, das üblicherweise von Buddhisten getragen und gern als Willkommensgeschenk benutzt wird. Sie sagte hallo, und wir kamen ins Gespräch. Tatsächlich war sie Amerikanerin und lebte zur Zeit in Nepal, um den Buddhismus zu studieren. Als ich ihr von James erzählte, sagte sie, die Plakate von ihm habe sie überall in Katmandu gesehen. Und sie schlug vor, ich solle einen buddhistischen Lama aufsuchen, speziell einen Rinpoche Lama. Sie erklärte, daß die Rinpoche Lamas mitunter mehr wissen als andere, daß sie »erleuchtet« sind. Ich sagte, ich wäre gern bereit, einen Lama zu treffen (es konnte ja nicht schaden). Aber wo würde ich einen finden, der Englisch sprach?

»Sie haben Glück«, entgegnete sie. »Chokyi Nyima Rinpoche spricht fließend Englisch und ist gerade in Boudha, das ist nicht weit von Katmandu entfernt. Sie sollten hinfahren und ihn aufsuchen. Morgens wäre es am besten. Und Sie sollten ein Geschenk mitnehmen. Ein weißer Schal ist in Ordnung, ein paar Früchte, Kekse oder sogar ein bißchen Geld.« Dann fragte sie, warum wir warteten. Ich erklärte es ihr und sagte, wir hätten kein nepalesisches Geld und wüßten nicht, was wir tun sollten. Schnell wechselte sie einige Worte mit ihrem nepalesischen Freund, der prompt zu einem der kleinen Touristenschalter hinüberging. Als er zurückkehrte, sagte er uns, wir könnten das Telefon dort kostenlos benutzen. Ich wählte die Nummer der Botschaft.

Graeme Fay hatte die falschen Flugdaten und erwartete uns erst später am Abend. Er entschuldigte sich wortreich und sagte, er würde sofort kommen. Andrew und ich waren jedoch nicht so leicht zu versöhnen.

Zwanzig Minuten später fuhr ein weißer Mercedes vor. Ein sehr großer, rothaariger Mann mit Bart stieg aus. Das war Graeme

Fay. Er konnte höchstens Anfang Zwanzig sein. Obwohl wir immer noch verärgert waren, freuten wir uns beide doch, ihn und seinen Mercedes zu sehen. Als wir in die weichen Polster glitten, dachte ich, vielleicht ist doch noch nicht alles verloren.

Nachdem wir uns vorgestellt hatten, sagte Graeme, er nehme an, wir wollten direkt mit ihm zurück zur Botschaft fahren, damit wir vollständig darüber informiert werden könnten, was bis zum jetzigen Zeitpunkt unternommen worden war.

Jene erste Fahrt vom Flughafen zur Botschaft werden Andrew und ich nie vergessen. Auf dem Weg in die Stadt kommt man an Gruppen baufälliger Lehmziegelhäuser vorbei; die meisten sind zwei Stockwerke hoch und haben ein flaches Dach. Von den Gebäuden und Zäunen hängen Stoffe und Kleider in allen nur denkbaren Formen und Farben herunter. Bei manchen handelte es sich um Teppiche, die neu eingefärbt worden waren, und der Rest war Wäsche. Es erstaunte mich, daß die Leute sich die Mühe machten, ihre Wäsche zu waschen, um sie dann an einer staubigen, schmutzigen Straße aufzuhängen. Hier und da waren Menschen um Wasserquellen versammelt: Frauen wuschen im Hocken ihre Wäsche, Männer reinigten sich. Überall schien es Leute und Hunde zu geben. Berge von Müll waren den Straßen entlang aufgehäuft. Auf einer halb zerrissenen Fahne stand stolz »Nepal grüßt Turist«. Mir sank der Mut.

Die Straßen waren voller Schlaglöcher und hatten keinerlei Fahrbahnmarkierungen. Riesige alte Busse, vollgestopft bis zum Rand, stießen Wolken schwarzer Dieselabgase aus, schlingerten und quietschten an uns vorbei; rostige, staubige Privatwagen kurvten in den Verkehr hinein und wieder hinaus, und Dutzende von dreirädrigen motorisierten Fahrzeugen, die als Autorikschas bezeichnet werden (ein Ausdruck, der sehr viel romantischer klingt, als es diese Wunder der Technik verdienen), tuckerten vor sich hin, ohne Rücksicht auf den Verkehr zu nehmen, der sich hinter ihnen staute.

Niemand machte freiwillig Platz. Andrew und ich wechselten mehr als einen entsetzten Blick, während der Fahrer unseres Wagens zwischen anderen Fahrzeugen und Fußgängern hindurchsauste. Wenn Verkehrsteilnehmer – offenbar in selbstmörderischer Absicht – ohne Rücksicht auf den Verkehr auf der Hauptstraße aus den Seitenstraßen geschossen kamen, fuhr unser Fahrer weiter, ohne mit der Wimper zu zucken, eine Hand fest auf die Hupe gedrückt. Als wären die Dinge nicht ohnehin schon kompliziert genug, schlängelten sich Leute auf Fahrrädern fröhlich durch das allgemeine Chaos, und Haustiere verschiedenster Spezies spazierten von einer Straßenseite zur anderen, wie es ihnen gerade gefiel.

Es schien eine große Zahl von Leuten zu geben, die nichts weiter taten, als auf den Gehwegen vor den Läden zu sitzen oder ziellos am Straßenrand herumzustehen. Wir kamen an einigen Frauen vorbei, die tief gebückt unter schweren Holzlasten einhergingen. Kinder rannten herum und spielten Spiele; manche trugen Hemden und Pullover, die meisten waren zumindest vom Bauch abwärts nackt.

Der Gesamteindruck jener ersten Fahrt durch die Straßen von Katmandu war beherrscht von Schmutz und Armut. Und als wir in dichter besiedelte Stadtteile kamen, schien alles noch schlimmer zu werden: die gleichen verfallenen Gebäude, die gleichen jämmerlichen Läden und Berge von Müll – nur in größerer Zahl.

Als ich aus dem Fenster des Mercedes blickte, fühlte ich mich sehr müde. Wie um Himmels willen sollten wir an einem solchen Ort überhaupt etwas erreichen?

Graeme sagte, daß es gelungen sei, die Kanadier ausfindig zu machen.

»Wo sind sie?« fragte ich sofort.

»Sie übernachten im *Kathmandu Guest House*. Ich bin gestern abend dort gewesen und habe mit ihnen gesprochen. Eigentlich war es reiner Zufall, daß wir sie gefunden haben. Ein Freund von Tim sprach mit ein paar Leuten, und die haben ihn auf die Spur gebracht. Eigentlich sind es Frankokanadier.«

»War es James, den sie gesehen haben?«

Graeme schüttelte den Kopf. »Nein, das glaube ich wirklich nicht.«

»Ich werde selbst mit ihnen sprechen«, kündigte ich an. »Wann reisen sie ab?«

»Sie fliegen am Freitag.«

Eine weiße Ziegelmauer mit goldenen Ornamenten über einem schwarzen Tor kündigte an, daß wir die australische Botschaft erreicht hatten. Wenige Sekunden später saßen wir an einem Tisch im Konferenzzimmer der Botschaft. Auli gesellte sich zu uns. Der Botschafter befand sich auf Urlaub in Australien. Ich weiß nicht, ob es die ständige Sorge war oder die Müdigkeit – ich hatte jedenfalls das Gefühl, der Raum sei ausgesprochen kalt, und trug während des gesamten Gesprächs meinen Anorak.

Graeme ging alles Punkt für Punkt mit uns durch und erläuterte genau den Stand der Dinge. Innerhalb der nächsten vierundzwanzig Stunden war von keiner der beiden Suchmannschaften eine Meldung zu erwarten. Die Männer in Helambu hatten vor, drei Hauptwege abzugehen und auf drei weniger bekannten Wegen zurückzukehren. Es war unwahrscheinlich, daß sie vor dem Wochenende wieder da sein würden. Graeme hoffte, innerhalb der nächsten Tage von der Gopte-Gruppe per Funk eine Meldung zu bekommen.

In der Zwischenzeit war beschlossen worden, dreimal täglich eine Suchmeldung über den nepalesischen Radiosender auszustrahlen, jeweils kurz vor den Nachrichten. Radio zu hören war eines der Hauptvergnügen selbst in den entlegenen Gegenden des Landes. Der Umstand, daß für denjenigen, der James fand – egal, ob lebendig oder tot – eine Belohnung lockte, sollte die Einheimischen auf die Beine bringen.

Graeme fuhr fort zu erzählen, er habe mit den Kanadiern gesprochen. Ihre Geschichte hatte sich gegenüber der Version, wie sie Carl Harrison, der Anführer des Suchtrupps, berichtete, erheblich verändert. Graeme fragte daraufhin, ob sie sich nicht im klaren darüber seien, daß sie den Eindruck hinterlassen hätten, es sei James gewesen, den sie damals trafen. Sie sagten ja, das wüßten sie, aber jetzt seien sie sich eben nicht mehr so sicher. Eine Frau aus der Gruppe behauptete nun, sie habe sich mit dem betreffenden Wanderer unterhalten, und er habe zu ihr gesagt, er komme aus Deutschland.

Ich muß zugeben, nachdem ich mir Graemes und Aulis Bericht aus erster Hand angehört hatte, war meine Einstellung zu dem, was die Botschaft veranlaßt hatte, sehr viel weniger kritisch. Die Erläuterungen der beiden waren klar und einleuchtend. Weder Andrew noch ich waren glücklich, daß es so lange gedauert hatte, eine Suchmannschaft oberhalb von Gopte abzusetzen, aber das war Carl Harrisons Entscheidung gewesen.

»In Ordnung«, sagte ich. »Ich würde gern ein paar Wanderführer treffen. Wenn ich mir die Karten so ansehe, denke ich, da sind immer noch ein paar Möglichkeiten offen. Ich möchte so viele Meinungen wie möglich hören. Außerdem möchte ich selbst mit den Kanadiern sprechen. Ich habe ein paar zusätzliche Fotos von James dabei, die vielleicht dazu beitragen können zu klären, ob er es nun war oder nicht. Das ist ziemlich wichtig. Wenn es nicht James war, können wir wohl sicher sein, daß er es nicht zurück nach Tharepati geschafft hat. Wenn er es jedoch war, dann müssen wir ein viel größeres Gebiet im Blick behalten.«

Graeme schlug vor, wir sollten uns mit Ravi Chandra Hamal in Verbindung setzen, dem Geschäftsführer von *Amadablam*, einer Agentur, die sich vor allem an australische Wanderer wandte.

Ich bat um weitere Informationen über Mateus, den deutschen Wanderer, der an Ingo Schnabel geschrieben hatte, aber Graeme und Auli wußten nichts über ihn. Sie nahmen an, er sei ein Freund von Ingo und inzwischen nach Deutschland zurückgekehrt. Es sah ganz so aus, als müßte Ingo uns weitere Informationen über ihn geben.

Ich wollte meine Eltern anrufen, um sie wissen zu lassen, daß wir sicher angekommen waren. Man sagte mir, daß ich die Fax- und Telefoneinrichtungen der Botschaft nicht benutzen dürfe, um mit Australien Kontakt aufzunehmen.

»Wie meint ihr das?« fragte ich. »Ich werde selbstverständlich bezahlen.«

»Es tut uns leid, aber wir können das nicht gestatten.«

»Warum nicht?« fragte ich.

»Wir haben keine Möglichkeit, die Länge der Gespräche aufzuzeichnen«, entgegnete Auli. »Du kannst aber gern von meinem privaten Apparat aus telefonieren, und ich habe Freunde, die ein Stück die Straße hinauf ein Architekturbüro besitzen. Dort darfst du gern Fax und Telefon benutzen. Es sind die Leute, die uns bei der Herstellung der Plakate geholfen haben.«

Ich nahm Aulis Angebot dankbar an, auch wenn ich noch immer nicht ganz verstand, warum ich nicht das offizielle Telefon und Faxgerät benutzen durfte. Die Botschaft verwaltete eine große Summe unseres Geldes auf einem Treuhandkonto, zu dem sie allein Zugang hatte – ich konnte also nicht einfach weglaufen, ohne die Rechnung zu bezahlen!

Man erklärte mir, daß viele australische Touristen nach Nepal kämen; die Botschaft könne nicht einfach allen die Benutzung des Telefons gestatten. Ich fragte, wie viele Australier schon in Nepal verschwunden seien. James war der erste. Sicherlich konnte man in einem so besonderen Fall eine Ausnahme machen? Unabhängig davon, ob sie die Telefon- und Faxregelung guthießen oder nicht – die Erlaubnis, die Geräte zu benutzen, konnten weder Graeme noch Auli mir geben. Ich mußte den Botschafter selbst darauf ansprechen, der zur Zeit jedoch im Urlaub war.

Die Botschaft hatte uns ein verbilligtes Hotelzimmer besorgt. Das *Hotel Kathmandu* schien nicht ganz so großartig, wie der Name vermuten ließ. Es lag etwas zurückgesetzt von der Straße, ein vierstöckiges Gebäude aus roten Ziegelsteinen mit einer recht eindrucksvollen Toreinfahrt und einem Schild in Rot und Gold. Die Auffahrt war mit Kopfsteinen gepflastert, die meine Zähne gegeneinanderschlagen ließen. An der Tür stand ein Türsteher Wache, der stolz ein riesiges silbernes Schwert präsentierte. Die Griffe aus Messing an den gläsernen Türen wurden jeden Morgen peinlich sauber poliert. Die Böden schienen aus Marmor zu sein, und das ganze Haus roch stark nach Kerosin.

Unser Zimmer war eins von vielen an einem Flur, der mit rotem Teppich ausgelegt war. Es wirkte eher bescheiden: zwei Betten waren durch einen Nachttisch getrennt; außerdem gab es zwei Bänke für die Koffer. Vor dem Fenster mit Blick auf die Auffahrt standen ein paar Stühle und ein Tisch. Eine Badewanne mit Dusche, ein Waschbecken und eine Toilette mit Wasserspülung gehörten ebenfalls zur Ausstattung; nichts Großartiges also, aber recht sauber und für unsere Bedürfnisse ausreichend. Auf dem Nachttisch stand ein altmodisches blaues Telefon. Wir stellten unser Gepäck ab und machten uns auf den Weg, um Tim in Thamel aufzusuchen.

Graeme war so nett, uns mitzunehmen. Wir parkten in der Nähe des *Downtown*-Gästehauses. Die Straßen hier waren sehr schmal und dicht mit Fußgängern bevölkert. Zwischen den Einheimischen waren auch viele westliche Gesichter zu sehen. Ich stieg aus dem Wagen und wurde sofort von Leuten umringt, die alles mögliche verkaufen wollten. Eine Gruppe Männer handelte mit kleinen, handgearbeiteten Saiteninstrumenten. Kinder hielten Armreife in die Höhe, geschnitzte Elefanten und Miniaturschachspiele.

Ich ignorierte sie alle und folgte Graeme in einen schmutzigen Flur zwischen zwei Läden. Fahrräder verstellten den Durchgang. Wir kletterten die dunkle Treppe hoch bis in den dritten Stock zu Tims Zimmer.

Tim öffnete die Tür, noch ehe wir klopfen konnten. Wir trafen uns zum ersten Mal. Er sah nicht gut aus und hatte dunkle Ringe unter den Augen. Andrew sagte, er habe an Gewicht verloren. Offensichtlich stand Tim unter einer erheblichen Anspannung. Er tat mir sehr leid. In was für eine schreckliche Lage war er da urplötzlich geraten! Er mußte eine höchst beunruhigte Familie auf dem laufenden halten, das Ausgeben von Geldern überwachen, die ihm nicht gehörten, und er war sicherlich selbst schon ganz krank vor Sorge! Alle zusammen kehrten wir ins *Hotel Kathmandu* zurück, um zu beschließen, was als nächstes zu tun sei.

Genau wie Graeme war sich Tim sicher, daß die Kanadier sich geirrt haben mußten, als sie meinten, sie seien James begegnet.

»Trotzdem möchte ich selbst mit ihnen sprechen«, beharrte ich. »Einmal abgesehen von den Fotos, die ich ihnen zeigen will, kann ich einfach nicht glauben, daß sie Carl überzeugen konnten, seine gesamte Suchmannschaft auf einen anderen Weg zu schicken – und jetzt ändern sie plötzlich ihre Meinung! Es ist ziemlich wichtig, daß wir ein für allemal klarsehen, ob der Wanderer James gewesen sein *kann* oder ob er es definitiv nicht war. Es macht einen erheblichen Unterschied in der Größe des Gebiets, das wir durchkämmen müssen.« Tim stimmte mir zu, und wir kehrten nach Thamel zurück, um das Gästehaus *Kathmandu* aufzusuchen.

Dazu mußten wir das erste Mal in Nepal mit einem Taxi fahren. Nach dem Mercedes kam es uns schon wie ein deutlicher sozialer Abstieg vor, als wir uns in einem alten, rostigen Viertürer wiederfanden. Über den Rücksitz war eine Decke gebreitet. Zweifelsohne sollte sie die zerschlissenen Polster verdecken. Welche Autos Taxis waren, konnte man an ihren schwarzen Nummernschildern erkennen. Das eigentliche Problem bestand darin, den Fahrer davon zu überzeugen, daß er das Taxameter einschaltete. Tim sollte uns an diesem Nachmittag in der subtilen Kunst des Feilschens unterweisen. Nachdem der Fahrer es abgelehnt hatte, das Taxameter einzuschalten, fragte Tim: »Wieviel?«

Der Fahrer antwortete: »Hundertfünfzig Rupien.«

Tim lachte, schüttelte den Kopf und tat, als wolle er weggehen. Der Fahrer rief hinter ihm her: »Okay, okay. Wieviel?«

»Fünfzig Rupien«, erwiderte Tim.

Jetzt lachte der Fahrer. »Hundert«, bot er an.

Ich glaube, sie einigten sich schließlich auf achtzig Rupien. Andrew und ich waren beeindruckt. Später erfuhren wir, die Fahrt hätte fünfzehn Rupien gekostet, wenn das Taxameter eingeschaltet gewesen wäre!

Das Gästehaus *Kathmandu* ist eine Institution. Wenn man sich irgendwo in Thamel einen Weg beschreiben läßt, bekommt man eine Entfernungsangabe oder eine Wegzeit vom *Kathmandu Guest House* aus. Das Gästehaus liegt günstig zu Läden und Restaurants und ist fast immer ausgebucht. Wanderer treffen sich hier, sprechen ihre Routen durch und machen Pläne für künftige Expeditionen. Als wir von dem gepflasterten Hof in den angenehm warmen Rezeptionsbereich traten, war ich enttäuscht, daß wir nicht hier übernachteten. Ein offenes Feuer flackerte im Kamin, und Leute saßen in Sesseln im Raum verteilt und tranken Tee und Kaffee. Alle waren nachlässig gekleidet, wie es in Katmandu üblich ist; viele trugen die hübschen, leuchtend bunten Pullover, die für Nepal so typisch sind.

Tim konnte keinen der Kanadier im Aufenthaltsraum entdecken, daher gingen wir direkt auf ihr Zimmer. Eine Frau mit kurzem Haar und Brille öffnete uns die Tür. Im Zimmer waren nur zwei Frauen von der Gruppe. Ich nannte meinen Namen und sagte, ich sei die Schwester des australischen Wanderers, der in Helambu oder Gosainkund vermißt werde. Ich bat um einen ihrer Namen und um eine Kontaktadresse, die mir von der zweiten Frau namens Nicole gegeben wurde. Immerzu mußte ich ihr in die Augen sehen. Sie waren von einem beeindruckenden Braun, und das eine hatte einen weißen Fleck auf der Pupille. Ich fragte, ob es möglich sei, auch den Rest der Gruppe kennenzulernen, aber die beiden wußten nicht, wo die anderen waren. Ich bat sie, mir zu erzählen, was sich ereignet hatte.

Sie sagten, sie seien auf dem Helambu-Trek unterwegs gewesen – eine ziemlich große Gruppe mit vielen Sherpas und Trägern. Nicole, die Frau mit den ungewöhnlichen Augen, berichtete, sie hätten einen einzelnen Wanderer mit geneigtem Kopf schnell vorbeigehen sehen. Er habe einen etwas verstörten Eindruck gemacht. Als sie ihn trafen, war ihre Gruppe auf dem Weg weit auseinandergezogen. Nicole befand sich am Ende. Ich fragte sie, wie der Wanderer gekleidet war. Beide Frauen sagten übereinstimmend, er habe eine blaue Mütze oder Kappe getragen und nur einen sehr kleinen Rucksack dabeigehabt. Seine Haarfarbe sei hell gewesen, erzählten sie noch.

»Rot?« fragte ich nach.

»Nein, hell.«

Ich erkundigte mich, ob ein Gespräch stattgefunden hatte. Die Frau mit den kurzen Haaren sagte, sie hätten sich möglicherweise zugenickt, aber Nicole behauptete, sie habe mit dem Mann gesprochen.

»Ich glaube, ich habe ihn gefragt, wo er herkommt«, sagte sie zu mir.

»Und was hat er geantwortet?« fragte ich.

»Ich glaube, er sagte, er käme aus Deutschland.« Sie zuckte mit den Schultern. »Vielleicht war es Deutschland, vielleicht war es Australien.« Es gelang mir, die Wut zu unterdrücken, die ich in mir aufsteigen fühlte. Offensichtlich war es ihr nicht besonders wichtig, um welches von beiden Ländern es sich gehandelt hatte.

Die beiden Frauen erwähnten dann noch, daß sie später in Tharepati den Suchtrupp getroffen hatten. Die Männer hätten ihnen erzählt, sie suchten nach einem australischen Einzelwanderer, und sie hätten ihnen mehrere Fotos gezeigt.

»Warum habt ihr der Suchmannschaft erzählt, der Wanderer sei mit Sicherheit mein Bruder gewesen? Mein Bruder trug keinen blauen Hut, und er hätte wohl kaum gesagt, er käme aus Deutschland.«

Die Frau mit den kurzen Haaren behauptete, der Wanderer habe genauso ausgesehen wie die Person auf dem Foto. Nicole sagte, sie habe schon damals ihre Zweifel geäußert, aber weil alle anderen sich so sicher zu sein schienen, habe sie nicht darauf beharrt.

Zu diesem Zeitpunkt kam ein weiteres Mitglied der kanadischen Gruppe ins Zimmer. Auch dieser Mann meinte, das Foto, das der Suchtrupp ihnen gezeigt hatte, sei dem Wanderer, den sie gesehen hatten, sehr ähnlich gewesen.

»Als wir der Suchmannschaft erzählten, wir hätten den Mann gesehen, den sie suchten, machten sie einen sehr glücklichen Eindruck.« Er grinste breit bei der Erinnerung. Am liebsten hätte ich ihn in die Rippen geboxt. »Sie wünschten uns ein frohes neues Jahr und gingen sofort den Weg entlang weiter, auf dem wir gekommen waren.«

Ich konnte mich nicht länger zurückhalten. »Ist euch denn nicht klar, daß auf der Grundlage dessen, was ihr behauptet habt, die gesamte Suchmannschaft umgekehrt und in eine völlig andere Richtung gegangen ist? Und jetzt sagt ihr, ihr seid euch nicht sicher. Begreift ihr denn nicht, daß das, was ihr der Suchmannschaft erzählt habt, meinen Bruder vielleicht das Leben gekostet hat?«

Zu meinem grenzenlosen Erstaunen zuckten alle drei nur die Schultern und sahen ziemlich unbeeindruckt aus. Es würde mir nicht gelingen, sie so zu beschämen, daß sie eingestanden, einen Fehler gemacht zu haben.

Ich bat die Kanadier, mir noch einmal zu bestätigen, daß es am 30. Dezember gewesen war, als sie den Wanderer trafen. In diesem Punkt blieben sie unerschütterlich. Ich zog einige der Fotos heraus, die ich eigens mitgebracht hatte. Nicole schüttelte den Kopf. »Das ist nicht der Mann, den wir gesehen haben.«

Die beiden anderen grübelten über den Bildern.

»Ich bin mir nicht so sicher«, sagte die zweite Frau. »Ich glaube, er könnte es sein.«

Tim und Andrew standen in der gegenüberliegenden Zimmerecke und schüttelten die Köpfe. Die Kanadier führten eine kurze Diskussion auf französisch. Dann sagte der Mann zu mir: »Wenn ihr glaubt, daß ihr wißt, wer der andere Trekker ist, warum zeigt ihr uns dann nicht ein Foto von ihm? Auf diese Weise werden wir vielleicht feststellen können, ob es dein Bruder war oder nicht.«

»Und wie soll ich bitte schön an ein Bild von diesem anderen Wanderer herankommen?« fragte ich. »Ich kenne ihn nicht.«

»Bei seiner Wandergenehmigung wird es ein Foto geben«, entgegnete der Mann. Wir gingen. Ich konnte es nicht über mich bringen, den Kanadiern zu danken oder ihnen auch nur eine gute Nacht zu wünschen.

Tim sagte, ihre Geschichte habe sich selbst gegenüber gestern abend noch verändert, als er und Graeme dort waren.

»Was glaubt ihr?« fragte ich Tim und Andrew. »Besteht die Chance, daß es James gewesen ist?« Sowohl Andrew als auch Tim waren sich mittlerweile sicher, daß es sich nicht um James gehandelt hatte. Ich war noch nicht überzeugt.

»Ganz offensichtlich haben sie jemanden gesehen, und der Betreffende muß auf einem Foto Ähnlichkeit mit James haben.«

»Du liebe Güte, Joanne«, sagte Andrew. »Der Mann, den sie gesehen haben, trug einen blauen Hut. James besaß keinen blauen Hut. James hätte nicht gesagt, er käme aus Deutschland, und James hätte mit ihnen gesprochen. Der einzige Grund, weshalb die beiden sagen, sie seien sich nicht sicher, ist der, daß es ihnen unangenehm ist, einzugestehen, sie könnten einen Fehler gemacht haben. Das wollen sie vertuschen. Es ist ein Skandal, daß Nicole nicht den Mund aufgemacht und gesagt hat, sie habe Bedenken. Aus der Nachricht, die Ingo erhalten hat, wissen wir, daß sich zu jener Zeit ein deutscher Wanderer in der Gegend aufgehalten hat. Den haben sie gesehen.«

Noch immer hegte ich meine Zweifel. Die einzige Möglichkeit, mit Sicherheit festzustellen, ob es sich nun um James oder Mateus gehandelt hatte, bestand darin, den deutschen Wanderer zu finden. Ich würde so bald wie möglich versuchen, seine Wandergenehmigung einzusehen.

Ravi Chandra Hamal war der Geschäftsführer von *Amadablam*, einer nepalesischen Trekkingagentur. Graeme brachte ihn um acht Uhr abends zusammen mit einem erfahrenen Wanderführer auf unser Hotelzimmer. Beide waren soeben von einer Wanderung im Langtang-Nationalpark zurückgekommen.

Herr Ravi hielt die Chancen, James zu finden, für ausgesprochen schlecht. Er ließ seine Wandergruppen im Winter nie in die Nähe des Gosainkund-Trails gehen. Er sagte, dort würde es regelmäßig schneien, und die Gegend sei dann ausgesprochen gefährlich. Es bestehe eine hohe Wahrscheinlichkeit, daß James oberhalb von Gopte ausgerutscht und zu Tode gestürzt sei. Ich fragte Herrn Ravi, wie seiner Meinung nach die Chancen stünden, wenn James es an Gopte vorbei bis in die Gegend von Helambu geschafft haben sollte. Er räumte ein, daß James unterhalb der Schneegrenze eine Überlebenschance hätte. Aber in der Gegend von Helambu war es sogar denkbar, daß er überfallen worden war. Dort hatten sich bereits mehrere Raubmorde ereignet, und Einzelwanderer waren besonders gefährdet. Offenbar war eine nepalesisch sprechende Mitarbeiterin des *Peace Corps* auf diese Art ums Leben gekommen. Ihren Leichnam hatte man

Jahre später in einer Höhle gefunden. Andere Vermißte waren nie gefunden worden.

»Und wenn jemand überfallen wird«, setzte Herr Ravi hinzu, »bewahrt das ganze Dorf absolutes Stillschweigen.«

Ich erwähnte die Möglichkeit, die Gegend südwestlich von Gopte in Richtung Talu zu erkunden. Herr Ravi schüttelte den Kopf. »Dort ist es sehr, sehr gefährlich. Die Gegend ist praktisch unerforscht.« Er schien der Ansicht zu sein, daß es für James oder sonst irgend jemanden so gut wie unmöglich wäre, dort ins Tal hinunter abzusteigen.

Dagegen stimmte er zu, daß es sich lohnen könnte, ein paar Leute nach Dhunche hinaufzuschicken, also in den Ort am Ende des Gosainkund-Trails jenseits des Passes. Ein Suchtrupp könnte von Dhunche durch Gosainkund über den Paß hinunter nach Gopte gehen, für den Fall, daß James versucht haben sollte, doch noch den Paß zu überqueren.

Nach der Möglichkeit befragt, ob James nicht krank oder verletzt in einem Dorf Unterschlupf und Hilfe gefunden haben könnte, sagte Herr Ravi, wenn das der Fall wäre, hätten wir inzwischen höchstwahrscheinlich davon gehört.

»Einen Vorschlag habe ich noch zu machen«, fügte er schließlich hinzu. »Sie könnten einen Fernsehspot senden lassen.« Ich war überrascht. Den Wert einer Fernsehsendung in Katmandu vermochte ich einzusehen, aber würde eine solche Ausstrahlung in der Gegend etwas nützen, auf die es uns ankam? Herr Ravi versicherte mir, selbst in entlegenen Regionen gebe es Fernsehgeräte, die oft durch einen Generator mit Strom versorgt würden.

Ein weiterer Punkt, der an jenem Abend zur Sprache kam, war die Möglichkeit, daß James mit Absicht verschwunden sein könnte und nicht gefunden werden wollte. Ich reagierte sehr böse, als dieser Vorschlag gemacht wurde. James war verlobt und befand sich im letzten Jahr seiner Arztausbildung. »Er weiß, daß wir völlig außer uns wären. James würde so etwas nie tun.«

In den kommenden Wochen sollte ich immer wieder dazu aufgerufen werden, James zu verteidigen. Offenbar hatten eine Reihe von Leuten beschlossen, aus der Gesellschaft auszusteigen, während sie in Nepal auf einer Wanderung waren. Ein Amerikaner beispielsweise hatte sich dazu entschlossen, in einem winzigen Dorf in ein buddhistisches Kloster einzutreten. Er war zwei Jahre lang »verschwunden« gewesen. Gelegentlich lernen Wanderer in einem Dorf einen Mann oder eine Frau kennen und beschließen, eine Weile zu bleiben. Mehr als einmal wurde mir nahegelegt, James sei möglicherweise mit einer nepalesischen Frau »weggelaufen«.

Als Herr Ravi nach zwei Stunden ging, fühlte ich mich ziemlich schlecht. Der Tag hatte viel Negatives gebracht und nur weniges, das uns hoffen ließ. In bezug auf die Möglichkeit, daß James überfallen worden sein könnte, war Andrew skeptisch. Er hatte gemeinsam mit James am Karatetraining teilgenommen und war zuversichtlich, daß mein Bruder sich selbst mit einer Verletzung leicht gegen mehrere Nepalesen gleichzeitig zu wehren wüßte.

Wir beschlossen, die Ausstrahlung eines Fernsehspots zu organisieren. Ich hatte das Gefühl, es sei wichtig, daß weitere Suchtrupps aufbrachen. Einer sollte von Dhunche über den Paß gehen und ein anderer von Südwesten kommen, bergauf dem Flußlauf folgend, und in den Dörfern nachfragen, für den Fall, daß James es am Tadi Khola hinunter geschafft hatte. Wir würden *American Express* sämtliche Nummern von James' Reiseschecks mitteilen, und ich würde versuchen, den deutschen Einzelwanderer aufzuspüren in der Hoffnung, ein für allemal herauszufinden, ob er es nun war oder James, den die Kanadier gesehen hatten. Außerdem mußten wir eine Beschreibung von Mark Fulton an unsere Botschaft in Thailand durchgeben. Die dortige Polizei sollte gebeten werden, nach ihm Ausschau zu halten. Tim konnte sich nicht an besondere Merkmale erinnern, daher blieb die Beschreibung recht vage. Ich fragte, ob wir die Möglichkeit in Betracht ziehen müßten, daß Mark James etwas angetan haben könnte. Tim hielt das für höchst unwahrscheinlich; immerhin hatte Mark sich praktisch sofort mit ihm in Verbindung gesetzt, als er nach Katmandu zurückgekehrt war. Ich fragte Tim auch nach Krishna, dem Führer, den sie auf ihrer ersten Wanderung mitgenommen hatten, und erwähnte, daß James sich damals mit ihm zum Abendessen treffen wollte. Tim sagte, er habe bereits zweimal versucht, Krishna zu finden – ohne Erfolg. Er glaube nicht, daß Krishna in der Lage sein würde, Licht in das Dunkel zu bringen.

Joanne: 9. Januar 1992

Als ich morgens aufwachte, hatte ich das Gefühl, überhaupt nicht geschlafen zu haben. Meine Gedanken kreisten um die Aufgaben, die der Tag mit sich bringen würde, um die Entscheidungen, die zu fällen waren. Um halb sieben kroch ich aus dem Bett. Es war noch sehr dunkel. Ich saß in einem Stuhl am Fenster, so weit wie möglich von Andrews Bett entfernt, und schaltete die Lampe ein. Dann nahm ich einen Schreibblock heraus und begann, den ersten von vielen Faxbriefen an meine Familie zu formulieren. Da ich wußte, wie es war, wenn man einen Anruf aus Katmandu bekam, war mir klar, daß es meinen Eltern schwerfallen mußte, bei einem solchen Gespräch Informationen aufzunehmen. Die Telefonverbindung war oft schlecht – mit jener schrecklichen Verzögerung, bis der andere hört, was man gerade gesagt hat –, und die Namen klangen so fremdartig. Rechnete man noch die emotionale Belastung des Gesprächs hinzu, so führte das schnell dazu, daß Fakten umgehend wieder vergessen wurden. Ich kam zum Schluß, die geeignete Lösung sei, geballte Informationen zu faxen, so daß meine Familie auf dem Papier nachlesen konnte, was geschehen war. Ich schrieb eine gute Stunde lang, brachte mein Entsetzen über den Schmutz und die Armut in Katmandu zum Ausdruck und schrieb alle Nummern auf, unter denen wir möglicherweise zu erreichen sein würden.

Gegen neun Uhr vormittags kam der weiße Mercedes der Botschaft über das Kopfsteinpflaster geholpert, um uns am Eingang abzuholen. Es war kalt, und umherziehende Nebelschwaden schufen eine ziemlich gespenstische Atmosphäre. Autos und

Radfahrer tauchten plötzlich aus dem Nichts vor uns auf, um sofort wieder im milchigen Dunst zu verschwinden.

Graeme saß an seinem Schreibtisch; ein Heizlüfter wärmte das Zimmer. Kaum waren wir eingetroffen, wurde auch schon dampfender, süßer nepalesischer Tee in zarten Tassen mit Untertassen serviert. Unsere erste Aufgabe bestand darin, einen Text für den Fernsehspot zu schreiben. Wir beschlossen, ihn zweimal täglich zwei Tage lang senden zu lassen und den Erfolg abzuwarten. Wir würden auch ein Schwarzweißfoto von James zur Verfügung stellen, das während der Sendung gezeigt werden sollte. Wir vereinbarten, die Suchmeldung im Radio weitere zwei Tage auszustrahlen, und schalteten für den Sonnabend eine Anzeige in »Gorkapatra«, einer Zeitung in nepalesischer Sprache.

Nach einigem Hin und Her entschied ich, wir sollten einen Hubschrauber einsetzen, um am nächsten Tag zwei Männer in Dhunche abzusetzen. Sie konnten die Gegend zwischen Dhunche und dem Laurebinyak-Paß zu Fuß absuchen, für den Fall, daß James seine Meinung geändert und doch noch beschlossen haben sollte, den Paß zu überqueren. Andrew hielt das für wenig wahrscheinlich. »Auf gar keinen Fall würde James seine Meinung in einer solchen Frage ändern«, sagte er zu mir. »Er ist einfach zu stur. Wenn er einmal eine Entscheidung gefällt hat, bleibt er dabei.«

Doch ich hatte meine Gründe für den Hubschrauberflug. Wenn sie schon einmal in der Gegend war, wollte ich, daß die Besatzung den Suchtrupp oberhalb von Gopte ausfindig machte und feststellte, wie er vorankam. Ich fragte Graeme, ob es ihm etwas ausmachen würde, mitzufliegen.

»Ich habe meinen Eltern versprochen, nicht in einen Hubschrauber zu steigen«, erklärte ich, »aber ich würde mich sehr freuen, wenn du ein paar Fotos von der Gegend machen könntest. Ich habe keinen Schimmer, wie es dort aussieht. Und meine Eltern würden die Bilder sicherlich auch gern sehen.« Graeme erklärte sich mit meinem Vorschlag einverstanden. Ihm macht das Fliegen mit einem Hubschrauber regelrecht Spaß.

Ich gab Graeme die Beschreibung von Mark Fulton. Doch er sagte, sie sei so ungenau, daß es nicht lohne, sie nach Thailand zu schicken. Statt dessen wollte er mit *Thai Air* sprechen, um herauszufinden, ob dort Informationen über weitere Flüge unter Marks Namen vorlägen oder vielleicht sogar eine Kontaktadresse. Die australische Botschaft in Thailand würde ihrerseits nach Mark Ausschau halten. Tim glaubte, daß Mark ungefähr am 18. Januar nach Australien zurückkehren wollte. Und wir wußten, daß er am 27. Dezember zwischen Katmandu und Bangkok mit *Thai Air* geflogen war. In Gedanken machte ich mir eine Notiz, daß ich meine Eltern bitten wollte, außerdem unsere Kontaktperson bei *Thai Air* in Brisbane anzurufen. Je mehr Leute sich um die Angelegenheit kümmerten, desto schneller würden wir möglicherweise eine Antwort bekommen. Wir kannten Marks Nachnamen und die Stadt, in der er wohnte. Ich schlug vor, wir sollten Kontakt zu seinen Eltern aufnehmen. Vielleicht wüßten sie, wo er sich aufhielt. Graeme wollte die Mitarbeiter in Canberra bitten, das zu übernehmen.

Meine nächste Aufgabe war, das Fax nach Hause abzuschicken. Auli rief Tom Crees und Maria Young von der *Blue Mountain Design Company* an. Ihr Büro lag nur wenige Meter von der Botschaft entfernt in der gleichen Straße und war zu Fuß zu erreichen. Tom und Maria hatten all die Plakate mit der Vermißtenanzeige gedruckt, die jetzt in Katmandu und in den Orten entlang der Wanderrouten hingen.

Tom Crees ist ein ausgesprochen interessanter Mensch. Als Sohn einer nepalesischen Mutter und eines indischen Vaters wurde er in Indien geboren. Er hat Architektur studiert und mehrere Jahre in Sydney gelebt. Sein Vater besaß eine Teeplantage in Darjeeling, wo Tom aufgewachsen ist. Maria ist eine hübsche, zierliche Frau mit auffallend blauen Augen, kurzen dunklen Haaren und einer praktischen Ader. Als ausgebildete Lehrerin scheint sie in der Lage, einfach alles zu machen. Die beiden sollten gute Freunde von mir werden. Sie waren in den Wochen, die noch kommen sollten, immer für mich da und halfen mir sehr, die Zeit durchzustehen.

Von ihrem Büro aus nahmen Tom und Maria uns mit nach oben in den Wohnbereich. Eine Küche am oberen Ende der Treppe ging hinaus auf eine Dachterrasse, wo ein langer Tisch in der warmen Morgensonne stand. Ich stellte mir vor, daß es hier im Sommer unerträglich heiß sein mußte, doch im Winter war es wunderschön. Sie boten uns Tee an, und wir unterhielten uns ein wenig. Den Großteil der Geschichte kannten sie bereits. Ich versicherte mich, daß sie wirklich eine Möglichkeit hatten, die Dauer der Faxsendungen und Telefongespräche aufzuzeichnen, und betonte, ich wollte nicht, daß ihnen meinetwegen irgendwelche Unkosten entständen.

Nachdem wir das Fax abgeschickt hatten, kehrten wir zur Botschaft zurück. Unser nächster Anlaufpunkt war die Einwanderungsbehörde. Dort wollten wir versuchen, ein Foto von Mateus aufzutreiben. Das Büro für Einwanderungsanträge und Wandergenehmigungen befindet sich in Thamel. Mehrere Nepalesen saßen hinter einem Tresen und bedienten die Leute. Es schien eine längere Warteschlange zu geben, die vor allem aus Touristen bestand. Die meisten warteten auf eine Verlängerung ihres Visums oder auf eine Wandergenehmigung. Ich sah mich um. Auf einem Plakat an der Wand war ein Wanderer beschrieben, der seit März 1991 vermißt wurde. Deprimiert wandte ich mich ab. Ich stand in dem kalten, häßlichen Büro und blickte von dem Poster zu den Reihen von Menschen, die sich abmühten, um einfach nur eine Genehmigung zum Wandern zu bekommen. Wie sollten *wir* je Erfolg haben?

Schließlich waren wir an der Reihe. Ich hatte mir überlegt, am besten könnte ich die Leute um Hilfe bitten, indem ich sie von der Ernsthaftigkeit meines Anliegens überzeugte. An jenem Morgen hatte ich einen Hosenrock und eine Bluse angezogen statt der üblichen Jeans mit Sweatshirt in der Hoffnung, daß ich mich so von den üblichen Touristen unterscheiden würde. Ich suchte Augenkontakt zu dem Mann, der uns bedienen sollte, und hielt diesen Kontakt während des gesamten Gesprächs aufrecht.

»Guten Morgen«, sagte ich, »mein Name ist Dr. Joanne Robertson aus Australien, und ich hoffe, daß Sie mir in einer sehr wichtigen Angelegenheit helfen können. Mein Bruder ist in den Bergen verschollen. Ich bin nach Nepal gekommen, um nach ihm zu suchen.« An dieser Stelle machte ich eine Pause, um sicherzugehen, daß der Mann mich verstand. »Jetzt glaube ich, daß ich jemanden gefunden habe, der vielleicht weiß, was passiert ist. Leider habe ich von ihm nur seinen Namen und seine Nationalität. Ich hoffe sehr, daß Sie so liebenswürdig sein werden, Ihre Unterlagen über erteilte Wandergenehmigungen durchzusehen, um mir dabei zu helfen, diesen Mann zu finden. Es ist von äußerster Wichtigkeit.«

Eine Minute lang betrachtete er mich sehr genau, dann nickte er und sagte: »Gehen Sie in Zimmer 19. Dort den Flur entlang.«

Wir fanden Zimmer 19 und klopften. Ein Mann mit einer Zigarette im Mundwinkel und abgetragenen Manschetten an den Ärmeln seiner Jacke blickte auf.

Ich wiederholte, was ich zu dem Mann hinter dem Schalter gesagt hatte. Dieser Mann schien sich etwas unsicher zu sein und besprach die Angelegenheit erst mit einem Kollegen, bevor er sagte: »Welche Nummer hat die Wandergenehmigung, die Sie suchen?«

»Das weiß ich nicht«, entgegnete ich. Seine Augen weiteten sich überrascht, und er schob mir einen Schnellhefter hin. Der Ordner trug ein Datum auf dem Deckblatt, und als ich ihn aufschlug, sah ich, daß er Papiere enthielt, bei denen es sich wohl um Wandergenehmigungen handeln mußte. Jede Genehmigung war ein dreiseitiges Dokument. Es enthielt unter anderem eine Kontaktadresse in Nepal, eine Heimatanschrift, die Ausweisnummer des Inhabers und – das beste von allem – ein Foto des Wanderers.

»Welche Nummer brauchen Sie?« fragte der Mann noch einmal.

»Ich fürchte, das weiß ich nicht. Gibt es irgendeine Möglichkeit, das herauszufinden? Es ist äußerst wichtig.« Eine Minute lang war ich mir sicher, er würde mich aus dem Zimmer schicken und sagen, es sei unmöglich, mir zu helfen. Er hatte schon mehr getan, als ich eigentlich von ihm erwarten durfte, indem er mir die Wandergenehmigungen zeigte. Jetzt wäre es viel einfacher für ihn, mich geradewegs fortzuschicken. Ich hielt den Augenkontakt aufrecht, sah ein Aufflackern der Unentschlossenheit in seinen Pupillen, dann seufzte er.

»Am besten kommen Sie einmal mit.«

Wir folgten ihm in ein anderes vollgestopftes Zimmer – noch mehr Tische und noch mehr Männer. Ich war froh, daß Andrew mich begleitete.

»Wo ist Ihr Bruder gewandert?« fragte mich der Angestellte.

»In Helambu und Gosainkund.«

Er griff in einen Schrank voller Akten und holte ein großes Hauptbuch hervor. »Sehen Sie hier«, sagte er und öffnete das Buch. Jede Seite trug am oberen Rand ein Datum und war in mehrere Spalten unterteilt. Als ich den Ordner genauer betrachtete, erkannte ich, daß es sich um ein Verzeichnis aller Genehmigungen handelte, die am jeweiligen Tag für Wanderer in der Gegend von Helambu ausgegeben worden waren. Die Einträge enthielten Namen und Nationalität des Wanderers, die geplante Wanderroute, den Tag des Aufbruchs und den voraussichtlichen Tag der Rückkehr neben den Nummern des Visums und der Wandergenehmigung. In dieser Liste sollte ich die Nummer der Wandergenehmigung für Mateus finden können. Doch es blieben immer noch einige Schwierigkeiten. Beispielsweise waren die Namen sehr unleserlich geschrieben. Ich wählte einen englischen Namen aus. Was vermutlich »Colin« heißen sollte, war »Colm« geschrieben. Es schien unzählige vergleichbare Schreibfehler zu geben, und selbst die Zahlen waren kaum zu lesen.

Oben auf jeder Seite stand das Datum. Der riesige Ordner vor mir umfaßte den Zeitraum von Mitte November bis Ende Dezember. Ich wußte nicht, an welchem Tag Mateus' Genehmigung ausgestellt worden war. Doch uns war bekannt, daß er sich am 30. Dezember auf dem östlichen Teilstück des Helambu-Rundwegs befunden hatte, und der Helambu-Trek insgesamt sollte etwa eine Woche in Anspruch nehmen. Zwar war es möglich, eine Wandergenehmigung für sechs Wochen zu bekommen, doch wahrscheinlich hatte Mateus sein *Permit* nur für den einen Trek beantragt. Ich beschloß, ab dem 15. Dezember zu suchen.

Die effektivste Methode bestand darin, die Spalte mit der Angabe der Nationalität durchzugehen. Jedesmal, wenn wir einen Wanderer aus Deutschland fanden, schoben wir den Finger zum Anfang der Zeile, um uns seinen Namen anzusehen. Nepal schien unter Deutschen ein beliebtes Reiseziel zu sein. Unser Vorgehen war alles andere als narrensicher. Wir nahmen an, daß Mateus Deutscher war und nicht nur jemand, der Deutsch sprach, und wir gingen davon aus, daß seine Nationalität in dem Register korrekt eingetragen worden war. Als ich mehr und mehr Fehler fand, begann ich einzusehen, daß insbesondere letzteres keine berechtigte Annahme war. Doch uns blieb keine andere Wahl.

Unsere Bemühungen wurden schließlich belohnt. Wir fanden einen deutschen Wanderer, der am 25. Dezember eine Genehmigung bekommen hatte, den Helambu-Trek zu gehen. Sein Name sah aus wie »Mathial Weigott«. Ich notierte mir die Nummer seiner Wandergenehmigung und die Nummer seines nepalesischen Visums.

Zurück im ersten Büro, begann der Angestellte anhand der Nummer, einen Stapel von Schnellheftern auf dem Fußboden durchzusehen. Offensichtlich war derjenige, den wir benötigten, nicht darunter. Der Mann wandte sich um und öffnete einen Schrank, der ein absolutes Durcheinander ebensolcher Ordner enthielt. Sie sahen aus, als wären sie aus größerer Entfernung in den Schrank hineingeworfen worden. Aber wir hatten Glück, und schon kurz darauf hielt er den betreffenden Ordner in der Hand.

Es dauerte nicht lange, Mathials Wandergenehmigung zu finden. Ich schrieb mir schnell seine Ausweisnummer und die Adresse in Deutschland auf. Wir blätterten um, weil wir uns das Foto ansehen wollten. Andrew blickte mich an, und ich konnte nur den Kopf schütteln. Er sah überhaupt nicht aus wie James. Seine Haare waren viel dunkler und sein Gesicht lang und schmal. Vermutlich war er sehr viel größer und dünner als mein

Bruder. Auf dem Weg nach draußen versuchte Andrew, dem hilfsbereiten Angestellten als besonderes Dankeschön etwas Geld zuzustecken, aber der wollte es nicht annehmen.

»Das ist schon in Ordnung. Kein Problem«, sagte er. Ich lächelte meinen Dank.

An diesem Tag hatte ich wirklich das Gefühl, etwas erreicht zu haben. Nichts hatte uns abschrecken können. Es war uns gelungen, die Leute davon zu überzeugen, daß sie uns helfen mußten, und wir hatten die Information bekommen, die wir brauchten. Ich fühlte mich gut, als wir auf die helle Straße hinaustraten. »Und was jetzt?« fragte Andrew. Wir beschlossen, ins *Hotel zur gelben Pagode* zu gehen, wo ich hoffentlich Anoop Rana finden würde, eine der Kontaktpersonen, die Linda mir genannt hatte.

Obwohl es einen tragischen Grund hatte, daß ich überhaupt hier war, und obwohl die Stadt so schmutzig war, mußte ich mich doch von Katmandu angezogen fühlen, als wir uns jetzt unseren Weg durch die Straßen suchten. Hinter jeder Biegung bot sich eine neue Überraschung: alte Gebäude, kunstvolle Schnitzereien, Tempel, fantastisch gefärbte bunte Kleider und schimmernder Silberschmuck. Die Stadt strahlte eine Atmosphäre des Geheimnisvollen und der Lebensfreude aus.

Anoop Rana war ganz Geschäftsmann. Hochgewachsen und gutaussehend, trug er einen elegant geschnittenen grauen Anzug. Als wir eintraten, erhob er sich. Ich überreichte ihm den Brief von Linda Griffith, und nachdem er Tee bestellt hatte, las er ihn.

»Das ist sehr traurig«, sagte er.

Ich erklärte, wir wollten sichergehen, daß alles nur Menschenmögliche getan würde. »Wir müssen herausfinden, was wirklich passiert ist. Wir können nicht auf Dauer mit einer offenen Frage leben.«

Er nickte und sagte, vielleicht könne er uns helfen, indem er ein Treffen arrangiere. Wir warteten, während er mehrere Telefongespräche führte.

»Ist Ihnen vier Uhr dreißig recht?« Wir nickten. In erstaunlich kurzer Zeit hatte Anoop Rana ein Treffen vereinbart mit »ein paar Leuten, die die Gegend gut kennen«. Dazu gehörten der Präsident der nepalesischen Bergsteigervereinigung und der Direktor und der ehemalige Direktor der Vereinigung nepalesischer Trekkingagenturen. Wir dankten für die Vermittlung und sagten, um vier Uhr dreißig würden wir wieder da sein.

Mit dem Taxi fuhren wir zum *Hotel Kathmandu* zurück. Wir waren ganz stolz, daß wir einen Fahrpreis von hundert Rupien ausgemacht hatten (von den fünfzehn Rupien wußten wir immer noch nichts). Nach zwei Uhr trafen wir auf dem Zimmer ein. Wir bestellten etwas zu essen und riefen Graeme in der Botschaft an. Die Suchmannschaften hatten sich noch nicht gemeldet, aber ich gab immerhin durch, was wir über Mathial/Mateus in Erfahrung gebracht hatten. Andrew telefonierte wie jeden Tag mit den Ryans, und Beverley erzählte ihm, Gaye und ihre Eltern wollten uns ein Fax senden. Es sollte bei *Blue Mountain* auf uns warten. Wir gingen zum Haupteingang des Hotels und baten den Türsteher, ein Taxi zu rufen.

»Wohin?« fragte er.

»Wir wollen zur *Blue Mountain Design Company* fahren und dann zurück zum *Hotel zur gelben Pagode.*«

Der Mann sah uns verwirrt an und fragte noch einmal: »Wohin?«

»*Blue Mountain Design Company.* Gleich hinter der australischen Botschaft. Dann zum *Hotel zur gelben Pagode,* bitte.«

»Einen Moment, bitte.«

Er schien sich um unser Anliegen zu kümmern, daher ging ich hinüber, um in der Sonne zu warten. Andrew stieß zu mir, und müßig sahen wir zu, wie der Kleinbus von *Amadablam Trekking* vor dem Hotel hielt. Ein Nepalese Ende Zwanzig sprang aus dem Fahrzeug. Der Türsteher trat schnell auf ihn zu und redete dringlich auf ihn ein, wobei er in unsere Richtung zeigte. Der Fahrer kam lächelnd zu uns herüber. Mir fiel auf, daß er ein T-Shirt aus Surfers' Paradise, einem bekannten australischen Badeort, trug.

»Entschuldigung«, sagte er, »der Mann an der Tür versteht nicht, wo Sie hinfahren wollen.«

Ich erklärte unser gewünschtes Ziel noch einmal, und der Fahrer von *Amadablam Trekking* übersetzte für den Türsteher, der sichtlich erleichtert aussah. »Waren Sie in Australien?« fragte ich unseren Übersetzer und zeigte auf sein T-Shirt.

»Ja. Sind Sie Australier?« Er schien sehr angetan, uns kennenzulernen, und sagte, sein Name sei Balaram. Er hatte einen längeren Urlaub in Australien verbracht und erkundigte sich, warum wir in Nepal seien. In aller Kürze erzählte ich unsere Geschichte. Er fragte, wo James zuletzt gesehen worden sei. Ich antwortete, das sei ungefähr drei Stunden oberhalb von Gopte gewesen. Langsam schüttelte er den Kopf.

»Wissen Sie, das ist seltsam. Ich habe einmal eine Gruppe vom Laurebinyak-Paß hinuntergeführt, als es anfing, stark zu schneien. Ich wußte, daß wir es nicht bis Gopte schaffen würden, daher habe ich meine Gruppe über den Trail nach Südwesten geführt, ganz nahe dem Fluß entlang.«

Ich spürte, wie mein Herzschlag aussetzte. »Sie meinen hinunter nach Talu?« fragte ich.

»Ja. Der Weg ist nicht leicht zu finden, aber es gibt ihn ohne jeden Zweifel.«

»Ich habe gehört, die Gegend dort soll sehr zerklüftet sein. War Ihre Gruppe zum Bergsteigen ausgerüstet?«

»Nein, nein«, entgegnete er. »Das waren ganz normale Wanderer. Wenn man den Weg erst einmal gefunden hat, ist es gar nicht so schlimm.«

»Balaram, das ist jetzt sehr, sehr wichtig. Mir ist gesagt worden, es bestände keine Chance, daß jemand es aus der Nähe von Gopte hinunter nach Talu schaffen könnte. Aber Sie sagen, es gibt einen Weg?« Er nickte. »Wir müssen uns unbedingt treffen. Ich brauche jemanden, der die Gegend dort für mich absucht. Können Sie mir helfen?« Er schien sich zu freuen, daß ich ihn um seine Hilfe bat, und gab mir schnell eine Telefonnummer. Balaram stammte aus einem Dorf in der Gegend, wo James verschwunden war. Wir sprangen ins Taxi, und ich dachte über diese zufällige Begegnung nach. Fast hätte ich mich dazu überreden lassen, mir die Mühe zu ersparen, auch die Gegend im

Südwesten zu durchkämmen. Es hatte ganz so geklungen, als sei das Gelände dort unpassierbar. Aber jetzt hatte ich jemanden getroffen, der wußte, daß es sogar einen Weg gab – und all das nur, weil der Türsteher uns nicht verstanden hatte.

Wir waren etwas zu früh im *Hotel zur gelben Pagode,* daher hatte ich Zeit zu lesen, was in dem Fax aus Australien stand. Offensichtlich fühlten die Leute zu Hause sich schon besser, was den Informationsfluß anging. Eigentlich kein Wunder: Durch mein langes Fax hatten sie an einem einzigen Tag mehr Informationen bekommen als in den vorhergegangenen zehn. Sie warteten gespannt auf die Ergebnisse der Suchtrupps und baten um sofortige Mitteilung, sobald sie zurückgekehrt wären. Außerdem war meine Familie immer noch wenig erbaut über Carl Harrisons Entscheidung, den ganzen Trupp bei der ersten Suchaktion in Tharepati umkehren zu lassen. Gaye hatte seit Weihnachten sieben Briefe von James bekommen, die alle vor dem 19. Dezember geschrieben worden waren. Ich konnte nachfühlen, wie schrecklich es für sie sein mußte, diese Nachrichten zu erhalten, ohne zu wissen, ob er noch am Leben war oder nicht. Bei jedem Brief, den sie bekam, mußte sie sich fragen, ob er nicht möglicherweise einen Hinweis auf James' Verbleib enthielt. Die Ryans wollten noch immer, daß wir Krishna ausfindig machten. Außerdem hielten sie es für ausgesprochen wichtig, Mark Fulton aufzuspüren.

Ich faltete gerade das Fax zusammen, als Tim zu uns stieß. Jetzt war es halb fünf; wir klopften also an Anoop Ranas Tür. Er bat uns herein und bestellte Tee. Kurz darauf trafen die Männer ein, die Anoop angerufen hatte. Es war eine sehr nützliche Begegnung, wenn auch etwas deprimierend. Sie hörten geduldig zu und sahen sich meine Karten und die Fotos an, während ich unsere Geschichte erzählte. Doch es wurde nur zu schnell deutlich, daß sie glaubten, es gäbe keinerlei Hoffnung mehr, James lebendig zu finden. Sie waren schockiert darüber, daß jemand eine solche Wanderung ohne Vorräte und entsprechende Ausrüstung unternommen hatte. Sie meinten, von Dhunche bis zum Paß zu suchen sei sinnvoll. Es gebe Hütten in Gosainkund, wo

James möglicherweise Zuflucht gefunden haben konnte, sollte er den Paß überquert haben. Sie sagten, die Gegend südwestlich von Gopte sei sehr gefährlich und dort zu suchen sinnlos. Sie wußten nichts von einem Trail. Ich sprach ein stilles Dankgebet für unser Treffen mit Balaram.

Dann fragten die Besucher, ob wir an die Polizei geschrieben hätten. Ich glaubte zwar, daß die zuständigen Dienststellen informiert waren, aber ich selbst hatte keinen Brief geschrieben. Anoop telefonierte sofort. Ganz zufällig kannte er den Polizeichef. Innerhalb kürzester Zeit war er mit der Polizei in Dhunche verbunden. Ja, sie wußten, daß ein australischer Wanderer vermißt wurde, und sie suchten im Langtang-Nationalpark nach ihm. Der Polizeichef selbst würde sich darum kümmern, daß Kräfte in Sundarijal, Tarke Ghyang und Tharepati mobilisiert wurden. Das könnte sich als wichtig erweisen, sollte James angegriffen worden sein. Die Polizei würde in diesem Fall sehr viel eher die Wahrheit erfahren als die Suchtrupps. Ich sollte einen offiziellen Brief schreiben, um die zuständigen Stellen von James' Verschwinden in Kenntnis zu setzen und ihre Hilfe bei der Suche zu erbitten. Ich schrieb den Brief unter den Augen der anderen, und Anoop wollte sich darum kümmern, daß er in die richtigen Hände gelangte. Wir legten dem Schreiben eine Farbfotografie von James bei. Alle glaubten, die Belohnung sei ein großer Anreiz für die Polizei.

Als wir gingen, war es bereits dunkel. Tim schlug vor, etwas essen zu gehen. Er empfahl ein thailändisches Restaurant, wo er schon mehrmals gegessen hatte, ohne üble Nachwirkungen zu verspüren. Von unterwegs rief ich Auli in der Botschaft an. Noch immer war keine Nachricht von den Suchmannschaften eingetroffen. Graeme hatte für morgen den Hubschrauber organisiert. Er sollte zwei Leute von *Amadablam Trekking* nach Dhunche fliegen, die dann bis zum Paß suchen würden.

Das Essen war gut. Tim zupfte ein langes dunkles Haar von seinem Teller, bevor er zu essen begann. Er mußte unseren Gesichtsausdruck bemerkt haben, denn er sagte: »An deiner Reaktion auf ein Haar im Essen kann man erkennen, wie lange du schon in Katmandu bist. Sind es erst ein oder zwei Tage, schickst du vielleicht das Essen zurück. Wenn es vier oder fünf Tage sind, beschwerst du dich. Wer länger als eine Woche hier ist, kommentiert den Vorfall nicht einmal.«

Nach dem Abendessen gingen wir ins *Tom and Jerry's,* eine beliebte Bar für Touristen. Tim stellte uns Jack vor. James und Tim hatten ihn auf dem Jomson-Trek kennengelernt. Er hatte mit Krishna gesprochen und gab uns eine Telefonnummer und eine Adresse. Jack war sich mit Tim darüber einig, daß Krishna nichts über James' Wanderung wissen konnte. Wie sollte er, wenn James und Tim ihre Pläne doch nach dem Aufbruch geändert hatten?

Wir verließen die Bar ungefähr um zehn Uhr. Zu dieser Zeit schienen alle Lokale in Katmandu zu schließen. Unser Taxi sah aus, als würde es auf dem Weg zurück ins Hotel auseinanderfallen. Es war ein langer Tag gewesen, aber Andrew und ich hatten das Gefühl, in kurzer Zeit viel erreicht zu haben.

Joanne: 10. Januar 1992

»Ich fliege mit dem Hubschrauber mit«, verkündete Andrew. Ich blickte vom Schreiben des morgendlichen Fax auf.

»Ich fliege mit«, wiederholte er. »Ich denke, es ist wichtig, daß einer von uns sieht, wie die Gegend wirklich ist. Du kannst nicht mitfliegen, weil du es deinen Eltern versprochen hast. Also werde ich gehen.« Andrew ließ sich von seinem Entschluß nicht abbringen. Ich konnte den Grund einsehen, aber ich machte mir Gedanken um seine Sicherheit, einmal ganz abgesehen von seiner Angst vor dem Fliegen. Aber er gab nicht nach. »Ich habe mich entschlossen. Mir wird nichts passieren, und ich werde ein paar gute Fotos machen können.«

Das zweiköpfige Suchteam von *Amadablam Trekking* war in der Botschaft, als wir dort eintrafen. Sie schienen erstaunlich wenig Ausrüstung bei sich zu haben, aber die beiden Männer versicherten mir, das sei alles, was sie brauchten. Ich nahm Graeme beiseite und sagte ihm, mir sei daran gelegen, den Männern klarzumachen, daß sie einen nicht unerheblichen Bonus bekämen, wenn sie James finden sollten.

Es klopfte an der Tür, und Balaram trat ein. Anscheinend hatte er Graeme auf unser Gespräch hin angerufen. Wir setzten uns über einer Karte zusammen, und Balaram erläuterte noch einmal, was er über den Pfad vom Gosainkund-Trail nach Südwesten Richtung Talu wußte. Daß dieser Pfad existierte, bedeutete, daß James ihn möglicherweise gefunden haben konnte. Wir beschlossen, weitere vier Männer dafür zu engagieren, daß sie das Teilstück zwischen Talu und Katmandu entlang der Zuflüsse des Tadi Kholas absuchten. In dieser Gegend gab es eine Reihe von Nebenwegen, denen James nach Katmandu gefolgt sein konnte. Außerdem bestand die Möglichkeit, daß er keinen Weg gefunden und statt dessen versucht hatte, direkt am Fluß entlang zurückzukehren. Sollte James eine Route abwärts an Talu vorbei gefunden haben, wäre er jetzt unterhalb der Schneegrenze. Dort gab es eine Reihe von Dörfern, wo er etwas zu essen bekommen konnte. Wir planten zwei Routen für die zusätzlichen Suchtrupps, und Balaram versprach, er würde sich darum kümmern, daß die beiden Gruppen am nächsten Tag aufbrächen. Ich dankte ihm und bat, er möge mich anrufen, sobald er wieder zurück sei – in ungefähr sechs Tagen.

Dann wandten wir unsere Aufmerksamkeit den beiden Männern zu, die im Hubschrauber nach Dhunche fliegen sollten. Ich betonte, wie wichtig ihre Aufgabe war, gab jedem von ihnen ein Bündel Schwarzweißfotografien von James und bat sie, jedermann, den sie trafen, von meinem Bruder zu erzählen. Sie nahmen auch mehrere Plakate mit der Vermißtenmeldung mit, um sie in Hütten und Dörfern auszuhängen.

In der Hoffnung, daß der Hubschrauber nach dem Absetzen der Männer in Dhunche nach Gopte weiterfliegen könne, um die Suchmannschaft aufzuspüren, bat ich Andrew, verschiedene Dinge zu erledigen. Zum einen wollte ich wissen, ob Ingo eine Kontaktadresse von Mateus/Mathial besaß, die dem deutschen Konsulat helfen konnte, ihn zu finden. Zum anderen schlug ich vor, wenn die Mannschaft oberhalb von Gopte keinen Erfolg gehabt hätte, sollte sie entlang der Zuflüsse des Tadi Kholas weitersuchen, dort, wo er oberhalb von Talu entsprang, und auch auf dem Weg nach Talu. Mit etwas Glück würden sie auf die Suchtrupps stoßen, die sich flußaufwärts voranarbeiteten. So würden wir einen recht guten Überblick über die Gegend bekommen, in der James möglicherweise sein konnte. Sechs Männer waren in Helambu; zwei Männer brachen von Dhunche über den Paß nach Gopte auf; Carl Harrison und seine Leute sollten inzwischen die Gegend um Gopte abgesucht haben, und während sie dann zwischen Gopte und Talu weitermachten, konnten vier andere Männer die Gegend zwischen Talu und Katmandu absuchen.

Während ich all dies plante, bat Auli Andrew um ein kurzes Gespräch vor der Tür. Er kehrte zurück und wirkte sehr ernst, was ich der Besorgnis vor dem bevorstehenden Flug zuschrieb. Später erzählte mir Andrew, daß Auli ihm eine Leichentasche gegeben und ihn angewiesen habe, was zu tun sei, sollte James' Leiche oberhalb von Gopte gefunden worden sein. Die Besatzungsmitglieder der Armeehubschrauber faßten einen Leichnam nur höchst ungern an, daher würde es vermutlich Andrew überlassen bleiben, James' sterbliche Überreste in die Tasche zu befördern.

Andrew, Graeme und die beiden Männer von *Amadablam Trekking* brachen kurz nach zehn Uhr auf. Es herrschte noch immer dichter Nebel, und Graeme machte sich Sorgen, daß der Abflug verschoben werden könnte. Ich wünschte allen viel Glück und sah zu, wie die Botschaftslimousine davonfuhr. Plötzlich fühlte ich mich allein und voller Angst. Wir hatten so viel zu organisieren, daß ich keine Zeit gehabt hatte, über das mögliche Ergebnis des Flugs nachzudenken. Es war durchaus möglich, daß Graeme und Andrew in Gopte eintrafen und dort eine Suchmannschaft vorfanden, die James' Leiche gefunden hatte. Ich versuchte, meine Gefühle zu unterdrücken. Du kannst ohnehin nichts weiter tun, also warte einfach ab, sagte ich mir.

Als Andrew und Graeme gegen ein Uhr mittags zurückkehrten, schlug mir das Herz bis zum Hals. Ich hatte versucht, mich darauf einzustellen, daß man mir mitteilte: »Es tut uns leid, James ist tot« – in der Hoffnung, daß ich mich dann besser unter Kontrolle hätte, wenn es soweit wäre. Aber meine zitternden Hände und der trockene Mund zeigten deutlich an, daß ich auch nicht annähernd darauf vorbereitet war, schlechte Nachrichten ruhig entgegenzunehmen. Die beiden schüttelten die Köpfe. »Es gibt überhaupt keine Neuigkeiten.«

Sie hatten die zwei Männer in Dhunche abgesetzt und waren weiter nach Tharepati geflogen. Dort hatte die Schneedecke auf dem Boden sie am Landen gehindert. Weiter oben, in Gopte, mußte es noch schlimmer sein. Ein Mann war aus einer Hütte gerannt, hatte ihnen zugewinkt und Zeichen gemacht, daß die Suchmannschaft immer noch oberhalb von Gopte sei. Das bedeutete, daß James nicht in Gopte war, weder lebendig noch tot. Carl Harrison und seine Leute suchten offensichtlich den Weg oberhalb von Gopte nach einer Leiche ab.

Ich fragte Andrew: »Und wie sieht es nun da oben aus?«

Er war schockiert. »Es ist schlimmer, als ich mir je vorgestellt hätte«, sagte er. »Ich kann gar nicht glauben, daß Leute dort bergsteigen, geschweige denn wandern gehen. James muß verrückt gewesen sein, in einer solchen Gegend zu trekken!« Tharepati lag hoch auf einem Bergkamm mit steilen Hängen. »Der Weg unterhalb ist unglaublich schmal und steil. Ich fürchte, es ist nicht auszuschließen, daß James abgestürzt ist.«

Sie waren über die Gegend südwestlich von Gopte geflogen und hatten ein paar weit verstreute Hütten gesehen. Es hatte ganz den Anschein, als bestände unsere beste Hoffnung, James zu finden, in einer von drei Möglichkeiten. Erstens: er hatte es über Gopte und Tharepati nach Helambu hinunter geschafft. Zweitens: er hatte es sich anders überlegt, den Paß überquert und jenseits der Höhe Unterschlupf gefunden. Drittens: er hatte sich nach Südwesten gewandt und war dort irgendwo untergekommen.

Wir kehrten ins Hotel zurück, von wo es mir gelang, eine Kontaktperson anzurufen, die meine Eltern über Freunde in Australien gefunden hatten: Dr. Sharma. Er erzählte mir, er kenne den Geschäftsführer der Trekkingagentur *Himalayan Adventures* und würde für mich am nächsten Tag ein Treffen mit ihm arrangieren.

Wir bestellten unser Abendessen beim Zimmerservice und ließen uns mit einem Drink in die Stühle sinken. Dies war der erste von mehreren Abenden, an denen Andrew und ich lange Gespräche miteinander führen sollten. Andrew kannte James sehr gut. Er erzählte mir die Geschichte, wie sie einmal gemeinsam in den französischen Alpen zelteten – neben einem Berg. James hatte sich den Berg eine Zeitlang genau angesehen und dann verkündet, er werde ihn besteigen. Andrew hatte gesagt, er sei verrückt, aber James hörte nicht darauf. Er stand einfach auf und ging los. Stunden später kehrte er völlig erschöpft zurück: Er hatte es bis auf den Gipfel geschafft.

»Wenn James erst einmal beschlossen hat, etwas zu tun, zieht er es auch durch.«

Wir sprachen über James' Verlobung mit Gaye. Tim hatte uns erzählt, was ihn an der ganzen Geschichte besonders traurig stimmte: Je länger sie in Nepal gewesen waren, desto sicherer sei sich James seiner Liebe zu Gaye geworden. Was für eine tragische Verschwendung! Mich quälte immer noch der Gedanke, mein Bruder könnte irgendwo auf einem vereisten Felsvorsprung gefangen sitzen, aber Andrew blieb hartnäckig: »Joanne, wenn du das Gelände gesehen hättest, wüßtest du Bescheid. Wenn James abgestürzt ist, ist er sofort gestorben. Falls er sich verletzt hat, muß er innerhalb von Stunden an Unterkühlung ums Leben gekommen sein. Auf gar keinen Fall kann er lange gelitten haben.«

»Ich wünschte mir nur«, entgegnete ich, »daß James, sollte er tot sein, uns irgendwie ein Zeichen geben könnte. Einfach damit wir wissen, was passiert ist. Ich wünschte, er könnte uns irgendwie eine Nachricht zukommen lassen, damit wir uns keine Sorgen mehr zu machen brauchen.«

Es war schon ziemlich spät, als wir ins Bett gingen. Ich lag noch eine Weile wach und konzentrierte mich darauf, meinen Kopf so leer wie möglich zu bekommen und auf eine Nachricht von James zu warten. Ich hatte das sichere Gefühl, wenn er tot war, würde er mich das wissen lassen. Doch es kam keine Nachricht. Handelte ich irrational? Ich wußte nur, ich mußte weitersuchen, bis ich das Gefühl hätte, beruhigt aufhören zu können. Wenn das bedeutete, daß ich Schritte tun mußte, die ich vor ein paar Wochen zu Hause noch weit von mir gewiesen hätte, dann sollte das eben so sein.

Joanne: 11. Januar 1992

Am Sonnabendmorgen war es kühl, und die üblichen Nebelschleier hingen über der Stadt. Bis zum Mittagessen hatten wir keine Verabredungen. Danach sollten wir Dr. Sharma und Herrn Tschering von *Himalayan Adventures* im Hotel treffen. Von den Suchtrupps würden wir frühestens am späten Vormittag hören. Heute bot sich also die perfekte Gelegenheit, nach Boudha zu fahren und Chokyi Nyima zu treffen, den Rinpoche Lama, von dem die Frau am Flughafen gesprochen hatte. Ich fragte mich, ob es mir gelingen würde, Andrew zum Mitkommen zu überreden. Ich selbst hatte allerlei Bedenken und wußte nicht, was das Treffen bringen würde, aber ich wußte, wenn ich nicht ginge, würde ich mich immer fragen, ob mein Besuch beim Lama etwas gebracht hätte.

Andrew blinzelte schläfrig von seinem Bett herüber. »Was machen wir heute?« fragte er.

»Nun«, sagte ich, »ich denke, heute ist ein guter Tag, um nach Boudha zu fahren und diesen Lama zu treffen.«

Andrew war skeptisch, erklärte sich aber bereit mitzukommen. Nach dem Frühstück nahmen wir ein Taxi nach Boudha.

Die Fahrt schien sehr lange zu dauern. Ich stellte mir Boudha als einen friedvollen Ort mit stattlichen weißen Gebäuden und säuberlich angelegten Gärten vor. Vor meinem inneren Auge sah ich weise Lamas, in safrangelbe Roben gekleidet, unter majestätischen Bäumen sitzen. Schüler in Sandalen lauschten begierig auf die erhellenden Einsichten ihrer Meister. Im Hintergrund mochte die sanfte Musik leise geblasener Flöten erklingen.

Damit lag ich völlig falsch.

Unser Fahrer hielt am Rand einer Straße, die von lauter Läden gesäumt war. Fragend blickten wir uns um. Die junge Frau am Flughafen hatte von einem großen weißen Kloster gesprochen. Nichts von dem, was wir hier sahen, schien dieser Beschreibung zu entsprechen. Mein erster Gedanke war, daß wir uns überhaupt nicht in Boudha befanden.

»Boudha?« fragte ich daher den Taxifahrer.

»Ja, ja«, entgegnete der ungeduldig. »Ich warte eine Stunde.«

»Tempel?« lautete meine nächste Frage.

Mit einer Handbewegung zeigte er auf einen schmalen Durchgang. »Sie gehen dort. Ich warte eine Stunde.«

Andrew und ich sahen uns an. Ich konnte unschwer erkennen, daß er das Ganze für keine besonders gute Idee hielt.

Am Ende der Gasse kamen wir zu einem Gebäude, das ich für einen Stupa, eine indische Pagode, hielt. Ein weißes, kuppelförmiges Bauwerk mit einem Turm aus Ziegeln ragte vor uns auf. Der Turm hatte eine quadratische Basis und erhob sich pyramidenartig in die Höhe. An den Seiten der Basis waren Augen aufgemalt, die uns fast anklagend entgegensahen. Bunte Stofffetzen flatterten auf der Spitze im Wind. Das waren Gebetsfahnen. Ein gepflasterter Hof, gesäumt von alten Gebäuden, umgab den Stupa. Die Läden und Häuser waren gepflegt und sehr hübsch. Sie waren zwei oder drei Stockwerke hoch, und reiches Schnitzwerk zierte die Türen und Fenster. Die Leute wandelten gelassen zwischen Gruppen von Bettlern hindurch und griffen in Wandnischen hinein, um an hölzernen Gebetsmühlen zu drehen.

Der Brauch verlangte, daß wir in einer bestimmten Richtung um den Stupa herumgingen. Die anderen gingen nach links, also im Uhrzeigersinn, um das Gebäude; wir taten es ihnen nach. Auf einmal spürte ich ein Ziehen an meinem Ärmel. Ich wandte mich um und erblickte ein junges Mädchen von nicht mehr als zehn oder zwölf Jahren. Ein zerlumpter Schal bedeckte seinen Kopf, und im Nasenflügel trug es den üblichen Goldknopf. In den Armen hielt es ein rundum eingepacktes Baby, aus dessen Nase

Schleim floß und dessen Augen mit schwarzem Kohletift ummalt waren.

»Rupie?« bettelte sie und fixierte mich mit den braunen Augen eines jungen Hundes. »Madam? Bitte, Rupie?«

Es fiel mir schwer, aber ich schüttelte den Kopf und wandte mich ab. »Wie zum Teufel sollen wir bloß diesen Lama finden?« fragte ich Andrew. Er sah sich nach jemandem um, der sich auskennen könnte und vielleicht sogar Englisch sprach. Eine Frau mit langen dunklen Haaren schritt zielbewußt über den Platz. Sie war von einer Gruppe Kinder umgeben, mit denen sie nepalesisch sprach. Mag sein, daß es an ihrer Kleidung im westlichen Stil lag oder an der Sicherheit ihres Gangs – ich vermutete, sie würde auch Englisch sprechen.

»Entschuldigung!« rief ich und eilte ihr nach. Sie blieb stehen und wandte sich um. »Wir suchen Chokyi Nyima. Können Sie uns vielleicht sagen, wohin wir uns wenden müssen?«

Sehr zu meiner Erleichterung hielt sie das nicht für ein sonderbares Anliegen. »Sicher. Ich gehe selbst in die Richtung.« Ihr Akzent klang englisch. Andrew und ich trabten neben ihr her. Die Kinder fingen sofort an, uns konkurrenzlos günstige Angebote zum Schuheputzen zu machen, obwohl ich bloß Sandalen trug.

»Was führt Sie nach Nepal?« fragte die Frau. Als ich ihr erzählte, warum wir einen Rinpoche sehen wollten, nickte sie.

»Ich selbst bin keine Buddhistin«, sagte sie, »aber viele Leute glauben, daß die Rinpoche Lamas weissagen können.«

Wir hatten den Stupa etwa zur Hälfte umrundet, als wir uns einen matschigen Pfad hinunterwandten. Er führte zwischen weiteren Läden hindurch, die auf große Gebäude in leuchtenden Gelb- und Orangetönen zuführten. Dies waren die buddhistischen Gompas, zwei oder drei Stockwerke hoch und häufig von einem Zaun umgeben. Menschen gingen in Gruppen den Weg auf und ab; die unvermeidlichen Hunde stöberten am Rande des Pfads.

»Da ist die Armenküche, in der ich arbeite.« Unsere Führerin deutete auf einen roh zusammengezimmerten Schuppen neben einem unbewegten Teich. Ein paar Mönche, die davor standen, winkten ihr zu. Eine Gruppe Kinder saß am Wasser, ins Spiel vertieft.

Wir kamen an mehreren Gompas vorbei, ehe wir ein überwiegend weißes Gebäude erreichten. Es stand etwas abseits von den anderen, und jedes Stockwerk wurde von einem roten Band mit goldenen Verzierungen abgeschlossen. »Dort werden Sie Chokyi Nyima finden«, erklärte uns die Frau. Wir schritten durch das Tor und stiegen eine Treppe hinauf. Ein Junge in weiten Gewändern trat auf uns zu. Unsere englische Begleiterin sprach ihn auf nepalesisch an und wandte sich dann uns zu. »Er wird Ihnen zeigen, wohin Sie gehen müssen«, sagte sie. »Ich muß jetzt zurück. Kommen Sie doch nachher vorbei, und erzählen Sie mir, wie Sie zurechtgekommen sind.« Damit verabschiedete sie sich.

Der Junge führte uns einen Flur entlang und eine weitere Treppe hinauf. Aus einem Zimmer konnten wir das metallische Klingen von Zimbeln hören, rhythmischen Gesang und das widerhallende Dröhnen eines Gongs. Im obersten Stockwerk zeigte der Junge einen Durchgang hinunter. »Dort entlang müssen Sie gehen«, wies er uns an.

Mit gemischten Gefühlen leisteten wir seiner Aufforderung Folge. Wir trafen auf zwei Nepalesen, die in einem Zimmer mit marmornem Fußboden neben einem Schreibtisch warteten. Einer hielt einen weißen Schal in der Hand, und mir wurde bewußt, daß ich vergessen hatte, ein Geschenk für den Lama mitzubringen. Die Männer sagten, sie warteten darauf, Chokyi Nyima zu sehen, und hießen uns auf einem alten Sofa neben einem ungepflegten, betagten Hund Platz nehmen. Er hatte kaum noch Haare am Körper, schlechte, halb verfaulte Zähne, und sein eines Auge war dick mit Eiter verklebt. Das andere Auge schien bläulich getrübt, als leide das Tier an grauem Star. Andrew zog eine Grimasse und setzte sich neben den Hund. Er streckte eine Hand aus, um ihn zu streicheln, zuckte aber schnell zurück, als das Tier mit unglaublicher Geschwindigkeit herumschnellte und nach ihm schnappte. Ich unterdrückte ein Lächeln und beschloß, stehenzubleiben. Auf dem Boden neben der

Couch befand sich ein See von Erbrochenem oder Stuhlgang, der zweifelsohne von dem Hund stammte.

Ein Durchgang unter einem Türbogen führte in einen angrenzenden Raum, wo ein weiterer Rundbogen mit einem dichten Vorhang verhängt war. Ich vermutete, daß der Rinpoche sich in dem Zimmer hinter dem Vorhang befand. Mehrere Paar Schuhe waren neben dem Eingang abgestellt – der Lama hatte sicherlich Besuch.

Eine Gruppe Westler betrat den Wartebereich. Sie hatten alle entweder weiße Schals oder Tüten mit Obst dabei. Ich wünschte, ich hätte auch etwas mitgebracht. Gleich nach ihnen kam eine Gruppe Asiaten. Sie schienen sich mit der üblichen Prozedur recht gut auszukennen, gingen geradewegs zu dem Vorhang hinüber, zogen ihre Schuhe aus und traten ein. Ich blickte Andrew an. Bevor ich eintrat, wollte ich gern wissen, was sich hinter diesem Vorhang abspielen mochte. Die beiden Nepalesen und die Gruppe Besucher aus dem Westen traten ebenfalls ein. Ein Mönch kam und gab uns ein Zeichen, daß wir ihm folgen sollten. Während ich mich noch fragte, wie ich taktvoll herausfinden könnte, was von uns erwartet wurde, näherte sich eine Dame aus Richtung Treppe.

»Entschuldigung«, sagte ich. »Sprechen Sie Englisch?«

»Ja«, entgegnete sie.

»Ich möchte Chokyi Nyima sehen«, erklärte ich, »aber ich weiß nicht genau, was ich dazu tun muß.«

»Oh, das ist ganz einfach. Sie ziehen die Schuhe aus und gehen hinein. Dann fallen Sie vor ihm auf die Knie, und er wird mit Ihnen sprechen.«

»Aber es sind gerade andere Leute bei ihm.«

»Ja, er hält Unterricht.«

»Ah. Aber ich möchte ihm nur eine Frage stellen.«

»Dann fragen Sie, nachdem er zu Ende gesprochen hat.«

»Wie lange wird das dauern?«

»Vielleicht zwei Stunden.«

Ich erblaßte. Keinesfalls hatte ich damit gerechnet, daß alles so formell vor sich gehen und so lange dauern würde. Wir hatten einfach nicht die Zeit zu warten. »Gibt es einen Tag, an dem er nicht unterrichtet, an dem ich einfach mit ihm sprechen kann?«

Sie zuckte die Schultern. »Chokyi Nyima hat sehr viel zu tun.«

»Ach so, danke.«

Die Dame wandte sich um, und wie die anderen ging sie direkt auf den Vorhang zu, zog die Schuhe aus und trat ein. Ich drehte mich zu Andrew um. »Ich weiß wirklich nicht, was wir tun sollen«, sagte ich.

»Zwei Stunden sind eine lange Zeit«, lautete sein Kommentar.

»Um eins haben wir unsere Verabredung mit Dr. Sharma.« Ich suchte nach einer Entschuldigung, um nicht durch den Vorhang gehen zu müssen. »Und ich habe kein Geschenk.« Einen Moment lang sah ich zu dem Durchgang hinüber und kam zu dem Schluß, daß ich dem wirklich nicht gewachsen war. »Laß uns gehen«, sagte ich.

Ich kam mir wie ein Feigling vor. Es war, als habe ich ein Versprechen gebrochen, das ich mir selbst gegeben hatte – das Versprechen, nichts unversucht zu lassen.

Wir gingen den gleichen Weg zurück und gelangten zu der Armenküche. Ich spähte hinein. Eine Gruppe Menschen saß um einen Tisch. Offensichtlich störten wir eine Art Sitzung. Eine Frau in einem weiten, fließenden schwarzen Gewand kam zu uns herüber.

Ich erklärte, warum wir in Boudha waren und daß die andere Frau gesagt hatte, wir dürften wieder vorbeischauen. Etwas bedrückt gestand ich ein, daß wir nicht zwei Stunden darauf warten konnten, Chokyi Nyima zu sehen. Unsere Gesprächspartnerin war sehr nett. Sie schien betroffen, von James zu hören, und tat unser Schuldgefühl, weil wir nicht gewartet hatten, mit einer Handbewegung ab.

»Unsinn. Zwei Stunden sind eine lange Zeit. Warum gehen Sie nicht zu Thrangu Rinpoche?« Sie nickte zu einem gegenüberliegenden Gebäude hin, das in Abstufungen von Braunorange, Safrangelb und Zitronengelb bemalt war. Der Rinpoche spreche ein wenig Englisch und sei sicherlich ebenso in der Lage, uns zu helfen.

»Ich heiße übrigens Lea. Ich werde Sie zu ihm bringen.«

»Aber ich habe kein Geschenk.«

»Machen Sie sich darüber keine Gedanken! Ein paar Rupien sind schon in Ordnung.«

Wir folgten Lea zu dem Gebäude hinüber, und wie zuvor wurden wir einem jungen Mann in brauner Robe überantwortet. Er bat uns zu warten. Wir saßen auf einer hölzernen Bank und blickten aus einem Fenster, das auf den Stupa hinausging. Direkt unter dem Fenster lag eine Wiese, die zum Teil von einer Mauer umgeben war. Von unserem Aussichtspunkt konnten wir Fußgänger auf dem Pfad sehen, den wir kurz zuvor entlanggekommen waren. Mehrere Stück Vieh grasten auf der Weide. Ich beobachtete, wie eine Frau von dem Pfad auf die Wiese trat. Einen Moment lang fragte ich mich, was sie wohl vorhaben mochte. Dann begriff ich. Sie raffte ihren langen Rock um die Taille zusammen und hockte sich nieder. Von dem Pfad war sie durch die bröckelige Ziegelmauer getrennt, aber um das Kloster mit Blick über die Wiese hatte sie sich keine Gedanken gemacht. Ich wandte mich ab.

Der junge Mann kehrte zurück und nahm uns mit in ein Zimmer, das wiederum durch einen Vorhang unterteilt war. Wir zogen die Schuhe aus, und er hielt den Vorhang zur Seite. Etwas nervös traten wir ein. Der Rinpoche saß in einem Sessel, in prächtige safrangelbe und kastanienbraune Roben gekleidet. Vor ihm stand ein kleiner Tisch. Andrew und ich knieten beide neben dem Tisch nieder. Ich blickte zu dem Lama auf. Sein Alter ließ sich nicht bestimmen. Er hatte kurzgeschorenes Haar und ein sanftes Gesicht. Seine Finger waren von den Gebetsperlen rot gefärbt.

»Ich hoffe, daß Sie mir helfen können«, begann ich. »Mein Bruder ist auf eine Wanderung gegangen. Seit dem 22. Dezember wurde er nicht mehr gesehen.« Ich zog eine Karte heraus und breitete sie auf dem Tisch aus. Der Lama blieb stumm. Ich fragte mich, ob das so gut war oder nicht. Hatten wir eine entscheidende Regel der Etikette verletzt? Tapfer fuhr ich fort und zeigte auf der Karte auf Gopte.

»Dies ist der Ort, an dem er zuletzt gesehen wurde.«

Der Lama studierte die Karte einige Zeit lang, ehe er schließlich sprach. »Ihr Bruder wurde zuletzt hier gesehen?« Er zeigte auf Gopte. Ich nickte. »Am 22. Dezember?« Wiederum nickte ich. »Das ist lange her«, versetzte er gedankenverloren. »Ich werde um eine Weissagung beten.«

Er erhob sich von seinem Stuhl und nahm Gebetsperlen in die Hand. Ich hielt den Kopf gesenkt, aber Andrew beobachtete den Lama und erzählte mir später, er habe die Perlen durch die Finger gleiten lassen, während er mit sich selbst zu sprechen schien. Nach vielleicht zwei Minuten lehnte er sich vor.

»Ich glaube, Sie müssen hier suchen.« Er deutete auf der Karte auf die Gegend südwestlich von Gopte zwischen Gopte und Talu. »Hier werden Sie Ihren Bruder finden.«

»Ist er noch am Leben?« fragte ich.

»Sie werden Ihren Bruder wiedersehen.«

Darüber geriet ich vor Freude ganz aus dem Häuschen. Ich grinste übers ganze Gesicht und spürte, wie mir die Tränen in den Augen brannten.

»Danke. Ganz herzlichen Dank.«

Der Rinpoche schien ehrlich erfreut, daß er mich so glücklich gemacht hatte. Auch er lächelte breit. Ich nahm die Karte und legte unbeholfen zweihundert Rupien auf den Tisch. Ich fühlte mich großartig. Bereits in diesem Moment sollten die Suchtrupps unterwegs sein, um die Gegend abzusuchen, die der Rinpoche bezeichnet hatte.

Wir gingen geradewegs zu der Armenküche zurück. Lea wartete auf uns. »Wie ist es Ihnen ergangen?« Ich erzählte ihr, was der Lama gesagt hatte. Sie war ebenfalls überglücklich und umarmte mich. »Wir werden alle für euch beten«, sagte sie.

Andrew und ich gingen zurück zu der Stelle, wo unser Fahrer auf uns wartete. »Das ist schon erstaunlich, findest du nicht?« sagte ich zu Andrew. »Vielleicht weiß er es wirklich.«

»Ja«, entgegnete Andrew, »ich hoffe, du hast recht. Eins will ich dir aber sagen: Wenn James lebendig gefunden wird, werde ich Buddhist!«

Wir erreichten das Hotel kurz nach elf Uhr und riefen sofort bei Graeme an, um herauszufinden, ob er etwas von den Suchtrupps gehört hatte. Sie waren noch immer nicht wieder aufgetaucht.

Dr. Sharma traf nach dem Mittagessen ein, zusammen mit Herrn Tschering, dem Inhaber von *Himalayan Adventures.* Herr Tschering sagte, er glaube, bei ihm seien mehrere Sherpas aus der Region beschäftigt, von der wir meinten, James könne dort gefunden werden. Ganz offensichtlich sei es von Vorteil, eine Suchmannschaft aus der betreffenden Gegend anzuheuern. Er sagte, er würde mit seinen Angestellten sprechen und uns so bald wie möglich informieren.

Andrew und ich beschlossen, Tim aufzusuchen und zu sehen, ob wir nicht mit Krishna sprechen könnten. Wir fuhren nach Thamel und fanden Tim im *Downtown*-Gästehaus. Er führte uns durch schmale Gassen zum Durbar Square, wo wir seiner Ansicht nach Krishna finden sollten.

Die Tempel am Durbar Square sind recht beeindruckend. Ich wünschte, ich hätte mir mehr Mühe gegeben und über die Sehenswürdigkeiten und Gebäude nachgelesen, die wir vorfanden, als wir dort ankamen. Der Platz war offensichtlich eine Art Treffpunkt. Viele Leute saßen am Boden, auf Mauern oder auf den Stufen, die zu den Tempeln führten. Stapel Feuerholz wurden zum Verkauf angeboten, und es wimmelte von den unvermeidlichen Händlern. Tim sah sich um, aber er konnte Krishna nicht entdecken. Dann trat er auf eine Gruppe Männer zu, die ganz in der Nähe auf einer Zementplattform standen. »Entschuldigung, ich suche Krishna.«

»Ah, Krishna!« Mehrere Männer nickten wissend. Da sich sonst nichts Interessantes ereignete, war schnell eine kleine Menschenmenge versammelt. Es hatte den Anschein, als würden sie alle Krishna kennen und wüßten etwas über seinen Aufenthaltsort zu sagen. Ihre Diskussion, wo er sich zur Zeit aufhalten mochte, wurde regelmäßig von kräftigem Ausspucken unterbrochen. So unappetitlich diese Angewohnheit auch war, zog ich sie immer noch einer anderen vor, nämlich wenn Leute ein Nasenloch zuhalten und aus dem anderen eine Schliere Schleim auf die Straße blasen, meist ohne überhaupt im Gehen innezuhalten.

Die Männer sagten, Krishna habe Katmandu verlassen, um einen kranken Verwandten zu besuchen, als ich Tim plötzlich die Stirn runzeln und wütend mit den Augen rollen sah. »Du meine Güte!« Er bahnte sich einen Weg durch die kleine Menschenmenge. »Da drüben ist er ja.«

Ich folgte seinem Blick zu einer Reihe von Männern, die auf einer Mauer saßen. Als wir uns näherten, erkannte Krishna Tim. Nur allzu schnell wurde allerdings deutlich, daß er nichts wußte, was uns weiterhelfen konnte.

»Was James zugestoßen ist, stimmt mich sehr traurig«, sagte Krishna zu mir und glaubte offensichtlich nicht einmal daran, daß James noch am Leben sein könnte. »Er war mein Freund. Er hat bei mir zu Abend gegessen, und er hat meinen Kindern Bonbons mitgebracht. Ich wußte nicht einmal, daß er wandern gehen wollte. Ich wünschte, er hätte es mir gesagt. Wäre ich mit ihm gegangen, hätte ich ihn nicht den Versuch wagen lassen, den Paß zu überqueren. Das ist sehr gefährlich.« Krishna erzählte mir, er habe die Plakate gesehen, ebenso wie die Fernsehmeldung, und er habe auch die Sendung im Radio gehört. Es sah ganz so aus, als verbreite sich die Nachricht von James' Verschwinden und von der Belohnung für sein Auffinden schnell. Krishna hatte Verwandte in Katmandu, die am nächsten Tag zurück nach Dhunche gehen wollten. Er sagte auch, er habe Freunde, die in Helambu Wandergruppen führten. Ich zog mehrere Schwarzweißfotografien von James hervor. Schnell war eine weitere Menschenmenge um mich versammelt. Scheinbar hatte das Verteilen von Fotos Neuigkeitswert, und jeder wollte das Bild sehen. Ich reichte mehrere Fotos zusammen mit einem Stapel Plakaten mit der Vermißtenmeldung herum. Man unterhielt sich eifrig auf nepalesisch, und die meisten Leute schienen die Fotos und die Poster wiederzuerkennen. Alle waren äußerst bemüht zu helfen.

Später am Abend dachte ich daran, Calum anzurufen. Seit meiner Abreise hatte ich nicht mit ihm gesprochen. Das schien so lange her zu sein! Ich hatte es mit Absicht vermieden, darüber nachzudenken, wie sehr ich ihn vermißte, und auch jetzt entschied ich, daß ich ihn nicht anrufen würde. Ich hegte den Verdacht, es könnte mich aufregen, seine Stimme aus großer Ferne zu hören. Und das letzte, was Andrew brauchen konnte, war eine in Tränen aufgelöste, verdrießliche Joanne.

Joanne: 12. Januar 1992

Während wir uns noch überlegten, wie wir den Tag, einen Sonntag, am besten nutzen könnten, rief Graeme an, um mitzuteilen, daß die Hälfte der Suchmannschaft aus Gopte eingetroffen sei. Carl Harrison würde gegen Mittag nach Katmandu zurückkehren, und wir könnten uns am Nachmittag mit ihm treffen. Das kam etwas überraschend. Nach dem Hubschrauberflug am Freitag hatten wir angenommen, die Männer seien noch oberhalb von Gopte. Offensichtlich mußten sie jedoch bereits auf dem Rückweg gewesen sein. Außerdem hatte es ganz den Anschein, als hätten sie nichts gefunden. Die Neuigkeiten waren demnach alles andere als ermutigend. Sollte James immer noch oberhalb von Gopte sein, konnten wir allenfalls hoffen, eine Leiche zu finden. Das Wetter würde sich wahrscheinlich noch weiter verschlechtern, ehe es endgültig besserte. Es schien gut möglich, daß der Suchtrupp vor dem Frühlingstauwetter nichts weiter unternehmen konnte.

Zur Abwechslung frühstückten wir im Hotelrestaurant, aber das Angebot war genau das gleiche wie beim Zimmerservice, und das Essen machte keinen besseren Eindruck. Die Aussicht allerdings war deutlich schöner. Ein Gärtner schnitt an leuchtend bunten Ringelblumen herum. Der Himmel war blau, und die Sonne schien warm, eine angenehme Abwechslung nach dem ständigen Nebel. Direkt neben unserem Fenster hüpfte ein Spatz zierlich über die Fensterbank auf der Suche nach Krümeln. Es war ein ausgesprochen schöner Morgen. Plötzlich empfand ich, wie tragisch es wäre, wenn James nie wieder einen solchen

Morgen erleben könnte. Ich spürte, wie mir die Tränen in die Augen stiegen, und eine überwältigende Traurigkeit erfüllte mich.

Herr Tschering kam, wie versprochen, vorbei. Er stellte uns zwei Sherpas aus Trisuli Bazaar vor, die bei ihm beschäftigt waren. Einer von ihnen wußte auch von dem Pfad zwischen dem Wanderweg nach Gosainkund und dem Dorf Talu. In Gedanken schrieb ich uns einen weiteren Punkt gegen die vorherrschende Meinung gut.

Nach dem Treffen gingen wir zu *Blue Mountain.* Ich mußte ein weiteres Fax nach Hause schicken. Noch immer fühlte ich mich deprimiert, und ich hatte auch das Gefühl, so langsam müßte ich meine Eltern auf das Schlimmste vorbereiten. Es hatte ja keinen Sinn, ein Fax nach dem anderen zu schicken und falsche Hoffnungen zu nähren. Die große Mehrheit der Leute, die ich bisher kennengelernt hatte, sahen keinerlei Chance, daß James überlebt haben könnte. In diesem Fax schrieb ich, daß wir uns am Nachmittag mit Carl treffen und ihn bestimmt gründlich ausfragen würden über das, was bisher geschehen war. Dann fügte ich hinzu: »Wenn James keinen Weg talwärts nach Südwesten gefunden hat und wenn er nicht seine Meinung geändert und doch noch versucht hat, den Paß zu überqueren, besteht keine Hoffnung mehr, ihn noch lebendig zu finden. Wir werden uns mit dem Gedanken auseinandersetzen müssen, daß er vielleicht nie gefunden wird oder aber unter dem Schnee begraben liegt. Möglicherweise lohnt es nicht, oberhalb von Gopte weiterzusuchen, ehe es nicht wärmer wird. Ich werde Carl zu dieser Frage intensiv ausfragen müssen.«

Dann hängte ich einen weiteren Absatz an, um den negativen Eindruck etwas abzuschwächen. »Es tut mir leid, daß dieses Fax so schonungslos klingt, aber wir müssen einfach akzeptieren, daß mit dem Verstreichen der Zeit die Chancen, James lebendig zu finden, immer schlechter werden. Trotzdem lehne ich es ab, jegliche Hoffnung aufzugeben, und wir werden auch weiterhin jede nur denkbare Möglichkeit verfolgen, ganz egal, wie unwahrscheinlich sie zunächst scheinen mag.«

Wir kehrten ins *Hotel Kathmandu* zurück und stießen im Café zu Tim, wo wir darauf warteten, daß Carl Harrison sich melden würde. Stunden vergingen, und wir hatten noch immer nichts gehört. Schließlich rief ich Graeme an. Auch bei ihm hatte Carl sich nicht gemeldet.

Kurz darauf tauchte Maria auf. Sie war unterwegs mit zwei Freunden, die sie uns vorstellen wollte, Dorrilyn und Prajan. Dorrilyn ist eine Krankenschwester aus Australien. Im Rahmen eines Hilfsprojekts war sie nach Nepal gekommen und hatte Prajan kennengelernt. Die beiden hatten geheiratet und lebten jetzt in Katmandu, nicht weit von Tom und Maria entfernt. Außerdem gesellten sich Jon und Anne-Maree Young zu uns. Anne-Maree ist eine Ärztin, die ihre Ausbildung in Brisbane absolviert hat. Sie war zusammen mit ihrem Mann nach Nepal gekommen, der als Ingenieur im Land arbeitete. Alle diese Menschen boten uns jede nur mögliche Hilfe an. Wir unterhielten uns, während wir warteten. Mag sein, daß ich einen recht unhöflichen Eindruck machte: Ich konnte mich nicht auf das Gespräch konzentrieren. Meine Augen wanderten immer wieder zum Hoteleingang hinüber auf der Suche nach Carl oder Graeme. Es war sechs Uhr abends, als sie das Foyer betraten. Die anderen verabschiedeten sich schnell. Andrew, Tim und ich blieben zurück, um mit den Neuankömmlingen zu sprechen.

Mein erster Eindruck war, daß Carl so aussah, wie ich ihn mir vorgestellt hatte. Nicht allzu groß, aber schlank und durchtrainiert. Er hatte schwarzes Haar, das ihm in Locken auf die Schultern fiel, auffallende graublaue Augen und einen dicken Schnauzbart. Er sprach langsam und präzise mit einem amerikanischen Akzent. Es dauerte nicht lange, bis ich akzeptiert hatte, daß Carl wußte, wovon er sprach. Er war gründlich und gewissenhaft und erklärte in aller Ruhe, was sie auf der letzten Expedition erreicht hatten. Die Suchmannschaft war mit dem Hubschrauber in Tharepati abgesetzt worden. Graeme sah überrascht aus.

»Ich dachte, in Gopte«, sagte er.

»Nein«, sagte Carl, »in Tharepati.« Vom Hüttenwirt in Tharepati hatten sie sich einige Kochausrüstung geliehen und waren dann nach Gopte hinaufgewandert, wo sie die Nacht im Zelt verbrachten. Von Gopte waren sie am nächsten Tag in vier Stunden bergauf nach Phedi gegangen. Als ich den Namen hörte, spitzte ich die Ohren. Carl war der erste, der Phedi erwähnte, obwohl ich von dem Ort bereits in mehreren Wanderbüchern gelesen hatte. Nach allem, was wir von Tim und Mark wußten, mußte James zwei oder drei Stunden von Gopte entfernt gewesen sein. Indem er bis nach Phedi hinaufging, sollte Carl in jedem Fall den Bereich abgedeckt haben, wo Mark und James sich trennten. Vielleicht war er sogar schon über den Punkt hinausgewandert.

Von Phedi aus hatten die Männer dann bis Gopte hinunter gesucht. Carl und seine Männer hatten in jeder Hütte und jeder Höhle nachgesehen, sie hatten über den Rand jedes Grates geschaut und in jede Spalte hinein. Carl war sich sicher: Wenn James zwischen Phedi und Gopte zu Tode gekommen sein sollte, hätten sie seinen Leichnam gefunden. Er erklärte, daß Fußabdrücke im Schnee gefrieren können. Außerdem wies er darauf hin, daß es oberhalb der Schneegrenze kaum Nahrung gab. Wenn dort oben eine Leiche lag, würde sie von herumstöbernden Tieren gefunden werden, und deren Spuren wiederum würden anzeigen, wo sich der Leichnam befand.

Ich fragte Carl nach dem hochgelegenen und gefährlichen Pfad, der auf dem Weg nach Tharepati an Gopte vorbeiführte und von dem ich gelesen hatte. Carl sagte, wäre James auf jenem Weg gewesen und abgestürzt, hätte er auf den direkt darunter verlaufenden Trail fallen müssen, und auch in diesem Fall hätten sie seinen Leichnam gefunden.

Die Suchmannschaft war drei Nächte in Gopte geblieben und hatte die Gegend zwischen jenem Ort und Phedi abgesucht. Dann waren sie nach Tharepati zurückgegangen und hatten einen Weg nach Talu und Kaseri genommen. In keinem der beiden Dörfer war eine Spur von James zu finden gewesen.

Das war eine bittere Enttäuschung. Ich hatte mir gesagt, sollte James sich nach Südwesten gewandt haben, müßte er entweder durch Talu oder durch Kaseri gekommen sein. Carl erzählte uns, der Hüttenwirt von Phedi sei in Talu, und er könne sich nicht daran erinnern, daß James oder Mark weder in der einen noch in der anderen Richtung bei ihm vorbeigekommen wären. Der Hüttenwirt aus Gopte hielt sich zur Zeit in Tharepati auf. Auch er hatte angeblich weder James noch Mark gesehen. Aber beide Männer mußten in ihren Hütten gewesen sein, als Mark und James dort vorbeiwanderten. Hatten sie es einfach nur vergessen, oder sagten sie aus einem besonderen Grund nicht die Wahrheit?

Carl erläuterte weiter, daß sie sich bereits bei ihrer allerersten Expedition – also damals, als sie aufgrund der Aussagen der Kanadier in Tharepati kehrtmachten – davon überzeugt hatten, daß James und Mark am 20. Dezember in Kutumsang gewesen waren. Dort lagen gegengezeichnete Quittungen von beiden vor. Nach allem, was wir darüber hinaus wußten – einmal abgesehen davon, daß Mark am Weihnachtsabend in Katmandu aufgetaucht war –, hätten die beiden hinter Kutumsang vom Erdboden verschwunden sein können. Keiner der Hüttenwirte weiter den Wanderweg hinunter konnte sich an sie erinnern. Trotzdem mußten sie irgendwo übernachtet haben …

Die Männer aus Helambu waren ebenfalls zurückgekehrt. Carl wollte erst mit ihnen sprechen, aber möglicherweise konnte uns der Hüttenwirt aus Chisopani weiterhelfen, der sich immerhin daran erinnerte, daß James vorbeigekommen war. Carl bat Tim, ihn am nächsten Morgen zu einem Treffen mit dem Suchtrupp aus Helambu zu begleiten. Ich sah Tim hoffnungsvoll an.

»Freu dich nicht zu früh«, versetzte er. »Ich wette, der Hüttenwirt erinnert sich an mich, als ich auf dem Rückweg war, und verwechselt mich mit James.«

Da waren immer noch einige Dinge, die mich beschäftigten. Ich mußte mir einfach Gedanken darüber machen, ob Mark und James am 21. Dezember in Phedi übernachtet hatten statt in Gopte. Hatten wir nah genug am Paß gesucht? Warum sagten die Hüttenwirte nicht die Wahrheit, nämlich daß James und Mark bei ihnen gewesen waren? Ich kannte meinen Bruder. Er war ein zugänglicher Mensch und hätte sich sicherlich mit ihnen unterhalten. Außerdem hatte er auffallend rotes Haar. Das sollte ausreichen, um die Aufmerksamkeit auf sich zu lenken. Könnte es sein, daß sie James' Leichnam gefunden und ausgeraubt hatten? Oder hatten sie angeboten, ihn auf dem Rückweg zu führen, und ihn dann überfallen? Wie konnten wir sie dazu bringen, die Wahrheit zu sagen?

Das waren die Fragen, die mir durch den Kopf gingen, als alle anderen sich verabschiedet hatten. Sobald Carl am nächsten Morgen mit den Männern aus Helambu gesprochen hätte, würden wir uns in der Botschaft treffen. Er meinte, es gäbe immer noch zwei Gegenden, wo James sich mit einiger Wahrscheinlichkeit aufhalten könnte und die man absuchen sollte. Die eine war oberhalb von Phedi und jenseits der Paßhöhe. Carl sagte, wenn man erst einmal auf der anderen Seite sei, könne man sehr leicht den Weg verlieren. Die andere Gegend war der Shivapuri-Wald nur wenig nördlich von Katmandu. Dort könnte James gelandet sein, falls er dem Wanderweg gefolgt wäre, den sie auf dem Hinweg benutzt hatten, und sich dann im Wald verlaufen hätte. Mir erschien das sehr unwahrscheinlich. Es hing davon ab, wen der Hüttenwirt in Chisopani auf dem Weg ins Tal gesehen hatte.

Während wir auf den Zimmerservice warteten, der uns das Abendessen bringen sollte, klingelte das Telefon. Es war Maria.

»Joanne, ich weiß nicht, ob es dich interessiert … «, begann sie. Dann erzählte sie mir von ihrer Freundin Lotti Weiss, die eine Botschaft von einer Hellseherin für mich habe. »Ich dachte, ich gebe dir Lottis Nummer. Dann liegt es bei dir, ob du diesem Hinweis weiter nachgehst oder nicht.«

Ich dankte ihr und legte auf. Andrew schüttelte ärgerlich den Kopf. Unser Ausflug nach Boudha hatte seine Skepsis, die er dem Übernatürlichen entgegenbrachte, bereits auf eine harte Probe gestellt.

Dennoch wählte ich Lottis Nummer. Sie sprach Englisch mit einem Schweizer Akzent und schien sich zu freuen, von mir zu hören.

»Ja, Joanne, ich habe eine Botschaft für Sie von einem befreundeten Medium.« Lottis Freundin war eine Chinesin und glaubte, sie werde vom Geist einer Göttin heimgesucht. Das klang selbst mir bei meiner neu entdeckten Aufgeschlossenheit etwas zu mystisch.

»Oh, ja«, entgegnete ich. »Und was sagt sie?«

Lotti erzählte mir, jene Dame habe ein Bild von James in einer Hütte in Gosainkund gesehen. Er sei in großer Gefahr.

»Meine Freundin sagt, Sie müssen schnell dorthin gelangen. Er braucht Sie. Sie müssen einen Hubschrauber chartern.«

»Ich möchte mit Ihrer Freundin sprechen«, sagte ich zu Lotti. Sie war nicht sicher, ob ihre Freundin damit einverstanden wäre.

»Ich werde fragen und mich wieder melden.«

Es dauerte nicht lange, ehe Lotti wieder anrief. Als ich den Hörer abnahm, spürte ich, wie mich ein Zittern durchrieselte. Lottis Freundin hatte sich bereit erklärt, mich in einer Stunde anzurufen. Es war bereits nach zehn Uhr abends; heute würde es also wieder spät werden. Ich versuchte, etwas zu Abend zu essen, während ich wartete. Andrew klang immer noch ziemlich geringschätzig, aber ich wies darauf hin, daß bisher noch niemand die Hütten in Gosainkund überprüft hatte.

Schließlich rief Lottis Freundin an. Sie wiederholte, was Lotti mir bereits erzählt hatte: James sei in einer Hütte in Gosainkund und schwebe in großer Gefahr.

»Sie müssen schnell dorthin gelangen. Er wird gegen seinen Willen festgehalten. Am besten sollten Sie gleich morgen früh einen Hubschrauber chartern und ein paar Leute mit offizieller Autorität dort hinaufschicken. Ihr Bruder ist in großer Gefahr.«

»Aber es sind schon ein paar Männer unterwegs, die Dhunche zu Fuß verlassen haben und jetzt nach Gosainkund gehen«, sagte ich.

»Ich glaube nicht, daß Ihnen das viel helfen wird«, sagte Lottis Freundin. »Sie müssen Ihren Bruder schnell erreichen. Er wartet auf Ihre Hilfe.«

Ich bedankte mich und legte auf. Der Anruf hatte mich ziemlich aus der Fassung gebracht. Ich zitterte, und meine Zähne schlugen aufeinander. Andrew versuchte, vernünftig mit mir zu reden.

»Sieh mal, du hast zwei Männer, die innerhalb der nächsten Tage Gosainkund erreichen sollten. Sie werden sämtliche Hütten überprüfen. Wenn James dort ist, werden sie ihn finden.« Ich mußte ihm zustimmen. Was er sagte, klang völlig logisch. Was hatte es für einen Sinn, einen Hubschrauber zu chartern, wenn die Männer zu Fuß schon fast da waren? Und was sollte es bedeuten, daß James »gegen seinen Willen festgehalten« wurde? Andrew tat den Gedanken als unmöglich ab.

»Das kann höchstens heißen, er ist eingeschneit. Selbst drei oder vier Nepalesen gemeinsam könnten James nicht überwältigen.«

Ich akzeptierte Andrews Meinung, lag jedoch lange wach und dachte darüber nach, was die Frau am Telefon gesagt hatte.

Joanne: 13. Januar 1992

Tim kam gegen neun Uhr, um sich mit Carl und dem Suchtrupp aus Helambu zu treffen. Bevor sie sich auf den Weg machten, erzählte ich Carl, was das Medium mir mitgeteilt hatte. Er entgegnete, es sei extrem unwahrscheinlich, daß sich um diese Jahreszeit irgend jemand in einer Hütte in Gosainkund aufhalte, einfach weil es so kalt sei. Ich erklärte ihm, James könne dort ja vom Wetter abgeschnitten worden sein, und er versetzte mit einem Schulterzucken: »Das ist möglich.« Später sollte ich erfahren, daß Carl den meisten Dingen recht unvoreingenommen gegenüberstand. Er legte sich nicht gern fest. In den folgenden Wochen sollte er die gleichen Worte noch oft zu mir sagen.

Ich war früh aufgestanden und hatte ein Fax an meine Eltern geschrieben. Andrew und ich gingen die Straße hinauf zu *Blue Mountain*, um es abzuschicken. Maria war neugierig zu hören, wie es mir mit Lotti ergangen war. Wir müssen ziemlich niedergeschlagen ausgesehen haben, denn Tom hörte auf zu arbeiten, um sich zu uns zu setzen.

Er schlug vor, die Belohnung, sollte James lebendig gefunden werden, auf dreitausend Dollar heraufzusetzen, um noch mehr

Leute zu motivieren. Das war nicht viel Geld, und wenn wir James lebendig finden sollten, wäre es jeden einzelnen Pfennig wert. Tom sagte, er würde sich um den Druck neuer Plakate kümmern, die eine Belohnung von 100 000 Rupien in Aussicht stellten.

Tom sagte auch, er kenne Colonel Pun, den Führer der Hubschrauberstaffel der Armee. Er rief den Colonel an und verabredete noch am gleichen Abend ein Treffen. Tom klang ganz aufgeregt, als er das Gespräch beendet hatte.

»Das hört sich recht vielversprechend an«, sagte er. »Colonel Pun muß jeden Tag Trainingsflüge unternehmen. Er hat angeboten, alle diese Flüge in die Gegend von Gosainkund zu dirigieren.« Das war mehr, als ich je zu hoffen gewagt hätte, und es munterte uns gewaltig auf.

Andrew und ich gingen zur Botschaft hinüber, um dort Carl und Ingo Schnabel zu treffen. Ingo arbeitete für das Ausbildungszentrum für Hunde zur Bergrettung im Himalaja, ein Projekt für *Sundarijal Bikas* (Entwicklung in Sundarijal). Wie Tim bereits vermutet hatte, war der Hinweis, den der Hüttenwirt von Chisopani gegeben hatte, nichts weiter als die Erinnerung daran, wie Tim am Abend des 20. Dezember über Chisopani zurückgekehrt war. Ingo stimmte mit Carl überein, daß sie einen Leichnam gefunden haben würden, wenn es einen zu finden gegeben hätte. »Ich will dir nur folgendes erzählen: Wir entdeckten eine Hütte, die völlig verriegelt war, aber zwei Krähen pickten auf dem Dach herum. Wir fragten uns, ob darin nicht ein Leichnam liegen könne, daher brachen wir in die Hütte ein. Es war nichts da.« Er erklärte auch, daß seine Hunde eine Leiche selbst unter tiefem Schnee erschnüffeln könnten. Was der Hüttenwirt von Phedi erzählt hatte, stimmte ihn auch nicht glücklich. Ingo erklärte, daß Talu in der Nähe großer Waldgebiete liege, wo man ganz einfach eine Leiche verschwinden lassen könne.

Offensichtlich war die Suchmannschaft sehr gründlich vorgegangen. Ich sagte den Männern, ich wünschte, daß sie so bald wie möglich wieder hinauf in die Berge gingen, um die Gegend zwischen Dhunche und Phedi abzusuchen. Die beiden Männer, die mit dem Hubschrauber hinaufgebracht worden waren, um in jener Gegend zu suchen, würden nur auf den Weg achten. Ich bat Carl und Ingo, darüber hinaus neben dem Trail zu suchen. Sollten sie nichts gefunden haben, wenn sie Phedi erreichten, wollte ich, daß sie den Weg zwischen Phedi und Talu entlang wieder hinuntergingen. Sie sollten möglichst viele Leute befragen und den Einheimischen klarmachen, daß wir »keine unbequemen Fragen stellen« würden.

Sie sagten, sie würden sich darum kümmern, am Donnerstag, dem 16. Januar, mit einer großen Suchmannschaft Katmandu zu verlassen. Ich war ungeduldig, aber es würde einfach so lange dauern, die richtigen Leute und entsprechende Vorräte zu organisieren. Außerdem waren die Männer praktisch seit zwei Wochen draußen unterwegs und brauchten etwas Zeit zum Ausruhen. Ich schlug vor, sie sollten sich nach Dhunche hinauffliegen lassen, aber das lehnten sie ab. Ein Flug würde ihnen nicht erlauben, sich richtig an die Höhe anzupassen. Sie würden einen Minibus mieten und am Donnerstag nach Dhunche fahren. Hinter Dhunche würden sie die Fahrt in Shin Gompa unterbrechen, um sich erneut an die größere Höhe zu gewöhnen, aber bis Sonntag konnten sie in Gosainkund sein. Ich schätze, es war das Gespräch, das ich am Abend zuvor mit dem Medium geführt hatte, das mich so besorgt darum sein ließ, so schnell wie möglich jemanden dorthin zu bekommen.

Sowohl Carl als auch Ingo überreichten mir offene Rechnungen, die bezahlt werden mußten. Ich kümmerte mich also darum, während Tim und Andrew in die Stadt gingen, um Andrews Rückflug umzubuchen. Andrew und ich wollten ursprünglich am 27. Januar nach Hause fliegen, aber inzwischen hatte Andrew das Gefühl gewonnen, er müsse vorher abreisen. Ich ging hinauf zu *Blue Mountain,* um ein weiteres Fax abzuschicken.

Beim Mittagessen klingelte wieder einmal das Telefon. Diesmal war es Lotti Weiss mit einem neuen Vorschlag. Sie war gut mit dem Chinia Lama befreundet und hatte ihm von meinem Bruder erzählt.

»Es tut mir leid«, unterbrach ich sie, »wer ist der Chinia Lama?«

Offensichtlich handelte es sich um einen politischen und religiösen Führer aus der Gegend von Helambu, der dort erheblichen Einfluß genoß. Heute lebte er in Boudha, und von dort aus hatte er bereits zur Kenntnis genommen, daß wir möglicherweise Probleme damit haben könnten, von den Einheimischen Informationen zu erhalten. Er war höchst interessiert daran, uns zu helfen. Frau Weiss erklärte, daß die Menschen in Helambu durch ihren Glauben dazu verpflichtet seien, diesem Mann und seinen Abgesandten die Wahrheit zu sagen. Ich verabredete mich mit ihm noch am gleichen Abend nach unserem Treffen mit Colonel Pun.

Der Colonel ist ein ausgesprochen netter Mann. Als erfahrenster Hubschrauberpilot im ganzen Land hat er eine Reihe erlauchter Persönlichkeiten durch Nepal geflogen, darunter Jimmy Carter. Er bestätigte mir, er könne seine Trainingsflüge über die Gegend von Gosainkund/Helambu umdirigieren. Er würde in den Dörfern landen, in unserem Namen mit den Leuten sprechen und weitere Fotos und Plakate mit der Vermißtenmeldung verteilen. Gleichzeitig könnten wir durch seine Hilfe unsere Kommunikation mit den Suchtrupps verbessern. Ich schlug vor, daß die Suchmannschaften leuchtend bunte Banner bei sich führen sollten, um sie auszurollen, wenn der Hubschrauber über sie hinflog – falls sie etwas Wichtiges gefunden hatten. Sollte Colonel Pun ein solches Banner sehen, würde er so nah wie möglich landen. Wir beschlossen, Rosa und Orange müßten sich gut gegen den Schnee oder den Dschungel abheben. Wir nahmen noch einen Drink mit dem Colonel, dankten ihm und gingen.

»So, was nun?« fragte Tom. Ich erklärte, daß ich mich mit dem Chinia Lama treffen wolle. Ich hätte nichts dagegen gehabt, allein zu gehen, aber Tom sagte, er wolle mich begleiten.

Das Haus von Frau Weiss lag in einer kleinen Seitenstraße. Ein Diener ließ uns durch das Tor ein. Wir klopften an die Eingangstür, und eine Frau erschien am oberen Ende der Treppe.

»Kommen Sie herauf, kommen Sie herauf!« Ich erkannte Lottis Stimme.

Oben wurden wir in ein schwach erleuchtetes Wohnzimmer geführt. Ich war überrascht von der Zahl der Leute, die dort versammelt waren. Offensichtlich befanden sie sich mitten in einer Unterhaltung, doch all ihre Aufmerksamkeit richtete sich jetzt auf Tom und mich. Der Chinia Lama war ein kleiner, rundlicher Mann mit einem Mondgesicht. Er trug eine schwarze Kopfbedeckung, hatte einen Schal um den Hals geschlungen und sprach kaum Englisch. Tom erzählte James' Geschichte auf nepalesisch. Als er damit fertig war, sagte der Lama, er sei gern bereit zu helfen. Seine »Familie« nickte ihr Einverständnis.

»Was Sie tun müssen«, sagte er dann zu mir, »ist folgendes: Sie chartern einen Hubschrauber, der mich hinauf zu den Leuten bringt. Dann werde ich mit ihnen sprechen. Wenn keiner etwas weiß, werde ich andere Leute bitten, umherzugehen und mit allen zu sprechen. Sie müssen mir etwas Geld geben, um diese Leute zu bezahlen.«

Ich stimmte bereitwillig zu. Am nächsten Morgen wollten wir uns noch einmal mit dem Chinia Lama treffen und einen Hubschrauber organisieren. Der Lama bat mich auch darum, seinen Rinpoche kennenzulernen. Morgen sollte ich wieder hierherkommen, und Kai würde mich zum Haus dieses Lamas in Boudha bringen.

Joanne: 14. Januar 1992

»Großer Gott, wer reist denn freiwillig an einen Ort, wo man das Essen nicht essen und das Wasser nicht trinken kann?«

Andrew bemitleidete sich selbst. Ich hatte ihn damit aufgezogen, daß er unter den Nachwirkungen des reichlich genossenen Whiskys beim Colonel litt, aber offensichtlich handelte es sich um mehr als das. Wir waren beide mit einem übelkeiterregenden Gefühl im Magen aufgewacht und mit Durchfall. Andrew mußte sich erbrechen. Immerhin war es überraschend genug, daß es uns beiden bisher gutgegangen war. Erst gestern hatte mir Maria erzählt, man sei eigentlich nicht richtig in Katmandu »angekommen«, solange man keinen Durchfall gehabt habe. Praktisch jeder komme – in diesem Sinne – innerhalb der ersten fünf Tage an. Andrew wollte den Tag im Bett verbringen. Ganz abgesehen von seinem Bedürfnis, sich auszuruhen, schien es ihm klug, sich nicht allzu weit von einer Toilette zu entfernen. Ich verließ das Hotel, um mich wieder mit dem Chinia Lama zu treffen. Maria begleitete mich.

Der Chinia Lama lebte in einem zweistöckigen Haus. Drinnen war es dunkel und kalt. Wir zogen uns die Schuhe aus, wie es üblich war. Immer wieder nahm ich mir vor, Slipper zu tragen, die ich einfach abstreifen konnte. Doch das fiel mir jedesmal erst ein, wenn ich schon wieder mit den Schnürsenkeln kämpfte. Wir wurden in ein Wohnzimmer geführt, setzten uns, und der Chinia Lama bat, man möge Tee bringen.

Nepalesischer Tee wird gleich mit Milch und Zucker aufgegossen. Er ist sehr süß. Wir schlürften ihn aus zierlichen Tassen, und der Lama erläuterte seine Pläne. Kai, Lottis Sohn, übersetzte. Der Lama schlug vor, wir sollten einen Hubschrauber bei der privaten Gesellschaft am Flughafen chartern. Deren Helikopter seien größer als die *Alouettes* der Armee und recht bequem eingerichtet. Der Lama sagte, er kenne den Manager und könne für uns einen Sonderpreis aushandeln. Wir kamen überein, daß Graeme mit ihm in die Berge fliegen solle, um zu zeigen, daß der Lama mit der Botschaft zusammenarbeite. Außerdem kannte Graeme die ganze Geschichte ja recht gut. Er würde sicherlich dafür Sorge tragen, daß die richtigen Fakten weitergegeben würden. Kai war bereit, als Übersetzer mitzufliegen. Bevor wir uns um den Hubschrauber kümmerten, statteten wir dem Rinpoche des Lamas einen Besuch ab.

Wir traten in einen kleinen Innenhof, wo der Rinpoche wartete. Der Chinia Lama nahm mich beiseite und drückte mir einen weißen Schal in die Hand.

»Stecken Sie etwas Geld hinein, und legen Sie den Schal vor dem Rinpoche auf den Tisch«, sagte er zu mir. Ich tat, wie befohlen, und näherte mich unsicher dem Rinpoche. Indem ich den dünnen Streifen Stoff auf den Tisch legte, setzte ich mich. Der Lama nahm den Schal in die Hand, holte die Rupien heraus und sprach einen Segen, bevor er ihn mir um den Hals legte. Wie der

Suchtrupp beim Versuch, nach Gosainkund durchzukommen

andere Rinpoche auch, nahm er seine Gebetsperlen auf und ließ sie durch die Finger gleiten, wobei er leise vor sich hinmurmelte. Er sprach mit dem Chinia Lama auf tibetisch. Der Chinia Lama sah mich an und sagte: »Der Rinpoche sagt, Ihr Bruder lebt. Er wird jedermann in seinem Haus bitten, für ihn zu beten.« Ich dankte dem Rinpoche, und er erhob sich und ging. Den Rest des Vormittags verbrachten wir damit, den Hubschrauber zu organisieren und in der Botschaft den Lama mit Graeme bekanntzumachen. Als Kai und der Lama gegangen waren, sagte Graeme, er habe eine Telefonnummer für uns von Mateus/Mathial, dessen tatsächlicher Name Mathias war. Die deutsche Botschaft hatte Mathias Wasgelt anhand der Ausweisnummer ausfindig gemacht, die wir durchgegeben hatten. Außerdem war eine Nachricht aus Australien eingetroffen, daß Mark Fulton um acht Uhr dreißig am Donnerstag, dem 16. Januar, mit *Qantas* von Bangkok abfliegen sollte.

»Dem Himmel sei Dank!« sagte ich. »Zeitlich könnte das gar nicht besser passen. Tim fliegt morgen, am fünfzehnten, nach Bangkok und reist von dort nicht vor Donnerstag abend weiter. Er sollte Mark Fulton abfangen können. Wir sollten einen offiziellen Mitarbeiter der australischen Botschaft in Thailand bitten, ihn zu begleiten. Ich werde eine Liste mit Fragen für Tim vorbereiten. Die gleiche Liste sollten wir an die australische Botschaft in Thailand senden.«

Die beiden Männer, die mit dem Hubschrauber in Dhunche abgesetzt worden waren, hatten sich ebenfalls zurückgemeldet. Das Wetter war ihnen in die Quere gekommen. Zwar hatten sie viele Plakate verteilt und mit jedem gesprochen, den sie trafen, aber niemand konnte ihnen weiterhelfen. Die Witterungsbedingungen waren so schlecht gewesen, daß sie es nicht geschafft hatten, nach Gosainkund durchzukommen. Das bedeutete, die Hütten dort waren noch immer nicht durchsucht worden. Carl hatte vorgeschlagen, der Lama und Graeme sollten versuchen, nach Talu und Tharepati zu gelangen, wo sich die Hüttenwirte aus Phedi und Gopte aufhielten. Er sagte auch, es sei unbedingt notwendig, daß der Lama in seinem Geburtsort lande, wo ihm mit größtem Respekt begegnet würde.

Als wir ins Hotel zurückkehrten, fand ich gleich zweimal die Nachricht vor, daß ich meinen Vater anrufen solle. Meine Eltern hatten weitere Informationen über Mark Fulton für uns. Mark war mit einem Freund zusammen nach Nepal gereist. Wo war dieser andere Mann jetzt? Außerdem hatten sie in Erfahrung gebracht, daß Mark ursprünglich am 25. Dezember nach Bangkok abfliegen sollte, daß aber sein Ticket umgebucht worden war. Gaye hatte per Telefon den Rat eines Mediums in Australien gesucht. Diese Frau hatte Gaye erzählt, daß James immer noch am Leben sei und daß er immer wieder sage: »Laßt mich in Ruhe« und: »Ich bin ganz weit unten« und: »Der Paß war versperrt«. Sie hatte auch gesagt, daß James zur Zeit ganz verzweifelt und durcheinander sei und daß Gaye und die Familie nie herausfinden würden, was passiert sei.

Als ich das Gespräch mit Dad beendet hatte, war ich sehr beunruhigt. Immer wieder schien ich gegen Mauern anzurennen. Aber vielleicht gab es eine Schwachstelle. Ich wählte Mathias' Nummer. Eine deutsche Stimme meldete sich am Telefon.

»Hallo«, sagte ich, »sprechen Sie Englisch?«

»Ja.«

»Kann ich bitte mit Mathias sprechen?«

»Ja, am Apparat.«

»Mathias, mein Name ist Joanne, und ich rufe aus Katmandu an. Sie sind vor kurzem in Helambu gewandert?«

»Ja, das stimmt.«

»Erinnern Sie sich an die Suchaktion nach einem australischen Wanderer? Sie hatten eine Notiz in Sundarijal zurückgelassen, um die Leute in Kenntnis zu setzen, daß Sie allein wanderten?«

»Ja.«

»Ich bin die Schwester von jenem Australier. Er wird noch immer vermißt. Eine Gruppe von Wanderern glaubt, sie habe ihn gesehen, aber wir denken, daß Sie es waren, den sie tatsächlich sahen. Können Sie mir bitte sagen, ob Sie sich daran erinnern, irgendwelchen anderen Wanderern begegnet zu sein?«

»Ja«, antwortete Mathias. »Ich kam zwischen Tarke Ghyang und Shermathang an einer größeren Gruppe von Wanderern vorbei; das war am 30. Dezember früh am Nachmittag.« Ein Stich der Enttäuschung ging mir durchs Herz. Genau dort wollten die Frankokanadier James gesehen haben.

»Erinnern Sie sich an irgendwelche Besonderheiten bei diesem Zusammentreffen?« fragte ich.

»Ja, die Wanderer sprachen französisch.« Es konnte kaum noch einen Zweifel geben, daß Mathias an genau jener Gruppe vorbeigekommen war. Er fuhr fort: »Ich habe nur mit einer von ihnen gesprochen. Sie war die letzte in der Gruppe.«

Ich erinnerte mich an mein Gespräch mit der Kanadierin. Ganz am Schluß war sie hinter den anderen hergegangen. Mathias fuhr fort: »Sie hatte sehr große Augen, das ist mir gleich aufgefallen.«

Mit sinkendem Mut erinnerte ich mich an die ungewöhnlichen Augen der Frau, die sofort die Aufmerksamkeit auf sich zogen. Was Mathias als nächstes sagte, bedeutete, daß es keinen Zweifel mehr geben konnte. »Sie fragte mich, wo ich herkäme, und ich sagte, aus Deutschland.«

Mathias hatte wörtlich das wiederholt, was die Frau mir auch erzählt hatte. Erst da wurde mir klar, wie sehr ich trotz allem immer noch gehofft hatte, es möge James gewesen sein, den die Kanadier gesehen hatten. Ich dankte Mathias für seine Hilfe und dafür, daß er so aufmerksam gewesen war, eine Notiz zurückzulassen. Dann legte ich auf, ganz verzweifelt.

Ich glaube, der Umstand, daß Tim am nächsten Tag abreisen wollte, trug zu meiner Niedergeschlagenheit bei. Tim war der letzte Mensch, von dem wir wußten, daß er James lebendig gesehen hatte. Tim und James hatten das miteinander geteilt, was möglicherweise die letzten Wochen in James' Leben gewesen waren. Ich mußte einfach das Gefühl haben, mich von ihm zu verabschieden sei so, als würde ich mich von einem Teil von James verabschieden.

Joanne: 15. Januar 1992

Früh am Morgen trafen wir im *Downtown*-Gästehaus ein. Tim hatte seine Sachen gepackt und war reisefertig. James' Sachen standen in zwei Taschen bereit. Ich gab Tim die Liste der Fragen, die er Mark stellen sollte. Außerdem bat ich ihn, einen Brief an Calum mit nach Hause zu nehmen. Den Brief hatte ich in der letzten Nacht geschrieben, als ich mich so deprimiert fühlte. Tim sagte, er würde sich bestimmt mit Gaye und meinen Eltern in Verbindung setzen. Auch für sie würde es schwierig sein, Tim allein nach Australien zurückkehren zu sehen: Er und James hätten zusammen wiederkommen sollen.

Wir verabschiedeten uns, und Andrew und ich nahmen James' Gepäck mit in unser Hotelzimmer. Dann gingen wir die Straße hinauf zu *Blue Mountain,* um ein Fax von Dad abzuholen. Wir waren kaum zur Tür hinein, als Tom uns zurief: »Schnell! Geht zur Botschaft! Sie haben Mark Fulton gefunden. Er soll jeden Moment anrufen.«

Andrew und ich liefen zur Botschaft zurück und stürmten an der Rezeption vorbei in Aulis Büro. Tim telefonierte gerade mit

Mark. Auli hatte, unmittelbar nachdem wir gegangen waren, im *Downtown*-Gästehaus angerufen, und Tim war direkt herübergekommen. Jetzt reichte er mir den Hörer.

»Mark«, sagte ich, »hier ist Joanne, James' Schwester.« Wir sprachen etwa vierzig Minuten miteinander. Mark schien sehr überrascht zu hören, daß James nicht wieder aufgetaucht war. Hätte er gewußt, daß die Situation so ernst war, wäre er nie nach Bangkok abgereist.

Mark erzählte mir, er habe James und Tim am 20. Dezember in Chipling getroffen. Er hatte nicht vorgehabt, den Paß zu überqueren, bis James erzählte, er und Tim wollten genau das tun. Mark beschloß, sich ihnen anzuschließen, und gemeinsam würden sie alle drei den Gosainkund-Trail in Angriff nehmen. Ungefähr eine Stunde später war Tim aufgrund der Schmerzen in seinem Bein zur Umkehr gezwungen gewesen. James und Mark gingen weiter und übernachteten am Abend des 20. Dezember in Mangengoth. Dort nächtigte auch ein älterer deutscher Wanderer mit nepalesischen Trägern. Am Morgen hatten die beiden Mangengoth verlassen und waren gegen elf Uhr vormittags in Gopte eingetroffen. Dort hatten sie eine Tasse Tee getrunken, und der Hüttenwirt hatte ihnen erzählt, sie könnten es an jenem Tag noch bis nach Phedi schaffen.

»Gopte liegt oben auf einem Bergkamm. Man kann Phedi von dort aus gerade noch sehen«, erzählte mir Mark. »Wir kletterten bergab, dann wieder hinauf und den Trail am Berghang entlang, um schließlich Phedi zu erreichen.« Dort hatten sie übernachtet.

»Mark«, sagte ich und versuchte, mir meinen Ärger nicht anmerken zu lassen. »Warum hast du Tim erzählt, ihr hättet in Gopte übernachtet?«

Mark stritt das ab. »Ich habe Phedi gesagt. Wir blieben am Fuß des Passes. Das bedeutet Phedi.«

Ich sah Tim an, der die Stirn runzelte und mit den Schultern zuckte. Dann bat ich Mark, Phedi zu beschreiben. Er erzählte mir, der Ort bestehe aus zwei Hütten: einer, wo der Hüttenwirt und die Sherpas übernachteten, und einer für die Wanderer. Der

Hüttenwirt, seine Frau und ihre beiden Kinder hätten sich in Phedi aufgehalten. Der Hüttenwirt sei sehr freundlich gewesen.

»Wir haben mit dem Mann aus Phedi gesprochen«, sagte ich zu Mark. »Er behauptet, er kann sich nicht an euch erinnern.«

»Das kann ich mir kaum vorstellen«, entgegnete Mark. »Wir haben ihm nämlich sein letztes Hühnchen abgekauft. Am nächsten Morgen wollte er weggehen, um unter die Schneegrenze zu gelangen, daher fragten wir ihn, ob wir das Hühnchen kaufen könnten und er es für uns kochen würde. Zweihundert Rupien haben wir dafür bezahlt. Dann haben wir das Huhn alle zusammen zum Abendbrot gegessen.«

Am Morgen des 22. Dezember hatten sie Phedi gegen acht Uhr verlassen, gleichzeitig mit dem Hüttenwirt. Als sie aufbrachen, lag ein wenig Schnee. »Vielleicht gute fünf Zentimeter«, meinte Mark. Während sie wanderten, war der Schneefall dann immer heftiger geworden, bis sich die Sichtweite schließlich auf fünfzig bis hundert Meter verringerte. Sie waren einem Pfad neben einem Flußlauf gefolgt und gelangten an einen Platz, wo etliche Steine lagen. (Mark nahm an, es habe sich um eine Art Ruine gehandelt.) Dort hatten sie den Weg verloren. Sie glaubten, am anderen Flußufer einen Pfad zu erkennen, daher hatten sie den Wasserlauf überquert und waren von dort aus einem anderen Zufluß gefolgt. Zu diesem Zeitpunkt, sagte Mark, seien sie auf der Suche nach dem Trail blind umhergewandert. Nachdem sie dem zweiten Flußlauf ungefähr einen Kilometer weit gefolgt waren, stießen sie auf etwas, das scheinbar eine Felswand war. Daran konnten sie nicht vorbeigelangen, daher gingen sie zurück. Nach ungefähr fünfhundert Metern sagte James zu Mark, er wisse, er könne rechtzeitig zu Weihnachten wieder in Katmandu sein, wenn er sich jetzt zurückwende. Offensichtlich war James sehr daran gelegen, an Heiligabend in Katmandu zu sein, damit er seine Verlobte anrufen könnte. So hatten sie sich getrennt.

James war weiter am Fluß entlanggegangen, und Mark war die nächsten zwei Stunden im Zickzack bis zur Paßhöhe geklettert. Als er den höchsten Punkt erreicht hatte, sah er, daß sie deutlich weiter westlich gewesen waren, als sie hätten sein sollen. Mark klang erstaunlich unbekümmert angesichts des Umstands, daß er im Schnee ziellos auf den Hängen eines Fünftausenders herumgewandert war und versucht hatte, einen Weg zu finden. Es war schier unglaublich, daß er es geschafft hatte. Ich fragte Mark, ob er nicht meine, daß es sehr dumm von ihnen beiden gewesen sei, sich in eine solche Lage zu bringen und sich dann auch noch zu trennen. Ich wollte Mark nicht davon abhalten, uns alle Informationen zu geben, über die er verfügte, aber ich konnte nichts dagegen tun, daß meine Stimme einen ärgerlichen und anklagenden Ton annahm. Mark glaubte nicht, daß sie etwas Dummes getan hätten. Er sagte, alles, was James zu tun gehabt habe, um nach Phedi zu gelangen, sei, dem Fluß abwärts zu folgen. Er hätte nie gedacht, daß James dabei irgendwelche Schwierigkeiten haben könnte. Ganz im Gegenteil hatte er den Eindruck gehabt, daß James sich wegen des Schneetreibens viel zu viele Gedanken machte, und auch wegen der Höhenkrankheit, obwohl er keinerlei Symptome zeigte. Was ihn selbst anging, sagte Mark, habe er nicht aufgeben und lieber den Paß überwinden wollen. Hätte er ihn bis ein Uhr mittags immer noch nicht gefunden, wäre er umgekehrt.

Nachdem er den Paß hinter sich hatte, war das Wetter noch schlechter geworden. Er kam an eine Hütte, möglicherweise in Gosainkund, und stieß dort auf einen Israeli, der in die gleiche Richtung ging, sowie auf zwei Australier, die über den Paß wollten. Der Israeli nannte sich Shai. Mark legte eine kurze Rast ein, um etwas zu essen, und tat sich dann mit Shai zusammen. Sie wanderten weiter nach Shin Gompa, wo sie die Nacht verbrachten. Am nächsten Morgen erreichten sie nach vierstündiger Wanderung Dhunche. Von dort fuhren sie mit einem Lastwagen, der Wollballen transportierte, nach Trisuli Bazaar. Sie hatten in Trisuli übernachtet und waren am nächsten Tag bis nach Katmandu gereist.

Mark hatte überhaupt keine Ahnung, was für ein Glück er gehabt hatte, einen Weg aus den Bergen zu finden. Er bestätigte, James habe weder Streichhölzer noch Nahrungsmittel bei sich gehabt, abgesehen von ein paar Riegeln Schokolade. Er versicherte mir, sie hätten sich in aller Freundschaft getrennt. Ich fragte ihn nach der Information, die meine Eltern mir gegeben hatten. Er stritt ab, mit einem Freund nach Katmandu gereist zu sein, und verneinte auch, daß er seinen Flug von Katmandu nach Bangkok umgebucht habe. Meine Eltern dürften sich jedoch gern jederzeit mit ihm in Verbindung setzen. Er würde am nächsten Tag gegen Mitternacht in Cairns eintreffen. Dann gab er mir seine Telefonnummer und auch die seiner Eltern, außerdem eine Beschreibung, wie er aussah. Schließlich sagte er mir noch, wo er in Bangkok übernachtete.

Ich legte kopfschüttelnd auf. James wurde seit vierundzwanzig Tagen vermißt. Ich mochte gar nicht daran denken, wieviel Geld wir inzwischen in die Suchaktion gesteckt hatten; mit Sicherheit waren es mehr als zehntausend Dollar. Und wir hatten noch nicht einmal die Gegend abgesucht, in der James zuletzt gesehen worden war. Bis jetzt war noch niemand oberhalb von Phedi gewesen. James konnte tot im Schnee liegen, nur fünfzig Meter von der Stelle entfernt, wo er und Mark sich getrennt hatten, und wir würden es nicht wissen.

Tim schüttelte ebenfalls ungläubig den Kopf. Nicht nur, daß es geschneit hatte, als die beiden sich trennten – sie hatten auch überhaupt nicht gewußt, wo sie sich befanden. Er sagte: »Mark hat mir gegenüber nicht die geringste Andeutung gemacht, daß die Dinge so schlimm standen. Er schien das Gefühl zu haben, daß James ohne Schwierigkeiten wieder zurückfinden würde. Ich kann mich nicht einmal daran erinnern, daß er Phedi überhaupt erwähnt hat.«

Ich war wütend und frustriert. Ich bezweifelte nicht, daß Mark die Wahrheit sagte und daß er James nichts angetan hatte. Was mich so erstaunte, war die beiläufige und unbeteiligte Art, die er an den Tag legte. Darin bestand das Problem: Mark machte ganz den Eindruck, daß er keinerlei Vorstellung davon hegte, in welcher Gefahr er sich befunden hatte.

Andrew und ich gingen zurück zu *Blue Mountain,* um diese Informationen nach Hause zu faxen. Die Dinge standen schlecht und immer schlechter. Jetzt wußten wir, daß James auf dem Weg zurück nach Phedi gewesen war, nicht nach Gopte, aber der Hüttenwirt von Phedi behauptete, keine Ahnung zu haben. Ich rief Carl Harrison an. Als ich ihm beschrieb, wo Mark und James sich getrennt hatten, sagte Carl, er glaube, er kenne den Ort. Ingo und er würden ihre Pläne ändern, um zuerst die Gegend zwischen Phedi und dem Paß zu durchkämmen. Maria bot uns etwas zum Mittagessen an, aber ich war viel zu angespannt, um etwas zu mir zu nehmen. Andrew aß ein wenig, und wir gingen zur Botschaft zurück, um darauf zu warten, daß Graeme und der Lama wiederkämen. Ich spürte die Übelkeit erregende Gewißheit, daß sie Neuigkeiten für mich haben würden.

Wir mußten nicht lange warten. Auli hatte sich auf eine Tasse Tee zu uns gesetzt, als wir das Telefon klingeln hörten und GK, der Erste Sekretär der Botschaft, erschien. »Entschuldigung«, sagte er, »der Anruf kam von einem Freund von mir aus dem Dorf Banepa. Jemand ist im Wald in der Nähe gesehen worden. Ein großer rothaariger Mann in einem weißen T-Shirt soll unter den Bäumen in der Nähe einer Quelle geschlafen haben. Als ein paar Kinder ihn weckten, sprang er auf und lief in den Wald.«

Ich setzte mich abrupt auf, mein Herz schlug wie wild. »GK, wo ist Banepa?«

Die Karte zeigte, daß Banepa ein kleines Dorf östlich und ein wenig südlich von Katmandu war, nicht mehr als ein oder zwei Stunden Fahrt entfernt. Und Banepa lag an einer Straße von Katmandu nach Helambu, die James hätte erreichen können.

Ich war erschüttert. »Aber – meine Güte! Im Wald zu schlafen und vor Leuten wegzulaufen – in was für einer Verfassung befindet James sich denn? Jemand muß da sofort hinfahren!« Auli kümmerte sich darum, daß GK mit Andrew losfahren konnte. Ich befand mich in einem Zwiespalt: Einerseits wollte ich nach Banepa hinausfahren, andererseits hatte ich das Gefühl, ich sollte auf den Hubschrauber warten. Außerdem empfand ich auch Angst: Sollte das James gewesen sein, war ich mir nicht sicher, daß ich es aushalten würde, ihn so geistig verwirrt zu sehen.

Als die beiden Männer losgefahren waren, sank ich wie betäubt in einen Stuhl. Wie immer gab es nichts anderes zu tun, als zu warten. Ich zitterte, und mein Herz schlug heftig. Ich bemühte mich, ruhiger zu werden.

»Auli«, sagte ich, »meine Eltern dürfen auf gar keinen Fall erfahren, daß dieser Mann gesehen worden ist. Ich kann ihnen eine solche Unsicherheit nicht noch einmal zumuten.«

Graeme kehrte kurz vor vier Uhr zurück. Er hatte keine weiteren Neuigkeiten. Den Chinia Lama einzusetzen hatte sich als ausgezeichnete Idee erwiesen. Der Respekt, der dem Mann entgegengebracht wurde, war enorm. Alle Dorfbewohner waren gekommen, um ihn zu begrüßen, und dann hatten sie den ganzen Tag gegessen und getrunken.

»Ich weiß jetzt schon, daß ich morgen Verdauungsprobleme haben werde«, sagte Graeme. Wie versprochen, hatte der Lama fünfzehn Leute zu unserer Unterstützung angeworben, die herumgehen und alle Leute in den Dörfern der Region fragen sollten, ob sie etwas wüßten. Graeme schien zuversichtlich: Wenn es etwas Neues zu erfahren gäbe, würden wir es auf diese Weise herausbringen. Unglücklicherweise konnte der Hubschrauber wegen des schlechten Wetters nicht in Talu landen. So hatte der Lama nicht selbst mit dem Hüttenwirt gesprochen, aber seine Abgesandten sollten das für ihn tun. Graeme sagte, der Chinia Lama habe einen Läufer beauftragt, ihn sofort in Boudha zu benachrichtigen, sollte es Neuigkeiten geben. Die rekrutierten Dorbewohner würden fünf Tage unterwegs sein. Graeme sagte auch, Colonel Pun sei schon in den meisten Dörfern gewesen. Die Poster mit der neuen Belohnungssumme hingen überall, ebenso die Fotos von James.

Das Funkgerät erwachte knackend zum Leben. Es war GK. Seine Stimme klang stark verzerrt und war kaum zu verstehen. Es hatte ganz den Anschein, als sei tatsächlich jemand gesehen worden, daher fuhren sie noch weiter. Andrew kam ans Gerät.

»Ja, hör mal, ich glaube wirklich nicht, daß das hier James gewesen ist. Die reden alle gleichzeitig auf uns ein.« Dennoch war auch er der Ansicht, sie sollten bis ins nächste Dorf weiterfahren.

Und ich hegte immer noch die Hoffnung, der Mann im Wald könne James gewesen sein.

»Möchtest du eine Tasse Tee?« fragte Auli.

»Ich brauch' etwas Stärkeres«, entgegnete ich nur halb im Scherz. Sie organisierte Rum. Als GK und Andrew sich wieder bei uns meldeten, war ich ungefähr beim dritten Glas. Es war nach fünf Uhr, und sie befanden sich auf dem Rückweg.

Ich fühlte mich deutlich entspannt. Den ganzen Tag lang hatte ich nichts gegessen, und der Rum versetzte mich in eine angenehme, lockere Stimmung. Es war ein harter Tag gewesen. Wir hatten die vernichtende Nachricht erhalten, daß wir die letzten vierundzwanzig Tage am falschen Ort gesucht hatten; ich hatte damit gerechnet, daß Graeme mir erzählen würde, sie brächten James' Leichnam zurück; und dann hatte ich gehört, James hocke irgendwo in einem Wald. Mir war elend von all der Anspannung, ich war müde, und ich beschloß, die einzig angemessene Handlungsweise sei, ein paar Drinks zu nehmen und alles eine Weile zu vergessen. Ich bat Graeme, bei *Himalayan Adventures* anzurufen und ein paar Männer anzuheuern, die morgen nach Banepa hinausfahren sollten. Er sagte, das würde er tun. Auli und Graeme schlugen vor, wir sollten an einem anderen Ort warten, aber ich fühlte mich hier ganz wohl. Als ihr Arbeitstag beendet war, tranken sie ein Glas mit mir.

Andrew und GK kehrten um sieben Uhr zurück. Andrew war überzeugt davon, daß der Mann im Wald nicht James gewesen war. Sie hatten nicht herausfinden können, wer den Mann gesehen hatte und was tatsächlich vorgefallen war. Das ganze Dorf hatte sich bei ihrer Ankunft um den Wagen versammelt, und, eifrig darauf bedacht zu helfen, hatten alle gleichzeitig geredet. Jeder wollte seine Geschichte erzählen, und niemand wußte etwas Genaues. Morgen würden wir einen Suchtrupp ausschicken.

Auli bat uns, zum Abendessen zu bleiben. Tom und Maria, die vom dramatischen Verlauf des Tages gehört hatten, stießen ebenfalls zu uns. Beim Essen tranken wir Wein. Inzwischen war ich reichlich angeheitert. An das Essen selbst kann ich mich nicht gut erinnern, aber Andrew informierte mich, ich hätte mir riesige

Mengen aufgefüllt, die ich dann auf dem Teller herumschob, ohne davon zu essen. Alle warteten höflich darauf, daß ich fertig würde. Dem Wein sprach ich jedoch kräftig zu, und plötzlich wurde mir klar, daß ich ganz schnell verschwinden mußte. Ich griff nach Andrews Arm und sagte in einem Ton, von dem ich hoffte, daß er ein Flüstern war: »Ich muß hier raus. Kommst du bitte mit? Ich weiß nicht, ob ich es bis zur Tür schaffe.«

Was für ein guter Freund! Andrew half mir hinaus in die kalte Nachtluft. Eine Minute lang stand ich neben Toms Jeep, unsicher, was ich als nächstes tun sollte. Tom kam zu unserer Rettung. Ich hatte meine Jacke und meinen allgegenwärtigen Rucksack drinnen auf dem Boden liegenlassen. Er trug beides nach draußen und fuhr uns zum Hotel zurück. Mit seiner und Andrews Hilfe schaffte ich es auf Zimmer 427 und wankte direkt ins Bad, wo ich mich fürchterlich übergeben mußte. Als ich herauskam, ging es mir etwas besser. Tom und Andrew sahen besorgt zu, wie ich ins Bett kroch.

James: 15. Januar 1992

Am Himmel stand ein prächtiger Vollmond. Daneben verblaßten sogar die Sterne. Es war wirklich ein fantastischer Anblick: eine kristallklare Nacht, eisig kalt, aber doch so schön anzusehen, daß ich meinen Kopf herausstrecken mußte. Nach dem Mond zu urteilen, mußten fast vier Wochen vergangen sein, seit ich eingeschneit war. Am 6. Januar hatte ich aufgehört, die Tage zu zählen.

Jener Tag war für mich schwierig zu bewältigen gewesen. Bis dahin hatte ich mich so weit wie möglich von der Trauer und der Sorge distanziert, die meine Lieben zu Hause in Australien erleiden mußten. Der 6. Januar war jedoch der Tag, an dem Gaye das erste Mal wieder zur Arbeit gehen sollte. In der zweiten Hälfte des letzten Jahres war es ihr nicht besonders gut gegangen, und das lag größtenteils an mir. Im März hatte ich Pfeiffersches Drüsenfieber gehabt, und der gleiche Virus brach bei Gaye sehr viel ernster im Oktober aus. Der Arzt hatte sie für mehrere

Wochen krank geschrieben, aber als sie dann versuchte, ihre Arbeit wieder aufzunehmen, kam sie mit dem flauen Gefühl im Magen und der Müdigkeit immer noch nicht zurecht. Ihr Chef schlug daher vor, sie solle noch länger zu Hause bleiben und sich erst ganz erholen. Das war Anfang November.

So hatten wir mehr Zeit füreinander, bevor ich nach Nepal abreiste. In jenen drei Wochen waren wir in jeder freien Minute zusammen und kamen uns näher als je zuvor. Ich konnte mich noch gut daran erinnern, wie aufgelöst Gaye am Flughafen war. Trotzdem war ich nach Nepal gereist und befand mich jetzt in einer katastrophalen Lage ohne reelle Chance, je hier herauszukommen. Was für ein großartiger Verlobter war ich doch gewesen! Gaye wäre sehr viel besser dran gewesen, wenn sie mich nie kennengelernt hätte.

Am 6. Januar betete ich tagsüber besonders intensiv, daß Gaye wieder ihre Arbeit aufnehmen möge. Meine eigenen Aussichten hatten sich an jenem Tag verschlechtert. Um Mittag herum wurden die Wolken, die über dem südlichen Ende des Tales hingen, bergaufwärts geblasen, und kurz darauf war meine Talseite vom Schneefall eingehüllt. Normalerweise bin ich nicht abergläubisch, aber ich mußte doch denken, daß dieser Wetterumschwung an dem Tag, als Gaye wieder zur Arbeit gehen sollte, ein schlechtes Vorzeichen war. Ich grübelte länger darüber nach und kam zu dem logischeren Schluß, daß ich Glück gehabt hatte, fünf Tage lang gutes Wetter zu erleben. Angesichts der frostigen Temperaturen im Tal schien es kein Wunder, daß es erneut anfing zu schneien.

Während ich zusah, wie die schweren Schneeflocken eine weiße Pulverschicht bildeten, überlegte ich, wie schnell doch all die gute Arbeit der Sonne ungeschehen gemacht wurde. Ich versuchte, positiv zu denken und mir zu sagen, daß jene fünf Tage Sonnenschein nicht völlig umsonst gewesen waren. Schließlich hatte ich meine Kleider trocknen können, und jetzt ging es mir sehr viel besser. Ich war auch hinüber zu der Anhöhe gegangen und hatte die Weite des Tales überblickt. So hatte ich mich noch einmal versichert, daß ich nicht aus reiner Faulheit hier gefangen saß: Es war physisch unmöglich zu entkommen. Die Sonne hatte mich aufgemuntert und meinem Wunsch Kraft gegeben, unter allen Umständen durchzuhalten.

Doch eine der wichtigsten Entdeckungen, die ich während jener Sonnentage gemacht hatte, war die, wie ich Wasser gewinnen konnte, ohne den Schnee oder das Eis in meinem Mund schmelzen zu lassen. Am Morgen, wenn ich Schnee in meinen Schlafsackbeutel sammelte, stopfte ich ihn ganz fest hinein, damit so viel wie möglich hineinpaßte. Manchmal nahm ich große Klumpen eiskalten Schnees und preßte ihn zusammen, damit er möglichst wenig Platz einnahm. So formte ich harte, kompakte Eisbälle. Gelegentlich machte ich zu viele und ließ sie dann bis zu meiner Sammelaktion am Nachmittag im Schnee liegen. An einem der klaren Tage waren mehrere dieser Schneebälle der Sonne ausgesetzt gewesen. Als ich am Nachmittag zurückkehrte, fiel mir auf, daß sie überhaupt nicht kleiner geworden waren. Als ich einen aufhob, floß unten Wasser heraus. Sofort hielt ich den Ball in die Höhe, um das lindernde Naß auf meine trockene Zunge tröpfeln zu lassen. Ich biß in den Schneeball hinein und war überrascht, wie feucht er sich anfühlte. Dann setzte ich ihn an die Lippen und saugte eine überaus befriedigende Menge Wasser daraus hervor. Ich lutschte aus jedem nur denkbaren Winkel an dem Ball und trank jeden einzelnen Tropfen. Hier stand mir eine leicht zugängliche Wasserquelle zur Verfügung, ohne daß ich festen, eisigen Schnee im Mund halten mußte, bis er geschmolzen war. Der Geschmack klaren Wassers war so gut, verglichen mit dem Schnee! Durch reinen Zufall hatte ich herausgefunden, wie ich klares Wasser bekommen konnte, frei von Erde und Schmutz, die sich immer mit den Tropfen vermischten, die vom Fels herabfielen.

Von jenem Tag an änderte sich meine morgendliche Routine. Jetzt stellte ich eine Reihe steinharter Schneebälle her, von denen ich einige in den Beutel tat. Einen zweiten Berg baute ich so auf, daß er recht früh am Tag die Sonne einfing. Unter Verwendung der Schneebälle in meinem Schlafsackbeutel konnte ich bis Mittag den Schnee in meinem Mund schmelzen. Dann waren die

Jeden Morgen ließ ich ein paar Schneebälle in der Sonne tauen. Das Wasser, das sie gaben, war ein Genuß, auf den ich mich stundenlang freute.

anderen Schneebälle reif zum Aussaugen. Erst wenn ich sie völlig leergesogen hatte, tat ich sie für später in den Sack.

Auf das Ende des Tages freute ich mich immer besonders. Jene riesigen Schneebälle, die auf mich warteten, maßen vielleicht zwanzig Zentimeter im Durchmesser und waren ein Kilogramm schwer, tropfnaß von Wasser. Am späten Nachmittag davon zu trinken wurde regelrecht zu einer Art Sucht. Das besänftigende Rieseln meine trockene Kehle hinunter war einer der wenigen Höhepunkte des Tages, und meine Gedanken wandten sich schon Stunden im voraus dieser Freude zu.

Als die Wolken und der Schnee zurückkehrten, war jenes Ritual am Nachmittag häufig eine herbe Enttäuschung. Bei Temperaturen unter dem Gefrierpunkt fand ich nach Stunden freudiger Erwartung oft nur harte Eisbälle vor, die überhaupt nicht angetaut waren.

Die Wetterveränderung kündigte sich äußerst dramatisch an. Am Abend des 6. Januar schien die Dunkelheit tiefer denn je aufgrund der Dichte des Schneefalls und der Wolken. Dann nahm der Wind zu, und ich sah Lichtblitze in der Ferne. Das sanfte Grollen des Donners war zunächst kaum zu hören. Nach und nach wurden die Blitze immer heller, und das Grollen verstärkte sich. Innerhalb weniger Stunden begann der Wind um die Felsen zu heulen und den Schnee in alle Richtungen zu blasen. Ich streckte den Kopf aus dem Schlafsack heraus und sah voller Staunen und Angst zu – Angst um meine eigene Sicherheit, weil der Schnee jetzt auch unter den Überhang geweht wurde und meinen Schlafplatz bedeckte. In völliger Dunkelheit tastete ich herum und sammelte alle Bücher, Briefe, Schuhe und Kleider zusammen, die bereits von einer dünnen Schneeschicht bedeckt waren. Dann lag ich zusammengekauert an der Rückwand meines Unterschlupfs und sah zu, wie gelegentlich eine Schneeflocke auf meinen Schlafsack fiel. Doch im großen und ganzen blieben noch ungefähr fünfzehn trockene Zentimeter Boden zwischen mir und dem Schnee.

In den frühen Morgenstunden beruhigte sich der Wind. Als ich später erwachte, war es taghell. Noch immer schneite es stark.

Mein Platz unter dem Felsen war größtenteils weiß, aber es wurde kein weiterer Schnee unter den Überhang geweht. Ich stand auf, und mit Hilfe meiner Haarbürste fegte ich so viel weiße Flocken von meiner Lagerstatt, wie ich nur konnte. Der trockene Platz war jetzt insgesamt kleiner, aber ausreichend. Es sollte eine ganze Woche dauern, bis mein Unterschlupf wieder völlig schneefrei war.

Die schweren Schneefälle hielten mehrere Tage lang an. Dabei schien sich ein gewisses Muster herauszukristallisieren. Jeden Morgen, wenn ich erwachte, fand ich den Himmel klar, und die Sonne schien hell gegen die Bergwand auf der anderen Talseite. Im Süden, das Tal hinunter, konnte ich die Wolken und den Nebel sehen, die nur darauf warteten, auf mich zuzukriechen. Immer wieder hoffte ich, sie würden mich in Ruhe meine Nachmittagssonne genießen lassen, aber das geschah nur sehr selten. Wenn die ersten Sonnenstrahlen die Wipfel der nahegelegenen Bäume berührten, hatten sich die Wolken auf ihrem Weg nach oben schleichend weiter vorgeschoben. Es war immer wieder spannend zu verfolgen, welche gewann. Mal war es die eine, mal die andere, aber die Wolkenwand insgesamt kam unvermeidlich. Wenn ich je das Glück direkten Sonnenscheins empfand, dann nur für sehr kurze Zeit. Und die Schneefälle stellten sicher, daß ich weiter in meinem Gefängnis gefangen blieb.

Da meine Kleider ja mittlerweile trocken waren, konnte ich die Kälte jetzt sehr viel besser ertragen. Meist schlief ich tagsüber einige Zeit, und auch bei Nacht konnte ich nun mehrere Stunden schlafen, was mir half, die lange, dunkle Zeit schneller verstreichen zu lassen. Schlafen war wirklich das Schönste am ganzen Tag, sogar noch schöner als die Freude an den Schneebällen voll Wasser. Meine Träume waren so real, daß ich es, wenn ich erwachte, kaum fassen konnte, mich in dieser eisigen Landschaft wiederzufinden. Die Träume von meiner Familie und von den Freunden, vom guten Essen und von unserem Zuhause erfüllten mich mit einer solchen Begeisterung, daß ich mich immer auf das Einschlafen freute.

Der Bär hatte mich vier oder fünf Tage nach seinem ersten Erscheinen wieder verlassen. Ich kam zu dem Schluß, daß ihm ebenfalls kalt gewesen war, oder aber er hatte Hunger gehabt, vielleicht sogar beides, und jetzt hatte er sich aufgemacht, eine freundlichere Umgebung zu suchen. Auf eine morbide Art vermißte ich ihn. Zwar waren seine Schreie schrecklich gewesen, doch hatten sie die Monotonie der Nächte durchbrochen.

Der Bär wurde durch zwei andere Besucher ersetzt. Eines Tages, als ich in meinem Schlafsack lag und zum vierten Mal *Große Erwartungen* las, hörte ich über mir das Schlagen von Flügeln und erblickte zwei große schwarze Vögel auf einem Zweig der Tanne vor meinem Überhang. Sie hatten nichts von der zierlichen Schönheit der kleineren Vögel, die mir Gesellschaft leisteten. Sie waren schwarz und häßlich und schienen ebenso hungrig wie ich. Ihre glänzenden Augen starrten mich an. »An meinem Leichnam wird kein Vogel herumpicken«, dachte ich und wand mich aus dem Schlafsack, um sie zu verjagen. Kaum hatte ich mich zu Boden gebeugt, um einen Stein aufzuheben, flogen sie davon und krächzten spöttisch. Beinahe jeden Tag kamen sie wieder; ganz offensichtlich verfolgten sie interessiert meinen Niedergang.

Eines Tages beschloß ich, mich totzustellen und zu sehen, was passieren würde. Als ich hörte, wie sie sich krächzend näherten, streckte ich mich lang hin, schloß die Augen und breitete die Arme aus. Ich versuchte sogar, möglichst flach zu atmen. Minuten verstrichen. Ich wollte schon aufgeben, als einer der Vögel auf meinen Schlafplatz heruntergehüpft kam. Ich wartete geduldig, die Augen immer noch geschlossen, und versuchte zu spüren, wo er war. Befand er sich schon in Reichweite? Konnte ich ihn ergreifen? Die Zeit verging noch langsamer. Ich hörte das gelegentliche Schlurfen und Hüpfen, begleitet von einem Flügelschlagen. Dabei fragte ich mich, ob ich warten solle, bis er nach mir hackte, ehe ich zupackte. Schließlich schien das Rascheln der Flügel so nah, daß die Kreatur sich wirklich in Reichweite meines Arms befinden mußte.

Ich lag völlig entspannt da und konzentrierte meine Gedanken einzig und allein darauf, diesen Vogel zu fangen. Es war, als sollte ich gegen jemanden kämpfen. Erst mußte ich hinsehen, die Entfernung einschätzen, und dann am schwächsten Punkt angreifen. Aus einem Zustand völliger Entspannung wandte ich blitzschnell den Kopf, fixierte den Vogel und griff mit meiner linken Hand nach seiner Kehle. Aber er war noch schneller. Bevor ich den Arm ganz ausstrecken konnte, war er schon in der Luft. Wieder hatte ich die Chance verpaßt, mir Nahrung zu gewinnen, aber ich empfand einige Befriedigung beim Gedanken an den Überraschungsangriff, den ich ausgeführt hatte. Immerhin mußte ich das Tier in Angst versetzt haben.

Es dauerte mehrere Tage, ehe die beiden schwarzen Gesellen zurückkehrten, aber danach kamen sie häufig. Sie waren vorsichtiger und blieben nie lange, gerade lange genug, um beurteilen zu können, daß ich noch am Leben war.

Mein Hungergefühl hatte inzwischen merklich nachgelassen. Ich verspürte keine schmerzhaften Krämpfe mehr. Auch kreisten meine Gedanken nicht mehr ständig und verzweifelt um die Nahrungsaufnahme. Mir war aufgefallen, wie eigentümlich die Reihenfolge der verschiedenen Begierden gewesen war. Als erstes hatte das Weihnachtsmahl meine Gedanken beherrscht. *Kentucky Fried Chicken* war an seine Stelle getreten, als es Zeit für mich gewesen wäre, nach Bangkok zu fliegen. Kurz darauf wurden die Gedanken an knusprig gegrillte Hähnchen von der Erinnerung an das Kantinenessen im Krankenhaus abgelöst. Und als nächstes meldete sich das heftige Verlangen nach frischem Obst und Gemüse. Vielleicht hing das unmittelbar mit dem Vitaminmangel zusammen, der meinem Körper zu schaffen machte. Der Gedanke an einen Krug, gefüllt mit frischem Fruchtsaft, ließ mir das Wasser im Mund zusammenlaufen.

Das Schmachten nach frischem Obst hielt recht lange an. Es erinnerte mich daran, wie Andrew und ich in einem Obstladen gearbeitet hatten. In der sommerlichen Hitze in Brisbane schlichen wir uns immer wieder in die Kühlkammer und schaufelten ganze Hände voll Weintrauben in unsere Münder, den süßen Fruchtgeschmack genießend. Schließlich ließ auch das Verlangen nach Obst nach, und alles, was ich mir wünschte, war ein

Glas Wasser. Der tosende Flußlauf irgendwo weit unter mir vergrößerte meinen Durst. Manchmal fühlte ich mich versucht, mir einen Weg hinunter an seine Ufer zu erkämpfen, einfach damit ich das frisch dahinströmende Wasser trinken könnte. Aber ich wußte, dies wäre wahnsinnig und selbstmörderisch.

Als ich eines Tages meine Schneebälle einsammelte, sah ich überrascht auf einem davon eine Raupe sitzen. Nie hatte ich hier Insekten oder Spinnentiere gesehen. Die Raupe war vielleicht drei oder vier Zentimeter lang und hatte eine glatte grüne Haut. Sie war enttäuschend mager, nicht wie die fetten, saftigen Maden, die ich zu Hause oft gesehen hatte. Dennoch aß ich sie, ohne eine Sekunde darüber nachzudenken, kostete das winzige bißchen Eiweiß, das sie mir brachte. Die Raupe schmeckte nach nichts Besonderem, war einfach nur eine weiche, zähe Masse, die ich zerkaute. Ich saugte an einem Schneeball und spülte sie hinunter.

In den ersten fünfzehn Tagen hatte ich die stärkste Gewichtsabnahme bemerkt. Jetzt konnte ich mit Leichtigkeit meine Rippen zählen, und meine Bauchmuskeln traten sichtbar hervor. Die Muskulatur meiner Arme, meiner Beine, meines Rückens und meiner Brust war zunächst erheblich zurückgegangen, so daß ich sehr mager aussah und mich auch so fühlte. Die Kordel an meiner Hose mußte ich alle paar Tage enger stellen, und mein Skianorak, der mir einst gut gepaßt hatte, schlotterte jetzt um meine geschrumpften Schultern.

Doch genau wie das Schwinden meiner Muskeln hatte sich das Wachstum meines Bartes und meiner Nägel nach und nach verlangsamt. Mein Körper sparte Energie. Sein Stoffwechsel mußte sich drastisch verringert haben, seit ich mich verirrt hatte. Zwar verlor ich noch immer an Gewicht, doch meine Muskeln schienen sich nicht mehr mit der gleichen alarmierenden Geschwindigkeit abzubauen wie zuvor.

Fast einen Monat lang hatte ich mich nicht mehr gewaschen. Ich konnte nichts daran ändern, allenfalls meine Hände sauberhalten, und es hatte keinen Sinn, mir deswegen Gedanken zu machen. Meine Nase und mein Mund hatten mehrfach geblutet, und ich wußte, daß klumpiges Blut in dem schmutzigen Haar hing, das mein Gesicht bedeckte. Wenn ich außerdem an den Schleim dachte, der mir regelmäßig aus der Nase lief, schien es mir eine Erleichterung, daß ich keinen Spiegel besaß.

Ich hatte eine Erkältung mit Halsschmerzen gehabt, die mich gleich vor zwei Probleme stellte. Als ich mir die Nase putzte, konnte ich sie nicht frei bekommen, und so hatte ich angefangen, unter Zuhilfenahme von Toilettenpapier daran herumzupulen. Prompt fing sie an zu bluten. Schlimmer noch bedeutete die verstopfte Nase, daß ich die kalte Nachtluft durch den Mund einatmen mußte, der daraufhin trocken und rissig wurde. Der unangenehme, salzige Geschmack nach Blut, das aus den Eiterbeulen in der Schleimhaut hervorsickerte, war übelkeiterregend, und ich tastete im Dunkeln nach meinem Schlafsackbeutel mit den Schneebällen. Ich versuchte, den Schnee in meinem Mund schmelzen zu lassen, was jedoch das Ganze noch verschlimmerte und mir das Gaumendach verbrannte.

Zur Behandlung der Geschwüre in meinem Mund besaß ich ein Lokalanästhetikum. Zuerst hatte ich die Flüssigkeit einfach nur auf die Stellen getupft, die am meisten schmerzten. Überraschenderweise brachte das nicht nur erhebliche Erleichterung, sondern es schmeckte auch gut. Der scharfe Beigeschmack stand in deutlichem Kontrast zum wäßrigen Schnee und Eis. Ich bin sicher, wäre ich wohlgenährt gewesen, hätte die Flüssigkeit keinen besonderen Eindruck hinterlassen, aber die Art und Weise, wie sie jetzt meine Geschmacksnerven stimulierte, ließ mich Hunger nach mehr empfinden. Ich begann das Medikament häufiger zu benutzen. Auch wenn mein Mund dadurch taub wurde, wandte ich die Flüssigkeit allein wegen ihres Geschmacks an. Je mehr Tage vergingen, desto mehr Eiterbeulen und Risse traten auf. Es dauerte nicht lange, und die kleine Flasche war leer. Ich füllte sie mit Schnee nach und verwahrte sie in meinem Schlafsack, um ihn zu schmelzen. Die verdünnte Mischung half noch immer ein wenig, aber ich entwickelte mehr und mehr Geschwüre, die immer länger brauchten, um zu heilen.

Ich sah meine Erste-Hilfe-Apotheke durch, ob sie noch etwas anderes bot, das mir helfen könnte. Ich besaß verschiedene Antibiotika sowie Mittel gegen Durchfall und Brechreiz. Ich probierte jedes von ihnen. Das einzig wohlschmeckende war Imodium, ein Mittel gegen Durchfall. Es hatte eine zähe, gelatineartige Konsistenz. Vermutlich war es nicht klug, zu viel davon zu essen. Ich hatte noch nicht einmal die Hälfte meiner siebzig Tage herum, daher beschränkte ich mich auf eine Kapsel pro Tag und freute mich darauf wie ein Kind, dem man einen Bonbon versprochen hat.

Seit dem zweiten Morgen unter meinem Felsüberhang hatten sich meine Gedärme nicht gerührt, und das Imodium würde vermutlich nicht gerade zu einer Veränderung dieser Lage beitragen. Durch die immer dünner werdende Wand meines Bauches konnte ich die angesammelten Fäkalien fühlen. Alles in allem war ich ganz froh darüber, daß ich keinen Drang verspürte, auf die Toilette zu gehen, weil ich mir nicht sicher war, ob ich die Kraft aufbringen könnte zu hocken.

Meine Füße waren ein weiteres Problem. Von mehreren Paar trockener Socken gemütlich warmgehalten, fingen sie an aufzutauen. Zunächst wickelte ich sogar meinen Skianorak um das untere Ende meines Schlafsacks, was die Wirkung noch verstärkte. Je wärmer meine Füße wurden, desto mehr verlor sich die bläuliche Färbung. Statt dessen trat ein stechender Schmerz auf, der mich Tag und Nacht am Schlafen hinderte. Ich nahm an, er würde nur ein paar Tage andauern, aber seine Intensität schien immer weiter zuzunehmen. Schließlich tat ich den Skianorak beiseite und zog die Socken aus, damit meine Füße wieder taub würden. Tagsüber jonglierte ich mit den Socken herum und versuchte, zwischen Schmerz und möglichem Schaden ein Gleichgewicht herzustellen. Ich ging wieder dazu über, nur ein Paar dicke Socken zu tragen, die gerade genug Wärme gaben, um den völligen Gefühlsverlust zu verhindern.

Das Leben war in mancher Hinsicht recht schwierig geworden. Immerhin litt ich nicht mehr so sehr unter der Kälte, und auch der Hunger hatte erheblich nachgelassen. Ich mußte an andere Menschen denken, deren Schicksal sehr viel schlimmer war, beispielsweise an Soldaten, die in Kriegsgefangenschaft gerieten.

Über Kälte und Hunger hinaus mußten sie brutale Behandlung und Erniedrigung erdulden. Ich rief mir immer wieder in Erinnerung, daß die Dinge noch sehr viel schlechter stehen könnten, und zählte mir die wenigen Freuden auf, die ich hatte. Allein das Ziel, siebzig Tage lang durchzuhalten, machte das Herzstück meines Überlebenswillens aus – und wenn ich auf Händen und Knien hier herauskriechen sollte. Ich hatte so viel, wofür es lohnte zu leben, so viele Menschen, die ich so sehr liebte. Ich war fest entschlossen, mir meinen Weg zurück Stückchen für Stückchen zu erkämpfen.

Joanne: 16. Januar 1992

Am Morgen des 16. Januar, eines Donnerstags, fühlte ich mich sehr viel besser, als ich es möglicherweise verdiente.

Nach dem Frühstück trafen wir uns mit Carl und Ingo in der Hotelhalle. Beide waren wie wir der Ansicht, daß die wichtigste Gegend, die jetzt durchsucht werden mußte, zwischen Phedi und dem Paß lag, wo James und Mark sich tatsächlich getrennt hatten. Sie waren überrascht, daß Mark angenommen hatte, James würde keine Schwierigkeiten haben, den Rückweg zu finden. Nach Ingos Aussagen gab es sehr viele Flußläufe, und es war entsprechend leicht, sich zu verirren. Mit Interesse vermerkte Ingo, daß Mark und James die Nacht in Phedi verbracht hatten. »Ah! Siehst du, ich habe dir doch gesagt, daß ich skeptisch war, als ich hörte, was der Hüttenwirt aus Phedi uns erzählt hat.« Ich berichtete, daß Mark erwähnt hatte, sie hätten das letzte Hühnchen des Mannes gekauft.

Angesichts dieser neuen Informationen beschlossen Carl und Ingo, es sei nicht klug, über Dhunche hinaufzugehen. Sollte es weiter schneien, könnte es sich als unmöglich erweisen, den Paß zu überqueren. Näherten sie sich hingegen von Phedi her, konnten sie wenigstens sicher sein, den Ort zu erreichen, wo Mark und James sich getrennt hatten. Sie beschlossen, nach Melamchi Pul Bazaar zu fahren, dem östlichen Ausgangspunkt des Helambu-

Treks. Dort hörte die Straße auf. Dann würden sie nach Tarke Ghyang wandern und weiter nach Gopte und Phedi. Ingo streckte den Arm über den Tisch.

»Wenn wir dieser Route hier folgen«, sagte er und zeigte auf einen Pfad auf der Karte, »kommen wir hier an einen Trail, der bisher von niemandem abgesucht worden ist.« Der Weg, auf den er deutete, verlief zwischen Mangengoth und Mahankal. Er sah aus wie eine Abkürzung zwischen dem westlichen und dem östlichen Arm des Helambu-Treks.

»Seht ihr«, fuhr er fort, »wenn man auf die Karte guckt, würde man denken, es gibt eine Straße nach Mahankal.« Er hatte recht. Der Karte zufolge führte die Straße, der Carl und Ingo noch am gleichen Tag folgen sollten, um Melamchi Pul Bazaar zu erreichen, weiter nach Mahankal. »Wir wissen, daß hier keine Autos fahren können, aber vielleicht ist dein Bruder nach Mangengoth abgestiegen und hat gedacht, er geht die Abkürzung und läßt sich von Mahankal aus mitnehmen.« Das war möglich, wenn James es über Gopte hinaus geschafft hatte. Ein Teil der Suchmannschaft würde diesem Weg folgen, um sicherzugehen. Ich überreichte Carl mehrere Meter orange- und rosafarbenen Stoff, damit sie den Hubschraubern von Colonel Pun im Falle eines Falles ein Signal geben könnten.

Kurz nach halb zehn trafen wir in der Botschaft ein. Graeme hatte schon fünf Männer von *Himalayan Adventures* nach Banepa geschickt, um das Dorf und die nähere Umgebung abzusuchen. »Ich finde, wir sollten noch mehr Leute dorthin schicken«, sagte ich. Carl hatte mir den Namen einer Firma gegeben, wo er üblicherweise seine Führer anheuerte.

Colonel Pun rief an und teilte mit, er sei in vielen Dörfern gelandet und habe Plakate verteilt, doch es gäbe keine Neuigkeiten. Um in Gosainkund zu landen, sei es zu windig gewesen, aber er würde es später am Tag noch einmal versuchen.

Ein Fax von meiner Mutter traf ein. Darin stand, daß Mark Fulton nicht an Bord seiner Maschine nach Australien gewesen sei. Die australische Botschaft in Bangkok würde versuchen herauszufinden, was Mark nun vorhabe. Ich war völlig überrascht. Immerhin hatte ich Mark erzählt, daß Noel Ryan möglicherweise am Flughafen von Cairns warten würde, um sich mit ihm zu treffen. Vielleicht hatte ihn das abgeschreckt? Aber er hatte am Telefon so kooperativ geklungen … Was für ein Spiel spielte er mit uns?

Acht Leute von der Firma *Tashi Taki Trekking* trafen ein. Wir händigten ihnen Bündel von Schwarzweißfotografien und Plakate aus, erzählten ihnen, was wir wußten, und zeigten ihnen, wohin sie gehen sollten. Mit ihrer Hilfe konnten wir einen großen, kreisförmigen Bereich um den Punkt abdecken, wo der Mann im Wald gesehen worden war. Ich bat die Männer, noch an diesem Nachmittag nach Banepa zu fahren, dort zu übernachten und morgen den ganzen Tag lang zu suchen. Wie immer erklärte ich ihnen, wie ausgesprochen wichtig es war, daß James gefunden wurde. »Sie müssen mit jedermann sprechen, den Sie treffen«, sagte ich.

Wir tranken schnell eine Tasse Tee mit Graeme, als über das Funkgerät eine Nachricht kam. Sie stammte von der Hubschrauberstaffel am Flughafen. Colonel Pun befand sich auf dem Rückweg von Gopte und wollte, daß jemand von der Botschaft so schnell wie möglich zum Flughafen käme. Er hatte gesagt, es sei sehr dringend. Eine Welle der Angst schlug über mir zusammen.

»Warum?« fragte ich.

Graeme zog bereits seine Jacke an. »Ich weiß es nicht.«

»Sie haben seine Leiche gefunden, nicht wahr?« Ich zitterte völlig unkontrolliert.

»Ich weiß es nicht«, wiederholte Graeme.

»Was sonst kann der Grund sein? Sag es mir doch! Was sonst kann dahinter stecken?« Ich schrie fast. Es war das einzige Mal, daß ich erlebte, wie Graeme fast wütend reagierte. Er drehte sich zu mir um und hob die Stimme ein wenig: »Joanne, ich sage dir doch, ich weiß es nicht.«

Graeme bat Andrew, bei mir zu bleiben. Ich kehrte auf meinen Stuhl zurück und versuchte, mich zusammenzureißen. Meine Reaktion hatte mich selbst ziemlich erschreckt. Ich dachte, durch die täglich wiederkehrende Diskussion über die

Möglichkeit, daß James tot sein könne, sei ich auf das Schlimmste vorbereitet. Aber das war nicht der Fall. Eine Nachricht per Funk, von der wir nicht einmal wußten, ob es sich wirklich um eine schlechte Neuigkeit handelte, genügte, und schon war ich ein zitterndes Wrack.

»Graeme?« Er blieb stehen und drehte sich um. »Wenn sie James' Leiche gefunden haben … sag es mir bitte nicht über Funk. Ruf an. Ich möchte es nicht am Funkgerät erfahren.« Graeme nickte. Wir hörten, wie der Allradwagen ansprang, und sahen ihn in die Auffahrt einbiegen.

»Wir können wohl nichts anderes tun als warten«, sagte ich. Das Zittern hörte nicht auf. Andrew gab mir seine Jacke. Auch das half nicht. Wir sagten nicht viel. Auli kam kurze Zeit später zurück.

»Was ist passiert?«

»Kann sein, daß sie seine Leiche gefunden haben«, entgegnete ich. Weinen mußte ich nicht, nur das verflixte Zittern wollte nicht nachlassen. Auli kümmerte sich darum, daß noch mehr heißer Tee gebracht wurde. Ich stand auf. »Ich halte das nicht aus«, sagte ich zu ihr. »Ruf Graeme über Funk, und frag ihn, was passiert ist. Ich warte draußen.«

Ich bekam mit, wie Auli ans Funkgerät ging, und legte mir die Hände über die Ohren, damit ich Graemes Antwort nicht hören mußte. Mich quälte die Vorstellung, wie ein schmutziger, steifgefrorener Körper grob in einen Hubschrauber geworfen wird. Ich trat nach einigen Kieselsteinen. So etwas Gemeines. So etwas verdammt Gemeines. Vorsichtig nahm ich die Hände von den Ohren. Es hörte sich an, als sei das Gespräch beendet. Ich ging wieder hinein.

»Alles in Ordnung«, sagte Andrew zu mir. »Es ist nichts.« Mir war schwindelig vor Erleichterung.

Zwar meinte Andrew, es sei nichts Besonderes geschehen, doch Captain Koirala von der Hubschrauberstaffel wäre anderer Ansicht gewesen! Graeme erzählte uns die Geschichte, als er zurückkam. Offensichtlich hatte auch ihn die Nachricht ganz durcheinandergebracht. Den Weg zum Büro des Colonels legte er im Eilschritt zurück. Als er hereingestürmt kam, blickte Colonel Pun von seinem Schreibtisch auf.

»Gucken Sie sich mal meinen Kopiloten an«, sagte er. Graeme wandte sich zu Captain Koirala um, der völlig mit Schmutz bedeckt war und dessen Hose einen großen Riß aufwies.

»Was ist Ihnen denn passiert?« fragte Graeme. Captain Koirala wollte schon den Mund öffnen und zu einer Erklärung ansetzen, aber Colonel Pun antwortete an seiner Stelle. Der Colonel war mit dem Hubschrauber in Gopte gelandet, und Captain Koirala hatte sich sorgsam seinen Weg durch den Schnee zur Tür der ersten Hütte gesucht. Er war kaum eingetreten, als er schon wieder aus der Tür geschossen kam wie die Kugel aus dem Pistolenlauf. Dabei rief er: »Fliegt los, fliegt los!« In seiner Hast, den Hubschrauber wieder zu erreichen, war er in den Schmutz gefallen und hatte sich das Hosenbein aufgerissen.

»Was war denn los?« fragte Graeme.

»Ein Wolf«, entgegnete Colonel Pun.

»Ein riesiger Wolf«, verbesserte Captain Koirala. »Ich habe noch nie in meinem Leben einen derart riesigen Wolf gesehen. Er wollte mich auffressen. Sie waren zu zweit. Ich habe noch nie solche Angst gehabt.«

Ein anderer Offizier trat in das Büro des Colonels, warf einen Blick auf den Kopiloten und brach in lautes Gelächter aus. Auch Colonel Pun konnte sich nicht länger beherrschen und fing an zu lachen. Captain Koirala wirkte angesichts der mangelnden Sympathiebezeugungen etwas verschnupft.

Colonel Pun hatte nicht gewußt, daß die Hütten in Gopte bereits überprüft waren. Als er die Wölfe sah, hatte er sich gefragt, ob James' Leichnam in einer der Hütten sein könne, daher hatte er die Angelegenheit so dringlich gemacht.

»Ich erzählte ihm, die Hütten seien bereits abgesucht worden, und wir wüßten, daß James' Leichnam auf keinen Fall dort sein könne«, sagte Graeme.

Erleichtert wandten sich meine Gedanken den anderen Suchtrupps zu. Die Männer, die am Tadi Khola nach Talu hinaufgingen, waren seit mehreren Tagen unterwegs. Mir war versichert worden, sie würden sich mit mir in Verbindung setzen, aber ich beschloß, es könne nicht schaden, bei *Amadablam Trekking* anzurufen und nachzufragen. Zu meiner Bestürzung fand ich heraus, daß die Suchtrupps bereits gestern zurückgekehrt waren. Die Sekretärin verband mich mit Herrn Ravi, der sich wortreich entschuldigte. Er erklärte mir, Balaram habe nach Hause zurückkehren müssen, weil sein Vater erkrankt sei. Er schickte sofort einen Wagen herüber, um uns abzuholen.

Herrn Ravis Büro war groß und hell. Er erhob sich, um uns zu begrüßen, und bot uns Tee an. »Einige der Männer, die an der Suche beteiligt waren, warten draußen. Ich werde sie holen.«

Er rief etwas auf nepalesisch aus dem Fenster. Kurze Zeit später kamen drei oder vier Männer herein. Herr Ravi ließ sie stehend berichten, was passiert war. Ich hatte das Gefühl, ein strenger Lehrer höre seine ungezogenen Schüler ab. Ein kleiner Mann, der einen besonders detaillierten Bericht gab, hielt die Hände hinter dem Rücken verschränkt, und seine Augen wanderten die ganze Zeit nervös durch den Raum. Um es kurz zu machen: Sie hatten nichts gefunden.

Ein Suchtrupp war dem Tadi Khola gefolgt; sie hatten ein gutes Stück westlich von Katmandu in einem Ort namens Ranipauwa begonnen. Dieses Dorf lag an der Straße zwischen Katmandu und Dhunche. Bis unmittelbar südlich von Talu waren sie am Fluß entlanggegangen. Dort hatte man ihnen dann gesagt, daß die Gegend weiter oben bereits erfolglos von einem anderen Suchtrupp abgesucht worden sei. Daraufhin beschlossen sie eigenmächtig, sich unterhalb von Talu nach Westen zu wenden, bis sie wenig südlich von Dhunche auf die Straße zwischen Dhunche und Katmandu stoßen würden. Ich hegte gemischte Gefühle, was die Bemühungen dieses Suchtrupps anging. Zwar war ich froh, daß sie beschlossen hatten, jene andere Gegend zu durchkämmen, aber noch immer hatte niemand den Weg zwischen Talu und Phedi überprüft. Carl Harrison hatte sich Talu von Tharepati aus genähert, nicht von Phedi.

Der zweite Trupp war ärgerlicherweise lediglich der Route nach Tharepati hinauf gefolgt, die James und Mark benutzt hatten. Diese Route war bereits mindestens einmal von Carl Harrisons Gruppe abgesucht worden.

»Nein, nein«, sagte ich, »sie sollten nicht dort hinaufgehen. Sie sollten diesem anderen Arm des Tadi Kholas folgen, um so Talu zu erreichen.« Das bedeutete, daß die Gegend unmittelbar westlich des westlichen Helambu-Treks noch immer nicht durchforscht war. In solchen Momenten zweifelte ich ernsthaft an der Effektivität der Suchmannschaften. Ich konnte in keiner Weise überprüfen, ob sie ihre Sache gut machten oder nicht, und es gefiel mir überhaupt nicht, daß ich soviel Verantwortung in die Hände anderer Leute legen mußte. Leider hatte ich keine andere Wahl.

Ich dankte allen für ihre Hilfe und sagte Herrn Ravi, er möge seine Rechnung an die Botschaft schicken, weil dort die gesamten Mittel verwaltet würden. Herr Ravi entgegnete, ich solle mir im Moment keine Gedanken über Geld machen, und bot an, uns unentgeltlich Führer zur Verfügung zu stellen, wenn wir ein bestimmtes Ziel im Auge hätten.

Wir entschieden uns für einen ruhigen Abend mit Essen auf dem Zimmer. James' Gepäck, das uns Tim übergeben hatte, stand in einer Ecke. Ich würde es wohl durchsehen müssen. Vielleicht befand sich etwas darin, das uns weiterhelfen konnte. Als ich die Taschen auspackte, mußte ich lächeln. James war noch nie für seine Ordnungsliebe bekannt gewesen, und in typischer Manier waren seine Kleider einfach in die Taschen hineingestopft. Schmutzige und saubere Kleidungsstücke lagen durcheinander, und in einem übelriechenden Schlafsackbeutel befand sich ein feuchtes Handtuch. Da waren auch die Geschenke, von denen James in seinen Briefen geschrieben hatte. Eine wunderschöne Lederjacke für Gaye und Teppiche für meine Eltern und die Ryans. Bevor er nach Helambu aufbrach, hatte er nicht viel in sein Tagebuch geschrieben. Ein Stethoskop lag ganz unten in der zweiten Tasche. Ich packte alles wieder ein, räumte die Geschenke in eine Tasche und behielt die schmutzigen Kleidungsstücke zurück, um sie zu waschen.

Kurz vor dem Schlafengehen rief Lotti Weiss an: »Joanne, ich habe noch einmal mit meiner chinesischen Freundin gesprochen.

Sie sagt, Sie müssen schnell nach Gosainkund hinauf. Ihr Bruder befindet sich dort und wartet darauf, daß Sie ihn abholen. Er ist in einer der Hütten. Aus einem Stück Stoff hat er eine Fahne gemacht und sie vor die Tür gehängt. Er wartet nur darauf, daß Sie kommen und ihn holen.«

Wieder fühlte ich mich sehr mitgenommen, als ich auflegte. Ich wußte ja, daß es mir immer noch nicht gelungen war, einen Suchtrupp zu den Hütten hinaufzuschaffen. Ich erzählte Andrew von meiner Sorge.

»Verdammte Hellseher. Ich weiß nicht, warum du darauf hörst. Was sollte James denn bitteschön in einer Hütte in Gosainkund?«

»Ich weiß es nicht. Vielleicht ist er verletzt oder so etwas.« Andrew war konsterniert, daß ich überhaupt in Erwägung zog, die Frau könne etwas wissen.

Im Bett ging mir der Gedanke immer noch durch den Kopf. Um meines eigenen inneren Friedens willen, wenn schon nicht aus einem anderen Grund: Ich mußte jemanden nach Gosainkund hinaufschaffen.

Joanne: 17. Januar 1992

An diesem Morgen machten wir uns wie an so vielen anderen auf den Weg zu *Blue Mountain,* schickten ein kurzes Fax nach Hause und schlenderten zur Botschaft zurück. Graeme hatte mit den Männern von *Himalayan Adventures* gesprochen, die gestern morgen nach Banepa gefahren waren. Es gab nichts zu berichten. Sie hatten noch nicht einmal mit den Leuten geredet, die angeblich als erste den Mann gesehen haben wollten. Ich sagte, ich wolle, daß sie erneut aufbrächen und über Nacht blieben, genau wie das Team von *Tashi Taki.* Dann erzählte ich Graeme von meiner Entscheidung, einige Männer nach Gosainkund zu schicken. Ich hatte den Eindruck, er und Andrew wechselten mindestens einen Blick unter hochgezogenen Augenbrauen, als ich von dem Anruf der Hellseherin erzählte.

»Ich möchte, daß das so bald wie möglich überprüft wird«, sagte ich. Dann riefen wir Colonel Pun an, um festzustellen, ob ich für den nächsten Tag einen Hubschrauber chartern könnte. Der Colonel sagte, das ginge in Ordnung. Jetzt mußte ich nur noch zwei Männer finden, die nach Gosainkund hinaufgehen würden. Der Colonel erklärte mir, es könnte sich als unmöglich erweisen, gleich zwei Passagiere so hoch zu fliegen. Vielleicht mußte er in Gopte zwischenlanden, einen Mann hochbringen, dann zurückkommen und den anderen holen. Weil er in jener Höhe keine großen Treibstoffmengen an Bord haben könne, hätten die Männer nicht mehr als vierzig Minuten Zeit, um die dreihundert Meter vom Hubschrauber zu den Hütten und wieder zurück zu bewältigen. Sollte das Wetter plötzlich umschlagen, müßte der Colonel abheben und die Männer möglicherweise zurücklassen. Es sollten daher gut ausgerüstete, erfahrene Bergsteiger sein. Ich beschloß, mich an *Amadablam* zu wenden, und rief dort an. Außerdem wollte ich, daß in dem Gebiet gesucht werden sollte, das der letzte Suchtrupp ausgespart hatte.

Von der Botschaft gingen wir ein Stück zu Fuß und nahmen dann eine Autorikscha ins Hotel, um weitere Plakate für die Suchtrupps von *Amadablam* zu holen. Das kreischende Motorengeräusch machte es unmöglich, sich zu unterhalten. So blieb jeder mit seinen Gedanken und dem Gerüttel allein.

Als wir wieder auf unserem Zimmer waren, rief Gaye an. Sie klang ganz verzweifelt. Jemand aus ihrer Verwandtschaft hatte von einer Hellseherin beunruhigende Informationen erhalten. Angeblich sollte James immer noch am Leben sein, aber es blieben ihm nur noch zweiundzwanzig Stunden. Er sollte irgendwo »tief unten« liegen und »bluten«. Er befände sich »zwischen einem Felsen und einem Fluß«, und es sei »jemand bei ihm«. Die Hellseherin hatte außerdem gesagt, dort gäbe es »viel Blut, besonders aus James' Ohr«, und er rufe immer wieder um Hilfe, aber es käme keine Antwort. Sie sagte, er sei an einem Ort, wo die Suchtrupps schon waren, und wir sollten damit rechnen, noch heute Neues zu hören. Ihrer Voraussage nach sollte sich die Situation bis zum fünfundzwanzigsten, spätestens bis zum achtundzwanzigsten Januar klären. Während ich noch zuhörte, bemerkte ich, daß ich wieder angefangen hatte zu zittern. Es fällt schwer zu beschreiben, wie sehr einen solche Neuigkeiten aufwühlen können. Wir waren ausgesprochen verletzlich und klammerten uns noch an das letzte bißchen Hoffnung. Aber diese Information machte mich auch wütend. Ich versuchte, rücksichtsvoll zu klingen.

»Hör mal, Gaye«, sagte ich, »nach dem, was du mir da erzählst, können wir uns unmöglich richten. Ganz Nepal besteht aus Felsen und Flüssen. Wir haben schon eine Fläche von mehr als tausend Quadratkilometern abgesucht. Das ganze Gebiet können wir in zweiundzwanzig Stunden nicht noch einmal durchforschen.« Ich hörte sie weinen.

»Ich weiß«, sagte sie.

»Okay, Gaye, sag mir, was ich tun soll. Ich habe keine Ahnung. Ganz egal, was du mir sagst – ich werde es tun.« Uns beiden war klar, daß wir nichts machen konnten. Die Angaben der Hellseherin waren kontraproduktiv. Wir konnten damit nichts anfangen. Trotzdem waren wir ganz verstört. Ich fühlte mich schuldig, weil es mein Besuch beim Rinpoche gewesen war, der diese ganze Hellseherei in Gang gesetzt hatte. Dennoch bin ich nach wie vor der Ansicht, daß es etwas ganz anderes ist, ob man sich an einen Erleuchteten in Nepal wendet oder an eine Hellseherin aus dem Telefonbuch in Brisbane.

Gaye sagte auch, in Australien würde am nächsten Morgen ein Pressebericht erscheinen. Sonnabend, stöhnte ich innerlich. Auli und Graeme hatten beide betont, wie gut es sei, daß es gelungen war, die Presse bisher herauszuhalten. Sobald die Medien mitbekämen, daß es eine Story gab, mußten die Mitarbeiter in der Botschaft damit rechnen, am Telefon von Journalisten und den besorgten Verwandten anderer Wanderer belagert zu werden. Wie wir aus eigener Erfahrung wußten, waren Gespräche von und nach Australien zeitraubend und frustrierend.

Aber das Ganze hatte ein Stadium erreicht, in dem meine Eltern meinten, die Leute müßten offiziell von James' Verschwinden erfahren. Immer wieder fragten Freunde nach, wie es meinem Bruder in Nepal erginge. Darauf immer wieder die gleiche Erklärung abgeben zu müssen war einfach zu schmerzlich für meine Eltern. Außerdem sollte die Verlobungsfeier von James und Gaye ursprünglich am vierundzwanzigsten stattfinden. Viele der hundertfünfzig Freunde, die sie eingeladen hatten, riefen an, um ihr Kommen anzukündigen, und meine Eltern mußten ihnen erzählen, daß James verschwunden war. Sie beschlossen, eine Zeitungsmeldung wäre in dieser Situation das beste, und die Regionalzeitung *Courier Mail* in Brisbane würde die Story am nächsten Morgen bringen.

Ich hängte auf und erzählte Andrew davon. Wir versuchten, Colonel Pun zu erreichen, erhielten jedoch die Auskunft, er sei nicht zu sprechen. Bei *Thai Air* bestätigte man uns Andrews Flug für den Zweiundzwanzigsten, und James und ich hielten immer noch gültige Tickets für den Siebenundzwanzigsten. Wir bekamen auch eine schriftliche Erlaubnis, das zusätzliche Gepäck mit nach Hause zu nehmen, das mich, so wie es aussah, begleiten würde.

Wir verließen das Büro der Fluggesellschaft und gingen zurück zu *Amadablam Trekking* und unserer Verabredung mit Herrn Ravi. Unterwegs hielt ich immer wieder an, um Plakate aufzuhängen. Jedesmal, wenn ich das tat, versammelte sich eine Gruppe von Menschen um mich. Sie lasen die Plakate und diskutierten eifrig darüber.

Wir gingen die Straße gegenüber vom königlichen Palast entlang. Auf beiden Seiten ragten hohe Mauern auf, ideal zum Plakatieren. Außerdem gab es hier viele Bettler. Ein Mann, den wir oft sahen, hatte bleistiftdünne Arme und Beine. Er konnte nicht stehen, und seine Gliedmaßen schienen ineinander verwickelt zu sein. Ich war überrascht, wie schnell wir uns an die Armut und die Bettelei gewöhnt hatten. Wenn kleine Kinder mit großen braunen Augen und ausgestreckten Händen auf mich zutraten, zögerte ich nicht, ihnen zu sagen, sie sollten weggehen.

Um zwei Uhr waren wir mit Herrn Ravi verabredet, aber er war nicht zu sprechen. Während wir warteten, riefen wir Auli an, um ihr von der Pressemeldung zu erzählen, und wir versuchten auch noch einmal, Colonel Pun zu erreichen. Er war noch immer nicht verfügbar.

Es muß fast fünf Uhr nachmittags gewesen sein, als wir schließlich Herrn Ravi sehen konnten. Wie immer war er ausgesprochen charmant und entschuldigte sich. Er erklärte, er würde immer spät zu Mittag essen, weil er häufig nicht vor zehn oder elf Uhr abends zum Abendessen käme. Ich denke, Andrew und ich hätten mittlerweile wissen sollen, daß zwei Uhr nachmittags in Nepal irgendwann vor sieben bedeutete!

Herr Ravi stellte schnell die Männer zusammen, die die Gegend absuchen sollten, die zuvor ausgespart worden war. Wir entschieden, sie sollten mit dem Taxi nach Budhanikantha fahren und dann nach Talu hinauflaufen. Herr Ravi schlug vor, sie sollten auch sorgfältig den Wald von Chisopani absuchen. Nach seiner Erfahrung war das die gefährlichste Gegend für Einzelwanderer in Helambu. Ich war erfreut, als ich sah, daß der kleine Mann, der beim letzten Mal einen so gewissenhaften Bericht abgeliefert hatte, wieder zum Suchtrupp gehören sollte.

Dann lernten wir die beiden Bergsteiger kennen, die nach Gosainkund gehen würden. Herr Ravi schlug vor, sie sollten einen Fotoapparat mitnehmen, um zu beweisen, daß sie die Hütten tatsächlich erreicht hätten. Das war zwar eine ausgezeichnete Idee, doch ich besaß keine Kamera. Mit einem leicht gequälten Gesichtsausdruck bot Herr Ravi seinen eigenen Apparat an.

Ich benutzte das Telefon, um Colonel Pun anzurufen, und erreichte ihn tatsächlich. Leider klang der Colonel recht verärgert. Er sagte, ich würde viel zu spät anrufen, um noch einen Flug für morgen zu vereinbaren. Das wiederum ärgerte mich. Ich entgegnete, ich hätte den ganzen Tag lang versucht, ihn zu erreichen, aber mir sei immer wieder gesagt worden, er sei nicht zu sprechen. Dann wollte Colonel Pun mit Herrn Ravi sprechen. Nach längerem Hin und Her erklärte sich der Colonel einverstanden, am Sonntag mit den beiden Männern in die Berge zu fliegen.

Als wir ins Taxi stiegen, war ich nicht besonders glücklich. Ich konnte Colonel Puns Verärgerung nicht verstehen und war enttäuscht, daß der Hubschrauber erst am Sonntag starten sollte –

auch wenn ich immer noch nicht davon überzeugt war, daß es überhaupt richtig war, was wir taten.

»Ich kann es einfach nicht glauben, daß du einen Hubschrauber hochschickst«, sagte Andrew, als wir aus der Auffahrt bogen. »Das kostet dich ein Vermögen. Die Bergsteiger würden Gosainkund zu Fuß nur einen Tag später erreichen. Du kannst mir nicht erzählen, daß ein Tag so einen großen Unterschied macht. Ich fasse es einfach nicht, daß du das ganze Geld verschwenden willst.« Seine Worte gaben mir einen Stich.

»Großartig, Andrew, das ist einfach großartig. Du sitzt im Büro dabei und sagst kein Wort, aber jetzt, wenn alles abgemacht ist, erklärst du mir, ich hätte falsch entschieden. Fantastisch!«

»Nun, es liegt doch auf der Hand, daß du unlogisch handelst.«

»In Ordnung. Fein. Ich werde den verdammten Hubschrauber absagen und dafür sorgen, daß die Männer morgen in den Bus einsteigen. Das wird dann so aussehen, als ob ich mir wirklich etwas dabei denke, nicht wahr? Das wird Colonel Pun bestimmt beeindrucken!« Trotzdem wußte ich, daß Andrew recht hatte.

Unser Taxi hustete und spuckte und blieb mitten auf der Straße stehen. So konnte ich meine Wut auch noch am Fahrer auslassen. »Großartig. Was jetzt?«

Ohne ein weiteres Wort stieg unser Fahrer aus und fing an, im Kofferraum herumzusuchen. Ich überkreuzte die Arme vor der Brust, lehnte mich im Sitz zurück, um den Verkehr zu beobachten, der um uns herumkurvte, und seufzte vor Verdruß.

»Oh, Scheiße. Wo geht er hin?« fragte Andrew.

Ich wandte mich um und sah, daß unser Fahrer fröhlich die Straße hinuntertrabte, einen leeren Kanister in der Hand. Offensichtlich befand er sich auf dem Weg zu einer Zapfsäule ein Stück weiter unten. Es schien ihn überhaupt nicht zu stören, daß sein Fahrzeug die eine Hälfte der Straße völlig versperrte! Ich öffnete meine Tür.

»Was machst du?« fragte Andrew.

»Ich gehe zu Fuß.«

»Sei nicht blöd. Das sind noch Meilen«, entgegnete er. Dann stritten wir uns darüber, wie weit es bis zum Hotel war.

»Sieh mal, Andrew«, versetzte ich, »du hast mir gerade gesagt, ich benehme mich wie ein Idiot. Ich soll den Flug absagen und die Männer mit dem Bus losschicken. Genau das werde ich also tun. Aber ich muß es bald tun, sonst wird es für die Männer zu spät sein, noch morgen aufzubrechen.« In dem Moment sahen wir unseren Fahrer zurückkommen.

»Warte doch. Das kann ja nur eine Sekunde dauern«, sagte Andrew. Hah! Der Fahrer werkelte eine Weile herum, wobei er sehr besorgt aussah, und hob schließlich ein Stück Papier vom Boden auf. Er rollte es zu einem Trichter und schüttete das Benzin in den Tank. Fast die Hälfte tropfte auf den Boden. Ich wurde immer wütender. Endlich waren wir abfahrbereit. Es ging ein kurzes Stück den Hügel hinauf, um die Ecke, und da war das Hotel.

»Ich habe doch gesagt, es ist ganz in der Nähe«, war meine abschließende Bemerkung zu Andrew, als ich ihn stehenließ, damit er das Taxi bezahlte.

Ich marschierte an die Rezeption und bat darum, das Telefon benutzen zu dürfen. Es war möglich, Herrn Ravi direkt zu erreichen. Ich sagte ihm, ich hätte es mir anders überlegt und wollte, daß die beiden Bergsteiger gleich morgen früh den Bus nach Dhunche nähmen. Er sagte, das gehe in Ordnung. Dann biß ich in den sauren Apfel und rief Colonel Pun an. Er klang sehr viel zugänglicher. Ich erklärte ihm, es tue mir leid, daß ich ihm solche Umstände bereite, aber ich hätte beschlossen, die Männer lieber mit dem Bus loszuschicken. Zu meiner Erleichterung schien ihm das überhaupt nichts auszumachen. Er fügte noch hinzu, es könne sein, daß er rein interessehalber am Sonntag trotzdem hinauffliegen würde.

Joanne: 18. Januar 1992

Es war noch dunkel, als das Telefon mich aus dem Traum riß. Ich hatte nicht besonders gut geschlafen. Ständig quälten mich Träume von Bergsteigern, die es nicht schafften, Gosainkund zu erreichen. Ich setzte mich auf und schaltete das Licht ein. Es war kurz vor sechs. Demnach mußte der Anruf aus Australien kommen. Ich nahm ab.

»Für Herrn Andrew«, sagte der Operator, »aus Australien.«

Überrascht stellte ich fest, daß die Anruferin für einen australischen Fernsehsender arbeitete. Dann erinnerte ich mich an die Zeitungsmeldung. Jetzt mußte es in Australien nach elf Uhr vormittags sein.

»Hallo, ist da Joanne Robertson?« Die Journalistin stellte sich vor und fragte, ob wir noch etwas Neues in Erfahrung gebracht hätten.

»Hören Sie zu«, sagte ich, »wissen Sie, wie spät es hier ist?« Am anderen Telefon trat für einen Augenblick Stille ein. »Es ist sechs Uhr morgens, und Sie haben mich geweckt.«

Die Anruferin entschuldigte sich und murmelte, man habe ihr bei der Telekom wohl die falsche Information über den Zeitunterschied gegeben. Dann fragte sie noch einmal, ob es Neuigkeiten gäbe. Hatten wir James gefunden? Ich hielt mich zurück und sagte nur, es gäbe nichts Neues, nein, wir hätten James nicht gefunden, und sie könne sicher sein, sobald ich über neue Informationen verfügte, würde ich sie meinen Eltern mitteilen, die dann weitergeben könnten, was sie wollten. Als ich auflegte, fragte ich mich, ob ich richtig mit der Frau umgegangen war. Ich war mir wirklich nicht sicher, was ich am besten sagen sollte. Ich fragte mich auch, ob in der Botschaft ähnliche Anrufe eingingen.

Nach dem Telefongespräch konnte ich nicht wieder einschlafen. Tom und Maria hatten uns um zehn Uhr zum Brunch eingeladen. Ich nutzte die Zeit und schrieb wieder einmal ein Fax nach Hause.

Wir fuhren mit dem Taxi zu *Blue Mountain* und bekamen dort ein leckeres Essen vorgesetzt. Auli und Larry waren ebenfalls gekommen, zusammen mit ihrem Sohn Angus. Nach dem Essen rief ich zu Hause an. Ich hatte einen schlechten Zeitpunkt gewählt. Mum wurde gerade fürs Fernsehen interviewt. Die Kameras liefen tatsächlich weiter, während sie mit mir sprach. Sie klang ziemlich mitgenommen. Ich hielt das Gespräch möglichst kurz und sagte, ich würde mich später noch einmal melden. Die Vorstellung, was in der Nachrichtensendung aus meinem Anruf gemacht werden würde, beeindruckte mich nicht: »Besorgte Eltern erhalten Nachricht aus Katmandu vor laufender Kamera« war nur eins der denkbaren Klischees.

Dann rief ich bei *Tashi Taki* und *Himalayan Adventures* an. Keine Neuigkeiten, die Suchtrupps waren noch nicht zurück. Tom schlug vor, wir sollten am Nachmittag eine Ausfahrt unternehmen. Wir konnten nicht hoffen, irgend etwas zu erreichen, indem wir in der Stadt blieben. Aus Banepa gab es nichts Neues, Colonel Pun flog heute nicht, und Carl Harrisons Mannschaft dürfte gerade erst Phedi erreichen. Ich dachte, eine Ortsveränderung wäre genau das Richtige, und fragte, ob wir in Richtung Banepa fahren könnten.

Dies war mein erster Ausflug aus der Stadt hinaus. Als wir begannen, den Rand des Katmandutales zu erklettern, erhaschte ich einen ersten Blick auf den Himalaja. Schneebedeckte Gipfel ragten majestätisch in den Himmel, fast wirkte es im dunstigen Licht, als seien sie aus Pappe geschnitten.

Wir fuhren bergauf durch eine malerische Ackerlandschaft mit hübschen strohgedeckten Häusern an terrassierten Hügelhängen. Die bunten, verzierten Fenster- und Türrahmen hoben sich gegen das Grün der jungen Reispflanzen ab. Kinder liefen am Straßenrand ihren Reifen nach.

Banepa ist ein häßliches, lautes Dorf. Wir fuhren geradewegs hindurch und bis in den Ort Dhulikhel. Dort hielten wir an, um etwas Ingwertee zu trinken. Weiter oben bog Tom von der Hauptstraße ab, und wir erreichten einen hochgelegenen Aussichtspunkt. Ich stieg aus und genoß den Blick. Meile um Meile zogen sich gewellte Hügel dahin, dicht bestanden mit Vegetation. Kleine Häuser und Bauernhöfe lagen da und dort verstreut, unzählige Pfade wanden sich an den Hängen entlang. Im Hintergrund erhoben sich die Gipfel des Himalaja. Ich hatte Stunden damit verbracht, mir die Gegend auf der Karte anzusehen, aber erst jetzt bekam ich tatsächlich einen Eindruck davon, wie es hier aussah. Plötzlich begriff ich die ungeheure

Größe der Aufgabe, die ich mir gestellt hatte. Nach einem einzelnen Wanderer zu suchen war so, als wollte man die Nadel im Heuhaufen finden. Mit größerer Höhe mußte das sogar noch schwieriger werden.

Drei alte Männer in abgetragenen Jacken und Schals kamen vorbei. Als Tom ihnen von James erzählte, sagten sie, sie hätten die Suchmeldung im Fernsehen gesehen. Ich fragte mich, wo um alles in der Welt diese alten Männer mit ihren zahnlosen Mündern und den erbärmlichen Kleidern Gelegenheit fänden, Fernsehen zu gucken! Einer erzählte Tom, er wünsche sich, er würde James finden. Dann müßte er sich nie mehr Sorgen machen: Er hätte in diesem Leben genug Geld, um bequem zurechtzukommen, und nachdem er eine so gute Tat vollbracht hätte, könne er sicher sein, daß auch in seinem nächsten Leben für ihn gesorgt wäre!

Nach Einbruch der Dunkelheit kehrten wir nach Katmandu zurück. Eine Nachricht von Dad erwartete uns. Obwohl es in Australien bereits nach elf Uhr war, rief ich noch an. Mit Mark war immer noch nicht alles in Ordnung. Anscheinend war er mit dem Flug eingetroffen, den er ursprünglich nehmen sollte, aber er war geradewegs an Noel Ryan vorbeigelaufen, der doch ein Plakat mit seinem Namen darauf in der Hand hielt. Das sah verdächtig aus; zumindest war es ein durchaus ungewöhnliches Verhalten. Dad sagte auch, Kimberley habe in Kanada mit ihrem Hellseher gesprochen. Ich solle sie selbst anrufen. In ganz Australien hatte es Berichte über James in den Nachrichten gegeben. Mum und Dad waren den ganzen Tag lang interviewt worden. Sie waren bestürzt über die Art und Weise, in der die Berichte auch noch das kleinste bißchen Emotion ausbeuteten. Mum hatte ein halbstündiges Gespräch mit *Channel Nine* geführt. Völlig ruhig hatte sie die ganze Geschichte erzählt, abgesehen von einem kurzen Moment, als sie zusammenbrach und weinte. Dies war die einzige Stelle, die gesendet wurde.

Ich rief Kimberley an, ehe ich ins Bett ging, und wir sprachen lange miteinander. Ihr Hellseher versicherte, daß James noch am Leben sei. Er sagte, mein Bruder halte sich »irgendwo in der Nähe von Katmandu« auf und sei durchaus in der Lage, Kontakt zu uns aufzunehmen, aber er wolle das nicht. James sei mit einer Gruppe »ganz schlechter Leute« zusammen, und es würde »eine Gewalttat begangen« werden. Der Hellseher sagte zwei mögliche Resultate voraus: James würde sich davonmachen und mit uns Kontakt aufnehmen, oder aber er würde dazu überredet werden, Selbstmord zu begehen. Ich fragte, ob wir eine geographische Beschreibung bekommen könnten, damit wir wüßten, wo wir suchen sollten. Kimberley sagte, sie wolle sehen, was sich machen ließe, und mich informieren. Ich legte auf und erzählte Andrew, was der Hellseher gesagt hatte. Er reagierte wütend.

»Das ist doch größter Mist«, stellte er fest, »eine absolute Beleidigung für James. Ich weiß nicht, wie du überhaupt daran denken kannst, daß er irgend etwas mit irgendwelchen anderen Leuten zu tun haben könnte. Und zu sagen, er wolle sich nicht melden, ist lächerlich. Wenn James am Leben und in der Lage dazu wäre, könnte ihn nichts davon abhalten, nach Katmandu zurückzukehren. Das ist eine absolut unverschämte Behauptung.«

»Außerdem«, fuhr er fort, »warst du gerade zwanzig Minuten am Telefon. Weißt du, wieviel so ein Anruf kostet?« Ohne auf meine Antwort zu warten, fuhr er fort: »Hundertsiebzig Dollar.«

Ich war wie vor den Kopf geschlagen und brachte kein Wort heraus. Andrews Rechnung überschlug ich schnell im Kopf. Er hatte recht. Ich brauchte ihn wirklich nicht, um mir zu sagen, wofür ich das Geld besser ausgegeben hätte. Mit dem Gefühl, nicht ohne Grund zurechtgewiesen worden zu sein, ging ich ins Bett.

Joanne: 19. Januar 1992

Am Sonntag fanden wir uns im Laufe des Vormittags wieder einmal bei Tom und Maria ein. Bald würde Andrew nach Brisbane zurückkehren. Ich hatte vor, noch mindestens fünf Tage länger zu bleiben. Tom und Maria hatten mich eingeladen, bei ihnen zu wohnen, wenn Andrew abgeflogen sein würde, und ich hatte die Einladung angenommen.

Wir setzten uns zum Essen, als Dad anrief. Das Rätsel um Mark Fulton wurde mit jeder Stunde mysteriöser. Noel Ryan hatte im Außenministerium angerufen, von wo aus man sich mit Marks Eltern in Verbindung gesetzt hatte. Erst nach dieser Aufforderung hatte Mark sich bei Noel gemeldet. Noel wollte sich mit ihm treffen, aber Mark lehnte ab. Noel war bereit, Mark die Fahrt im Taxi bis zu seiner Wohnung zu bezahlen, aber auch das hatte Mark abgelehnt. Als Grund gab er an, er müsse zu Mittag essen und dann zum Schwimmen gehen!

Noel schlug vor, die Bundespolizei einzuschalten, um mit Mark zu sprechen, aber die Polizei benötigte dafür eine Anfrage seitens der nepalesischen Behörden, aus der hervorging, daß eine Aussage von Mark notwendig sei, um die Suche fortzusetzen. Dad bat mich, zu tun, was ich könne. Ich rief Graeme an, um die Angelegenheit zu besprechen.

Er war ebenfalls der Ansicht, Mark könnte sich kooperativer zeigen, aber er meinte auch, dies sei kein Grund, die Polizei einzuschalten. Je mehr ich darüber nachdachte, desto lächerlicher erschien es mir, daß wir keine Stellungnahme von Mark bekommen konnten. Ich beschloß, unser Vorgehen zu ändern.

Ich rief Graeme noch mal an und fragte, ob es nicht eine gute Idee wäre, wenn wir statt eines Verhörs eine polizeilich protokollierte Aussage sowohl von Tim als auch von Mark bekämen. James wurde noch immer vermißt – heute bereits seit achtundzwanzig Tagen. Sicher erschien es vernünftig, eine schriftlich festgehaltene Erklärung vorliegen zu haben, was nach Ansicht der beiden geschehen war? Graeme war bereit, mich in dieser Angelegenheit zu unterstützen, und versprach, er würde sich an Canberra wenden.

Mir kam auch in den Sinn, daß es möglich sein könnte, aus anderer Quelle eine Bestätigung von Marks Geschichte zu bekommen. Er hatte mir von einem Israeli erzählt, den er in Gosainkund getroffen hatte. Ich beschloß, am nächsten Tag mein Glück bei der Einreisebehörde zu versuchen. Vielleicht könnte Shai Marks Geschichte bestätigen.

Joanne: 20. Januar 1992

Ich wußte, die nächsten Tage würden besonders schwer werden. Andrew sollte übermorgen abreisen. Am Freitag, dem 24. Januar, würde er in Australien eintreffen, an jenem Tag also, an dem ursprünglich die Verlobungsfeier von James und Gaye stattfinden sollte. Morgen, am 21. Januar, war James' Geburtstag.

Maria fuhr uns zur Einwanderungsbehörde. Dieses Mal ging ich durch den Hintereingang und geradewegs in das Büro des Mannes, der uns das letzte Mal so bereitwillig geholfen hatte. Er erinnerte sich an mich. Ich erklärte ihm, daß ich eine weitere Wandergenehmigung auffinden müsse.

Ein paar Stunden später konnte ich Graeme Shais Personalien durchgeben. Er sagte, er würde sich an das israelische Konsulat wenden und um Hilfe bitten, den Mann ausfindig zu machen. Obwohl uns das israelische Konsulat nach Kräften unterstützte, gelang es nie, zu Shai Kontakt aufzunehmen. Die anderen Suchtrupps kehrten ohne Neuigkeiten aus Banepa zurück. Heute hatten wir nicht gerade viel erreicht.

Andrew wollte einige Geschenke besorgen, daher ging er nach Thamel, wo es viele Souvenirs zu kaufen gibt. Gelegentlich verspürte auch ich das flüchtige Verlangen, etwas zu kaufen, aber dann fragte ich mich, ob ich wohl an meine Zeit in Nepal erinnert werden wollte. Andrew kaufte, was er benötigte, und dann aßen wir im *Old Vienna Inn* zu Abend. Wir beschlossen, den ganzen Abend in der Stadt zu verbringen, und gingen ins *Tom and Jerry's.*

Manchmal schreckte ich überrascht zusammen, wenn ich feststellte, daß ich es mir in Katmandu gutgehen ließ. War es richtig, daß wir an diesem Abend ausgingen? Andrew versicherte, es wäre James' Wunsch, uns entspannt und fröhlich zu sehen. Und mir tat es gut, mit anderen Leuten über Dinge zu sprechen, die nichts mit meinem verschollenen Bruder zu tun hatten. Manchmal schien es, als verbringe ich jeden wachen Moment damit, eine Antwort auf die Frage zu suchen, was wohl mit James geschehen war. Ich fragte mich, wie ich wohl mit meinem Leben zurechtkäme, wenn wir nie etwas entdecken sollten.

Ich bin es nicht gewohnt zu scheitern. Dennoch bestand jetzt wirklich keine Hoffnung mehr, James lebendig zu finden. Selbst ich begann zu akzeptieren, daß er es nicht nach Gopte oder Talu geschafft hatte. Dann blieben noch zwei Möglichkeiten: Entweder war er irgendwo in der Nähe von Phedi gestorben, oder aber er hatte den Paß überquert. Andrew glaubte mit Sicherheit, daß James tot sei. Er sagte immer wieder im Vertrauen auf James' Willensstärke, daß er es bis jetzt irgendwie nach Katmandu zurück geschafft hätte, wenn er noch am Leben wäre. Ich wußte, daß wir uns immer Gedanken machen würden, ob James nicht noch am Leben sein könnte, solange wir keine Leiche zu Gesicht bekämen. Offensichtlich war auch, daß unsere Angehörigen in Australien es nicht akzeptieren wollten, daß James tot war. Ich konnte jedesmal die Hoffnung in ihren Stimmen mitschwingen hören, wenn es auch nur die kleinste positive Nachricht gab. Mein Vater nahm alles besonders schwer. Wenn ich versuchte, ihm beizubringen, daß James tot sein *könne,* reichte er sofort den Hörer an meine Mutter weiter. Es wäre schrecklich, einen Leichnam zu finden, aber noch viel schlimmer würde es sein, sich ewig Gedanken zu machen.

Joanne: 21. Januar 1992

Um acht Uhr morgens rief ich Mum und Dad an. Niemand erwähnte James' Geburtstag. Sie klangen beide müde und deprimiert. Mum erzählte mir später, dies sei jener Tag gewesen, an dem sie wirklich begann, die Hoffnung zu verlieren. Es war ihnen schließlich gelungen, mit Mark Fulton zu sprechen, und sie waren zu der Einsicht gekommen, daß er die Wahrheit gesagt hatte. Das einzige, was man ihm vorwerfen konnte, war seine schockierend beiläufige Einstellung.

Dad hatte auch mit Linda Griffith gesprochen, die nochmals darauf hinwies, wie gefährlich das Gelände sei. Sie sagte, weil wir uns in der Nähe der tibetanischen Grenze befänden, wäre es immerhin möglich, daß Drogen geschmuggelt würden. Die

»schlechten Menschen«, von denen Kimberleys Hellseher gesprochen hatte, könnten Drogenschmuggler sein. Kimberleys Ehemann Mark wollte mit einer Karte nach Toronto fliegen, falls der Hellseher in der Lage sein sollte, einen genaueren Ort zu bezeichnen.

Mum und Dad sagten mir, sie hätten eine Anfrage vom Außenministerium bekommen, weitere Geldmittel zur Verfügung zu stellen. Mums Freunde und Verwandte in Großbritannien und Südafrika schickten Geld direkt nach Katmandu, und wir bekamen auch Geldgeschenke von Leuten in Australien für die Suchaktion. Ich war erleichtert zu erfahren, daß es an finanziellen Mitteln vorerst nicht mangelte.

Graeme hatte uns erzählt, der Botschafter sei vor einigen Tagen zurückgekehrt. Ich war überrascht, daß wir noch nicht von ihm gehört hatten. Schließlich hatte ich ihm einen Brief geschrieben. Zweifelsohne war er sehr beschäftigt, aber es wäre doch eine Hilfe gewesen, wenn er sich eine Minute Zeit genommen hätte, um uns anzurufen und zu hören, wie die Dinge standen.

Mir wurde immer deutlicher, was Freunde und Familienangehörige alles taten, um uns Hilfe und Unterstützung zu gewähren. Die Zahl der Briefe, die meine Eltern erhielten, war überwältigend. Geld kam von allen möglichen Leuten: von Verwandten, von James' Karatefreunden, von Medizinstudenten und Menschen, die James und meine Eltern durch ihre Arbeit kannten. Wir brauchten ungefähr fünfzigtausend Dollar für die Suchaktion, und der Großteil kam aus Geldspenden. Ebenfalls durch Freunde gelang es uns, eine polizeilich protokollierte Aussage von Mark zu bekommen, ohne daß wir uns mit der Bürokratie im Außenministerium herumschlagen mußten. Zahllose Menschen beteten für uns jeden Tag überall auf der Welt. Diese Unterstützung gab uns viel Kraft, die wir benötigten, um weiter zu suchen und zu hoffen.

Wir kehrten in unser Hotelzimmer zurück, und Andrew fing an zu packen. Er war erleichtert, daß ich beschlossen hatte, nach seiner Abreise bei Tom und Maria zu wohnen. Jedesmal, wenn ich an seinen bevorstehenden Abflug dachte, war mir zum Weinen zumute. Ich würde ihn schrecklich vermissen. Er war meine Stimme der Vernunft, derjenige, der mir sagte, wann ich mich lächerlich machte. Ich wußte nicht, wie ich ohne ihn zurechtkommen sollte. Vielleicht war meine größte Angst im stillen, daß er der einzige andere Mensch in Katmandu war, der James kannte. Wenn James' Leichnam gefunden würde, wußte ich nicht, woher ich die Kraft nehmen sollte, ihn anzusehen.

»Wenn sie einen Leichnam finden, steig einfach ins Flugzeug, Joanne. Identifizier die Leiche nicht, denk an nichts anderes, als schnell nach Hause zu kommen«, sagte Andrew. »Um alles weitere wird man sich schon kümmern.«

Andrew sollte James' Gepäck mit nach Hause nehmen. Ich saß auf dem Boden des Hotelzimmers und starrte James' Tasche an. Die schmutzigen Kleider waren frisch gewaschen wieder eingepackt worden. Ich zog James' Stethoskop hervor. Eine Möglichkeit, mich für all die erwiesene Freundlichkeit zu bedanken, könnte darin bestehen, kranke Tiere anzusehen. Ein Stethoskop würde mir dabei helfen. Ich nahm auch einen kompletten Satz Kleidung für James heraus. Andrew sah mich seltsam an.

»Ich möchte einfach einen Satz Kleider hierbehalten, Andrew. Nur für den Fall der Fälle …«

»Großer Gott, Joanne«, sagte er, »wenn du ihn lebendig findest, kannst du ihm alle Kleider der Welt kaufen.«

Hartnäckig lehnte ich es ab, die Kleidungsstücke wieder einzupacken. Hätte ich alles nach Hause geschickt, hätte ich viel zu sehr das Gefühl gehabt, damit alle Hoffnung aufzugeben.

Joanne: 22. Januar 1992

Der Tag von Andrews Abreise begann ereignisreich: Am frühen Morgen rief mein Vater an. Er klang ganz aufgeregt, denn sie hatten einen neuen Hinweis erhalten.

Bei meinem Vater war eine Nachricht eingetroffen, die jemand auf die Rückseite eines Luftpostbriefumschlags geschrieben hatte. Der Poststempel zeigte, daß der Brief am 20. Januar in

Brisbane aufgegeben worden war, adressiert an: Professor Scott, Medizinische Fakultät, Universität von Queensland. Handschriftlich stand auf der Rückseite:

> *Die beste Chance, Ihren Sohn zu finden, haben Sie über Amnesty International. Es mag abwegig klingen, aber Intellektuelle und Studenten gelten als höchst verdächtig. Sie sind ein Prominenter (gemessen an chinesischen Maßstäben). Ungefähr 10 km südwestlich von Tibet gibt es ein politisches Gefängnis. Suchen Sie dort nach Informanten.*

Wir hatten an viele Möglichkeiten gedacht, aber nicht daran, daß James als politischer Gefangener festgehalten werden könnte. Meine Eltern wußten nicht, wer den Brief geschrieben hatte. Ich gebe zu, ich hielt diese Nachricht für einen der unwahrscheinlichsten Hinweise, die wir erhalten hatten. Interessanterweise war mein Vater einer der ersten westlichen Wissenschaftler gewesen, die das kommunistische China besuchen durften. Er war in viele entlegene Regionen des Landes gereist, und zur Zeit arbeitete er mit zwei chinesischen Wissenschaftlern zusammen. Einer von ihnen hatte sich während der jüngsten Aufstände in China zu Wort gemeldet. Es gab also eine entfernte Verbindung. Aber wie groß war die Wahrscheinlichkeit, daß jemand James gefolgt war, um ihn gefangenzunehmen? Und zu welchem Zweck? Wäre das der Fall, scherzte ich später mit Tom, sollte ich gut auf mich achtgeben.

Wir wollten gerade aufbrechen, als Lotti Weiss anrief. Ihre mediale Freundin behauptete, sie habe in telepathischer Verbindung mit James gestanden. Sie sagte, keiner der Menschen, die im Moment unterwegs seien, um ihn zu suchen, würde ihn in Gosainkund erreichen. Obwohl ich wußte, daß zwei ausgesprochen erfahrene Bergsteiger dorthin gingen, beunruhigte mich ihr Anruf sehr.

Andrew und ich trafen bei *Blue Mountain* ein und stellten fest, daß Dad den Brief durchgefaxt hatte. Tom hatte bereits einen Kontakt zu Amnesty International in Katmandu und London hergestellt. Wir waren uns einig, wir hatten nichts zu verlieren, wenn wir die Nachricht ernst nahmen. Dann entwarfen wir einen Brief, der eine Personenbeschreibung von James enthielt, und faßten kurz zusammen, was bis heute geschehen war. Ich erzählte Tom auch von Lotti Weiss' Anruf. Tom wollte Colonel Pun wegen des anonymen Hinweises ohnehin anrufen und schlug vor, wir könnten ja mal hören, ob er nicht nach Gosainkund hinauffliegen wolle. Ich war mir sicher, so langsam würde der Colonel beginnen, an meinem Geisteszustand zu zweifeln. Es hatte ganz den Anschein, als würde ich ihn alle paar Tage bitten, Leute nach Gosainkund hinaufzufliegen, um dann einen Rückzieher zu machen. Dennoch wußte ich, daß der einzige Schlüssel zu meinem Seelenfrieden darin lag, die verdammten Hütten ein für allemal durchsuchen zu lassen. Wenn das bedeutete, daß Colonel Pun mich für den launischsten und wankelmütigsten Menschen hielt, dem er je begegnet war, mußte das eben so sein.

Colonel Pun sagte, er glaube nicht, daß es so nah an der tibetanischen Grenze irgendwelche Gefangenenlager gäbe. Praktisch die gesamte nepalesische Nordgrenze wird von Tibet gebildet, daher ist der Hinweis »zehn Kilometer südwestlich von Tibet« alles andere als hilfreich. Colonel Pun war bereit, am nächsten Tag in die Nähe von Gosainkund hinaufzufliegen, aber wir müßten zwei weitere erfahrene Bergsteiger finden, um die Hütten durchsuchen zu lassen. Ich rief bei *Amadablam* an und hinterließ eine entsprechende Nachricht für Herrn Ravi.

Andrew war schon reichlich spät dran zum Einchecken, als wir schließlich am Flughafen eintrafen. Ich hatte versucht, einen Brief an Calum zu schreiben, den Andrew mitnehmen sollte. Hastig kritzelte ich ein paar Zeilen auf ein Stück Papier und überreichte es ihm. Ich beschloß, tapfer zu sein und den Abschied so kurz wie möglich zu machen. Ich dankte Andrew für alles, was er getan hatte, und wir umarmten uns.

»James hätte keinen besseren Freund haben können«, sagte ich und ging schnell davon, damit Andrew nicht sah, wie mir die Tränen über die Wangen liefen.

Ich weinte den ganzen Weg vom Flughafen zurück in die Stadt. Tom reichte mir ein Taschentuch nach dem anderen. Immer wieder gelang es mir fast, meine Gefühle unter Kontrolle zu bekommen, doch dann tauchte James' Gesicht vor mir auf, wie es auf Hunderten von Plakaten festgehalten und in ganz Nepal verteilt war, und ich mußte erneut weinen. Ich fühlte mich niedergeschlagen, deprimiert und verzweifelt, sehr pessimistisch und sehr müde.

Auf dem Weg zurück zu *Blue Mountain* schauten wir bei *Amadablam Trekking* vorbei. Herr Ravi war noch nicht zurückgekehrt, aber der Mann an der Rezeption sagte, er wolle versuchen, zwei Männer zu organisieren. Tom ließ mich an der Botschaft aussteigen, und ich fand Graeme in seinem Büro. Andrew hatte ihm bereits von unserem neuesten Verdacht erzählt. Dieses eine Mal konnte Graeme seine Skepsis nicht verbergen. Er schüttelte den Kopf und sagte zu mir: »Joanne, wenn James in einem politischen Gefängnis gefunden wird, kriegst du von mir einen Porsche!« Ich entgegnete, ich würde ihn beim Wort nehmen. Er sagte auch, es sei ihm immer noch nicht gelungen, mit dem Chinia Lama in Kontakt zu treten, und er fügte hinzu, der Botschafter sei oben und habe gesagt, ich könne ihn jederzeit gern sprechen, wenn ich hereinschaute.

Ich verbrachte einige Zeit beim Botschafter. Er gab seiner Besorgnis Ausdruck, daß James immer noch nicht gefunden worden war, und sagte, er halte die Situation für sehr ernst. Insgesamt sagte er mir durch die Blume, ich solle mich mit dem Unvermeidbaren abfinden und daran denken, Nepal zu verlassen. Er erklärte, er habe meinen Brief bekommen und ihn nach Canberra weitergeleitet. Außerdem sagte er, jetzt könne ich die Fax- und Telefoneinrichtungen der Botschaft benutzen. Die Länge der Gespräche würde aufgezeichnet werden, und man würde sie mir in Rechnung stellen. Nun hatte ich ja bereits Alternativen gefunden. Trotzdem hoffe ich, daß andere australische Staatsbürger, die sich in einer vergleichbaren Lage befinden, künftig von Anfang an die Einrichtungen der Botschaft benutzen dürfen.

Als ich wieder bei *Blue Mountain* war, rief jemand von *Amadablam Trekking* an, um mitzuteilen, es stünden für den nächsten Tag keine Bergsteiger zur Verfügung. Ich versuchte es bei verschiedenen anderen Agenturen, aber niemand konnte mir helfen. Zuletzt wandte ich mich an *Tashi Taki.* Erst sah es so aus, als bekäme ich wieder die gleiche Antwort; dann ging Tom ans Telefon. Auf nepalesisch hatte er innerhalb von Sekunden zwei Bergsteiger organisiert, die früh am nächsten Morgen aufbrechen würden. Ich war dankbar für seine Hilfe, aber ich fand es frustrierend, daß er in Sekunden das vollbringen konnte, wozu ich in Stunden nicht in der Lage gewesen war. Offensichtlich räumte ihm die Kenntnis der Landessprache einen erheblichen Vorteil ein, ebenso wie der Umstand – so vermutete ich –, daß er männlichen Geschlechts ist.

James: 22. Januar 1992

Ich lag in meinem Schlafsack, ein elendes Bündel. Die Dinge hatten sich ganz anders entwickelt, als ich es mir vorgestellt hatte. Von Tag zu Tag fiel es schwerer durchzuhalten. Das Leiden wollte und wollte kein Ende nehmen.

Es war nicht weiter überraschend, daß ich an einer Infektion der oberen Atemwege litt. Die Witterungsbedingungen und der Mangel an Nahrung zur Unterstützung meines Immunsystems machten mich äußerst anfällig für Krankheiten. Eines Tages jedoch, als ich mit einem Vaselinestift über meine aufgesprungenen Lippen strich, fiel mir ein, daß ich vielleicht die schmerzhaften Geschwüre in meiner Nase lindern könnte, indem ich die gleiche Medizin anwandte. Ich rieb den Stift gegen einen Finger und schob den in die Nase. Sofort verspürte ich Linderung, und nach ungefähr einer Stunde war meine Nase frei. Von nun an benutzte ich den Vaselinestift regelmäßig, besonders abends, damit meine Nase über Nacht frei blieb. Das mag als unwesentliche Entdeckung erscheinen, aber zu jener Zeit bedeutete es eine Qual weniger.

Außerdem experimentierte ich mit einem Deostift der Marke *Old Spice,* ob er mir helfen könnte, wenn der Vaselinestift alle wäre. Das Deodorant brannte schmerzhaft und zeigte keinerlei Wirkung auf meine verstopfte Nase, doch der Geruch weckte eine ganze Flut von Erinnerungen. Ich gewöhnte mir an, daran zu schnüffeln, wenn ich deprimiert war.

Trotz solchen kleinen Aufheiterungen konnte ich meine Lebensbedingungen nur schwer ertragen. Die Methoden, die ich mir angeeignet hatte, um zurechtzukommen, funktionierten nicht mehr besonders gut. Ich erinnerte mich daran, wie ich an meinen Haaren gerissen oder mich gekniffen hatte, um in jenem frühen Stadium den Hunger und den Schmerz leichter zu ertragen. Diese Abwehrmechanismen hatten sich längst als unzureichend erwiesen und zeigten nur, wie naiv ich damals gewesen war. Seit jenen Tagen mußte ich eine ganze Reihe gedanklicher Tricks entwickeln, um die Zeit herumzubringen und den Streß zu reduzieren. Vor allen Dingen hatte ich jeden Tag Stunden damit verbracht, mich an positive Augenblicke meines Lebens zu erinnern, die – zumindest für mich – aufregend gewesen waren.

Eines Abends versuchte ich, das Jahr nachzuerleben, das Andrew und ich in Europa verbracht hatten. Ich wollte mir jeden einzelnen Tag jenes Abenteuers noch einmal erzählen. Obwohl es Höhen und Tiefen gegeben hatte, konnte ich mich nur an die guten Zeiten erinnern.

Meine Reise durch Asien war ein weiterer Urlaub, der mir viel guten Stoff zum Nachdenken gab. Ich fand die kulturellen Eindrücke faszinierend. Wie ich mir wünschte, noch einmal dorthin zu reisen, besonders mit Gaye, die Japanisch spricht!

In Gedanken ging ich auch die Woche durch, die ich mit der Karatemannschaft von Queensland in Neukaledonien verbracht hatte, eine der schönsten Zeiten in meinem Leben. Ich erinnerte mich an das ausgeprägte Gefühl der Kameradschaft, das mich mit den anderen verbunden hatte.

Selbst jene Tage an der Universität, die mir beim Pauken so monoton erschienen waren, steckten voller Erinnerungen. Ereignisse, die ich als selbstverständlich hingenommen hatte, gaben mir jetzt, in der Isolation, viel Freude.

Besonders effektiv war jedoch ein Mechanismus der Bewältigung, der sich durch rigoroses Karatetraining in den letzten sechs Jahren herausgebildet hatte. Die Philosophie des Karate, niemals vor Ende des Kampfes aufzugeben, half mir, die Grenzen des Schmerzes vor Hunger und Kälte zu überschreiten, trotzdem weiterzumachen. Drohte der Schmerz unüberwindlich zu werden, dachte ich an meine Karateausbildung und konzentrierte mich auf die rein körperlichen Techniken. Ein wichtiger Aspekt meines Trainings waren *Kata* gewesen, Abfolgen ineinanderübergehender Techniken, die einen Kampf gegen mehrere Gegner darstellen sollen. Vor vielen Jahren wurden *Kata* wie eine Bibliothek, gewissermaßen als eine Art Verzeichnis, benutzt. Karateschüler lernten auf diese Weise ein Repertoire von Bewegungen, das sich gut einprägen ließ und auf das sie nötigenfalls zurückgreifen konnten. Solche Bewegungsabfolgen sind immer noch ein wichtiger Teil des modernen Trainings. In Gedanken praktizierte ich *Kata.* Wenn nötig, konnte ich das stundenlang tun, denn viele *Kata* sind sehr komplex, eine Kombination aus lauter einzelnen, extrem schwierigen Bewegungen. Während ich in der Dunkelheit und der Kälte lag und meine Sinne mit nichts anderem beschäftigen konnte, stellte ich mir vor, wie ich *Kata* ausführte. Je mehr ich übte, desto korrekter wurden die Techniken in meinem Kopf. Die Stellungen wurden sicherer, die Bewegungen schneller, und jeder Hieb oder Tritt gewann vernichtende Gewalt und exakte Präzision. Die Konzentration, die ich benötigte, um mich an jedes noch so kleine Detail zu erinnern, war so groß, daß meine gesamte Umgebung ausgeblendet wurde. Diese Gedankenübungen waren wie ein Traum, den man kontrollieren kann. Sie ließen mich alles um mich her vergessen.

Doch selbst das funktionierte jetzt nicht mehr. Immer wieder drängten negative Gedanken an die Oberfläche meines Bewußtseins. Das Ziel der siebzig Tage war kein leuchtendes Fanal mehr, sondern nur noch ein weit entfernter, schwacher Schimmer.

»Ich muß die siebzig Tage einfach schaffen«, versuchte ich mir immer wieder zu sagen. Doch als ich zusah, wie der Schnee schon seit zwei Tagen dichter fiel denn je, begann ich mich zu fragen, ob er denn bis zum siebzigsten Tag überhaupt geschmolzen sein würde.

Die Chance von eins zu einer Million, die ich mir ausgerechnet hatte, daß ich selbst aus dieser verzweifelten Situation entkommen könnte, stand jetzt noch ungünstiger. Ich hatte begonnen, auf äußere Ereignisse zu hoffen, die meine Rettung herbeiführen könnten. Wenn ich auf die Bergketten blickte, die mich umgaben, dachte ich über die Möglichkeit nach, daß einer ihrer Gipfel als Vulkan ausbrechen könnte. Lava würde hinunter ins Tal strömen, und Menschen kämen in die Gegend. Gelegentlich hatte ich gemeint, ich würde den Lärm von Flugzeugmotoren hören. Ich wußte, daß regelmäßig Aussichtsflüge über den Himalaja stattfanden. »Wenn eins von diesen Flugzeugen durch mein Tal käme, würde mich vielleicht jemand an Bord sehen«, dachte ich.

In meiner egozentrischen Gedankenwelt erwog ich sogar die Möglichkeit, ein Verkehrsflugzeug möge in der Gegend zerschellen und so eine Suche auslösen, bei der ich gerettet würde.

Die Chance, eins von diesen Ereignissen eintreten zu sehen, war lächerlich gering, aber ich hatte nichts anderes, auf das ich hoffen konnte. Die Strohhalme, an die ich mich klammerte, schienen so schwächlich, daß ich mich fragte, ob sie es wert seien, weiter ums Überleben zu kämpfen. Ich hatte vermocht, der Kälte zu widerstehen, aber ohne vernünftige Nahrung wußte ich, daß der Hunger mich schließlich umbringen würde.

An diesem Tag waren die negativen Gedanken besonders ausgeprägt, weil ich mich zunehmend isoliert und allein fühlte. Mein Kugelschreiber lag seit mindestens zwei Wochen unberührt im Schmutz. Ich verspürte ein verzweifeltes Bedürfnis, die Menschen zu Hause zu erreichen. Natürlich gab es keine Garantie, daß sie meine Briefe je erhalten würden, aber ich wollte zumindest etwas aufschreiben. Also blies ich den Schmutz von meinem Stift und kritzelte auf dem Papier herum. Der Kugelschreiber funktionierte nicht. Obwohl sie von Schmutz bedeckt war, rollte die Kugel jedoch ohne Widerstand hin und her. Im Tintenbehälter war immer noch Farbe, aber sie floß nicht auf die Kugel. Ich sah mir das Ende des Tintenschafts an und stellte fest, daß er verstopft war, daher konnte die Farbe nicht nach unten abfließen. Es war so, als würde man seinen Daumen über das obere Ende eines Strohhalms halten, der mit Wasser gefüllt ist. Ich schnitt den Plastikschaft in der Mitte auf und schnippte den verstopften Teil mit meiner Schere ab. Mehrmals schnell schütteln, um die Tinte nach unten zu befördern, einmal auf dem Papier kritzeln, und die Farbe floß wieder reichlich.

Ich verspürte ein winziges Gefühl des Erfolges. Wenigstens das hatte geklappt. Dann zog ich meinen Block Papier heraus und schrieb weiter an meinen Briefen, erst an meine Familie und dann an Gaye.

Ihr Lieben alle, ich habe den Überblick verloren über die Tage, das Datum, die Zeit. Ihr werdet überrascht sein zu hören, daß ich glaube, meinen dreiundzwanzigsten Geburtstag überlebt zu haben – wenn er nicht unmittelbar bevorsteht. Mein Stift hat die ganze Zeit nicht funktioniert, aber heute ist es mir gelungen, ihn wieder zum Schreiben zu bewegen. Seit ungefähr einem Monat bin ich verschollen. Dies war eine Zeit sehr gemischter Gefühle. Ich war weniger deprimiert, als man erwarten würde. Frustration ist vielleicht das bessere Wort, um die Empfindungen zu beschreiben, die mich mitunter überkamen. Weil die Zeit keine Rolle mehr spielt, laßt mich in diesem Brief an Euch die genauen Umstände schildern, die zu dieser lächerlichen und höchst überflüssigen Situation geführt haben.

Es folgte eine detaillierte, mehrere Seiten lange Beschreibung, aus der hervorging, wie ich unter den Felsüberhang gelangt war. Ich erzählte von den Schwierigkeiten, die ich in den ersten zweieinhalb Tagen meistern mußte, bevor ich meinen Unterschlupf fand. Ich erwähnte sogar, daß ich darauf vorbereitet sei, einem Hubschrauber ein Signal zu geben, falls einer kommen sollte.

Ich berichtete von den ersten kalten Nächten und davon, wie die Sonne meine Kleider trocknete, sowie von meinem Versuch, zu der Anhöhe hinüberzugelangen. Weiter beschrieb ich, wie ich probiert hatte, alle verfügbaren Pflanzen zu essen, aber nichts hatte sich als eßbar erwiesen. Meine Familie sollte wissen, daß ich alles versucht hatte, was in meiner Macht stand, um zu überleben.

Ich dachte, wenn es mir gelänge, tausendfünfhundert Kalorien pro Tag zu mir zu nehmen, einfach um den Januar und den Februar zu überstehen, könnte ich sicher sein, im Frühling mehr Nahrung zu finden. Aber wenn ich mich jetzt umsehe, kann ich mir ganz und gar nicht vorstellen, woher ich diese Kalorien nehmen soll. Wasser ist kein Problem, weil überall Schnee liegt. Und wenn der Schnee wegschmilzt, fällt gleich wieder neuer. Heute gab es die stärksten Schneefälle seit langem.
Natürlich habe ich viel Gewicht verloren. Ich kann nicht abschätzen, wieviel, doch es würde mich überraschen, wenn ich mehr als sechzig Kilogramm wiegen sollte. Das Hungergefühl war in den ersten Tagen viel stärker. Jetzt denke ich immer noch ans Essen, aber nicht mehr mit der gleichen morbiden Besessenheit wie noch vor einiger Zeit.

Es war schon eigenartig. Eines Tages, als ich besonders gelangweilt war und es einfach nicht über mich bringen konnte, meinen Charles-Dickens-Roman zum fünften Mal zu lesen, blätterte ich in meinem Reiseführer über Nepal. Dabei stieß ich auf den Teil über die Restaurants in Katmandu. Dort waren aufs genaueste die Spezialitäten in verschiedenen Gasthäusern beschrieben. Hätte ich jenen Text in den ersten zehn Tagen unter meinem Felsen gelesen – ich glaube, ich wäre wahnsinnig geworden. Aber jetzt konnte ich in dem Reiseführer lesen und mir dabei ganz gelassen denken, wie nett es doch gewesen wäre, dieses oder jenes Gericht einmal zu probieren. Längst verspürte ich nicht mehr die gleiche tiefe Besorgnis über meinen Nahrungsmangel.

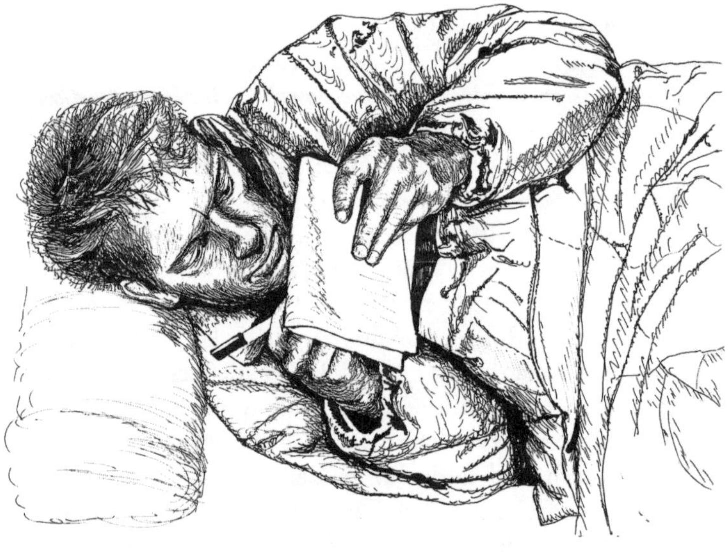

Ich mußte meine Familie zu Hause wissen lassen, was passiert war.
Schreiben war, als würde ich zu jemandem sprechen.

Es ist frustrierend, daran zu denken, wieviel vor mir lag. Das alles soll jetzt nichtig sein. Ich kann nicht beschreiben, wie sehr ich Euch alle vermisse und wie gern ich zu jedem von Euch heimkehren möchte.
John, Gratulation zu Deinem schwarzen Gürtel. Das ist mit Sicherheit ein Erfolg, auf den man stolz sein darf. Ich liebe Dich sehr, mein Bruder, mach weiter so.
Ich werde fortfahren zu schreiben, solange ich kann und solange mein Stift mitmacht. Ich habe aber keine allzu große Hoffnung, weder auf das eine noch auf das andere. Doch ich glaube fest an unseren christlichen Gott, und ich weiß, daß dies für mich erst der Anfang ist. Ich habe eine Schuld zu begleichen, meine lieben Eltern, die ich nun niemals zurückzahlen kann. Ich verdanke Euch beiden so viel. Ihr seid so wunderbare Menschen, und ich liebe Euch sehr. Aber für heute will ich doch Schluß machen. Voller Liebe und mit tiefem Bedauern, Euer Sohn und Bruder

James

Ich las den Brief noch einmal durch und fühlte mich sehr viel besser, weil ich die Gelegenheit genutzt hatte, meinen Gefühlen gegenüber meiner Familie noch einmal Ausdruck zu geben. Und ich schrieb weiter, diesmal an Gaye. Ich setzte den Brief genau an der Stelle fort, wo ich aufgehört hatte, auf dem gleichen Stück Papier.

Ich habe keine Ahnung, welches Datum heute ist. Ich weiß nur, daß mindestens drei Wochen vergangen sein müssen, seit ich zuletzt geschrieben habe. Mein Stift war kaputt und hat sich bis heute standhaft geweigert, wieder zu schreiben. Ich habe einen langen Brief an meine Familie geschrieben, die ich sehr vermisse, aber ich möchte Dir doch sehr viel mehr Tinte widmen, mein Liebes.
Sehr wenig hat sich verändert. Das Wetter wechselte zwischen Sonnenschein und Schneefällen. An den letzten Tagen hat es geschneit, und in der letzten Nacht hat sich eine reine, weiße

Atmosphäre über alles gelegt. Es ist immer noch kalt, aber meine Kleider sind weiter getrocknet, und ich fühle mich wohl. Leider habe ich nichts zu essen. Wenn ich etwas Eßbares finden könnte, würde ich mit Sicherheit den Winter überstehen und könnte es nach der Schneeschmelze bis in eine Ortschaft schaffen. Ich werde täglich dünner, doch glücklicherweise hat der quälende Hunger vor einiger Zeit nachgelassen.
Wieder und wieder habe ich den Roman »Große Erwartungen« von Charles Dickens gelesen und diese Lektüre sehr genossen. Weil das Buch vor so langer Zeit geschrieben wurde, läßt mich sein Schreibstil über vieles nachdenken. Es liegt eine gewisse friedliche Harmonie in der Art und Weise, wie der Autor schreibt. Der Roman hat ein melancholisches Thema, das mir im Moment sehr eingeht.
Ich denke viel an Dich und träume von Dir. Ich denke an die Verlobungsfeier, die jetzt eigentlich stattfinden sollte, an unsere Hochzeit und unsere Flitterwochen, an das Auto, das wir uns kaufen, an die Kinder, die wir großziehen wollten. Es ist frustrierend, an all die Dinge zu denken, die ich aufgegeben und verloren habe. Doch trotz allem hoffe ich insgeheim immer noch, daß ich vielleicht gerettet werde und all diese Dinge …

Ich wollte schreiben »Wirklichkeit werden können«, aber die Tinte hörte auf zu fließen. Mein Kugelschreiber war leer. Ich drückte fest auf und schrieb weiter. Es war keine Farbe mehr zu sehen, nur noch der Abdruck der Worte: »Mein Kugelschreiber ist leer. Ich liebe Dich! Ich liebe Dich für immer!« Dann warf ich den Stift zurück in den Schmutz. Dies waren die allerletzten Worte, die er von sich gegeben hatte.

Während ich schrieb, war es mir besser gegangen, aber jetzt empfand ich meine Isolation noch bedrückender als zuvor. Ich wollte Gaye so viel erzählen. Meine Gefühle für sie waren stärker denn je. Mehr als zwei Monate war es jetzt her, seit wir einander gesehen hatten, und ich vermißte sie schrecklich. Ich erinnerte mich an das wunderbare Wochenende, das wir gemeinsam an der Nordküste verbracht hatten, kurz vor meiner Abreise aus Brisbane. Am Sonnabend waren wir zu Hause geblieben, hatten Spaghetti bolognese geschlemmt und es uns dann vor dem Fernseher gemütlich gemacht, um *The Sound of Music* zu sehen. Gaye kannte das Musical noch nicht, und ich hatte es das letzte Mal als kleines Kind gesehen. Eng aneinandergekuschelt saßen wir da, und alles war so friedlich. Als die Erinnerungen an jene Nacht wach wurden, bemerkte ich auf einmal, daß ich den Refrain von »Edelweiß« summte. Das Lied hat eine so liebliche Melodie, daß es mir selbst so, wie ich es sang, mit meiner brüchigen, ungeübten Stimme, große Freude bereitete. Lange Zeit lag ich einfach nur da und wiederholte immer wieder den Refrain, genoß den Klang meiner Stimme und war auf einmal längst nicht mehr so einsam.

Ich las meinen Brief an Gaye durch und war größtenteils damit zufrieden, abgesehen von dem, was ich über *Große Erwartungen* geschrieben hatte. Aber der Roman war ein weiterer Stützpfeiler meiner geistigen Gesundheit gewesen. Daß ich ihn innerhalb kurzer Zeit viermal gelesen hatte und ihn dabei jedesmal besser fand, schien mir geradezu unglaublich. Noch nie zuvor hatte ich einen Roman in dieser Weise gelesen. Eine Passage des Buches gefiel mir immer besonders. Gegen Ende sieht sich die Hauptfigur Pip in eine Lage versetzt, die derjenigen nicht unähnlich ist, in der ich mich befand. Pip erhält einen Zettel, auf dem steht, er solle zu einem geheimen Treffpunkt gehen. Dort begegnet er einem alten Feind, einem Menschen, den er schon lange vergessen hat. Dieser Mann jedoch hat Pip nicht vergessen, ebensowenig wie die Ungerechtigkeit, die Pip ihm seiner Ansicht nach zugefügt hat. Er plant, ihn umzubringen.

Pip wird gefesselt und verspottet und verhöhnt, während der Mann ihm seine Pläne erläutert. Der Held des Romans versucht, sich damit abzufinden, daß er bald sterben wird, und er empfindet ein tiefes Gefühl der Reue. Jetzt denkt er darüber nach, wie er die Menschen aus der bescheidenen Umgebung seiner Jugend betrogen hat, um sich einen besseren Status zu verschaffen. Der

Mann, der Pip zu seinem Gefangenen gemacht hat, erzählt ihm, daß sein Körper nach seinem Tod in den Kalkofen geworfen werden soll. So wird er nie entdeckt werden. Ich dankte meinem Gott, daß ich keine Reue empfinden mußte über die Art und Weise, wie ich andere Menschen in meinem Leben behandelt hatte.

Gerade als Pip das Schicksal ereilen soll, kommt sein Freund Herbert hereingeplatzt und rettet ihn. Als ich diese Passage las, dachte ich bei mir: »Wäre es nicht wunderbar, wenn jetzt ein Herbert vorbeikommen würde, um dich zu retten, gerade wenn deine Zeit abläuft?« Der Gedanke machte mich lächeln. Das Auftreten eines »Herbert« war ausgesprochen unwahrscheinlich, aber der Gedanke war so tröstlich, daß er zu einem weiteren Strohhalm wurde, an den ich mich klammerte.

Jetzt, während der Schneesturm um mich her weitertobte, erschienen das Siebzig-Tage-Ziel, der Herbert-Retter, der Flugzeugabsturz oder der Vulkanausbruch unwahrscheinlicher denn je. Ich lag da und dachte an die Wochen, die vergangen waren. Vielleicht war ich schon dreiundzwanzig. Ich war schmutziger, dünner und stinkender denn je. Dreck bedeckte mich von Kopf bis Fuß. Meine Rippen ragten überdeutlich vor. Meine Hüften wiesen weder Fett noch Muskeln auf, selbst das Liegen auf meinem Erdlager war unbequem. Der Umstand, daß ich zu einem derart schmutzigen, verhungerten Wesen heruntergekommen war, widerte mich an. Der durchschnittliche Universitätsstudent, der ich gewesen war, schien tiefer gesunken als die elenden, räudigen Tiere in den Straßen von Katmandu. Wie schief doch alles gelaufen war!

Zuweilen erwog ich, Fotos von der Umgebung zu machen, doch ich verspürte keinerlei Neigung, mein schockierendes Äußeres im Bild festzuhalten. Aus meinen Briefen würden meine Familie und Gaye den Eindruck gewinnen, daß es nicht zum schlechtesten gestanden habe. Eine Fotografie würde die Realität des Leids enthüllen.

Meine Selbstachtung hatte einen absoluten Tiefpunkt erreicht, und mich quälte das Gefühl, die grauen Wolken um mich her würden sich über meine Gedanken legen. Die Situation erschien mir absolut hoffnungslos, und ich fragte mich allen Ernstes, ob es noch lohnte durchzuhalten.

Joanne: 23. Januar 1992

Es war völlig dunkel und ziemlich kalt, als wir mit den beiden Bergsteigern in Colonel Puns Büro eintrafen. Er orderte Tee, der bald darauf in Porzellantassen mit Blumenmuster serviert wurde. In der im übrigen spartanisch anmutenden Umgebung wirkte das Teegeschirr unpassend. Eine Reihe von Karten hingen an den kahlen Wänden. Der Boden bestand aus Beton, und die Stühle waren abgenutzt. Colonel Pun stellte einen Petroleumofen vor mich hin, und wir informierten ihn über den neuesten Stand der Dinge im Hinblick auf die Suchmannschaften, die noch unterwegs waren. Ich erzählte Colonel Pun von der Hellseherin, die mir immer wieder mitteilte, James sei in Gosainkund. Angesichts des Umstands, daß bereits zwei Männer zu Fuß dorthin unterwegs waren, sah der Colonel wenig Sinn darin, zusätzlich mit zwei Männern hinaufzufliegen. Sollten die Bergsteiger die Hütten zu Fuß nicht erreichen können, gäbe es für ihn auch keine Möglichkeit zu landen. Wenn er Zivilisten mit hinaufnähme, müßte ich für den Hubschrauber bezahlen. Veranstaltete er hingegen einen Übungsflug, könnte er feststellen, was in Phedi vor sich ging, und das würde mich nichts kosten. Seine Argumentation erschien mir logisch.

Tom und ich gingen in den oberen Stock des Gebäudes hinauf zum Funkraum. Das war ein kalter, trostloser Ort. In dem dunklen, beengten Zimmer stand auf einem Tisch ein Gerät, das zumindest für mein ungebildetes Auge recht einfach aussah. Unter der Teemaschine befand sich ein Plastikbehälter, angefüllt mit grauem Wasser, in dem eine Bananenschale schwamm. Der Behälter sollte überschüssiges Wasser von der Teemaschine auffangen und diente darüber hinaus zum Auswaschen der Teetassen. Ich zog eine Grimasse, als ich an den Tee dachte, den ich gerade getrunken hatte. Ein Soldat brachte mir den Petroleumofen aus dem Büro des Colonels.

Ungefähr zwanzig Minuten nach dem Start meldete sich Colonel Pun über Funk. Er hatte den Suchtrupp gefunden; er war in Phedi eingeschneit. Stimmen über Funk klingen verzerrt und rauh und gewinnen so eine gespenstische Qualität, fast wie in einem Science-Fiction-Film. Zwischen den Funksprüchen hört man das unheimliche Heulen der atmosphärischen Störungen.

Colonel Pun war überrascht, wieviel Schnee lag; mindestens zwei Meter, schätzte er, in Phedi. Ein Signalbanner war nicht ausgelegt gewesen. Mehrere Männer kamen aus den Hütten gerannt und liefen eine kurze Strecke den Berghang hinauf zu einem Platz, wo der Hubschrauber landen sollte. Sie fingen an, Schnee aus dem Weg zu schaufeln. Einige benutzten dazu die bloßen Hände, aber es nützte nichts.

Die Männer hatten nichts gefunden, und Colonel Pun wies sie mit einer Mischung aus Zeichensprache und Rufen an, weiterzusuchen. Dann flog er nach Talu, wo er landen konnte. Selbst dort lag Schnee. In dem kleinen Dorf traf er Ingo. Offensichtlich hatte sich die Suchmannschaft getrennt. Ingo hatte ebenfalls nichts gefunden. Seine Absicht bestand darin, zwischen Talu und Phedi weiterzusuchen, aber er konnte nichts tun, bis das Wetter aufklarte und ein Teil des Schnees taute. Die Suchaktion würde dann mindestens zwei oder drei Tage dauern.

Während Colonel Pun in den Bergen war, hatte sich dichter Nebel über die Stadt gesenkt. Das bedeutete, daß er in Tokha landen mußte, auf einer Militärbasis hoch über dem Tal.

Ich ärgerte mich, daß das Wetter dort oben so schlecht war. Es schien wirklich, als hätte sich einfach alles gegen uns verschworen! Ich hatte keine Vorstellung davon, wieviel von der Gegend oberhalb von Phedi bereits abgesucht war. Und ich machte mir Sorgen, daß die Suchmannschaft nicht über genug Lebensmittel verfügen könnte. Daher beschloß ich, Nachschub zu organisieren und Colonel Pun dazu zu bewegen, mehrere Pakete mit Nahrungsmitteln abzuwerfen. So müßten die Männer nicht nach Katmandu zurückkehren, um ihre Vorräte aufzustocken.

James: 23. Januar 1992

Mein Kopf war immer noch in den Schlafsack gehüllt, als ein Geräusch die Stille des Morgens durchbrach. Es war zu kalt, um meine tägliche Routine zu beginnen. Träge lag ich da in dem Wissen, daß draußen ein klarer Tag heraufzog. Das konnte ich an dem Licht erkennen, das durch die Stofflagen meines Schlafsacks sickerte. Ohne den Kopf aus der Kapuze ziehen zu müssen, wußte ich, wie das Wetter an diesem Morgen war. Nach einem schnellen Blick zum südlichen Ende des Tales konnte ich voraussagen, ob es tagsüber schneien würde oder nicht.

Das Geräusch, das jetzt gut zu hören war, ähnelte keinem anderen, das ich in den letzten Wochen hier am Berg gehört hatte. Es klang wie ein Heulen. Als es lauter wurde, nahm es einen rhythmischeren, mechanischen Charakter an. Keine Naturgewalt konnte einen so regelmäßigen Lärm verursachen.

»Das muß ein Hubschrauber sein!« dachte ich. Ich öffnete den Reißverschluß meines Schlafsacks und stand auf. Während ich noch mit meinen Turnschuhen kämpfte, zog der Helikopter hoch über mir am Himmel dahin, unterwegs in nördlicher Richtung nach Phedi.

Ich wankte hinüber zum rechen Rand meines Felsunterschlupfs, band mir unterwegs die Schnürsenkel zu und griff nach meinem Schlafsack. Der Hubschrauber hatte gar nicht lange gebraucht, um Phedi zu erreichen. Er schien jetzt weit entfernt und kreiste über dem Dorf. Obwohl er so weit weg war, nahm ich doch an, mit meinem blauen Schlafsack und der braunen Thermo-Unterwäsche müßten sie mich sehen. Ich trat hinaus in den Schnee, überrascht, wie tief er war. Bis über die Hüfte sank ich ein, und es kostete mich gewaltige Anstrengung, auf die freie Fläche hinauszuwaten. Gerade ein Viertel der Entfernung konnte ich bewältigen, bis knapp jenseits der Bäume. Dann löste ich den Taillenzug meiner Hose und ließ sie hinunterrutschen, während ich die ganze Zeit wie wild auf den Schnee unter meinen Füßen eintrat in der Hoffnung, ihn möglichst kompakt zusammenzudrücken. Es war wichtig, daß ich so hoch wie mög-

Ich ließ meine Hose herunter, damit meine braune Thermo-Unterhose sichtbar würde. Doch der Hubschrauber schien mich nicht zu sehen.

lich stand und so viel von meiner farbigen Wäsche zeigte, wie ich konnte.

Ich war seit fünf Minuten draußen im Schnee, und der Hubschrauber kreiste immer noch über Phedi. Jedesmal, wenn er auf mich zugeflogen kam, winkte ich verzweifelt mit meinem Schlafsack. Kehrte er mir die Rückseite zu, ruhte ich ein wenig aus bis zur nächsten Gelegenheit zum Winken. Das ging fünfzehn oder zwanzig Minuten so weiter, und mein Arm wurde schwach, obwohl ich immerhin in der Lage war, die ganze Zeit zu stehen.

Dabei wußte ich, daß die Chance, aus so großer Entfernung gesehen zu werden, ausgesprochen gering war. Dennoch ließ ich keine Gelegenheit aus. Ganz bestimmt war es wahrscheinlicher, daß der Pilot mich sehen würde, als daß ein Vulkan ausbräche, rief ich mir in Erinnerung. Ich sandte ein dringliches, stummes Gebet zum Himmel, daß der Hubschrauber das Tal hinunter zurückfliegen möge und nicht etwa über den Paß hinweg. Jedesmal, wenn er einen Kreis beschrieb und über Phedi hinwegschwang, mußte ich fürchten, daß er weiter bergauf fliegen würde und über den Höhenzug hinweg.

Nach zwanzig Minuten machte der Hubschrauber urplötzlich kehrt und kam das Tal hinuntergejagt. Er war mehrere Kilometer entfernt. Deutlich unterhalb von mir schien er an der gegenüberliegenden Wand zu kleben. Mit aller Kraft schrie ich: »Laßt mich hier nicht allein!«

Als der Helikopter in der Ferne verschwand, spitzte ich die Ohren und hoffte, er würde zurückkommen. Ich hatte mir immer vorgestellt, wenn ich je aus der Luft erspäht werden sollte, müßte der Hubschrauber Kreise über dem Tal ziehen, dicht an der Wand, unter der ich Schutz gefunden hatte. Wie oft stellte ich mir einen Hubschrauber vor, der genau das tat! Es schien nicht fair, daß der Helikopter, der nun tatsächlich gekommen war, so schnell wieder verschwand, ohne mir eine Chance zu geben.

Ich stolperte zurück zu meinem Felsen. Was für ein Zufall! Erst am Tag zuvor hatte ich meinen Eltern von einem Hubschrauber geschrieben, und jetzt war tatsächlich einer gekommen. Ich wußte natürlich, daß der Helikopter nicht meinetwegen hier hochgeschickt worden war. Ich wurde inzwischen so lange vermißt, daß irgendwelche Suchaktionen, die meine Familie veranlaßt haben mochte, schon lange eingestellt worden wären.

Auf dem Rückweg rutschte einer meiner Turnschuhe vom Fuß. Ich tastete mit der Hand im Schnee herum, konnte ihn aber nicht finden. Fluchend ging ich weiter. Am Tag Nummer siebzig würde ich beide Schuhe brauchen, um den Berg hinunter ins Dorf zu kriechen.

Der Hubschrauber hatte mir Hoffnung gebracht. Noch gestern hatte ich darum gerungen, meine fortdauernde Existenz zu rechtfertigen. Jetzt, so sagte ich mir, nachdem ein Hubschrauber ins Tal geschickt worden war, würde vielleicht ein weiterer folgen.

Die Art und Weise, wie der Helikopter über Phedi in der Luft geschwebt hatte, schien seltsam. Meine gehobene Stimmung wurde begleitet von einem deprimierenden Verdacht über seinen Auftrag. An den letzten beiden Tagen, als es so heftig schneite, mußten andere Wanderer versucht haben, den Paß zu überqueren. Dabei hatte sie wohl ein ähnliches Schicksal ereilt wie mich. Hätten sie es nämlich bis Phedi geschafft, würde der Hubschrauber sie mit Hilfe einer Seilwinde von dort ausgeflogen haben. Aber die Art, wie der Helikopter zurückgeflogen war, ließ es als ziemlich sicher erscheinen, daß die Suche nicht erfolgreich gewesen war. Auffallend war auch, wie schnell die Suche eingeleitet worden war. Wenn Hubschrauber zum Suchen eingesetzt wurden, mußte es ein bedeutender Mensch sein, der vermißt wurde. Das war gut für mich, weil weitere Suchaktionen folgen mochten.

Als ich nach Süden das Tal hinunterblickte, wußte ich, der Rest des Tages würde schön werden. Dies war ein weiteres gutes Vorzeichen. Am Nachmittag werde ich in der Sonne liegen, dachte ich und machte mich daran, meine Schneebälle vorzubereiten, um sie später am Tag zu genießen. Jener eine Hubschrauberflug hatte mich vom Rande der Verzweiflung zurückgeholt. Er war ein Beweis dafür, daß die Welt draußen weiterhin existierte, und er gab mir neue Hoffnung.

Joanne: 23. Januar 1992

Als wir wieder bei *Blue Mountain* waren, machte Tom Frühstück, während ich ein Fax von Dad las. Er hatte Kontakt mit Amnesty International in Australien aufgenommen. Kimberleys Hellseher sagte jetzt, daß James »mit einer Gruppe Menschen« zusammen sei, »zum Teil Westler«. Weiter sagte er, es handle sich um Drogenhändler, die in einem, grob gesehen, dreieckigen Gebiet wenig oberhalb von Dhunche operierten. Er meinte, am besten erhalte man Informationen, indem man sich an den Lama aus der Region wende. Und er behauptete auch, daß James »emotional angegriffen« sei und sich »in zwei Monaten zeigen« würde. Letzteres ließ ich völlig außer acht, aber einige der anderen Äußerungen waren interessant, weil sie mit Linda Griffiths Ansicht über den immerhin möglichen Drogenschmuggel zusammenpaßten.

Ich rief bei *Amadablam* an, um festzustellen, ob sie etwas von ihren beiden Suchmannschaften gehört hatten. Man sagte mir, die beiden Bergsteiger, die nach Gosainkund gegangen waren, seien zurückgekehrt. Wieder war ich sehr ärgerlich, daß man sich nicht bereits mit mir in Verbindung gesetzt hatte.

»Ich habe doch gesagt, ich möchte informiert werden, sobald die Männer wieder eintreffen. Warum haben Sie mich nicht angerufen?« fragte ich. Die Telefonistin, die sich mit meinen Beschwerden offensichtlich nicht auseinandersetzen mochte, verband mich umgehend mit Herrn Ravi. Er entschuldigte sich, daß er mich nicht informiert hatte. Die Männer waren bis zum Laurebinyak-Paß gegangen und hatten nichts gefunden.

»Haben sie jede einzelne Hütte in Gosainkund durchsucht?« fragte ich. Herr Ravi sagte, das hätten sie. Ich spürte einen Stich der Enttäuschung. Obwohl Andrew so über die Äußerungen des Hellsehers hergezogen war, hatte ein Teil von mir verzweifelt gehofft, James würde in einer der Hütten sein.

»Was muß bloß passieren, damit die bei *Amadablam* tun, was ich sage?« fragte ich. »Wenn ich sie nicht immer wieder scheuche, würde ich nie etwas hören. Begreifen die denn nicht, wie wichtig das für mich ist?«

Graeme rief an, um zu sagen, er habe mit dem Chinia Lama gesprochen, der allerdings noch nichts Neues gehört hätte. Längst waren die fünf Tage verstrichen, die seine Abgesandten unterwegs sein sollten. Ich machte mir Sorgen über den offensichtlichen Mangel an Ergebnissen. Der Einsatz eines Hubschraubers hatte die ganze Aktion nicht gerade billig gemacht. Ich wollte wissen, was passiert war, auch wenn die Abgesandten des Lamas nichts gefunden hatten. Ich wollte in Erfahrung bringen, ob sie mit den Hüttenwirten aus Phedi und Gopte gesprochen hatten, und ich wollte hören, was die sagten.

Dann rief ich Amnesty International in London an. Man hatte mein Fax gelesen, war aber nicht bereit, aufgrund unseres anonymen Briefes einen Großalarm auszulösen. Es galt, das Ganze erst näher unter die Lupe zu nehmen. In vierundzwanzig Stunden sollte ich zurückrufen.

Joanne: 24. Januar 1992

Nach meiner ersten Nacht bei Tom und Maria fragte ich mich, warum ich nicht gleich zu ihnen gezogen war. Maria tat alles, was in ihren Kräften stand, damit ich mich rundum wohl fühlte. Ich hatte so viele Decken, daß ich nicht wußte, was ich damit anfangen sollte, und als ich ins Bett ging, gab sie mir eine Wärmflasche mit. Auf meinem Nachttisch stand ein Tablett mit Wasser, Tee, Kaffee und Milch. Ich hatte mein eigenes kleines Badezimmer mit Waschbecken, Dusche und Toilette. Das Wasser aus der Dusche lief nicht besonders gut ab, und die Toilettenspülung funktionierte nicht immer, aber mit solchen kleinen Unannehmlichkeiten konnte ich in dieser fürsorglichen Atmosphäre, wo ich mit offenen Armen aufgenommen wurde, gut leben.

Eng an meine Wärmflasche gekuschelt, hatte ich eine einigermaßen ruhige Nacht verbracht. Das Telefon läutete um acht Uhr früh. In Nepal beginnt die Arbeit in den Büros nicht vor zehn Uhr. Erst ab Mitte des Vormittags kann man etwas erreichen. Und acht Uhr früh in Nepal entsprach ein Uhr nachts in Australien. Dad hatte beschlossen, das sei die beste Zeit für einen Anruf.

Er wollte mir mitteilen, daß er sich auf einen Vorschlag von Linda Griffith hin mit Herrn Gautam träfe, dem nepalesischen *Chief Secretary,* der sich zur Zeit auf einer Reise durch Australien in Queensland befand. Ich hielt das für eine ausgezeichnete Idee.

Als ich aufgelegt hatte, fragte ich mich, was Dads Verabredung wohl bringen mochte. Sollte sie sich als ertragreich erweisen, wäre ich ein wenig irritiert, weil Herr Gautam ja schließlich in Nepal gewesen war, als ich im Land eintraf. Ich wußte, daß Mitarbeiter der australischen Botschaft ihn zur Abreise nach Australien an den Flughafen begleitet hatten. Wenn es hilfreich sein konnte, sich mit Angehörigen der nepalesischen Regierung zu treffen, hätte ich erwartet, daß die australische Botschaft etwas Entsprechendes für mich arrangieren würde. Andererseits war Herr Gautam in Australien nicht zu Hause, und er war sicher interessiert daran, die guten politischen Beziehungen zu fördern, indem er sich beispielsweise mit meinen Eltern traf. Außerdem hatte mein Vater eine erheblich wichtigere Position inne als ich. Wir würden abwarten müssen.

Ich fragte Dorrilyn, was passiert, wenn eine Leiche gefunden wird. Da sie Krankenschwester ist, nahm ich an, daß sie wissen mußte, was dazugehört, wenn man einen Leichnam außer Landes bringen will. Plötzlich saß ich da und weinte. Dorrilyn zeigte sich sehr verständnisvoll und erklärte, der Leichnam würde in einer Leichentasche zurückgebracht und in ein Leichenschauhaus überführt, höchstwahrscheinlich an der amerikanischen Botschaft. Es würde fünf Tage dauern, um die erforderlichen Formalitäten zu erledigen, ehe die Leiche ausgeflogen werden dürfe. In der Zwischenzeit müsse man sie möglicherweise einbalsamieren. Dorrilyn bemühte sich, mir klarzumachen, daß man sich um alles kümmern würde, und sie erinnerte mich daran, daß ich die Leiche nicht identifizieren müßte, wenn James noch einen Ausweis oder ein anderes Dokument bei sich trüge. Dorrilyn meinte, das beste, was ich tun könne, sei, so schnell wie möglich nach Hause abzureisen. Eins wußte ich mit Sicherheit:

Ich wollte auf keinen Fall in dem Flugzeug sitzen, in dem James' Leichnam transportiert würde. Zu wissen, daß ein Sarg mit dem Leichnam meines Bruders in dem Gepäckraum unter mir lag, wäre mehr, als ich ertragen könnte.

Gegen Mittag holten wir die Fotos ab, die der Suchtrupp von Herrn Ravi in Gosainkund gemacht hatte. Auf den Aufnahmen waren Männer zu sehen, die bis zum Bauch im Schnee wateten. Die Hütten sahen verlassen aus. Auf einem Foto war festgehalten, wie sie ein Plakat mit dem Foto von James im Fenster einer Hütte aufhängten. Die Seen waren vollständig zugefroren, und ich konnte nirgends auch nur die Andeutung eines Pfads entdecken. Zweifelsohne hatten die Männer nicht nur Gosainkund erreicht, sondern es hatte sie auch erhebliche Mühe gekostet.

Am Nachmittag fuhr Tom mich nach Thamel zu *Tashi Taki.* Drei in Jute eingewickelte Lebensmittelpakete standen dort bereit. Das sollte für die Suchmannschaft mindestens eine Woche reichen. Doch Colonel Pun konnte die Pakete nicht vor Montag, dem 27. Januar, hochfliegen. Ich hoffte, daß die Nahrungsmittel bis dahin nicht verderben würden. Auf gar keinen Fall wollte ich den Männern in Phedi einen Magen-Darm-Katarrh bescheren!

Ich versuchte, den Chinia Lama anzurufen, und man sagte mir, er sei in Boudha. Am Telefon gab man mir eine andere Nummer, die ich anrief, nur um zu hören, er sei zu Hause! So langsam wurde mir klar – auch wenn das hartherzig klingen mochte –, daß der Chinia Lama mich möglicherweise für eine PR-Aktion zu seinem persönlichen Vorteil benutzt hatte. Ohne Zweifel hatte es seine Dorfbewohner sehr beeindruckt, ihren Anführer vom Himmel herabsteigen zu sehen, flankiert von einem offiziellen Mitarbeiter der Botschaft.

Ich rief Lotti Weiss an und erzählte ihr, die Bergsteiger hätten jede einzelne Hütte in Gosainkund überprüft, und James sei nicht da.

»Oh. Meine Freundin war sich ganz sicher, daß Sie ihn dort finden würden.«

»Nun«, sagte ich, »sie hat sich geirrt. Sagen Sie ihr trotzdem vielen Dank.« Schließlich hatte die Dame nur helfen wollen. Ich fragte Lotti, ob sie kürzlich mit dem Chinia Lama gesprochen habe. Das hatte sie nicht, aber sie sagte, ein sehr prominenter Lama sei gestorben, und alle seien sehr beschäftigt mit den Vorbereitungen zu seiner Beisetzung. Vielleicht habe der Chinia Lama auch damit zu tun.

Um acht Uhr abends rief ich wieder in London an. Dieses Gespräch mit Amnesty International erwies sich als fruchtbarer. Man riet mir, die nepalesische Regierung zu informieren. Außerdem sollte ich mich an die chinesische Botschaft wenden und sehen, was die zu sagen hätten.

Joanne: 25. Januar 1992

Am Sonntagmorgen hatte ich nichts Besonderes zu tun. Ich beschloß, einen Spaziergang zu unternehmen, weil ich dachte, etwas Sonnenschein und Bewegung würden mir guttun. Trotz der Armut und der vielen Leute, die am Straßenrand entlanglaufen, macht Katmandu den Eindruck einer recht sicheren Stadt. Eine ganze Reihe von Menschen beobachteten mich, mehr aus Neugier als aus einem anderen erkennbaren Grund. Ich hatte mich inzwischen an den Gestank des Abfalls in den Straßen gewöhnt, an das kehlige Geräusch der Männer und Frauen, die ausspuckten, an die lauernden, dreckigen Hunde und die schlingernden Fahrzeuge. Statt dessen fiel mir jetzt auf, daß ich schüchtern angelächelt wurde und daß die Leute »Namaste« murmelten, wenn ich vorüberging. Ins Auge fielen mir auch die leuchtenden Farben eines Obst- und Gemüsestands und die Saris der Frauen. Ich sah zu, wie die Kinder lachten, die am Straßenrand spielten. Ja, ich begann, eine Zuneigung zu dieser fremdartigen, exotischen, schmutzigen, aber lebendigen Stadt zu entwickeln. Und ich fing an zu verstehen, warum James hierher gekommen war und warum es ihm so sehr gefallen hatte.

Tom und Maria wollten gerade zu Mittag essen, als ich zurückkam. Nach meinem Gespräch mit Amnesty International gestern abend hatte Tom, hilfreich wie immer, einen Kontakt hergestellt, der sich als nützlich erweisen könnte. Die betreffende Dame, Indra Ban, hatte viele Freunde in politischen Ämtern und hielt sich zur Zeit in Sydney auf. Tom schlug vor, mein Vater solle sie anrufen.

Während wir noch darüber sprachen, rief Dad an. Die Bundespolizei in Australien war bereit, uns weiterzuhelfen. Ein Polizeibeamter war bei ihm und bot an, er wolle einen Kollegen in Pakistan veranlassen, mich anzurufen.

Indra erwies sich als große Hilfe. Nachdem Dad sie angerufen hatte, führte sie mehrere Telefongespräche nach Indien und Nepal und schlug vor, wir sollten uns an den Minister für Forstwirtschaft wenden, einen guten Freund von ihr. Als Tom das versuchte, war der Minister nicht zu sprechen, aber er erklärte sich bereit, uns früh am nächsten Morgen zu empfangen. Aus Höflichkeit riefen wir die australische Botschaft an, um sie von unserem Vorhaben in Kenntnis zu setzen und zu fragen, ob jemand uns begleiten wolle. Man sagte uns, es stünde niemand zur Verfügung.

An jenem Tag gab es darüber hinaus nicht viel, was ich tun konnte. Dad rief nach seinem Treffen mit Herrn Gautam wieder an. Der *Chief Secretary* hatte sich höchst besorgt über James' Verschwinden gezeigt. Es sei nicht üblich, daß jemand so einfach vom Erdboden verschluckt werde. Er wies jedoch den Gedanken von sich, James könne in einem politischen Gefängnis sitzen. Wäre das der Fall, würde man in Nepal inzwischen davon wissen. Er riet Dad, ich solle ihn nach seiner Rückkehr nach Nepal am ersten Februar aufsuchen.

Joanne: 26. Januar 1992

Der sechsundzwanzigste Januar ist *Australia Day*, der australische Nationalfeiertag. In Katmandu veranstaltete die australische Botschaft aus diesem Anlaß eine Cocktailparty. Auli hatte mir eine Einladung besorgt. Der 26. Januar war auch Graemes letzter Tag in Nepal, bevor er einen Monat lang in Urlaub ging.

Ich war nicht gerade erfreut gewesen, als ich hörte, daß Graeme nach Australien fliegen sollte. Inzwischen kannte ich ihn recht gut und wußte, daß er sich wirklich Gedanken über James machte. Die ganze Zeit war er sehr kooperativ gewesen und äußerst bemüht zu helfen. Der Botschafter hatte seit unserem ersten Treffen keine weiteren Anstrengungen unternommen, mich zu sehen. Während sowohl Graeme als auch Auli mich eingeladen hatten, fragten der Botschafter und seine Frau nicht einmal, wie ich zurechtkam, ob ich einen Platz zum Bleiben hatte und ob sich jemand um mich kümmerte. Ich würde Graeme vermissen, wenn er abreiste. Erst Tim, dann Andrew, und jetzt Graeme ... Ich hatte das Gefühl, alle ließen mich im Stich.

Tom und ich waren schon um halb acht unterwegs. Wir fuhren quer durch die Stadt zum Haus des Ministers für Forstwirtschaft. An der Tür zogen wir die Schuhe aus und gesellten uns zu einer Menschenmenge, die geduldig wartete. Ich fragte mich, wie lange das wohl dauern würde, als ein untersetzter Mann im Türrahmen erschien und direkt auf uns zukam.

Wir standen auf, grüßten ihn auf nepalesische Art und sagten »Namaste«. Er setzte sich neben uns. Tom beriet sich eine Weile mit ihm auf nepalesisch. Ich folgte der Unterhaltung, so gut ich konnte. Der Minister runzelte die Stirn, schüttelte den Kopf und sah mich voller Sympathie an. Er hörte sich die ganze Geschichte an, stellte Fragen und nickte verständnisvoll. Als Tom geendet hatte, sagte er, am besten könne uns der Tourismusminister helfen, der ganz in der Nähe wohne. Er beschrieb uns den Weg zu dessen Haus. Ich konnte nicht umhin zu denken, das Weiterreichen des Schwarzen Peters habe begonnen.

Tom und ich fuhren zum Tourismusminister und fanden dort eine ähnliche Situation vor. Allerdings war der einzige andere Mensch im Warteraum ein alter Mann, der ganz in Weiß gekleidet ging. Er fragte Tom, warum wir warteten. Tom erzählte ihm kurz von James. Er hatte noch nicht viel gesagt, als der Alte ihn unterbrach. Er hatte schon gehört von dem Australier, der in der Gegend von Helambu oder Gosainkund vermißt wurde. Tom fragte, woher der Mann das wisse. Er entgegnete, die Nachricht von James' Verschwinden und der ausgesetzten Belohnung sei bis nach Nordwestindien gedrungen, wo er sich kürzlich aufgehalten habe.

Es dauerte nur wenige Minuten, bis jemand kam und uns Zeichen machte, wir sollten ihm nach oben folgen. Als wir den Raum verließen, flüsterte ich Tom zu: »Aber der andere Mann war doch zuerst da.«

Tom erwiderte: »Ja, aber er ist kein Westler.«

Der Tourismusminister war ein schlanker, grauhaariger Mann. Er sah ein wenig aufgelöst aus. Einzelne Haarsträhnen standen ihm unordentlich zu Berge, und ein großer Schal war um seinen Oberkörper geschlungen. Ich fragte mich, ob wir ihn wohl geweckt hatten. Wir schienen uns in einer Art Wohnzimmer zu befinden. Der Minister saß uns gegenüber auf einem hölzernen Stuhl, und wir nahmen auf einer Couch Platz, über die eine Häkeldecke geworfen war. Tom ging die ganze Geschichte noch einmal durch. Der Tourismusminister hörte zu und sagte dann, er wolle sehen, was er tun könne, aber der wichtigste Schritt, den wir unternehmen sollten, bestehe darin, Briefe mit einer offiziellen Bitte um Hilfestellung zu schreiben. Ein entsprechender Brief sollte an ihn gerichtet werden, einer an das Innenministerium und einer an den Außenminister, der gleichzeitig der Premierminister war. Mir sank der Mut. Ich stellte mir vor, wie wir die Briefe schrieben und sie aufgaben. Sollten sie je an den Schreibtischen der unzähligen Mitarbeiter vorbeigelangen (und dessen war ich mir überhaupt nicht sicher), würden sie mit Sicherheit ganz unten in dem Stapel mit der Aufschrift »EILT NICHT« landen, um den Herren Ministern zur erbaulichen Lektüre zu dienen, wenn sie einmal die Zeit dazu fänden. Wir dankten unserem Minister, sagten, wir würden uns sofort darum kümmern, und gingen. Ich brachte gegenüber Tom meine Bedenken zum Ausdruck. Er wollte das Ganze etwas anders angehen.

Wir kehrten zu *Blue Mountain* zurück und entwarfen schnell einen Brief. Tom erklärte mir, er wolle dann versuchen, die Schreiben persönlich abzugeben. Die Cocktailparty in der Botschaft kam uns gut zustatten, ebenso wie der Umstand, daß die nepalesische Regierung auf keinen Fall einen Konflikt zwischen China und Nepal heraufbeschwören wollte.

Wir begannen die Ministerbriefe mit dem Hinweis, daß wir auf Anraten der australischen Bundespolizei, Herrn Gautams und von Amnesty International schrieben. Dann skizzierten wir, was sich ereignet hatte, und erwähnten, daß unser Vater ein Wissenschaftler von »weltweiter Bedeutung« sei. Schließlich zitierten wir die anonyme Mitteilung. Der letzte Absatz lautete: »Meine Familie und ich sind außer uns vor Schmerz und Sorge. Wir meinen, daß unter den gegebenen Umständen jeder Hinweis ernstgenommen und vollständig untersucht werden muß. Wir können auch *nicht* akzeptieren, daß jemand einfach spurlos verschwindet. Ich habe an Amnesty International geschrieben. Dort hat man mir geraten, die chinesische Botschaft in Nepal zu kontaktieren, aber ich glaube, ich sollte Ihren Rat einholen, bevor ich mich an die Botschaft wende.«

Wieder einmal sah ich ein, wie ungeheuer glücklich der Umstand war, daß ich Tom kennengelernt hatte. Er verstand sich wirklich gut darauf, wie die Dinge in Nepal funktionierten. Indem wir meine Familie und mich als so bedeutend wie möglich herausstellten und indem wir die Beteiligung der australischen Polizei erwähnten, sollte es uns gelingen, einen starken Eindruck hervorzurufen. Auch die kaum verschleierte Drohung, wir würden uns direkt an die chinesische Botschaft wenden, dürfte nützlich sein. Das letzte, was die Nepalesen wollten, war, daß ich zur chinesischen Botschaft marschierte und die Chinesen beschuldigte, James in einem Lager für politische Gefangene festzuhalten.

Toms Fähigkeiten kamen noch einmal deutlich zum Tragen, als er die Briefe ablieferte, besonders im Büro des Premierministers. Tom versuchte, einen Angestellten zu überreden, daß wir den Premierminister sehen dürften. Der Angestellte sagte, das sei unmöglich. Dann erklärte Tom, er habe einen ausgesprochen wichtigen Brief für den Premierminister von der australischen Botschaft. Das weckte das Interesse des Beamten. Er sagte, wir könnten den Premierminister trotzdem nicht sehen, aber wenn es ein wichtiger Brief sei, sollten wir mit dem Sekretär des Premierministers sprechen. Wir wurden in ein anderes Büro gewiesen.

Tom sprach auf nepalesisch mit den Sekretären, zeigte ihnen den Brief und machte ihnen nachdrücklich die Wichtigkeit seines Inhalts deutlich. Während er sprach, wurden die Männer ernster, nickten und hörten aufmerksam zu. Tom reichte einem von ihnen den Brief und bat um eine Quittung als Beweis, daß der Brief abgegeben worden sei. Als wir das Zimmer wieder verließen, sagte ich zu Tom: »Ich hoffe, der Brief erreicht den Premierminister.«

»Mach dir darüber keine Gedanken«, versetzte er. »Ich garantiere dafür.« Er erzählte mir, er habe dem Sekretär gesagt, der Brief enthalte Informationen, die von entscheidender Bedeutung für die australische Botschaft seien. Auf der Cocktailparty heute abend würde der australische Botschafter den Inhalt sicherlich mit dem Premierminister diskutieren. Es wäre doch höchst unangenehm für den Premier, wenn er den Brief nicht gelesen hätte, ehe er an der Party teilnahm!

Wir hatten noch immer nichts von dem Suchtrupp von *Amadablam* gehört, der in der Gegend zwischen Katmandu und Talu unterwegs war. Seit mehr als einer Woche waren die Männer jetzt unterwegs. Bestimmt mußten sie inzwischen zurückgekehrt sein. Ich war bereit zu wetten, daß man mich, wie immer bei *Amadablam*, nicht über ihre Rückkehr informiert hatte. Die Telefonistin kannte mich schon und stufte mich offensichtlich als schwierig ein. Sie verband mich direkt mit Herrn Ravi.

»Ich rufe an, um herauszufinden, ob der letzte Suchtrupp schon zurückgekehrt ist«, informierte ich ihn.

»Ja«, entgegnete er, »ich dachte, das wüßten Sie bereits. Am Donnerstag sind die Männer zurückgekommen. Haben Sie nicht davon erfahren? Es wurde eine Leiche gefunden.«

Maria blickte überrascht auf, als ich mich abrupt auf den Stuhl neben dem Telefon setzte. Meine Stimme zitterte, während ich versuchte, ein aufsteigendes Gefühl des Unwohlseins zu unterdrücken.

»Was? Ich weiß von nichts. Erzählen Sie.«

Herr Ravi sagte, der Suchtrupp, den ich ausgeschickt hatte, sei über Chisopani zurückgekehrt. Der Hüttenwirt dort habe den Leuten erzählt, im Norden von Helambu sei in der Nähe von Tarke Ghyang die Leiche eines Europäers gefunden worden. Man erzähle sich, der Nepalese, der den Leichnam gefunden habe, befände sich jetzt in Polizeigewahrsam in Katmandu, und andere Einheimische aus ganz Helambu eilten nach Tarke Ghyang in der Hoffnung, ihren Teil der Belohnung einzustreichen.

»Natürlich kann es sich einfach nur um ein Gerücht handeln«, schloß Herr Ravi.

»Großartig, einfach großartig«, dachte ich. Ich fragte Herrn Ravi, ob er irgendwelche weiteren Informationen habe. Die hatte er nicht. Dann brach ich das Gespräch ab und berichtete Maria, weinend. Ich konnte überhaupt nicht einschätzen, wieviel Wahrheit in dieser Geschichte lag. Ich versuchte, mich zusammenzureißen, als das Telefon klingelte.

»Es ist dein Vater«, sagte Maria. »Kannst du mit ihm sprechen?« Ich nickte und nahm ihr den Hörer ab. An das Gespräch kann ich mich kaum erinnern, abgesehen davon, daß es mir lächerlich erschien, von Regierungsbeamten und Briefen zu sprechen, wenn es doch sein konnte, daß das Geheimnis bereits gelüftet und James' Leichnam schließlich gefunden war.

Sobald ich aufgelegt hatte, rief ich Graeme an. Ich begann zu erklären, aber meine Stimme versagte. Ich brauchte mehrere Sekunden, um mich wieder unter Kontrolle zu bekommen. Dann versuchte ich es noch einmal, und es gelang mir, ihm zu erzählen, was ich gehört hatte. Er sagte, er wolle sehen, was er herausfinden könne. Es dauerte keine halbe Stunde, bis er zurückrief. Er hatte niemanden finden können, der über irgendwelche Informationen verfügte. Ich beschloß, Anoop Rana anzurufen, weil ich mich an seine Verbindungen zur Polizei erinnerte. Anoop sagte, er wolle tun, was er könne, und meldete sich innerhalb von zehn Minuten zurück. Er hatte mit der örtlichen Polizei gesprochen, wo man von nichts wußte. Morgen würde er sich mit allen Distrikten der Region in Verbindung setzen. Mittlerweile atmete ich bereits etwas freier. Wenn niemand etwas wußte, dachte ich, standen die Chancen gar nicht so schlecht, daß es sich bloß um ein Gerücht handelte.

Es gelang mir auch, den Chinia Lama zu erreichen. Er bestätigte, er habe immer noch nichts gehört, und sagte, er müsse möglicherweise einen Boten in die Berge schicken, wenn innerhalb der nächsten Tage keine Nachricht einträfe. Ich wurde immer wütender und stellte die Frage, ob es denn nötig sei, einen Boten auszusenden. Ich dachte, er hätte einen Läufer beauftragt, zu ihm zu kommen. Der Chinia Lama sagte, das habe er, und er sei überrascht, daß noch niemand eingetroffen sei. Wir beließen es dabei, daß wir abwarten würden, was die nächsten vierundzwanzig Stunden bringen sollten.

Ich hatte nicht daran gedacht, etwas einzupacken, das ich zu einer Cocktailparty anziehen könnte, als ich zu Hause in aller Eile meine Koffer gepackt hatte. Das war in Brisbane gewesen, vor einer ganzen Ewigkeit. Ich erhielt verschiedene Angebote, mir Kleidung zu leihen, aber ich beschloß, ich würde schon etwas finden, das anginge. Maria lieh mir Schmuck und Make-up, und zwischen einem Stromausfall und dem nächsten gelang es mir, genug davon aufzutragen, um an der Party teilnehmen zu können. Das Haus des Botschafters war hell erleuchtet, und das Geräusch der Gespräche und das Klirren der Gläser füllte die Luft. An der Tür wurden wir vom Botschafter, von seiner Frau und von Auli begrüßt. Der Salon war voll, und die Leute gingen über die Terrasse in den Garten. Kellner trugen Tabletts mit Getränken und Häppchen. Ich nahm mir ein Glas Weißwein von einem Tablett, das vorübergetragen wurde, und blickte durch den Raum. Da ich praktisch niemanden von den Gästen kannte und auch nicht in besonders geselliger Stimmung war, fragte ich mich, ob es wohl spät werden würde. In dem Moment stellte sich ein gutaussehender, bärtiger Nepalese im Anzug vor.

»Dr. Robertson? Mein Name ist Niranjan Koirala. Ich bin der Berater des Tourismusministers und der Neffe des Premierministers. Sie müssen mich begleiten. Es sind etliche Leute hier, die Sie sehr gern kennenlernen möchten.« Erstaunt folgte ich ihm. Wir befanden uns in der Nähe der Eingangshalle, als der Tourismusminister herüberkam. Ich erzählte Niranjan, wir würden uns bereits kennen, als ein großgewachsener Mann ganz in Weiß und mit einer Schärpe über der Brust sein Gespräch mit dem Botschafter unterbrach, um herüberzukommen. Als er die Hand ausstreckte, begriff ich, daß er niemand anders war als G. P. Koirala, der Premierminister von Nepal.

Der Premierminister ergriff meine Hand und sagte: »Es tut mir sehr leid, was ich über Ihren Bruder höre. Wir hätten schon längst davon in Kenntnis gesetzt werden sollen.« Der Botschafter war seinem Gesprächspartner gefolgt, und als der Premierminister das sagte, blickte er zum Botschafter hinüber.

»Tatsächlich?« lautete mein Kommentar. Der Premierminister fuhr fort, mir zu versichern, daß er alles tun würde, was in seiner Macht stünde. Er sagte mir, ich solle mit Niranjan in Kontakt bleiben und ihm morgen genaue Angaben über die Gegenden, die bereits abgesucht waren, übermitteln. Er hielt es nicht für wahrscheinlich, daß James sich in einem politischen Gefängnis befände, aber irgendwo mußte er ja schließlich sein.

Als der Premierminister mich alleinließ, um weitere Gäste zu begrüßen, triumphierte ich innerlich. Mit wenig Hilfe seitens der Botschaft hatte ich es geschafft, Eindruck zu machen und dem Premierminister vorgestellt zu werden. Wer konnte wissen, welche neuen Möglichkeiten uns das eröffnen würde?

Ich nippte den Rest des Abends an meinem Wein. Anoop Rana war da. Er erzählte mir, er habe den Eindruck, bei dem Gerede über eine Leiche, die in Tarke Ghyang gefunden worden sein solle, handle es sich ausnahmslos um Gerüchte. Ich erinnere mich daran, daß er mich aus der Menge herausführte und wir uns auf eine Mauer im Garten setzten. Mir wurde klar, daß er beschlossen hatte, mir Vernunft einzureden. Er sagte, ich solle Nepal verlassen. Entweder sei James tot, oder er wolle nicht gefunden werden. Ich würde mir eine Menge unnötigen Kummer ersparen. Ich erwiderte, ich hätte völlig akzeptiert, daß James möglicherweise tot sei, aber ich müßte einfach wissen, daß alles Menschenmögliche getan worden sei, bevor ich Nepal verlassen könne. Bis wir herausgefunden hatten, was passiert war, würde ich keine Ruhe finden.

Nach der Cocktailparty gingen wir zu Auli. Ich erzählte ihr, was Anoop gesagt hatte. Sie sagte, sie sei sich sicher, daß James noch am Leben sei. Sie könne es nicht erklären: Es handle sich einfach um ein Gefühl.

Es war nach ein Uhr nachts, als wir gingen. Ich verabschiedete mich tränenreich von Graeme. Dabei hatte ich vergessen, daß wir am nächsten Morgen um sechs Uhr mit den Lebensmitteln am Flughafen sein sollten.

Joanne: 27. Januar 1992

Um sieben Uhr war Colonel Pun bereits mit den Lebensmittelpaketen unterwegs, und ich saß im Funkraum. Heute gab es keinen Petroleumofen, daher war es sehr kalt. Ich versuchte, nah am Funkgerät zu sitzen, aber ich zitterte immer noch. Schließlich zog ich es vor, draußen auf der Veranda auf und ab zu gehen.

Das Funkgerät gab Geräusche von sich. Colonel Pun war es gelungen, nach Phedi zu fliegen, obwohl das Wetter schlecht war. Das winzige Dorf lag jetzt verlassen. Er war auch kurz in Talu gelandet. Ingo war nicht mehr da. Colonel Pun flog zurück nach Katmandu.

»Verdammt!« sagte ich. Was hatte das zu bedeuten? War der Suchtrupp auf dem Weg zurück nach Katmandu, weil sie keine Nahrungsmittel mehr hatten? Oder war das Wetter jetzt gut genug, daß sie weiter hinaufsteigen und den Paß überqueren konnten?

Bei seiner Rückkehr wußte Colonel Pun uns nicht mehr zu sagen, als er bereits über Funk berichtet hatte. Ich sah grimmig zu, als die Lebensmittelpakete ausgeladen wurden. Wir hatten keine Ahnung, wo die Suchmannschaft steckte, aber wir hatten einen Haufen Lebensmittel mit einer begrenzten Haltbarkeitsdauer. Das war keine besonders produktive Aktion gewesen.

Ich beschäftigte mich den Rest des Tages mit diesem und jenem. Der Polizeibeamte von der australischen Bundespolizei aus Islamabad rief an. Ich erklärte ihm, was bis jetzt passiert war, und bat ihn zu überlegen, ob er uns helfen könne. Außerdem faxte ich ihm Kopien aller Briefe, die ich geschrieben hatte, und eine Karte. Maria und ich gingen ins Tourismusministerium, um Niranjan Koirala aufzusuchen, der mir versicherte, daß alle Einheiten der Polizei und der Armee in der Gegend mobilisiert seien. Ich schickte ein Fax nach Hause, versuchte, den Chinia Lama anzurufen, der enttäuschenderweise nicht da war, und rief Debbie Harrison an, um sie wissen zu lassen, daß die Suchmannschaften nicht mehr in Phedi seien.

Es ist schwierig, zurückzuschauen und zu beschreiben, wie ich mich zu jenem Zeitpunkt fühlte. Ich war mit Sicherheit sehr erschöpft. James wurde seit genau fünf Wochen und einem Tag vermißt.

Immer wieder hatte man mir gesagt, er könne auf keinen Fall so lange überlebt haben. Ich wußte inzwischen, logisch betrachtet: wir suchten nach einem Leichnam. Und streng genommen hätten wir größtes Glück, wenn wir überhaupt einen fänden. Die wiederholten Berichte über die schlechten Witterungsbedingungen bedeuteten, daß es eine Grenze gab, wie lange wir noch weitersuchen konnten. Es war zu gefährlich, die Männer Schneelagen von bis zu zwei Metern Höhe auszusetzen, besonders wenn es »nur« darum ging, einen Leichnam zu finden. Ich konnte das verstehen. Auf keinen Fall wollte ich, daß noch jemand starb. Ich hatte das Gefühl, Anoops Einschätzung der Lage von gestern abend, derzufolge ich Nepal am besten verlassen sollte, spiegelte die Gedanken der meisten Einheimischen wider. Vermutlich hielten mich eine ganze Reihe von Leuten für ziemlich verrückt. Selbst die Bemühungen der Regierungsmitglieder schienen mir eher der Beschwichtigung zu dienen. Was die Leute dachten, kümmerte mich wirklich nicht. Wichtig war einzig und allein, die Gewißheit zu gewinnen, daß ich auf keinen Fall mehr hätte tun können, ehe ich Katmandu verließ. Mir war auch klar, daß vielleicht die schlimmste Aufgabe in meinem ganzen Leben darin bestehen würde, jenes Flugzeug nach Australien zu besteigen, ohne etwas erreicht zu haben. Ich wußte, das Interesse ließ nach. Sobald ich abgereist war, würde es ganz verebben, und James wäre eine weitere Zahl in der Statistik, noch ein Wanderer, der für immer verschollen blieb. Daher war es von so entscheidender Bedeutung, daß ich den Eindruck machte, nie die Hoffnung aufzugeben. So seltsam ein Hinweis auch anmuten mochte, wenn er den leisesten Anschein erweckte, er könne realistisch sein, mußte ich voller Überzeugung so tun, als hätten wir endlich die richtige Spur gefunden.

Ein Teil von mir akzeptierte nicht, daß James tot sein sollte. Einmal hatte ich mit Gaye telefoniert, und sie sagte mir, sie habe nicht das Gefühl, daß James gestorben sei. Ich wußte, was sie meinte. Etwas in meinem Innern war überzeugt, daß ich es fühlen würde, wenn James nicht mehr lebte. Ich konnte nicht endlos in Nepal bleiben, aber ich war noch nicht bereit zu gehen.

Andrew rief früh am Abend an. Ich hatte ein- oder zweimal mit ihm telefoniert, seit er nach Australien zurückgekehrt war. Und er hatte mehrmals mit meinen Eltern gesprochen. Er erzählte mir, wie sehr sie litten. Dad lehne es ab zu akzeptieren, daß James tot sein könne. Ich hatte Andrew gebeten, ihnen das Gelände zu beschreiben und sie auf das Schlimmste vorzubereiten. Unter diesen Voraussetzungen war es eigentlich seltsam, daß ich so schlecht auf Andrews Neuigkeit reagierte.

Sie würden einen Gedenkgottesdienst für James abhalten – keine Beerdigung, eine Feier seines Lebens. Andrew sagte mir, etwas müsse getan werden, um diesem Alptraum ein Ende zu setzen, damit wir weiterleben könnten. Sie würden warten, bis ich aus Nepal zurückgekehrt sei, und Andrew schlug vor, ich solle in Erwägung ziehen, sobald wie möglich abzureisen.

Ich unterdrückte die Tränen. Sie konnten es nennen, wie sie wollten, aber meiner Auffassung nach war das eine Beerdigung. Sie waren der Überzeugung, daß James tot war. Sie gaben auf. Ich hatte das Gefühl, ich würde nie die Kraft besitzen, an einer solchen Feier teilzunehmen. Ich war noch nicht bereit, mich von

James zu verabschieden. Und was wäre, wenn wir all das durchmachten und James' Leichnam im Frühjahr gefunden würde? Dann gäbe es einen neuen Gottesdienst und eine tatsächliche Beerdigung. Ich konnte den Gedanken nicht ertragen.

Etwas später rief mein Vater an. Er wollte nicht über den Gedenkgottesdienst sprechen, sondern sagte nur: »Joanne, erst wenn du Nepal verlassen hast, werden wir wissen, daß es für James keine Hoffnung mehr gibt.«

James: 27. Januar 1992

Während ich noch versuchte, mich aufzuraffen, die Wärme meines Schlafsacks zu verlassen, beobachtete ich, wie das Licht eines weiteren klaren Tages die Talwand gegenüber hinunterkroch. Das Auftauchen des Helikopters mochte jetzt drei, vielleicht vier Tage her sein. Zeit bedeutete für mich sehr wenig. Das Wetter war freundlich gewesen, und ich hatte zugesehen, wie der Schnee langsam wegschmolz. Die beiden schwarzen Vögel waren zurückgekehrt. Ich beachtete sie jetzt kaum. Dennoch war ich entschlossen, daß sie auf keinen Fall die Gelegenheit bekommen sollten, an meinem Leichnam herumzupicken. Ich wurde immer schwächer, aber wenn die Zeit käme, würde ich dafür sorgen, daß mein Schlafsack meinen Körper wirklich ganz und gar bedeckte, so daß mein Leichnam in seiner Ruhe nicht gestört werden konnte.

Ein paar Tage zuvor hatte ich mich fürchterlich erschrocken. Während ich las, hörte ich in der Ferne ein schwaches Bellen. Sofort dachte ich an ein Rudel Wölfe – ein schrecklicher Gedanke. Ich wußte, ich würde nicht in der Lage sein, mich zu verteidigen, eine leichte Beute für die Tiere, die mich in Stücke reißen würden. Sollte es so aussehen, als wollten sie angreifen, wäre der Selbstmord mit meiner Schere bei weitem vorzuziehen. Doch das Bellen wurde wieder schwächer.

Ich hatte von Zeit zu Zeit an Selbstmord gedacht, besonders in den Tagen, bevor der Hubschrauber kam, als der Schneefall so stark war und ich mich entmutigt fühlte. Wie einfach müßte es sein, sich die Schere in die Brust zu rammen! Nach einem kurzen Moment des Schmerzes würde ich nichts mehr wissen. Ich dachte auch daran, meine Schnürsenkel zu benutzen. Ich könnte sie an einem Stock befestigen und sie um meinen Hals legen. Wenn ich den Stock dann hinter meinem Kopf verdrehte, wäre ich bald nicht mehr in der Lage zu atmen – ein schneller Tod. Die schmerzloseste Methode bestünde darin, meinen Arm gefühllos zu machen, indem ich Eis auf die Arterie legte. Ein kurzer, präziser Schnitt wäre ausreichend. Jede dieser Methoden würde einen schnellen Tod bringen, eine vergleichsweise einfache Flucht vor dem Schmerz und der Einsamkeit.

Je mehr die Hoffnung nachließ, desto verführerischer wurde die Idee des Selbstmords, aber der Hubschrauber hatte das alles verändert. Er hatte meinen Kampfgeist wieder zum Leben erweckt, und ich hatte geduldig dagesessen und auf einen weiteren Flug über mein Tal gewartet.

Heute wurde meine Geduld belohnt. Wieder hörte ich das Heulen von Rotorblättern. Das Geräusch wurde schnell lauter, und ich sprang mit meinem Schlafsack in der Hand auf. Meinen übriggebliebenen Schuh streifte ich über den rechten Fuß und den Schlafsackbeutel über den linken. Dann rannte ich auf die freie Fläche hinaus. Der Schnee war viel weniger tief, und ich konnte bis in die Mitte der Lichtung gelangen. Jetzt würde ich alles geben. Bevor der Hubschrauber vorüberflog, stand ich bereit und winkte mit meinem Schlafsack.

Fast auf gleicher Höhe mit mir schoß der Hubschrauber vorbei, geradewegs nach Phedi. Ich winkte wie verrückt mit meinem Schlafsack. Das Rascheln war sogar noch lauter als der Hubschrauberlärm. Meine Hose hing um meine Fußgelenke, damit meine Thermo-Unterwäsche sichtbar wäre, aber der Hubschrauber eilte einen guten Kilometer entfernt das Tal hinauf, ohne auf mich zu achten.

Sekunden später schwebte er über Phedi, doch ich winkte immer noch. Obschon er weit entfernt war, konnte ich den Helikopter ganz klar sehen. Er paßte gar nicht in die verschneite

Bergwelt. Er blieb nicht lange, und ich sah voller Freude zu, wie er das Tal hinunter zurückkam, dieses Mal direkt auf mich zu. Er bewegte sich langsam und war mir sehr nahe.

Jetzt winkte ich noch wilder, nahm meine letzte Kraft zusammen und versuchte, auf und ab zu springen, um die Aufmerksamkeit der Männer an Bord zu erregen. Langsam sah ich den Hubschrauber vorbeischweben, nicht mehr als drei- oder vierhundert Meter entfernt. Ich konnte die beiden Piloten im Cockpit erkennen. Beide blickten direkt nach Katmandu hinunter. Nicht ein einziges Mal wandten sie die Köpfe nach links oder rechts.

Mein Mut sank, als ich sah, wie der Hubschrauber eine Kurve beschrieb und in der Ferne verschwand. Ich stand da und hoffte verzweifelt, er möge noch einmal das Tal hinauffliegen. Ich wußte, die Chancen standen sehr schlecht, aber nachdem ich die Anstrengung unternommen hatte, diese Position zu erreichen, war ich nicht bereit, allzu schnell zu meinem Felsen zurückzukehren. Ich stand ganz still, ein dunkler Fleck an der riesigen Bergwand. Heute würde ich diesen Hubschrauber nicht mehr wiedersehen. Ich biß die Zähne zusammen und versuchte, über die Enttäuschung hinwegzukommen. Dieses Mal waren sie so nahe gewesen und doch so fern … Sollte das die letzte Chance gewesen sein, die ich hatte? Ich stolperte zurück zu meinem Felsüberhang. Als ich fast da war, sah ich die Ferse meines verlorenen Turnschuhs aus dem Schnee gucken. Das ist schon mal etwas, dachte ich.

Wieder unter meinem Felsen angelangt, versuchte ich, optimistisch zu bleiben. Ich dachte, wenn zwei Hubschrauber hier heraufgekommen sind, gibt es keinen Grund, warum nicht ein dritter das gleiche tun sollte. Ich fragte mich, wie lange es dauern würde, ehe ein dritter Helikopter einträfe. Dreißig Tage war ich hier gewesen, ehe der erste kam. Vielleicht handelte es sich um Manöver der Armee und nicht um Suchflüge? Vielleicht würde es wieder dreißig Tage dauern. Die Zeit arbeitete nicht mehr für mich. Als ich mich abtrocknete, betete ich, daß Gott mir eine letzte Chance geben würde.

Joanne: 28. Januar 1992

Wiederholtes Bellen von Bluey im Laufe der Nacht, das Geräusch huschender Füße und eine halbe Banane, die am Morgen fehlte, ließen uns schlußfolgern, daß ein Nagetier die Küche mit uns teilte. Ich versuchte, mir einzureden, es sei vermutlich eine kleine Feldmaus, aber die Menge Obst, die fehlte, legte nahe, daß wir es mit etwas Größerem zu tun hatten.

Am Dienstagmorgen setzten wir uns zum Frühstück, als Carl Harrison anrief. Die Suchtrupps waren zurückgekehrt. Um halb zwölf verabredete ich mich mit den Männern in der Botschaft.

Ich traf bereits etwas früher ein, um mich noch mit Auli zu unterhalten. Ich fragte sie, ob es ihr etwas ausmachen würde, wenn sie versuchte, den Chinia Lama zu erreichen. Inzwischen war ich sehr verärgert über den Mann und hoffte, daß der Eindruck, den eine Angestellte der Botschaft machen würde, etwas Wirkung zeigte.

Carl, Ingo und Ang Phury tauchten auf, und wir setzten uns im üblichen Konferenzraum zusammen. Ich brauche es nicht eigens zu erwähnen: Sie hatten wieder nichts gefunden. Carl hatte eine Gruppe Männer nach Phedi gebracht und war sich sicher, daß er die Gegend über dem Dorf gründlich abgesucht hatte. Ingo hatte drei Träger und den Hund mitgenommen und war direkt nach Talu gegangen.

»Der Hüttenwirt von Phedi erinnert sich jetzt an deinen Bruder«, sagte Ingo. »Sobald ich das Hühnchen erwähnte, wußte er Bescheid.« Ich war deutlich erleichtert, das zu hören. Ingo erzählte mir, der Hüttenwirt habe Phedi am Morgen des zweiundzwanzigsten um zehn Uhr vormittags verlassen. Auf dem Weg nach unten hätte es stark geschneit.

Beide Suchtrupps gemeinsam hatten auch den Pfad zwischen Phedi und Talu abgesucht. Das war nicht einfach gewesen. Carl beschrieb mir den hüfttiefen Schnee, unter dem riesige Löcher und Abgründe verborgen lagen. Meist hatte er geführt und die Schneetiefe vor sich mit einer Schaufel geprüft. An einem Punkt war die Schaufel in einem besonders tiefen Spalt glatt verschwunden. An anderen Stellen war es notwendig gewesen, Männer an Seilen abzulassen. Ingo sagte, es liege so viel Schnee, daß die beiden Gruppen sich fast verlaufen hätten. Lediglich den Fähigkeiten der Hunde im Spurensuchen sei es zu verdanken gewesen, daß seine Gruppe den Pfad wiederfinden konnte. Und Carls Suchtrupp hätte ebenfalls für kurze Zeit den Weg verloren. Ingo war oberhalb von Talu unterwegs gewesen, als er in der Ferne Carls Gruppe sah, die in die falsche Richtung ging. Seine Rufe machten die Männer auf ihren Fehler aufmerksam. So blieb nur noch eine Gegend zwischen Phedi und Talu übrig, die noch nicht abgesucht worden war.

»Es ist ein gewaltiges Tal«, erklärte Carl mir, »mit Felsblöcken von der Größe dieses Zimmers. Es ist sehr gefährlich, stark vereist, bewaldet und voller Tümpel.« Ingo verglich die Bedingungen mit denen in einem Eisschrank. Es war bitterkalt, und der Schnee lag hoch. Carl sagte, es sei unmöglich, die Gegend vor dem Sommer zu Fuß abzusuchen. Es würde mindestens fünfzehn Tage ohne Schneefall brauchen, ehe man überhaupt daran denken könne, eine Suchmannschaft loszuschicken. Carl und Ingo meinten beide, es sei höchst wahrscheinlich, daß James' Leichnam in diesem Tal gefunden würde. Sie erläuterten, daß der Verlauf der Wegroute zwischen Phedi und Talu eigentlich absurd ist. Man sollte erwarten, daß der Pfad dem Tadi Khola folge. Statt dessen nimmt er einen sehr verschlungenen Weg. Gelingt es einem nicht, den Trail zu finden, und man folgt statt dessen dem Fluß, wie es James möglicherweise getan hatte, gelangt man in dieses Tal.

Ingo hatte den Einheimischen reichlich Gummihandschuhe überlassen, da sie ohne einen solchen Schutz einen Leichnam nicht anfassen würden. Sie wollten nach Lhosa (dem tibetanischen Neujahr im April) hinaus in die Berge gehen und Ausschau halten. Ingo hatte auch die Leute getroffen, die der Chinia Lama ausgeschickt hatte. Sie hatten nichts herausgefunden. Einmal mehr war ich davon überzeugt, daß Carl und Ingo extrem gründlich vorgegangen waren. Carl erzählte mir, sie hätten tatsächlich einen anderen Leichnam gefunden, einen Nepalesen, der vor ungefähr zwei Jahren gestorben war.

Es sah so aus, als sei James wirklich in jenes Tal hineingewandert. Ohne Nahrung, ohne Schutz vor der Witterung, ohne eine Möglichkeit zum Feuermachen mußte er innerhalb von wenigen Tagen gestorben sein. Jetzt galt es, sich damit abzufinden, daß dieses Tal erst im Sommer durchsucht werden konnte.

Die einzige Alternative bestand darin, einen Hubschrauber hochzuschicken. Schließlich hatte ich das Wort des Premierministers, daß sie alles tun würden, was in ihrer Macht stand, um zu helfen. Warum sollte ich nicht versuchen, einen Hubschrauber zu bekommen, ohne daß er uns etwas kostete? Weder Carl noch Ingo waren je zuvor in diesem Tal gewesen. Vielleicht könnten sie als Vorbereitung auf die Suche im Sommer aus der Luft eine Route ausmachen. Und es bestand die Chance, daß sie möglicherweise etwas sehen würden – vielleicht einen Rucksack, der noch nicht ganz vom Schnee begraben war? Das war zwar höchst unwahrscheinlich, aber ich wußte, ich wäre glücklicher, wenn wir es wenigstens versuchten. Obwohl Carl nicht besonders gern flog, erklärte er sich bereit, im Hubschrauber mitzugehen.

Sowohl Carl als auch Ingo überreichten mir Rechnungen. Carls Rechnung lautete auf amerikanische Dollars. Nur die Botschaft hatte Zugang zu den Geldern. Man sagte Carl, bis Donnerstag läge ein Bankscheck bereit, und er wies darauf hin, daß er spätestens am Freitag seine Männer bezahlen mußte.

Der Botschafter und Auli sicherten zu, sie würden wegen der Benutzung eines Hubschraubers mit jemandem von der Armee sprechen.

Ich kehrte zu *Blue Mountain* zurück und schickte noch ein Fax nach Hause. Tom schlug vor, jemand solle eine Videokamera mit in den Hubschrauber nehmen, um mir eine Vorstellung von dem Gelände zu geben. Außerdem könnte ich die Bilder meiner Familie zeigen. Im Hinterkopf hatte ich immer noch die Gegend, die Kimberleys Hellseher ausgewählt hatte: das Dreieck oberhalb von Dhunche. Aber eine realistische Hoffnung, James lebend zu finden, konnte ich daran nicht knüpfen. »Ich glaube, wir müssen akzeptieren, daß James nicht mehr auf der Welt ist«, sagte ich leise zu Tom.

»Weißt du, Joanne«, entgegnete er, »wenn James gestorben ist, hätte er sich keinen schöneren Ort auf der ganzen Welt aussuchen können. Dort oben in den Bergen ist es wie nirgendwo sonst auf Erden. Aber ... weißt du, ich habe so ein Gefühl. Ich glaube, er ist noch am Leben. Ich glaube das wirklich.«

Den Nachmittag verbrachte ich am Telefon. Ich rief Niranjan an, der mit dem Botschafter gesprochen hatte und zusagte, er würde mich auf dem laufenden halten. Auli rief kurz darauf an, um mitzuteilen, daß der Botschafter sich morgen mit dem Oberkommandierenden der nepalesischen Streitkräfte treffen würde. Ob ich mitkommen wolle?

»Natürlich will ich!« entgegnete ich. Nur mir selbst brachte ich das nötige Vertrauen entgegen, den General umfassend zu informieren. Um Viertel vor elf sollte ich in der Botschaft sein. Das Treffen mit General Rana war für die Mittagszeit angesetzt, aber der Botschafter hatte davor noch einen weiteren Termin. Ich sollte im Auto warten. Ich rief schnell bei Carl an, um zu hören, ob er mitkommen wolle. Er meinte, ich wüßte bereits alles, was er beitragen könne. Gut, dann würde ich allein gehen. Carl sagte noch, er wolle Ang Phury mit in den Hubschrauber nehmen, weil er ihm vertraue, ebenso gewissenhaft Ausschau zu halten wie er selbst.

Außerdem rief der Buchhalter von *Amadablam Trekking* an. Er verlangte mehr oder weniger, daß wir die Rechnung der Firma sofort bezahlen sollten. Ich war wie vor den Kopf geschlagen. Jedesmal, wenn ich gegenüber Herrn Ravi die finanzielle Seite erwähnt hatte, lautete seine Antwort, ich solle mir darüber zunächst keine Gedanken machen. Ich schoß zurück und sagte, von Anfang an sei klar gewesen, daß die Botschaft sämtliche Zahlungen regle. Ich hätte keinen Zugang zu dem Geld, und wenn man bedenke, daß ich jeden einzelnen verdammten Suchtrupp nach seiner Rückkehr erst aufscheuchen mußte, sei es vielleicht ganz gut, daß nicht ich diejenige sei, die bezahlen müsse. Es könnte nämlich sehr gut sein, daß ich dazu nicht bereit wäre.

Dann beschloß ich, es noch einmal beim Chinia Lama zu versuchen. Obwohl ich wußte, daß seine Leute nichts gefunden hatten, betrachtete ich es als eine Sache des Prinzips, noch einmal nachzufassen. Erstaunlicherweise gelang es mir, ihn zu erreichen. Er hatte nichts gehört, zeigte sich sehr besorgt und sagte, ich solle ihm Geld geben, um einen Läufer zu bezahlen. Der würde in die Berge gehen und herausfinden, was passiert sei. Ich fürchte, meine Reaktion auf diesen Vorschlag war nicht sehr positiv.

»Hören Sie«, sagte ich, »ich habe Ihnen schon Geld gegeben, um Leute zu bezahlen, die nicht getan haben, was von ihnen erwartet wurde. Außerdem habe ich viel Geld dafür bezahlt, daß Sie im Hubschrauber geflogen sind, und Sie haben mir Antworten versprochen. Ich werde für niemanden mehr bezahlen, und trotzdem erwarte ich, informiert zu werden, was passiert ist.« Der Lama sagte, er wolle sehen, was er tun könne, und hängte auf. Ich wußte, er war nicht besonders beeindruckt, aber das ging mir genauso.

Joanne: 29. Januar 1992

Der übliche Anruf von meinem Vater um acht Uhr holte mich aus dem Bett, obwohl ich bereits lange wach gelegen hatte. Während der Nacht war die Ratte wieder in der Küche gewesen. Die Tür zu meinem Zimmer ließ an der Unterkante einen Spalt frei. Ich lag im Bett und hoffte nur, das liebe Tier würde nicht hereinkommen.

Dad hatte verschiedene neue Informationen von Hellsehern, die von einem Freund der Familie stammten. Seit sich die Hütten in Gosainkund als leer erwiesen hatten, war ich solchen medial veranlagten Menschen nicht mehr besonders gewogen. Nach Dads Aussagen beharrten sie diesmal darauf, daß James sich in einem Ziegelgebäude oberhalb des Passes befinden solle. Ich wußte es zu schätzen, daß diese Menschen uns helfen wollten, aber ich dachte mir, wenn eine Hellseherin hier in Katmandu, die »von einer Göttin heimgesucht« wurde, nicht ins Schwarze treffen konnte, dürfte jemand aus Brisbane kaum richtigere Vorhersagen machen. Dennoch hörte ich geduldig zu. Ich sagte Dad, ich würde sehen, was ich tun könne.

Es war ungefähr neun Uhr, als Ingo bei *Blue Mountain* auftauchte. Etwas bekümmerte ihn. Gestern hatte ich ihm auf seinen Wunsch eine Kopie von Mark Fultons Aussage ausgehändigt. Ingo sprach von dem Morgen, als sie auf dem Weg nach Phedi mit dem Bus nach Melamchi Pul Bazaar aufgebrochen waren. Damals hatte er einen Wanderweg in Helambu erwähnt, der abgesucht werden müßte. Er führte von unterhalb Mangengoth am westlichen Arm des Helambu-Rundwegs zum östlichen Teilstück bei Kiul. Ingo hatte mich darauf hingewiesen, weil James diese Route als Abkürzung benutzt haben könnte, wenn er es bis zurück nach Helambu geschafft hatte.

»Weißt du noch – ich habe dir gesagt, es sei ein sehr gefährlicher Weg. Er wird manchmal der ›Weg des gebrochenen Knöchels‹ genannt.« Ich nickte.

»Ich erinnere mich, Ingo, aber du sagtest, du würdest auf diesem Weg suchen, wenn du nach Tharepati hinaufgehst.«

»Das habe ich gesagt, aber der Weg wurde nicht abgesucht«, versetzte er.

»Warum nicht?«

Scheinbar hatte es eine Meinungsverschiedenheit gegeben. Ingo wollte den Trail absuchen, aber Carl war dagegen gewesen. Offensichtlich hatte Ingo sich nicht durchsetzen können. Ich war nicht sonderlich überrascht, daß Carl und Ingo eine Meinungsverschiedenheit gehabt hatten. Sie waren beide daran gewöhnt, das Sagen zu haben, und von recht unterschiedlichem Charakter. Ingo war in vieler Hinsicht ein Geistesmensch. Er glaubte, um eine vermißte Person zu finden, müsse man verstehen, wie die betreffende Person gedacht habe und welche Entscheidung sie wohl gefällt haben mochte. Er war ein Mensch, der sich nach Eingebung und Intuition richtete. Carl ging objektiver vor. Er nahm die Fakten, entschied, was das wahrscheinlichste Ergebnis sein mochte, und untersuchte das.

»Dein Bruder«, sagte Ingo, »ist, glaube ich, ein Dickschädel. Er weicht von einer Entscheidung, die er einmal gefällt hat, nicht wieder ab.«

Ich stimmte zu: James konnte dickköpfig sein.

Ingo hob die Stimme. »Dann ist er nicht über den Paß gegangen. Wenn er kehrt gemacht hat, ist er auch weitergegangen.« Ingo erklärte, obwohl er akzeptiere, daß jenes Tal oberhalb von Talu bestimmt eine Möglichkeit sei, mache er sich Gedanken über den Pfad, der nicht abgesucht worden war. Ich wollte protestieren und sagte, daß James ja nicht beobachtet worden war. Bei der Vielzahl kleiner Dörfer dürfte es schwierig gewesen sein, nach Mangengoth zu gelangen, ohne gesehen zu werden.

»Nein, das stimmt nicht«, versetzte Ingo. Der Hüttenwirt von Gopte sei am selben Tag aufgebrochen wie der Hüttenwirt aus Phedi, also am zweiundzwanzigsten. James konnte in Gopte nicht gesehen worden sein. Tharepati war ein belebtes Dorf. Dort kamen viele Leute durch. »Es kann gut sein, daß sie deinen Bruder nicht gesehen haben.«

Mangengoth, die nächste Ortschaft am Weg, umfaßte eine Hütte und eine kleine Militärbasis. Ingo erklärte mir, die Wohnungen der Soldaten lägen von der Hütte getrennt. Es war durchaus vorstellbar, daß jemand daran vorbeigehen könne, ohne gesehen zu werden. Ingo sagte auch, der Hüttenwirt von Mangengoth sei oft tagsüber nicht da. Er selbst habe einmal länger als eine halbe Stunde in Mangengoth gewartet, bevor jemand ihn bemerkte. »Und ich habe dabei gepfiffen!« fügte er hinzu. »Und schau dir das an.« Ingo zeigte auf Marks Aussage. Mark hatte gesagt: »Ich glaube, James hätte den Weg genommen, auf dem wir gekommen sind, aber er kann auch den Weg nach Mahankal genommen haben, um dort eine Mitfahrgelegenheit zu finden.« Ingos »Weg des gebrochenen Knöchels« war der kürzeste Weg zur Straße.

»Ich glaube, ich muß diesen Trail absuchen«, sagte Ingo. Er machte sich auch immer noch Gedanken über den Hüttenwirt von Chisopani, der stur behauptete, James sei durch sein Dorf zurückgekommen. Ich bedeutete Ingo, wir seien sicher, er meine Tim auf dem Rückweg.

»Der Hüttenwirt sagte, jener Mensch wollte keinen Linseneintopf essen. Er kaufte einen Schokoladenriegel, das war alles.« Vielleicht mochte Tim einfach keine Linsen mehr, dachte ich.

»Ingo, du mußt losgehen und diesen Weg absuchen. Ich werde Mark anrufen und hören, ob er und James tatsächlich darüber gesprochen haben, daß es eine Straße nach Mahankal geben könnte. Und ich werde Tim anrufen, um zu fragen, ob er in Chisopani Schokolade gegessen hat.« Ingo sollte am Sonnabend aufbrechen, in zwei Tagen. Erst Mitte der folgenden Woche würde er zurückkehren.

»Eigentlich soll ich am Montag nach Hause fliegen«, sagte ich zu ihm, »aber vielleicht bleibe ich, bis du wiederkommst.«

»Ich glaube, du mußt ein wenig länger bleiben«, erwiderte Ingo.

Einer von den großen Hundekäfigen war noch in der Botschaft, und einem von Ingos Hunden ging es nicht gut. Ich bot an, den Käfig morgen vorbeizubringen und mir den Hund anzusehen.

Als Ingo wegfuhr, stellte ich fest, daß es beinahe Viertel vor elf war und ich eigentlich schon in der Botschaft sein sollte. Ich schnappte mir meinen Rucksack mit der üblichen Auswahl an Fotos und Karten und eilte die Straße entlang. Aus vielleicht hundert Metern Entfernung sah ich den weißen Mercedes aus der Einfahrt der Botschaft biegen und Richtung Innenstadt fahren. Zu meiner Erleichterung hielt der Wagen an. Der australische Botschafter muß der einzige Mensch in ganz Nepal sein, der pünktlich kommt, dachte ich bei mir. Als ich einstieg, entschuldigte ich mich für meine Verspätung. Der Botschafter schien ein wenig verärgert. Ich konnte es ihm nicht verdenken.

Er erzählte mir, sie hätten eine offizielle Stellungnahme der nepalesischen Regierung erhalten, die bestätigte, daß es in Nepal keine politischen Gefangenenlager gab. Der Botschafter bemängelte, daß wir den Briefkopf von *Blue Mountain* benutzt hatten, um Briefe an Regierungsmitglieder und Amnesty International zu schreiben. Er sagte, das sehe nicht besonders gut aus. Meine spontane Reaktion war, ihm geradeheraus zu sagen, daß mir das wirklich egal war, aber es gelang mir, mich zu beherrschen.

Punkt zwölf Uhr erhob sich General Rana, als wir sein Büro betraten. Er und der Botschafter schüttelten sich die Hände, während ein Fotograf die offensichtlich günstige Gelegenheit nutzte. General Rana, ein kräftig gebauter Mann, sah in seiner Uniform makellos aus. Ich wurde vorgestellt, wir setzten uns, und der General orderte Tee.

Der Botschafter überließ es mir, die Situation zu erläutern. Als ich eine Karte hervorzog, entstand vorübergehend etwas Unruhe, bis ein Adjutant die Brille des Generals gefunden hatte. Korrekt bebrillt, hörte er sich dann an, was ich zu sagen hatte. Er versicherte mir, alle Militärposten in der Gegend seien verständigt. Außerdem habe man zusätzliche Patrouillen ausgeschickt. Und er sei bereit, eine weitere Patrouille zu organisieren, die zu Fuß von Talu aufbrechen solle. Ich nahm dieses Angebot gern an, obwohl ich es für unwahrscheinlich hielt, daß diese Männer in Gelände vordringen könnten, das die Suchtrupps noch nicht abgedeckt hatten. Carl war ein wenig skeptisch gewesen, was den Erfolg von Militärpatrouillen anging. Er hatte gemeint, sie würden wahrscheinlich schon beim ersten Anzeichen von Schneefall kehrtmachen.

Ich erkundigte mich nach der Möglichkeit, kostenlos einen Hubschrauber zu benutzen, um über das Tal zu fliegen, das immer noch nicht abgesucht worden war. Der General machte ein bedenkliches Gesicht. Wenn wir Zivilisten mit hinaufschicken wollten, würde ich den Hubschrauber regulär chartern müssen. Ich war enttäuscht, aber ich verstand.

Wieder bei *Blue Mountain,* stellte ich für General Rana eine Liste der Fakten zusammen. Zu meiner Überraschung hatten wir bei der Suche bereits mehr als siebzig Menschen eingesetzt. Ich errechnete einen Gesamtaufwand von mehr als 640 Manntagen. Dann zog ich eine der vielen Karten hervor, die ich von der Region Helambu-Gosainkund besaß. Die Geographie der Gegend könnte ich im Schlaf zeichnen! Mit einem Leuchtstift begann ich, jene Gegenden zu schraffieren, die bis jetzt von den Suchmannschaften abgedeckt worden waren. Als ich damit fertig war, nahm ich einen blauen Stift heraus und kreiste drei Gebiete ein: das nicht abgesuchte Tal oberhalb von Talu, Ingos »Pfad des gebrochenen Knöchels« und das Dreieck oberhalb von Dhunche.

Schließlich sammelte ich alles zusammen und ging hinunter zur Botschaft.

Auli und ich saßen draußen in dem kleinen Hof zwischen den Büros und ihrem Haus. Ich zeigte ihr die drei noch nicht abgesuchten Gebiete auf der Karte und fragte, ob es wohl lohnen würde, einen Hubschrauber hochzuschicken, um das Tal abzusuchen. Eine Chance, tatsächlich etwas zu entdecken, bestünde kaum. Oder lohnte es sich, einen Suchtrupp loszuschicken, der die Gegend oberhalb von Dhunche durchstreifen und einen Blick in alle Gompas oder anderen religiösen Gebäude werfen sollte?

»Das ist es, was noch übrig ist«, sagte ich zu ihr. Auli blickte mich ohne Umschweife an. »Du mußt alles absuchen, Joanne. Du weißt, daß du es tun mußt.« Sie hatte recht. Ich machte mich auf den Weg zu Herrn Ravi und vereinbarte ein Treffen mit Balaram. Ich brauchte seine Hilfe.

Wieder bei *Blue Mountain,* rief ich Mark Fulton an. Er konnte sich nicht daran erinnern, mit James über eine Mitfahrgelegenheit von Mahankal aus gesprochen zu haben, aber er glaubte immer noch, es sei möglich, daß James sich dorthin gewandt habe. Dann rief ich Tim an, der bestätigte, daß er in Chisopani nur Schokolade gegessen hatte. Mehr denn je war ich davon überzeugt, daß der Hüttenwirt Tim und James verwechselte.

An jenem Abend lag ich im Bett und hielt meine Wärmflasche umklammert. In Gedanken wandte ich mich den Plänen für den morgigen Tag zu. Nachdem ich Ingos Käfig abgeliefert hatte, würde ich mich darum kümmern, daß Colonel Pun und Carl im Hubschrauber losflogen und das Tal absuchten. Das würde nur einen Tag dauern. Ingo würde am Sonnabend aufbrechen und am nächsten Mittwoch zurückkehren. Wenn Balaram gleichfalls bis Sonnabend aufbrechen konnte, sollte er am darauffolgenden Donnerstag oder Freitag zurück sein. Ich könnte meinen Flug nach Hause am dritten Februar stornieren und für den zehnten neu buchen.

Dabei mußte ich mich fragen, wie Calum zurechtkam. Ich war jetzt seit mehr als drei Wochen hier und hatte noch nicht einmal angerufen! »Nur noch eine Woche«, nahm ich mir vor.

Joanne: 30. Januar 1992

Dank Auli konnte ich ein Fahrzeug der Botschaft benutzen, um Ingos Hundekäfig zurück nach Sundarijal zu bringen.

Sundarijal ist der Ausgangspunkt des Helambu-Treks. Ingo leitet dort ein Trekking-Informationszentrum und eine Erste-Hilfe-Station, wo Wanderern Rat, einfache medizinische Hilfe oder eine Übernachtung in der Hütte geboten wird. Viele Einheimische kommen zu Ingo, um sich behandeln zu lassen. Wenn sie so krank sind, daß er ihnen nicht mehr helfen kann, und wenn sie kein eigenes Geld besitzen, treibt er die finanziellen Mittel auf, um die Leute nach Katmandu ins Krankenhaus zu schicken. Hinter Sundarijal steigen die Berge steil an. Ich warf einen Blick darauf und wußte, ich würde beim Wandern ungefähr zehn Minuten überleben!

Wir wurden von Ingo und einer Horde nepalesischer Kinder willkommen geheißen. Mehrere Hundebetreuer lächelten schüchtern im Hintergrund, während Ingo mir stolz die Tiere zeigte. Bis auf eine Hündin, die vor nicht allzu langer Zeit Nachwuchs bekommen hatte, sahen alle gesund und wohl aus. Der Unterleib der kranken Hündin war angeschwollen und voller Flüssigkeit, dennoch machte sie einen recht munteren Eindruck. Ich hatte Ingo gewarnt, daß ich ohne die richtige Ausrüstung und weitere Hilfsmittel nicht viel tun könne. Jetzt hatte ich nur James' Stethoskop dabei, und meine einfache Untersuchung legte nahe, daß es sich um einen Leberschaden handeln müsse. Ohne Labortests konnte ich nichts Genaues sagen. Mir war klar, daß Ingo es für abwegig halten mußte, diagnostische Tests bei einem Tier durchzuführen, wenn solche Untersuchungen vermutlich nicht einmal für Menschen zur Verfügung standen.

Ich folgte Ingo hinten um das Gebäude herum, wo wir in einem kleinen Nebengelaß aus Holz in Form einer Pagode Tee tranken. Zu uns gesellte sich ein hutzeliger kleiner Mann mit herunterhängendem Schnurrbart. Braune Augen funkelten in seinem ledrigen Gesicht. Das war Lopsom. Er hatte seinen Rinpoche aufgesucht und glaubte, daß James immer noch am Leben sei.

Der Tee wurde serviert. Inzwischen hatte ich mich daran gewöhnt, Tee auf die verschiedensten Arten zu trinken: schwarz oder mit Milch, mit Zucker oder ohne. Ich erzählte Ingo, daß ich mit Mark und Tim gesprochen hatte. Ingo sagte, er würde am Sonnabend aufbrechen und über Melamchi Pul Bazaar in die Berge gehen, dabei den Trail von Ost nach West kreuzend. Sollte er nichts finden, würde er über Chisopani zurückkehren und vielleicht einen kurzen Blick in den dortigen Wald werfen. Ich ließ ihn gern gewähren und alles tun, was er für nötig hielt. Ende nächster Woche würde ich von ihm hören.

Auf dem Weg zurück zur Botschaft entdeckten wir Carl, der auf ein Taxi wartete. Er wollte seinen Scheck abholen. Morgen mußte er seine Leute bezahlen. Sonnabend und Sonntag hatte er dann Zeit, mit dem Hubschrauber das Tal abzufliegen. Ich sagte ihm, ich würde mich melden.

In der Botschaft hatte die Frau des Botschafters die Vertretung für Graeme übernommen. Ich ging zu seinem Büro hinunter und fand sie an seinem Schreibtisch sitzend, damit beschäftigt, ihr Mittagessen zu verzehren. Ich weiß, ich muß äußerst unhöflich auf den Teller mit den frischen Garnelen gestarrt haben, die sicherlich aus Bangkok importiert waren. »Entschuldigung«, sagte ich, »Carl Harrison ist hier, um seinen Scheck abzuholen.« Trotz gegenteiliger Versprechungen war noch nichts vorbereitet. »Er muß seine Angestellten bezahlen und ist eigens hergekommen, um den Scheck zu holen.«

Doch da war nichts zu machen. Entweder Auli oder der Botschafter mußten unterzeichnen. Auli war in der Stadt, und der Botschafter befand sich zu Hause. Ich entschuldigte mich bei Carl und bot an, den Scheck später am Tag vorbeizubringen.

Nachdem ich mich von Carl verabschiedet hatte, traf ich mich mit Tom und Maria zum Mittagessen auf ihrer Sonnenterrasse. Ich rief Colonel Pun an, der sagte, es wäre ihm recht, am Sonntag über das Tal zu fliegen. Als Tom erwähnte, man könne bei der Gelegenheit ja Videoaufnahmen machen, sagte der Colonel, wir sollten versuchen, einen ausgebildeten Kameramann von der Armee mitzunehmen. Der Hubschrauber würde am Sonnabend in Tokha stationiert werden, damit er am Sonntagmorgen abheben könne, egal ob Nebel über Katmandu lag oder nicht.

Ich kehrte zur Botschaft zurück, wo ich den Botschafter ansprach, ob er wegen der Dienste eines Kameramannes nicht General Rana fragen könne. Während ich noch sprach, ging der Botschafter weg und auf die Treppe zu seinem Büro zu.

»Wie? Soll ich hier warten, oder soll ich Ihnen folgen?« fragte ich. Er antwortete, ich solle mit hinaufkommen. Der Scheck war immer noch nicht fertig. Der Botschafter wirkte verärgert. Er wollte deswegen nicht aufgehalten werden. Er habe einen wichtigen Termin wahrzunehmen.

Auli und ich gingen hinaus in den Hof, um eine Tasse Tee zu trinken, und ein anderer Australier tauchte auf, eine Tasche mit Golfschlägern über der Schulter. Er fragte, ob der Botschafter bereit zum Abschlag sei! Der Scheck wurde schließlich und endlich ausgestellt.

»Verzeihung, Madam.« Ich blickte mich um und sah einen der Fahrer der Botschaft hinter mir stehen. Er reichte mir zwei Fotos von James, die in einem der Autos gefunden worden waren. Ich hatte sie noch nie gesehen. Tim mußte sie gemacht haben. Auf dem einen trug James seinen Strohhut und einen Rucksack. Auf dem anderen war er auf dem Fußboden sitzend zu sehen, umgeben von Kindern. Er hatte eine braune Jogginghose an und einen leuchtend bunten Pullover. Den Pullover erkannte ich wieder. Andrew hatte ihn mitgenommen, als er nach Australien zurückflog, die Hose jedoch nicht. James muß sie bei sich haben, dachte ich. Auf den Fotos sah er gesund aus, entspannt und glücklich. Sein leuchtend rotes Haar schimmerte in der Sonne. So würde ich mich gern an ihn erinnern.

Ich verstaute die Bilder, als Balaram auftauchte. Er war so hilfsbereit wie immer. Ich holte meine Karte hervor und erzählte ihm, daß mehrere Hellseher gesagt hätten, James befinde sich oberhalb von Dhunche. Dorthin bat ich ihn zu gehen und jeden Tempel, jeden Schrein zu überprüfen. Mit jedem Lama, den er traf, sollte er sprechen. Balaram zeigte sich bereit, das für mich zu tun. Am Morgen würde er mit zwei Männern per Bus aufbrechen. Sie planten, etwa zur gleichen Zeit zurückzukehren wie Ingo.

Als ich Carl den Scheck überbrachte, unterhielten wir uns bei einer Tasse Tee, und ich sagte ihm, der Hubschrauber solle am Sonntagmorgen starten. Wir würden ihn um sechs Uhr abholen. Eine Woche würde ich noch in Katmandu bleiben, erklärte ich. Sollten wir in dieser Zeit nichts finden, müßte ich mich auf ihn verlassen, daß die Suche im Sommer fortgesetzt würde.

James: 31. Januar 1992

Die Nacht war besonders kalt gewesen. Am klaren Himmel stand die schmale Sichel des Mondes, und die Sterne schienen hell. Trotzdem umgab mich immer noch eine gewaltige Schwärze. Anders als in vorangegangenen Nächten, wenn ich stundenlang dagelegen und die Schönheit des Himmels in mich aufgenommen hatte, war ich heute voll beunruhigender Gedanken. Die dramatischen Veränderungen in meinem Körper wurden mir immer bewußter. Die Kälte schien mich tiefer zu durchdringen denn je. Nirgendwo konnte ich mehr ins Fettgewebe kneifen, und mir war klar, daß diese fehlende Isolierung mich der Kälte noch stärker auslieferte.

Ich war immer kräftig gebaut gewesen, besonders an den Waden, den Oberschenkeln und am Gesäß. Wenn ich jetzt mit der Hand über meinen Körper strich, konnte ich fühlen, daß meine Oberschenkel zu dünnen Stecken geschrumpft waren. Meine Pobacken bestanden nur noch aus Knochen, die gegen die Haut drückten. Ja, während einst meine Knie auseinandergezwungen wurden, wenn ich meine Hände flach zwischen die Oberschenkel legte, konnte ich jetzt mit Leichtigkeit eine geballte Faust zwischen die Beine schieben und die Knie zusammen lassen, ohne einen meiner Schenkel zu berühren.

Es war nicht nur die Kälte, die meine Lage so ungemütlich machte. Kaum gepolstert, wie ich war, spürte ich jeden Stein, jeden Kiesel, der unter mir lag. Andere körperliche Symptome hatten sich eingestellt. Erste Übelkeit war bereits vor einigen Wochen aufgetreten. Am Anfang war sie nur sehr leicht gewesen, einfach ein Unwohlsein tief unten im Magen, das ich ignorieren konnte. Je mehr Tage vergingen, desto ausgeprägter war die Übelkeit geworden, und in den letzten Nächten hatte sie ein solches Ausmaß erreicht, daß ich mich unkontrollierbar würgen fühlte. In der Dunkelheit mußte ich meinen Kopf aus dem Schutz des Schlafsacks strecken, die kalte Nachtluft einatmen und versuchen, den Drang zum Erbrechen zu mildern. Nur einmal hatte ich tatsächlich etwas erbrochen, nachdem ich viel Wasser geschluckt hatte.

In jener Nacht, als das Würgen im Hals begann, dachte ich, mein Leben sei zu Ende. Es war so schwierig, zwischen den Würgeanfällen Luft einzuatmen. Das hatte sich Nacht für Nacht fortgesetzt. Zusammen mit der Übelkeit waren die Beschwerden in meinen Füßen zurückgekehrt. Sie hatten als unkontrollierbarer Juckreiz begonnen, der sich zu reinem Schmerz steigerte. Die Ursache für diese Symptome konnte ich nicht erkennen. Ich wußte nur, daß der Tod immer näher rückte, und trotz meines Willens, auf keinen Fall aufzugeben, war mein Körper im Begriff zu kapitulieren.

Bei Neumond wußte ich, daß ich seit fast sechs Wochen hier festsaß, gerade etwas länger als die Hälfte der siebzig Tage, die ich gehofft hatte auszuharren. Erst jetzt begann ich den Umstand zu akzeptieren, daß ich tatsächlich nicht mehr am Leben sein würde, wenn der Schnee taute. Wenn ich überleben wollte, mußte ich jetzt aufbrechen und nicht darauf warten, daß der Schnee verschwand. Die Tage vergingen langsamer denn je, und es gab kein weiteres Anzeichen eines Hubschrauberflugs. Sollte es sich bei dem letzten Flug um eine Suchaktion gehandelt haben, mußte sie eingestellt worden sein. Ich konnte mir nicht vorstellen, daß der Hubschrauber in der Zeit, die mir noch blieb, wiederkommen würde. Ich stellte mich der Realität: Wenn ich eine letzte Überlebenschance wahrnehmen wollte, mußte ich handeln.

Den Rest der Nacht verbrachte ich damit, mich innerlich auf den Weg einzustellen, der mir am Morgen bevorstand. Ich glaubte, Gopte sei nur zehn Kilometer entfernt. Wenn ich von meinem Felsen in Richtung Nordwesten ginge, über den steilen Hang, könnte ich es vielleicht schaffen. Je länger ich darüber nachdachte, desto mehr überzeugte ich mich davon, daß es gar nicht zu schwierig sein würde. Seit dem letzten Hubschrauberflug hatte es nur einen Tag lang wirklich geschneit, und gestern war sogar ein ganzer sonniger Tag gewesen. Hatte ich nicht gesehen, wie all das Wasser über den Rand meines Felsens strömte, als die Tonnen von Schnee auf dem Hang darüber dahinschmolzen? Hatte ich nicht gesehen, wie die Baumstümpfe durch die weiße Schneedecke stachen? Vielleicht war der Schnee jetzt nur noch knietief! Vielleicht konnte ich drei Kilometer am Tag bewältigen! Abends würde ich versuchen, einen geschützten Platz zu finden und mich auszuruhen, bevor ich erneut aufbrach. Möglich war es doch – innerhalb von vier Tagen konnte ich in Gopte sein! Mit anderen Menschen zusammen, nahrhaftes Essen an einem warmen Feuer genießend. Ich verstand nicht mehr, warum es mir nicht früher gelungen war, erfolgreich zu entkommen. Hatte ich beim Karate nicht gelernt, daß ich immer maximalen Einsatz zeigen mußte? All meine Kraft mußte ich aufwenden, wenn ich gewinnen wollte.

Den Rest der Nacht hindurch herrschte Ruhe in meinem Kopf. Ich fühlte mich glücklich, weil ich endlich die Entscheidung gefällt hatte, ein für allemal aus dieser Situation auszubrechen. Ich glaubte, nichts könne mich aufhalten, alles sah plötzlich so hoffnungsvoll aus.

Als das Licht der aufgehenden Sonne langsam die gegenüberliegende Talseite hinunterkroch, fuhr ich fort, mein Selbstwertgefühl aufzubauen. Mein Glaube an meine Fähigkeit zu entkommen hatte einen Gipfelpunkt erreicht, als ich aus dem Schlafsack kroch und überlegte, was ich für den Weg wohl brauchen würde. Ohne mich hinzustellen, zog ich meine Turnschuhe an. Darüber band ich die beiden Schlafsackbeutel. Dann leerte ich meinen Rucksack aus und packte nur die absolut wichtigen Dinge wieder ein: mehrere Paar Socken, einen Pullover, meine Schere, Heftpflaster und eine Reservehose. Ich beschloß, *Große Erwartungen* als Erinnerung mitzunehmen.

Unter großer Anstrengung taumelte ich auf die Füße. Die Welt schien eine andere geworden zu sein. Ich sah alles doppelt, ein Bild knapp über dem anderen. Ich hatte keine Ahnung, warum das so war, aber ich konnte nichts dagegen tun. Im Vergleich zu der Aufgabe, die mir bevorstand, war mein Sichtproblem unbedeutend.

Ich griff nach unten, hob meinen Rucksack auf und war überrascht von seinem Gewicht. Obwohl er nicht mehr als vier Kilogramm wiegen konnte, fühlte er sich an wie eine schwere Hantel. Ich warf ihn mir über die Schulter und schloß die Schnalle des Gurts, der mir jetzt locker um den Bauch hing. Selbst in der engsten Einstellung befand er sich ungefähr zehn Zentimeter von dort entfernt, wo er einst gesessen hatte. Statt sich gleichmäßig zwischen meinen Schultern und meinen Hüften zu verteilen, konzentrierte sich das Gewicht so auf meine Schultern. Selbst die wenigen Kilogramm zogen mich nach hinten. Ich mußte mich nach vorn beugen, um nicht umzukippen.

Als ich das gewaltige Tal und die hoch aufragenden Berge zum letzten Mal betrachtete, fühlte ich mich erleichtert. So weniges hatte sich verändert, dennoch war mir der Anblick nie langweilig geworden. Die große Bergkette im Hintergrund, die zerklüfteten Felsen und das Sonnenlicht, das vom Schnee reflektiert wurde, hatten mich immer in ihren Bann geschlagen, und der heutige Tag machte keine Ausnahme. Vielleicht würde ich eines Tages zurückkehren – warm gekleidet und wohlgenährt, mit dem sicheren Gefühl, daß ich gehen konnte, wann immer ich wollte.

Ich tat den ersten Schritt, gefaßt auf die eisige Kälte, die, wie ich wußte, auf mich wartete. Der Wind blies mir ins Gesicht, das als einziger Körperteil frei zugänglich war, und kniff mich in die Nase. Meine Hoffnungen auf ein Entkommen stiegen in schwindelerregende Höhen, als ich unter meinem Felsen hervorkam und der Schnee noch nicht einmal an den oberen Rand meiner Schuhbedeckung reichte. »Das wird ja gar nicht so schwierig«, dachte ich, obwohl ich spürte, wie meine Oberschenkel zitterten.

Doch mein positives Denken und das starke Bedürfnis zu entkommen allein sollten sich als unzureichend erweisen. Nach nur fünf Schritten hatten sich die Dinge gewaltig zum Schlechteren gewandelt. Sobald ich in Gelände vordrang, wo ich noch nie gewesen war, sanken meine Füße im weichen Matsch ein, bis der Schnee die Mitte meiner Oberschenkel erreichte. Ich hatte gehofft, der Morast würde weniger tief sein, aber im Grunde war ich über seine Tiefe nicht wirklich überrascht. Ich zog ein Bein an und versuchte, einen Fuß aus dem Schneematsch herauszuheben, damit ich ihn ohne Widerstand vorwärts bewegen könnte. Die Anstrengung, die dazu erforderlich war, schien so groß, daß nichts, was ich in meinem ganzen Leben getan hatte, sich damit vergleichen ließ.

Ich verspürte ein plötzliches Bedürfnis, Schnee zu essen. Sofort fing ich an, große Mengen in meinen Mund zu schaufeln. Ohne Rücksicht auf den Schaden, den ich mir damit zufügte, schluckte ich ihn gefroren. Dies war das erste Mal, daß ich es nicht schaffte, mich zu disziplinieren. Ich brauchte Kalorien und hatte das irrationale Gefühl, der Schnee könne mir die Energie liefern, um weiterzumachen. Ich kämpfte mich voran und spürte, wie meine Hose naß wurde. Wasser rann an meinen Beinen hinunter in die Schuhe. Der Schmerz in meinen Füßen nahm zu. Dieses Mal war er von anderer Art: Ein scharfes Brennen konzentrierte sich in meinen Zehen und in den Fußsohlen – der gleiche Schmerz wie damals, als ich meinen Füßen erlaubt hatte aufzutauen. Ich stolperte ständig und fiel hin. Zwischendurch benötigte ich meine gesamte Konzentration, um aufrecht zu bleiben.

So machte ich immer weiter, wie es schien, stundenlang. Auf halbem Weg über die Lichtung schob mir ein Windstoß den Strohhut vom Kopf und ließ ihn davonrollen. Er landete ungefähr vier Meter unterhalb von mir. Ich ignorierte ihn. Es wäre eine absolute Energieverschwendung, wenn ich versuchte, die steile Böschung hinabzuklettern, um den Hut wiederzuholen.

Je weiter ich kam, desto mehr Büsche und Bäume tauchten auf. Schließlich stand ich vor dichtem Bewuchs. Der Schnee war hier nicht mehr so tief, denn der Boden war durch all die Bäume geschützt, doch die Vegetation machte das Vorwärtskommen schwierig. Eine Welle der Übelkeit durchlief meinen Körper. Ich beugte mich vor, lehnte mich gegen den Stumpf eines Baumes, der seit langem abgestorben war, und mußte unkontrollierbar würgen. Klare Flüssigkeit schoß im Schwall aus meinem Mund und ließ den Schnee schmelzen, wo sie hintropfte. Gleichzeitig fing ich an zu zittern und zu beben, was zu immer stärkeren Krämpfen führte, je mehr die Kälte mich überwältigte.

Mein Erbrochenes war mit Galle vermischt und hinterließ einen bitteren Geschmack im Mund. Während eine Welle der Übelkeit auf die andere folgte, mußte ich immer wieder würgen, obwohl es nichts mehr auszuspeien gab. Es schien eine Ewigkeit zu dauern, ehe ich das Würgen unter Kontrolle bekam und mehrmals tief durchatmen konnte. Voll Abscheu spuckte ich in den Schnee. Zu meinem Entsetzen war der Speichel leuchtend rot von Blut. Ich unterdrückte das Bedürfnis zu erbrechen und schob mir ein wenig Schnee in den Mund, den ich langsam schmelzen ließ. Dadurch wurde der metallische Geschmack gemildert. Dann spuckte ich die Mischung aus Wasser, Blut und Galle aus und wiederholte das Ganze mehrmals. Jedesmal war das Gemisch weniger rot.

Nun blickte ich zurück zu meinem Felsen, um die Entfernung abzuschätzen, die ich bereits zurückgelegt hatte. Ich war erschöpft und hatte das Gefühl, als würde ich bereits seit Stunden gehen. Mein Mut sank, als ich sah, daß ich trotz der Anstrengung und trotz aller Mühen kaum vorwärts gekommen war – keine hundert Meter. Mein Fels schien nicht mehr der freundliche Unterschlupf zu sein, der mich all jene Tage und Nächte hindurch geschützt hatte. Einer Narbe gleich sprang er aus dem Berg hervor in die Schönheit der Landschaft. Ich sah in ihm nur ein Gefängnis, aus dem ich nicht entrinnen konnte.

Die Entscheidung, ob ich weitergehen solle oder nicht, wurde mir abgenommen. Riesige dunkle Wolken hatten sich zusammengeballt und kamen das Tal hinauf auf mich zugekrochen. Der Wind wurde immer stärker, und ich würde vor dem Hereinbrechen des Gewitters kaum noch vorankommen. Widerstrebend machte ich kehrt.

Auf dem Rückweg ging es etwas besser. Ich konnte meinen eigenen Fußspuren folgen und benötigte nicht mehr die gleiche Anstrengung, um die Füße aus dem Schnee zu ziehen. Die ganze Zeit behielt ich die Wolken im Auge, die in rasender Geschwindigkeit mit mir um die Wette zu meinem Felsen zu eilen schienen.

Ich kam an die Stelle, wo ich meinen Hut verloren hatte, und starrte ärgerlich hinunter. Das erinnerte mich daran, wie ich am ersten Tag meines Herumirrens die Wasserflasche in den Fluß fallen lassen hatte. Jener Tag schien lange zurückzuliegen, aber ich konnte mich noch deutlich auf das Gefühl besinnen. Die Wasserflasche zu verlieren war gleichbedeutend damit gewesen, die Kontrolle über meine Lebensumstände zu verlieren. Meinen Hut deutlich außer Reichweite zu sehen weckte jene Gefühle erneut. Ich wußte jetzt, daß meine Lage hoffnungslos war, wußte es deutlicher als je zuvor.

Ich begann, meinen Hut zu beneiden. Schon bald würde ihn der Schnee bedecken. Wie einfach mußte es sein, nur noch dazuliegen und den Schnee auch mich bedecken zu lassen. Es wäre schmerzlos, ein schnelles Ende ohne weiteres Leid. Setz dich einfach hin, und warte ab! Mehr war nicht zu tun, und ich müßte nicht länger diesen Alptraum durchleben.

Und dann dachte ich: Warum gehst du nicht zurück zu deinem Felsen und stirbst friedlich und geschützt – auf schmerzlose Art an einem Ort, wo dein Leichnam geschützt ruhen kann, bis er gefunden wird?

Ich wandte mich um und machte mich auf den Weg zurück zu meinem Felsen. Jetzt fühlte ich keinen Schmerz mehr, kein Unglücklichsein. Nur eine allgemeine Zufriedenheit, daß alles bald zu Ende sein würde.

Als ich den Felsvorsprung wieder erreichte, war ich betroffen über das Durcheinander, das ich dort angerichtet hatte. Kleider, Notizpapier, Bücher und Medikamente lagen überall verstreut. Ich machte mich daran aufzuräumen. Es dauerte nicht lange, und ich hatte alles säuberlich in meinen Rucksack gepackt. Dann breitete ich meinen Schlafsack aus. Ich nahm die Schlafsackbeutel von meinen Füßen und zog die Turnschuhe aus. Dann streifte ich alle nassen Kleidungsstücke vom Körper und trocknete mich sorgfältig mit meinem Handtuch ab. Ich zog alle warmen, trockenen Kleider an, die ich hatte, und legte die feuchten zum Trocknen aus. Endlich kletterte ich in meinen Schlafsack. Den Kopf gegen den Rucksack gelehnt, ließ ich mich erschöpft und zufrieden zurücksinken.

Heute hatte ich unter Aufbietung aller Kräfte versucht, die Zivilisation zu erreichen, und ich hatte festgestellt, daß das unmöglich war. Wenn ich versagte, dann nicht aufgrund meiner Faulheit oder mangelnder Anstrengung.

Ich wußte jetzt, daß meine Lage völlig hoffnungslos war. Ganz offensichtlich würde ich es nicht mehr schaffen zu entkommen, ehe der Schnee taute. Ich dachte zurück an alles, was ich erlitten hatte. Und zu welchem Zweck? Trotz all meiner Bemühungen würde ich sterben müssen. Jetzt wünschte ich mir, ich hätte schon jene erste Nacht nicht überlebt. Warum sollte ich weitermachen? Nichts würde sich ändern. Zum ersten Mal überwältigte mich die Verzweiflung. Mein Überlebenswille verebbte. Jetzt wollte ich nur noch das Unvermeidliche beschleunigen.

In jenem Moment durchbrach ich die disziplinierte Routine, die mit dazu beigetragen hatte, mich so lange am Leben zu erhalten. Bewußt fällte ich die Entscheidung, keinen Schnee mehr zu mir zu nehmen, kein Wasser mehr zu trinken. Ich würde meinem Körper die Flüssigkeit entziehen. Das war die perfekte Methode, das Ende zu beschleunigen. Sollte mein Leichnam gefunden werden, gäbe es kein Anzeichen eines Selbstmords. Man würde annehmen, ich sei eines natürlichen Todes gestorben, entweder vor Kälte oder vor Hunger.

Ich dachte an die letzten Worte in meinen Briefen. Ich hatte von meinem Überlebenswillen geschrieben. Sollten die Briefe je weitergeleitet werden, würde niemand erfahren, daß ich aufgegeben hatte.

Es gelang mir sogar, mich davon zu überzeugen, daß Dehydration ein natürlicher Weg sei zu sterben, der nicht als Selbstmord betrachtet würde. Gott müßte mir vergeben, wenn ich auf diese Weise stürbe. Sicher würde er begreifen, welche Höllenqualen ich durchlitten hatte? Er würde mich doch nicht bestrafen, weil ich versucht hatte, dem zu entfliehen? Ganz zufrieden mit dieser Logik lag ich da und betete für meine Familie, für meine Freunde und Gaye. Dann betete ich, daß dies mein letzter Tag auf der Welt sein möge.

James: 1. Februar 1992

Ich rollte mich auf die andere Seite, das Gesicht nach außen gekehrt, und spuckte aus. Es war unmöglich, den salzigen Geschmack von dem Blut loszuwerden, das aus meinen aufgesprungenen Lippen und dem Gaumen stammte. Mein Speichel bestand fast nur aus Blut und klebte an der Zunge. Ich wischte mir den Mund an meiner Schulter ab; es blieb ein roter Fleck zurück. Ohne Flüssigkeitsaufnahme war das Leiden erheblich schlimmer geworden. Wäre der Tod nicht so nahe, könnte ich den Schmerz nicht ertragen.

Ich beschloß, Wasser zu lassen, bevor die Sonne ganz untergegangen sein würde. Als ich mich auf die Füße gekämpft hatte, fand ich es sehr schwierig, das Gleichgewicht zu halten. Der Fortschritt der Zerstörung in den letzten sechsunddreißig Stunden Dehydration war unglaublich. Davor war es mir möglich gewesen, hundert Meter weit durch oberschenkeltiefen Schnee zu waten. Jetzt erwies es sich als gewaltige Anstrengung, die wenigen Schritte zu meiner Latrine zu gehen. Ich stützte mich mit einer Hand am Felsüberhang ab und pinkelte in den Einschnitt. Alles schien darauf hinzudeuten, daß mein Tod unmittelbar bevorstand. Vor wenigen Minuten hatte ich mit bitterer Befriedigung die Haut an meinem Unterleib zusammengekniffen: Ich konnte sie gute sechs Zentimeter in die Höhe heben. Als ich wieder losließ, kippte die Falte flach zur Seite. Es war keine natürliche Elastizität mehr vorhanden, um das Gewebe zurück in seine alte Position gleiten zu lassen, ein sicheres Anzeichen ernst-

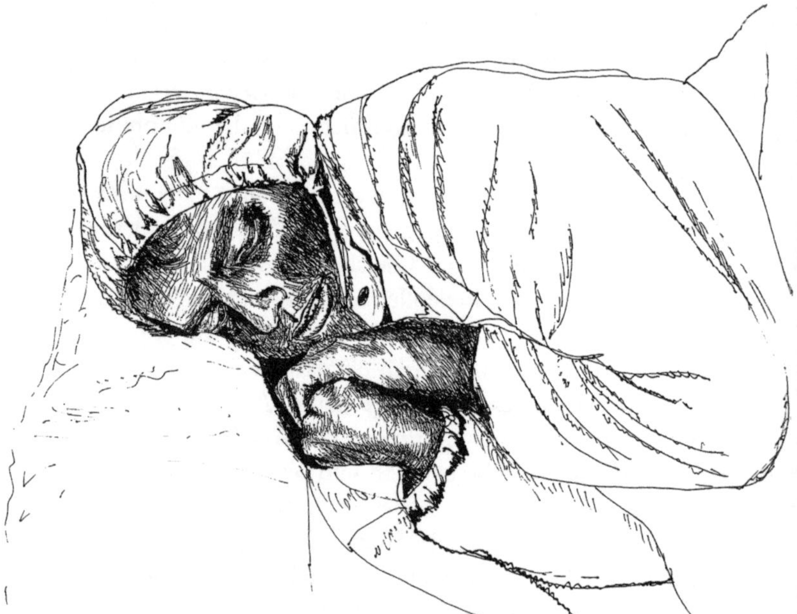

Bald würde es keinen Schmerz mehr geben. Ich wartete auf den Schlaf in jener Nacht, von der ich hoffte, sie würde die letzte auf diesem Planeten sein.

licher Dehydration. Mein Mund schien völlig ausgetrocknet. Ich produzierte keinen Speichel mehr, und jetzt rang ich darum, zu urinieren. Eine kleine Menge Flüssigkeit tröpfelte in den Einschnitt. Die groteske schwarzbraune Farbe machte noch einmal deutlich, wie ausgetrocknet ich war.

Ich taumelte zurück zu meinem Schlafsack und fiel schmerzhaft auf den Rücken. Nichts polsterte mehr meine Hüftknochen ab. Doch der Schmerz spielte keine Rolle. Bald würde es vorbei sein.

Ich sah die Dunkelheit hereinbrechen – zum letzten Mal, wie ich hoffte. Dabei war ich müde, extrem müde. Ich achtete darauf, meinen Kopf in den Schlafsack zu stecken und die Schnur am oberen Ende fest zuzuziehen. Die Kälte nahm ich nicht mehr wahr; ich fühlte keinen Hunger, nur Durst und absolute Erschöpfung. Mein Plan, meinem Körper die Flüssigkeit zu entziehen, hatte funktioniert. Ich war mir nicht sicher gewesen, ob ich die Willensstärke besitzen würde, nicht mehr zu trinken. Überraschenderweise erwies sich das als gar nicht so schwer. Jetzt hatte ich ein neues Ziel: Ich wollte so schnell wie möglich sterben.

Es wurde Nacht, und ich wiederholte noch einmal die Gebete, die ich in all den vergangenen Wochen gesagt hatte. Zuletzt sprach ich ein Vaterunser und bereitete mich darauf vor, diesen Planeten zu verlassen. Zufrieden lag ich da und fiel in Schlaf.

Während ich schlief – eine Hand unter meinen kantigen Kopf geschoben, die andere wärmesuchend zwischen meinen Oberschenkeln –, wanderten meine Gedanken zurück nach Hause ins Tausende von Kilometern entfernte Brisbane. Ich träumte, ich stünde auf der Terrasse vor dem Haus meiner Eltern bei unserer Verlobungsfeier. Der Traum schien so lebendig, als wäre ich tatsächlich dort. Auf der Terrasse rechts von mir befand sich meine Familie, zu meiner Linken stand Gaye, wunderschön anzusehen. Freunde von der Schule, von der Universität, vom Karatetraining, von der Arbeit sowie Freunde und Verwandte der Familie waren auf dem Rasen versammelt – all jene Menschen, für die ich in den letzten Wochen gebetet hatte. Jedes einzelne

Gesicht konnte ich genau erkennen. Sie unterhielten sich miteinander und nippten an ihren Getränken. Alle sahen so glücklich aus.

Dann wandten sie sich zu mir um. Ich hatte keine Rede vorbereitet, keine Notizen gemacht, denen ich folgen konnte, aber ich sprach von Herzen. Ich dankte all diesen Menschen, daß sie einen so wunderbaren Anlaß gemeinsam mit uns feierten. Ihnen allen sagte ich, was für eine wunderbare Familie ich hätte und wie sehr ich sie liebte. Ganz besonders dankte ich meinen Eltern, die in dreiundzwanzig Jahren so viel für mich getan hatten.

Und dann sprach ich von Gaye und von dem großen Glück unseres Zusammenseins. Ich erzählte der Menge, wie reich ich sei, was für ein gutes Leben ich gelebt habe und wie sehr ich mich auf die vielen Jahre freute, die noch vor uns lagen. Es war alles so lebendig, so hautnah.

Daher war es ein fürchterlicher Schock für mich, als ich erwachte und mich an diesem kalten Ort voller Schmerzen wiederfand. Ich würgte vor Übelkeit, so daß ich vollends wach wurde. Da begriff ich, was ich getan hatte. Selbstgefällig hatte ich mich darüber gefreut, meinen eigenen Tod zu beschleunigen. Ich hatte aufgegeben, auf die Chance von eins zu einer Million zu hoffen, daß ich lebendig hier herauskommen könnte. Jetzt fühlte ich nichts als Niedergeschlagenheit und Verzweiflung. Meine Kapitulation war eine bittere Enttäuschung. Warum hatte ich aufgegeben? Ich konnte einfach nicht glauben, was ich mir angetan hatte! Wie dumm war ich doch gewesen. Im Moment konnte ich nichts tun, um den Schaden, den ich bereits angerichtet hatte, zu beheben. Aus meinem Schlafsack hervorzukriechen wäre tödlich. Ich mußte auf den Anbruch des Tages warten, um Schnee zu sammeln und zu versuchen, wieder Flüssigkeit aufzunehmen.

Die ganze Nacht lag ich da, ein elender Tropf, beherrscht von lauter Sorge, die mich jetzt wesentlich schlimmer quälte als das physische Leid. Du mußt weiterkämpfen, sagte ich mir immer wieder. Es gibt eine Hoffnung. Auch wenn meine Überlebenschancen jetzt so gering waren – sobald der Morgen graute, würde ich alles tun, um die Dinge wieder ins rechte Lot zu bringen.

Joanne: 2. Februar 1992, morgens

Um fünf Uhr fünfzehn wachte ich auf, eine ganze Weile bevor der Wecker klingelte. Ich lag da und dachte über den Tag nach. Am liebsten würde ich mit dem Hubschrauber mitfliegen. Wie Ingo umd Balaram wohl vorankamen? Beide waren gerade erst aufgebrochen. Ich hielt Balarams Suchradius für unsere einzige echte Chance, James lebendig zu finden, aber die Idee, mein Bruder könne in einem Tempel versteckt sein, schien doch etwas abwegig. Von dem Hubschrauberflug konnten wir allenfalls erwarten, daß Carl für seine Suche im Sommer eine günstige Route ausmachte und daß ich eine Videoaufzeichnung der Gegend mit nach Hause nehmen könnte.

Tom und ich brachen gegen Viertel vor sechs auf und fuhren zu Carls Haus. Die Straßen, die in einer Stunde von Menschen, Tieren und Fahrzeugen belebt sein würden, lagen verlassen.

Beim ersten Schimmer des Morgenlichts trafen wir bei Carl ein. Wir warteten draußen, aber wir konnten sehen, wie er sich auf der Veranda die Schuhe zuband. Ich stellte Tom vor.

»Ich habe viel von Ihnen gehört, Carl«, sagte Tom.

»Und ich von Ihnen«, entgegnete Carl.

»Nun, dann laß uns hoffen, daß wir jetzt, mit vereinten Kräften, etwas finden werden.«

Ich lächelte über Toms Optimismus. Er bewies seine positive Einstellung, aber die Chancen standen nicht gut. Ein paar Minuten später holten wir Ang Phury ab und machten uns auf den Weg, den Colonel in Tokha zu treffen, wo das Wetter zum Abheben günstiger sein würde.

Wie immer vor einem Start wurde uns süßer nepalesischer Tee in durchsichtigen Plastiktassen serviert. Tom kümmerte sich darum, daß jemand ein Foto von uns allen vor dem Hubschrauber machte. Ich stand neben Carl und scherzte, daß es Dad allein schon aufregen würde, mich so nah *neben* einem Hubschrauber zu sehen!

Dann trat ich zurück, und die Rotorblätter begannen zu kreisen. Das vertraute rote Licht fing an zu blinken, und das

Motorengeräusch wurde ohrenbetäubend. Der Luftzug vom Rotor drückte das Gras flach und ließ meine Haare eng am Kopf anliegen. Der Vogel stieg geradewegs in die Luft und hing einen Moment knapp über dem Boden. Dann machte er sich davon über die Berge; das Klopfgeräusch wurde in der Ferne schnell schwächer. Ich sah zu, bis der Helikopter verschwunden war. Dann stieg ich ins Auto.

Die Fahrt zum Flughafen ging besser als erwartet. Ich hatte Glück, daß mir keine Fahrzeuge entgegenkamen, ehe ich definitiv vom Berg herunter war. Beim Fahren folgte ich den gleichen Prinzipien wie jeder in Katmandu: Traue niemandem, halte dich an keine Regeln, und drücke ständig auf die Hupe. Es schien zu funktionieren. Zumindest lenkte mich das Fahren ab. Dennoch spürte ich das vertraute Schlagen von Schmetterlingsflügeln in meinem Bauch, als ich auf das Hubschrauber-Hauptquartier zuging. Mein Puls wurde schneller. Ich ignorierte das Schild mit der Aufschrift: »Zutritt für Unbefugte verboten« und stieg die Treppe zum Funkraum hinauf.

»Irgend etwas Neues von Colonel Pun?« fragte ich.

»Nein, nichts«, antwortete der Funker.

Ich setzte mich kurz neben das Funkgerät, dann stand ich auf und trat auf die Veranda. Zwei Affen spielten in einem Baum. Ein paar Soldaten gingen im Hof auf und ab. Das vertraute Geräusch ausspuckender Menschen durchbrach regelmäßig das ferne Brummen von Flugzeugen auf der Landebahn. Der allmorgendliche *Royal-Nepal*-Flug hob ab, und mehrere Leute kamen in den Funkraum.

»Basis, hier *Army-two-nine,* bitte melden.«

Ich rannte nach drinnen, mein Herz hämmerte gegen meine Rippen. Obwohl ich schon oft morgens auf der Basis gewesen war, fühlte ich immer noch ein inneres Beben, wenn eine Nachricht hereinkam. Der Funker antwortete ruhig: *»Army-two-nine,* hier Bodenkontrolle. Bitte melden.« Colonel Pun sprach nepalesisch. Der Funker reichte mir das Mikrofon.

»Colonel Pun, hier ist Joanne. Ich höre.« In meinem Kopf herrschte Aufruhr, wie immer bei einer ersten Meldung.

»Joanne, hier ist Colonel Pun. Wir haben oberhalb von Talu einen Menschen gesehen. Er lebt. Ich wiederhole, wir haben oberhalb von Talu einen Menschen gesehen. Er lebt. Wir glauben, es könnte James sein. *Over.*«

Ich war sprachlos. Hatte mir meine Wahrnehmung gerade einen Streich gespielt? Hatte ich mir so lange gewünscht, etwas Derartiges zu hören, daß ich mir jetzt einbildete, was der Colonel gerade gemeldet hatte? Nein! Er hatte tatsächlich gesagt: lebendig. Wie konnte James noch am Leben sein? Heute waren es zweiundvierzig Tage. Ohne Essen ... Ich spürte, wie Tränen über meine Wangen rollten.

»Das ist wunderbar. Wie kann das sein? Wo ist er? Was werden wir tun? Können Sie ihn jetzt herausholen?« Mir wurde klar, daß ich unzusammenhängend ins Mikrofon brabbelte. Durch den Tränenschleier konnte ich sehen, wie der Funker neugierig zu mir herüberblickte. »Der Colonel glaubt, daß sie meinen Bruder gefunden haben«, erklärte ich. Er verstand immer noch nicht.

»Joanne, hier ist Colonel Pun.« Der gleichmäßige Ton seiner Stimme vor dem Hintergrundgeräusch der atmosphärischen Störungen weckte meine Aufmerksamkeit. »Ich wiederhole, wir haben oberhalb von Talu jemanden gesehen. Wir glauben, es könnte Ihr Bruder sein. Wir sind jetzt auf dem Weg zurück nach Katmandu, um uns eine Strategie zu überlegen. Wir werden in zehn Minuten landen. *Over and out.*«

Ich rannte aus dem Funkraum, die Veranda entlang und die Treppe hinunter zum Landeplatz, um zu warten. Die Gedanken wirbelten in meinem Kopf. Sollte das James sein, war ein Wunder geschehen. Doch vielleicht war ich zu voreilig. Wir wußten noch nicht, ob es tatsächlich mein Bruder war. Ebensogut könnte es sich um jemand anders handeln. Ich bemühte mich, ruhiger zu werden. Vor lauter Sorge war ich ganz krank, gleichzeitig beherrschte mich freudige Erregung.

Carl und Colonel Pun waren die einzigen Passagiere des Helikopters. Carl sprang heraus, als die Rotorblätter langsamer wurden. »Was ist passiert?« fragte ich.

In seiner üblichen, präzisen Art erläuterte er: »Wir haben oberhalb von Talu jemanden ausgemacht.« Dazu schüttelte er ungläubig den Kopf. »Er befindet sich an einem ganz unglaublichen Ort: auf halber Höhe an der Bergwand in einer Höhle. Wir können nicht hinauf, und er kann nicht herunter. Er ist aus seiner Höhle gekommen und hat mit einem blauen Schlafsack gewinkt. Er wollte sich hinstellen, dabei ist er zusammengebrochen.«

Beim ersten Flug, sagte Carl, seien nur er, Colonel Pun und Captain Koirala an Bord gewesen. Die Videoleute hatten sie zunächst zurückgelassen, damit sie mit dem leichteren Hubschrauber mehr Zeit zum Suchen hätten. Als sie den Mann erblickten, waren sie mehrmals im Kreis geflogen. Dabei hatten sie versucht, ein möglichst klares Bild zu gewinnen. Dann waren sie nach Talu zurückgekehrt, um Tom mitzunehmen in der Hoffnung, daß die Vergrößerung der Videokamera mehr zeigen würde. Doch nach dem zweiten Flug waren sie sich immer noch nicht sicher, daß es sich tatsächlich um James handelte, aber der betreffende Mensch brauchte offensichtlich Hilfe. Sie ließen ein Paket Nudeln aus dem Hubschrauber fallen, bevor sie wieder abflogen.

»Ich glaube«, sagte Carl, »daß ich mich aus dem Hubschrauber abseilen muß, um ihn zu erreichen. Dann können wir ihn mit einer Winde hochziehen.«

Ich sah die beiden an. »Hat einer von euch so etwas schon einmal gemacht?«

»Das ist kein Problem«, versetzte Colonel Pun und wich damit meiner Frage aus.

»Carl, bist du schon einmal aus einem Hubschrauber abgeseilt worden?« beharrte ich.

»Das ist genauso wie an einer Felswand. Wird schon in Ordnung gehen.«

»Wie lange kann es dauern, bis ein Suchtrupp zu Fuß Ja... diesen Menschen erreicht?«

»Ungefähr sechs bis acht Stunden«, schätzte Carl.

»Es spielt keine Rolle«, sagte ich, »ob dieser Mensch James ist oder nicht. Wir müssen ihn heute noch erreichen. Ich würde mir nie vergeben, wenn es James sein sollte und er eine weitere Nacht nicht übersteht. Wir müssen heute noch an diesen Ort gelangen.«

Carl nickte, und wir machten uns daran, die erforderliche Ausrüstung zusammenzustellen. Ich war immer noch ganz benommen.

»Das kann doch nicht James sein, oder?« sagte ich zu Carl.

Er zuckte mit den Schultern. »Ich glaube, das kann schon sein.«

»Es wäre ein Wunder. Heute sind sechs Wochen herum! Wie kann er die überlebt haben? Warum glaubst du, daß es James ist?«

»Nun«, erklärte Carl, »es ist ein Europäer …«

»Woher weißt du das?« unterbrach ich ihn.

»Ich weiß einfach, daß es ein Europäer ist. Er hat einen blauen Schlafsack und einen roten Hut.«

Ich schluckte. Beim besten Willen konnte ich mich nicht daran erinnern, welche Farbe James' Schlafsack hatte. Blau war ziemlich verbreitet. Und ein roter Hut …?

»James hatte keinen roten Hut«, sagte ich.

»Also etwas Rotes war in der Höhle zurückgeblieben. Wir konnten es gerade noch erkennen.«

»Ein Rucksack?« schlug ich eifrig vor.

»Ja, das könnte sein.«

»Was ist mit seinem Haar? Welche Farbe hatte es?«

»Sein Haar war dunkel. Ungefähr wie deine Farbe.«

Wieder schwankte meine Hoffnung. »James hat leuchtend rotes Haar«, sagte ich nur.

»Es könnte schmutzig geworden sein«, bemerkte Carl vernünftigerweise.

In meinem Herzen war ich mir sicher, daß es sich um James handelte, aber der gesunde Menschenverstand sagte mir, ich solle meine Hoffnungen nicht zu hoch stecken.

Es schien Stunden zu dauern, bis wir Carls Haus erreichten und bis wir die Ausrüstung zum Abseilen sowie eine medizinische Grundausrüstung zusammengestellt hatten. Dann mußten wir einen Umweg zu Ang Phurys Haus fahren, um seine Wanderausrüstung zu holen. Er hatte nicht damit gerechnet, daß es erforderlich sein würde, den Hubschrauber zu verlassen, und war in seiner üblichen Alltagsbekleidung mitgeflogen.

Gegen Mittag trafen wir wieder am Hubschrauberflugplatz ein. Colonel Pun war in seinem Büro, bereit zum Abflug. Als die Männer starten wollten, war ich wieder den Tränen nahe. Ich wollte mit ihnen hinauffliegen. Ja, am liebsten wollte ich mich sogar aus dem Hubschrauber abseilen, aber ich sah ein, daß ich nur im Weg wäre.

Schnell nahm ich Carl beiseite und sagte: »Bitte erreicht ihn heute noch. Seid vorsichtig, aber tut alles, was ihr könnt. Wenn es James ist, sagt ihm bitte zwei Dinge. Gaye läßt ausrichten, sie liebt ihn sehr, und sagt ihm, er soll durchhalten, bis wir uns wiedersehen.« Carl umarmte mich zum Abschied.

James: 2. Februar 1992, morgens

Bei Tagesanbruch ging es mir sehr schlecht. Ich fühlte mich unglaublich schwach und extrem krank. Dabei mußte ich an einige der unheilbar Krebskranken denken, die ich im Hospital gesehen hatte. Wie sie litt ich an einer tödlichen Krankheit, am Verhungern. Oft hatte ich erlebt, wie jene Patienten sich verzweifelt an das letzte bißchen Leben klammerten. Das war es, was ich an diesem Morgen tat.

Ich öffnete den Reißverschluß meines Schlafsacks und kroch unsicher zur rechten Seite des Überhangs hinüber. Es war jetzt viel zu anstrengend geworden, aufzustehen und zu gehen. Am Rande des Schnees sitzend, nahm ich eine Handvoll des weißen Pulvers und steckte es in den Mund. Der Geschmack des ersten Schnees seit fast zwei Tagen war himmlisch. Schnell schmolz er in meinem Mund dahin und linderte die Schmerzen, verursacht durch Risse und Geschwüre. Ich fuhr fort damit, einen Mundvoll nach dem anderen langsam schmelzen zu lassen, während ich meinen Schlafsackbeutel mit Schneebällen füllte.

Die Sonne war eben im Aufgehen begriffen. Erst die Gipfel der gegenüberliegenden Berge hatten ihre Strahlen eingefangen, und ich mußte noch einmal ihre Schönheit bewundern. Wie oft hatte ich jenen Anblick schon vor mir gesehen! Es war eine schöne Bergkette. Ich wußte, mir würde nicht mehr viel Zeit bleiben, sie zu bewundern.

Ich kroch zurück in mein Bett. Es galt, wieder Flüssigkeit in meinen Körper aufzunehmen, aber ich achtete darauf, den Schnee nicht zu schnell zu schlucken. Immer noch fiel es mir schwer, diesen Versuch, mich wieder zu beleben, zu rechtfertigen. Ich wußte, ich hatte meinem Körper in den letzten Tagen erheblichen Schaden zugefügt. Schon der Blick auf die Farbe meines Urins gestern abend ließ mich an der Funktionstüchtigkeit meiner Nieren zweifeln. Ich glaubte nicht, daß ich länger als zwei Tage überleben könnte, selbst mit Flüssigkeit.

Dennoch war mir der Traum der letzten Nacht eine wichtige Lektion gewesen. Jene Chance von eins zu einer Million, so fern sie auch scheinen mochte, war immer noch da. Jener Traum ließ mich einsehen, wie wichtig es war, sich an die Hoffnung zu klammern. Allein schon die reine Freude, das Wasser des schmelzenden Schnees durch meine Kehle rinnen zu fühlen, war ein Anreiz.

An jenem Morgen war ich nicht in der Stimmung zu lesen. Ich wollte die Zeit, die mir blieb, damit verbringen, an die Menschen zu Hause zu denken und an die glücklichsten Augenblicke in meinem Leben. Ich lag da und erlebte jene Momente noch einmal, schaltete meine feindliche Umgebung völlig aus.

Einige Zeit später wurde ich in meinen Gedanken unterbrochen. Das Licht war ein ganzes Stück die gegenüberliegende Wand hinuntergeklettert. Weit entfernt hörte ich das heulende, einem Sturm ähnliche Geräusch, von dem ich wußte, daß es das Nahen eines Hubschraubers ankündigte. Ich kann es einfach nicht glauben, dachte ich, noch eine Chance. Meine erste Reaktion war pessimistisch: Er wird vermutlich geradewegs das Tal nach Phedi hinauffliegen, dort eine Weile in der Luft schweben und wieder abdrehen. Ich bezweifelte, daß ich jetzt überhaupt die Kraft haben würde, bis in die Mitte der Lichtung zu gelangen. Getrieben von der Erinnerung an meinen Traum, wußte ich aber, daß ich es versuchen mußte.

Ich öffnete den Reißverschluß meines Schlafsacks, nahm alle verbliebene Kraft zusammen und tastete nach meinen Schuhen. Die Schnürsenkel verknotete ich einfach; eine Schleife konnten meine Finger nicht binden. Dann zog ich meine Handschuhe an. Meine Hände schienen nicht größer zu sein als die eines Kindes und hatten viel zu viel Platz darin. Ich zog den Riemen am Handgelenk straff und hoffte, sie würden nicht herunterrutschen.

Schließlich taumelte ich auf die Füße, schwankte unsicher und lehnte mich gegen die Felswand, bis ich mein Gleichgewicht wiedergefunden hatte. Die Welt vor mir wurde weiß. Zehn oder fünfzehn Sekunden später kehrte meine Sehfähigkeit zurück, und alles wurde wieder scharf – mit doppelten Konturen. Was auch immer ich betrachtete, sah ich zweimal, ein Bild über dem anderen.

Außer dem Röhren des Hubschraubers blendete ich alles aus meinem Kopf aus. Dann stolperte ich in den Schnee hinaus und zog meinen Schlafsack hinter mir her. Der zunehmende Lärm trieb mich an, mich schneller vorwärts zu bewegen. Immer wieder fiel ich hin.

Es schien nur Sekunden zu dauern, die zwanzig Meter bis zur Lichtung zurückzulegen. Ich zerrte am Taillenzug meiner Hose, und sie fiel locker um meine Knie in den Schnee. Ich hoffte, die braune Unterhose würde sich gut abheben. Während ich zusah, wie der Hubschrauber die andere Seite des Tales hinaufgeflogen kam, fing ich an, wie wild mit meinem Schlafsackbeutel zu winken.

Warum kann er nicht auf meiner Talseite fliegen? dachte ich. Aber ich war entschlossen, nicht aufzugeben. Der Hubschrauber zog leicht seitlich an mir vorbei, bevor er eine Kurve beschrieb und direkt auf mich zukam. Er flog in einem weiten Bogen heran, änderte jedoch die Richtung einige hundert Meter bevor er mich erreichte, und dann kreiste er sofort zurück zur anderen Talseite.

Jetzt zog er riesige Kreise über dem Tal, alle ungefähr auf meiner Höhe. Mit jedem Kreis kam er mir etwas näher. Das Geräusch war ohrenbetäubend, wenn er schnell vorbeidröhnte, bevor er im weiten Bogen zurück zur gegenüberliegenden Wand flog. Ich spürte, wie meine Kraft nachließ und meine Beine unter mir nachgaben. Plötzlich verlor ich den Halt und fiel auf den Rücken. Ich wollte unbedingt wieder auf die Füße kommen, schaffte es aber nicht. Meine Schultern und Arme schmerzten, als ich den Schlafsack durch die Luft schwang. Ich wußte, ohne meine braune lange Unterhose und den blauen Schlafsack würde ich einfach aussehen wie ein Baumstumpf.

Die Art und Weise, wie der Hubschrauber jetzt kreiste, war genau so, wie ich es mir all die Wochen lang vorgestellt hatte. Solange er nämlich nicht Kreise zog und dabei systematisch die Talwände absuchte, bestünde kaum eine Chance, daß er mich entdeckte. Jetzt, nach all dieser Zeit, machten sie es richtig. So, wie ich es geträumt hatte.

Ich zitterte, ein knochiger Arm stützte meinen Körper aufrecht in eine sitzende Position, während der andere weiterwinkte. Ich teilte meine Kraft ein und winkte nur, wenn der Hubschrauber ganz nah war, ruhte aus, wenn er sich entfernte. Ich fragte mich, wie lange sie noch in dieser Weise weiterfliegen würden. Die Kälte ließ mich ungeduldig auf eine Art Signal, eine Antwort warten. Ich dachte, es bestünde eine gute Chance, daß sie mich gesehen hatten, aber ich konnte mir nicht sicher sein. An dem roten Symbol auf dem Schwanz des Hubschraubers konnte ich erkennen, daß er der Armee gehörte. Selbst wenn sie mich gesehen hatten, würden sie vielleicht denken, ich sei ein Dorfbewohner, und würden sich über den Anblick keine weiteren Gedanken machen. Vielleicht waren sie einfach nur neugierig und fragten sich, was zum Teufel jemand da tat, im Schnee am Berghang stehend.

Und dann, bei einem der großen Bögen, der sie so unheimlich nah an meinem Standort vorbeiführte, daß ich fast das Gefühl hatte, ich könnte ihnen zurufen, unterbrachen sie die Kreisroutine und donnerten das Tal hinunter.

Und ich saß im Schnee, wieder allein, erschöpft und ganz durcheinander. Ich konnte nicht entscheiden, ob dieser letzte Hubschrauberflug ein Grund zur Freude oder ein Ärgernis war.

Werden sie sich die Mühe machen, etwas zu unternehmen? fragte ich mich. Als die Verwirrung nachließ, wurde mir bewußt, daß ich stark zitterte. Ich spürte die Kälte, genau wie in jener ersten Nacht unter dem kleinen, schmalen Felsvorsprung. Es mußte daran liegen, daß ich fünfzehn oder zwanzig Minuten im feuchten, matschigen Schnee gesessen hatte. Was auch immer das Ergebnis dieses Fluges sein mochte, es lag überhaupt nicht in meinen Händen. Ich konnte einzig und allein ums Überleben kämpfen – so lange wie möglich. Ich zog meine Hose hoch und fing an, auf Händen und Knien zurückzukriechen, den Schlafsack hinter mir herschleifend. Ich mußte einen mitleiderregenden Anblick bieten, wie ich jene Schneefläche überquerte, noch ganz benommen von den Ereignissen, die sich abgespielt hatten. Im Vergleich zu den paar Sekunden, die es mich gekostet hatte, die Lichtung zu erreichen, ging der Rückweg verzweifelt langsam, und ich spürte, wie ich der Kälte zu erliegen drohte.

Auf halbem Weg hörte ich, daß der Hubschrauber kehrtmachte. Eine Spur Ärger mischte sich in meine Verwirrung. Ich war noch immer ein ganzes Stück von meinem Felsen entfernt, aber die Nadelbäume würden mich jetzt teilweise verdecken. Ich erwog, von hier aus dem Hubschrauber ein Signal zu geben. Aber ich wußte, daß ich damit weder mir noch meinen Angehörigen zu Hause gerecht würde. Ich hatte weitergekämpft in der Hoffnung, sie wiederzusehen. Jetzt würde ich nicht aufgeben.

Ich wappnete mich gegen die feuchte Kälte und kroch zurück zu dem Platz, wo ich zuvor gesessen hatte, immer noch meinen Schlafsack hinter mir herziehend. Es war ein Gefühl, als würde ich einen großen Sack Kartoffeln schleppen. Der Hubschrauber flog nah an dem Platz vorbei, wo ich saß, und ich wollte ihm mit dem Schlafsack ein Signal geben. Doch ich hatte einfach nicht mehr die Kraft dazu. Erschöpft ließ ich den Schlafsack fallen und konzentrierte mich darauf, meine Hose bis zu den Fußgelenken herunterzuziehen. Ich war mir nicht sicher, daß sie mich tatsächlich gesehen hatten. Ihre Rückkehr war ein vielversprechendes Zeichen, aber ich wagte nicht, meine Erwartungen zu hoch zu stecken.

Nachdem ich meine Hose hinuntergezogen hatte, versuchte ich, mich aufzusetzen, aber das konnte ich nicht mehr. Ich widerstrebte nicht länger dem Zug der Schwerkraft und legte mich in den Schnee. Glücklicherweise war der Hang so steil, daß es trotzdem fast so aussah, als würde ich stehen. Der Hubschrauber schwebte jetzt ungefähr hundertfünfzig Meter entfernt. Ich versuchte, ihn scharf zu sehen und die beiden Bilder übereinanderzubringen. Mit dem rechten Arm winkte ich vor und zurück, während ich verzweifelt nach einem Signal Ausschau hielt, daß man im Hubschrauber meine Notlage bemerkt hatte. Ich war mir fast sicher, daß sie mich ausgemacht hatten, aber ich wollte es definitiv wissen. Im stillen wiederholte ich immer wieder: Bitte seht mich doch, bitte seht mich doch! Eine Ewigkeit schien vergangen, da winkte jemand.

Ja! Sie haben mich gesehen! Das erste Mal in fast sechs Wochen hatte ich wirklich Grund zu hoffen.

Ich winkte den Männern im Hubschrauber, näher zu kommen, damit sie ein Seil zu mir herunterlassen könnten. Einen Arm bewegte ich vor dem Körper auf und ab, doch der Hubschrauber blieb in der Luft stehen, als könne der Pilot nicht entscheiden, was er als nächstes unternehmen solle. Von Sekunde zu Sekunde wurde mir kälter. Der scharfe Luftzug, den die Rotorblätter verursachten, brauste über mich hin und ließ das Wasser in meinen Kleidern gefrieren. Ich biß die Zähne zusammen und kämpfte hart gegen den kalten Wind an, versuchte, draußen im Schnee zu bleiben, damit sie mich retteten.

Doch schließlich blieb mir nichts anderes übrig: Ich mußte einfach zu meinem Felsvorsprung zurückkehren. Unter den herrschenden Bedingungen wäre ich innerhalb von Sekunden tot. Der Hubschrauber entfernte sich und flog das Tal hinunter. Ich umklammerte meinen Schlafsack und kroch zurück zu meinem Felsen, kälter und nasser denn je. Die Stunde im Schnee war schrecklich gewesen. Jetzt schien jede Bewegung meiner Arme und Beine meine letzten Reserven aufzuzehren. Bei jeder Vorwärtsbewegung fragte ich mich, ob ich es weiter schaffen würde. Alle paar Minuten hielt ich an und schnappte nach Luft. Ich gelangte gerade noch zum Rande des Felsüberhangs und zerrte mir die Oberbekleidung vom Körper, damit ich mich abtrocknen konnte. Jede Bewegung bedeutete eine ungeheure Anstrengung. Sehnsüchtig betrachtete ich meinen üblichen Schlafplatz, aber ich konnte es einfach nicht über mich bringen, den kurzen Weg bis dorthin zurückzulegen. Ich fühlte mich völlig ausgelaugt, ganz und gar erschlagen.

Bei meinem Karatetraining hatte ich gelegentlich beobachtet, wie Menschen, die gegen einen sehr viel stärkeren Gegner kämpften, nach und nach regelrecht mürbe gemacht wurden. Jeder Schlag nahm ihnen von ihrer Kraft, bis ihre Hände seitlich am Körper herunterfielen und sie vollkommen wehrlos dastanden. Mit einem einzigen gewaltigen Hieb wurden sie zu Boden geschickt, völlig vernichtet. So fühlte ich mich, als ich den Reißverschluß meines Schlafsacks öffnete und matt ein wenig Schnee aß. Ich war niedergeschmettert, mein ganzer Lebenswille hatte mich verlassen. Noch nie hatte ich mich so besiegt gefühlt.

Das Heulen kam wieder. Alles, was ich jetzt noch tun konnte, bestand darin, den Kopf zu drehen und zum Hubschrauber hinaufzublicken. Der schwebte in der Luft, und ich erwartete schon, ein Seil in den Schnee baumeln zu sehen. Würde ich die Kraft und den Mut finden, noch einmal hinauszukriechen und mich in den Gurt einzuhängen? Jetzt fühlte ich mich so schwach, so verzweifelt und erschöpft, daß ich daran nicht glauben mochte.

Ich mußte es nie erproben. Das Seil kam nicht. Statt dessen schoß etwas Weißes aus dem Hubschrauber und landete zwei- oder dreihundert Meter unterhalb des Platzes, wo ich lag. Der Gedanke, auch nur den Versuch zu unternehmen, es zu holen, war völlig lächerlich. Während ich fortfuhr, meinem Körper Wasser zuzuführen, herrschte Aufruhr in meinem Kopf. Ich fragte mich, was jener weiße Gegenstand wohl sein mochte. Ich beschloß, es müsse sich um eine Art Radiosender zur Markierung meiner Position handeln – ein erfreulicher Hinweis, daß tatsächlich etwas geschah. Ein Schritt zu meiner Rettung war getan.

Ich konnte nicht verstehen, warum aus dem Hubschrauber kein Seil herabgelassen worden war. Vielleicht verfügte die nepalesische Armee nicht über die entsprechende Ausrüstung? Ich erwog andere Möglichkeiten. Eine Suchmannschaft, die zu Fuß heraufgeschickt würde, könnte drei Tage brauchen, bis sie mich erreichte. Eine weitere Möglichkeit bestand darin, daß ein besser ausgestatteter Hubschrauber aus einem anderen Land eingeflogen werden mußte. Ich bezweifelte jedoch, daß eins der angrenzenden Länder über besser ausgestattete Hubschrauber verfügte als die nepalesischen. Der Suchtrupp, der sich zu Fuß auf den Weg machte, wäre die wahrscheinlichere Alternative. Drei oder vier weitere Tage müßte ich noch am Leben bleiben. Es gab keine Garantie, daß mir das gelingen würde, aber während ich immer mehr Flüssigkeit aufnahm, wuchs mein Optimismus. Mein ursprüngliches Ziel waren siebzig Tage gewesen – jetzt ging es nur noch um drei. Das erste Mal in den letzten vierzig Tagen hatte ich eine echte Überlebenschance, und ich würde sie mir nicht entgehen lassen.

Joanne: 2. Februar 1992, abends

Ich blickte von der Veranda in der Nähe des Funkraums hinaus und sah verdrießlich über die Holzhütten und groben Straßen der Hubschrauberbasis hin, während ich mir verzweifelt wünschte, wir wären schon wieder in Australien. Wie anders würde die Situation dort aussehen! Ein medizinisches Notversorgungsteam stünde bereit, Krankenwagen, Pflegepersonal, gute Krankenhäuser ... Statt dessen mußte ich mit einem Geländewagen und einem Krankenhaus in der Dritten Welt zurechtkommen. Doch es hatte keinen Sinn, sich jetzt schon weitreichende Gedanken zu machen, sagte ich mir. Warte erst einmal ab, ob es wirklich James ist, und dann sieh weiter. Das vertraute Knacken atmosphärischer Störungen erklang, als das Funkgerät zum Leben erwachte.

»Basis, hier ist *Army-two-nine.* Bitte melden.« Das Wetter hatte sich im Moment über Talu zugezogen. Der Colonel und seine Männer hielten die ganze Ausrüstung bereit. Sie würden aufsteigen, sobald es aufklarte. Blieb nur zu hoffen, daß die Wolken weggeweht würden. Immerhin bestand auch die Möglichkeit, daß das Wetter sich nicht ausreichend besserte. Dann könnte der Hubschrauber heute nicht mehr aufsteigen.

Gegen zwei Uhr wurde ich immer unruhiger. Was sollte geschehen, wenn das Wetter nicht aufklarte? Carl hatte gesagt, es würde sechs Stunden dauern, die Stelle zu Fuß zu erreichen.

»Joanne, hier ist Colonel Pun. Das Wetter ist immer noch nicht gut genug. Eine Rettungsaktion aus der Luft kommt nicht in Frage. Carl ist gerade mit einem Bodentrupp aufgebrochen. Sie werden die Gegend am späten Nachmittag erreichen und haben ein Walkie-Talkie dabei. Joanne, Sie sollten jetzt nach Hause zurückgehen und gegen halb sechs wiederkommen. Ich werde mich bis dahin nicht mehr melden. *Over.*«

Scheiße, scheiße, scheiße! dachte ich bei mir. »Ich verstehe, Colonel. *Over and out.*«

Maria kam, um mich abzuholen. Zwar stand das botschaftseigene Fahrzeug noch am Flughafen, doch der Botschafter hatte angerufen und den Soldaten gesagt, sie sollten mich nicht damit fahren lassen. Maria machte eine Tasse Tee und versuchte mich zu überreden, ich solle mich eine Weile hinlegen. Ich hatte wieder begonnen, in ihrer Küche unruhig auf und ab zu laufen. Keinesfalls konnte ich mich entspannen. Abgesehen von den Sorgen, die ich mir um James machte (wenn es sich denn um ihn handelte), erschreckte mich der Gedanke, daß Dad anrufen könnte. Auf gar keinen Fall sollte irgend jemand in Australien von der Geschichte erfahren. Ich versuchte zu lesen, aber ich konnte meine Gedanken nicht auf Dauer einem Gegenstand zuwenden.

Die Temperatur fiel stetig, und auch das Tageslicht wurde bereits schwächer, als wir um Viertel nach vier aufbrachen. Wir holten Debbie Harrison ab und kehrten in den Funkraum zurück, um zu warten. Der Soldat, der den ganzen Tag über das Funkgerät besetzt hielt, hockte noch immer pflichtbewußt davor.

Wir setzten uns ins nächste Zimmer. Debbie und Maria unterhielten sich, während ich still daneben saß. Ein Knacken im

Funkgerät ließ mich aufspringen. Es war jetzt fast sechs Uhr und draußen sehr dunkel.

»Bitte mach, daß sie ihn heute abend noch erreichen«, betete ich.

»Joanne, hier spricht Colonel Pun. Die Suchmannschaft ist in der Nähe, hat aber den Betreffenden noch nicht erreicht. Außerdem ist es zu spät für uns, um heute noch nach Katmandu zurückzukehren. Wir werden also hier in Talu bleiben müssen. Ich mache den Hubschrauber jetzt für die Nacht fertig. Um sechs Uhr fünfundvierzig melde ich mich wieder. Bitte sagen Sie dem Funker, er soll um die Zeit wieder da sein.«

»*Roger,* Colonel Pun«, entgegnete ich. Das war eine bittere Enttäuschung. Ich würde jetzt mindestens noch einen Tag warten müssen. Eine lange Nacht stand mir bevor.

James: 2. Februar, abends

Ich fühlte mich steif und wie zerschlagen, als ich erwachte. Hatte ich den Hubschrauber nur geträumt? Ich zog den Schlafsack von meinem Kopf und stellte fest, daß ich in den Schnee gerollt war. Die Feuchtigkeit begann bereits, meine schützende Hülle zu durchweichen. In den dichten Wolken, die mich umgaben, konnte ich unmöglich feststellen, wie spät es war.

Ich kroch zurück zu meinem üblichen Schlafplatz und breitete den Schlafsack aus. Heute würde er nicht mehr trocknen, daher legte ich ein T-Shirt auf die feuchte Stelle, ehe ich wieder hineinkletterte. Mein Schlafsackbeutel war mit Schneebällen gefüllt, und ich begann, daraus Wasser zu saugen, noch immer extrem durstig. Mir fiel auf, daß die Elastizität meiner Haut noch nicht zurückgekehrt war. Ich nahm einen der drei Teile des zerlesenen Charles-Dickens-Romans in die Hand und begann geistesabwesend, darin zu blättern. Inzwischen kannte ich die Geschichte so gut, daß ich beginnen konnte, wo ich wollte.

Wie ich es immer getan hatte, als mein Tagesablauf noch streng geregelt war, beschränkte ich meine Schneeaufnahme auf einen Mundvoll Schnee pro zwei Seiten Dickens. Während ich las, konnte ich voraussagen, was im nächsten Absatz stehen würde, und ich benötigte wenig Konzentration, um der Handlung zu folgen.

Die Stille des Nachmittags wurde von einem Heulen unterbrochen. Ich machte mir nicht einmal die Mühe, mich aufzusetzen. Das Geräusch der Rotorblätter klang weit entfernt. Die Wolken waren so dicht, daß der Hubschrauber Gefahr laufen würde, gegen die Bergwand zu prallen, wenn er mir zu nahe käme. Doch es beruhigte mich zu wissen, daß Rettungsmaßnahmen im Gange waren. Zumindest schien meine Gegenwart am Berg so viel Aufmerksamkeit erregt zu haben, daß sie zurückkamen und nachschauten, was vor sich ging. Ein gräßlicher Gedanke ging mir durch den Kopf. Sollte der Hubschrauber jenen zwei schwarzen Vögeln gleichen? Vielleicht würde er Tag für Tag wiederkommen, um festzustellen, ob ich noch am Leben sei. Ich unterdrückte diesen dummen Gedanken, so schnell ich konnte. So zu empfinden würde mir wirklich nicht helfen. Ich mußte nur drei Tage am Leben bleiben – eine leichte Aufgabe, verglichen mit den siebzig, die ich mir ursprünglich zum Ziel gesetzt hatte.

Langsam nahm mein Körper wieder Wasser auf. Es fiel schwer zu beurteilen, wieviel Schaden ich mir zugefügt hatte. Würden meine Eingeweide in der Lage sein, genug zu absorbieren, um den Flüssigkeitsspiegel in meinem Körper wieder auf Normalstand zu bringen? Ich stellte mir all die kleinen Darmzotten vor, deren Zellen Reihe an Reihe Überstunden machten, um auch nicht einen Tropfen Wasser ungenutzt vorbeitreiben zu lassen.

Es war ein dunstiger Nachmittag. Meine Gedanken wanderten von einem Gegenstand zum anderen, unfähig, sich lange auf etwas Bestimmtes zu konzentrieren. Ich war ruhig und müde. Ich würde alles tun, was in meiner Macht stand, um zu überleben, solange ich konnte. Alles andere lag nicht bei mir. Der Tag zog sich endlos hin.

Mit Hilfe meiner Bauchmuskeln und meiner Arme versuchte ich, mich aufzurichten. Ich wollte pinkeln. Ich kam bis zu einem

Winkel von ungefähr dreißig Grad, dann fiel ich erschöpft zurück. Ich versuchte es noch einmal, doch beim zweiten Mal gelang es mir nur, den Nacken zu beugen und den Kopf zu heben. Ich erwog, mich auf den Bauch zu rollen und mich dann zu meiner Latrine hinüberzuziehen, fragte mich aber, was ich wohl tun sollte, wenn ich dort ankäme.

Eine ganze Weile lag ich da und dachte über dieses Problem nach, das mir größte Sorgen bereitete. Ich spürte kein verzweifeltes Verlangen, jetzt sofort zu urinieren, aber ich hatte auch nicht das Gefühl, daß ich den Druck auf meiner Blase noch drei Tage aushalten könnte. Ein weiteres Problem bestand darin, daß mein Vorrat an Eis zur Neige ging. Ich hatte genug für die Nacht, aber irgendwie mußte ich die Kraft finden, am nächsten Morgen aufzustehen und mehr zu holen.

Was das Wasserlassen anging, blieb mir keine andere Wahl, als es an Ort und Stelle zu tun, wo ich gerade lag. Ich beschloß, den einzigen Behälter zu benutzen, den ich besaß – eine Shampooflasche. Es war nur eine winzige Menge Urin, die ich produzierte, was noch einmal deutlich machte, wie dehydriert ich war, aber ich fand allein schon den Umstand bemerkenswert, daß ich überhaupt etwas produzieren konnte. Ich leerte die Flasche so weit entfernt von meinem Lagerplatz aus, wie es mir möglich war, und überzeugte mich davon, daß die Flüssigkeit nicht zurück zu meinem Bett rinnen konnte. Dann zog ich den Schlafsack über den Kopf und sagte die üblichen Gebete, die den Einbruch der Nacht begleiteten.

Als ich diese Gebete sprach, antwortete in der Ferne eine sanfte Stimme. Erst war es ein unterdrücktes Rufen, und ich mußte mich bemühen, es zu hören. Ich war mir nicht sicher, ob ich nicht halluzinierte und mir Stimmen einbildete, oder ob es wirkliche Menschen waren, die da kamen. Ich konzentrierte mich und wartete, bis ich mir sicher sein konnte, daß die Stimmen wirklich waren.

»Namaste«, rief eine Stimme, noch immer weit entfernt. Dann folgte ein schrilles Pfeifen. Ich wartete, ob ich es noch einmal hören würde, bevor ich antwortete. Das alles war viel zu viel auf einmal. Früher hatte ich mir überlegt, daß die einzigen Leute, die unter Umständen hier heraufkämen, Wilderer wären, auf der Jagd nach dem seltenen Schneeleoparden. Jetzt wollte ich meine Erwartungen nicht zu hoch stecken, mußte jedoch einfach denken, daß, wer immer da rief, Teil einer Rettungsmannschaft war. Ich zog meinen Kopf aus dem Schlafsack und kreischte: »Namaste! Namaste!«

Meine Stimme brach. Es schien seltsam, sie nach so langer Zeit wieder zu benutzen. Ich sprach ja nicht, sondern schrie aus aller Kraft.

Die Stimmen antworteten. Ich griff nach meinem nepalesischen Sprachführer und suchte nach der Übersetzung von: »Ich bin krank« und »Ich kann nicht laufen«. Beides rief ich laut auf nepalesisch. Als Antwort erklang wieder: »Namaste!«

»Bitte kommt her«, rief ich, denn ich fürchtete, wer auch immer bei mir auf dem Berg sei, könne sich irgendwo weiter unten niederlassen und erwarten, daß ich hinuntergelaufen käme. Ich begann, auf meinen Fingern zu pfeifen. Das Geräusch war laut und echote durch das ganze Tal. Pfeifen war längst nicht so anstrengend wie Rufen.

Die ganze Zeit über kamen die Stimmen immer näher. Jetzt konnte ich zwei verschiedene unterscheiden, die sich langsam, aber sicher in meine Richtung bewegten.

Es war zu kalt geworden – ich konnte den Kopf nicht länger im Freien lassen. Doch ich fuhr fort zu pfeifen, und gelegentlich rief ich laut. Ich war ganz verwundert, daß meine Retter so schnell heraufgekommen waren, aber ich wünschte mir auch verzweifelt, sie möchten mich so bald wie möglich erreichen. Schließlich konnte ich ihre Stimmen tatsächlich laut und deutlich hören. Zwischen ihren Rufen unterhielten sie sich aufgeregt auf nepalesisch. Äste knackten, und Schritte knirschten im Schnee. Endlich spähte ich aus meinem Schlafsack hervor, um zu sehen, wer meine Retter waren. Sie mußten sich irgendwo unterhalb von mir befinden. Ich war nicht mehr völlig konfus vor Unruhe, nur noch aufgeregt, und ich rief laut: »Ich bin hier oben! Unter dem Felsen.« Ihre Stimmen klangen zurück, jetzt sehr viel näher.

Es schien kaum Zeit vergangen, als ich über dem Rand meines Felsvorsprungs zwei nepalesische Gesichter auftauchen sah. Einer der beiden Männer trug den Strohhut, den ich vor zwei Tagen verloren hatte.

Sie waren kaum in der Lage, ihre Aufregung zu unterdrücken, und begrüßten mich auf nepalesische Art, die Hände in Betstellung vor dem Kinn zusammengelegt, mit einem Neigen des Kopfes. »Namaste«, gab ich ihre Geste schwach zurück, doch etwas mitgenommen von den Ereignissen des Tages. Dies waren die ersten Menschen, die ich seit sechs Wochen sah. Ich konnte es einfach nicht glauben, daß sie hier vor mir standen.

Behende sprangen die beiden Nepalesen auf das Felsband hinauf, und einer von ihnen fragte mich, sehr zu meinem Erstaunen, ob ich James Scott aus Australien sei. Es schien unvorstellbar, daß jemand so lange nach mir gesucht haben sollte. Vielleicht war der Hubschrauber nach Katmandu zurückgeflogen, und sie hatten nachgesehen, wer im Distrikt vermißt wurde? Daher kannten sie wohl meinen Namen.

»Ja, das bin ich«, erwiderte ich, immer noch ganz verwundert.

Als die beiden das hörten, traten ihnen Tränen in die Augen. Sie kamen angerannt, umarmten und küßten mich ohne Rücksicht auf mein verwildertes, schmutziges Äußeres. Sie schienen einfach überglücklich, ja überwältigt, daß sie mich gefunden hatten. Ich kämpfte die Tränen zurück und stellte eine Frage nach der anderen. Die Männer antworteten in einer unverständlichen Mischung aus Nepalesisch und Englisch – irgend etwas über meine kleine Schwester und einen anderen Australier in Katmandu, die nach mir suchten. Da saßen sie, staunten mich an und strichen mir über das Haar und übers Gesicht.

»James Scott, du bist ein Gott«, sagte schließlich einer von ihnen.

Es gelang ihnen, mir mitzuteilen, daß noch nie jemand länger als zehn Tage in den Bergen überlebt hatte. Auf nepalesisch nannten sie mir die Zahl der Tage, die ich an diesem Ort verbracht hatte. Ich konnte die Zahl nicht übersetzen, aber ich sagte: »Nein, Gott hat mich die ganze Zeit am Leben erhalten.«

Sie kauerten sich in meiner Nähe nieder und berührten mich oft, als wollten sie sich überzeugen, daß ich wirklich sei. Erst da wurde mir bewußt, wie alt und abgetragen ihre Kleider waren. Einer der Männer ging tatsächlich barfuß. Die Kühnheit dieser beiden Nepalesen war erstaunlich. Sie hatten ihr Leben riskiert und waren im Dunkeln durch eine fremde Gegend weitergegangen, weil sie wußten, daß jemand dringend Hilfe brauchte. Unzureichend geschützt gegen die Kälte und ohne Licht hatten sie sich durch tiefen Schnee den Berg hinaufgekämpft. Ihr Leben hatten sie aufs Spiel gesetzt, damit ich nicht noch eine Nacht allein verbringen mußte.

Nach einer aufgeregten und bewegenden Zeit für uns drei bot einer der Männer an, den Rest des Suchtrupps zu holen. Mit dem Mann, der zurückblieb, konnte ich mich ruhiger unterhalten. Auch wenn unser Gespräch sehr einfach verlief, war es wundervoll, wieder die Stimme eines anderen Menschen zu hören. Es schien unwichtig, daß ich das meiste von dem, was gesagt wurde, nicht verstand.

Der Rest des Suchtrupps kam durch die Nacht den Berg hinauf und stieß unter dem Felsüberhang zu uns. Ein ruhiger, selbstsicherer Mann stellte sich als Carl Harrison vor. Er fragte noch einmal, ob ich James Scott aus Australien sei, und sagte, er habe sehr lange nach mir gesucht. Alles, woran ich denken konnte, waren das Leid und die Trauer, die ich meiner Familie zu Hause in den letzten sechs Wochen bereitet haben mußte. Ich war gerade noch in der Lage, mich lange genug zu beherrschen, um zu sagen: »Ich bin sehr froh, Sie zu sehen«, bevor ich weinte, wie ich es nicht mehr getan hatte, seit ich ein Kind war. Die emotionale Isoliertheit, die ich in den sechs Wochen am Berg erlebt hatte, wurde völlig weggeschwemmt. Die Tränenströme, die ich in jenen ersten Minuten weinte, dienten als Ventil für all die negativen Gefühle, die ich so lange unterdrückt hatte. Ich wußte, ich würde gerettet werden und all die Menschen zu Hause wiedersehen.

Ich bemühte mich, meine Gefühle wieder unter Kontrolle zu bekommen. Es gab keinen Grund mehr, den Verteidigungswall

James und seine Retter (in der Bildmitte Carl Harrison)

aufrecht zu erhalten, den ich mit so viel Mühe um mich errichtet hatte. Jetzt war ich nicht mehr allein, ein Feuer wurde angezündet, und man reichte mir einen Skianorak, von dem man mir sagte, er käme von meiner Schwester in Katmandu.

Keiner sprach viel, bis ich aufhörte zu weinen. Als erstes bat ich um etwas Wasser. Carl warnte mich, ich solle unbedingt ganz langsam trinken. Es war wunderbar, klares Wasser aus einer Flasche zu genießen und sich nicht die Lippen an kaltem Eis zu verbrennen. Mit dem Wasser kam ein Gefühl der Behaglichkeit, und sofort ging es mir besser. Jetzt war mir warm, ich war nicht mehr so durstig, und ich genoß die Wärme des Feuers und die menschliche Gesellschaft.

Carl sprach mit leiser, beruhigender Stimme und schilderte mir die Ereignisse des Tages. Er erzählte, alle hätten gedacht, ich sei schon lange gestorben. Ich war völlig überrascht und sagte: »Aber es haben doch sicher schon andere so lange überlebt?«

Er entgegnete: »Nein, ich glaube, du hast hier oben so eine Art Rekord aufgestellt.«

»Wie kommt es dann, daß ihr so lange weitergesucht habt?« fragte ich. Und Carl erzählte in einfachen Worten von all der

Mühe, die Joanne und ihr Freund Andrew auf sich genommen hatten.

»Sie ist ein ganz schöner Detektiv, deine Schwester, weißt du.« Carl beschrieb, wie es gelungen war, genau dieses Tal als meinen Aufenthaltsort festzulegen. Ich war ganz überwältigt von der Beharrlichkeit, mit der sie nach mir gesucht hatten. Dann fragte ich, wer Andrew sei. Carl kannte Andrews Nachnamen nicht, aber der einzige Andrew, der mir einfiel, war Andrew Ross. Es schien völlig unglaublich, daß jemand so viel von sich eingesetzt haben sollte, um bei der Suche nach mir zu helfen. Ich fragte nach meinen Angehörigen zu Hause, besonders nach meinen Eltern und Gaye.

»Es geht ihnen gut«, sagte Carl. »Sie werden überglücklich sein, wenn sie die gute Nachricht bekommen.« Das half nicht gegen mein Schuldgefühl, weil ich sie alle so sehr hatte leiden lassen, und bei dem Gedanken mußte ich erneut in Tränen ausbrechen.

Schluchzend sagte ich: »Wie werde ich das je wieder gutmachen können?«

Carl interessierte sich dafür, wie ich ausgerechnet an diesen Ort gelangt war. Er war etwa um zwei Uhr nachmittags aufgebrochen, und die ersten Männer hatten mich ungefähr fünf Stunden später gefunden. Ich fühlte mich deutlich beschämt, daß es so leicht gewesen war, mich zu finden. Und mir war es nicht gelungen, jene fünf Stunden weiterzuwandern, um mich in Sicherheit zu bringen! Ich erzählte von der Felswand und dem tiefen Schnee, von den Nächten unter freiem Himmel. Aber ich konnte mich nicht dazu durchringen, ganz und gar ehrlich zu sein. Ich glaubte nicht, daß Carl verstehen würde, warum ich nach nur zweieinhalb Tagen aufgehört hatte weiterzugehen. Ich machte absichtlich ungenaue Angaben über die Zeit, die ich gewandert war, und übertrieb meine Orientierungslosigkeit. Es war das erste Mal – und diese Erfahrung sollte sich in den kommenden Monaten wiederholen –, daß ich mich frustriert und äußerst verletzlich fühlte. Zu Beginn der Wanderung hatte ich keinerlei Angst verspürt. Ich hatte den Eindruck gehabt, mich mit allen anderen messen zu können. In jener Nacht, dahingeschwunden zu einem elenden Bündel Haut und Knochen, begriff ich, wie sehr mich die Erfahrung meines Verschollenseins gedemütigt hatte. Ich hatte niemandem mehr etwas entgegenzusetzen, nicht einmal einem Kind. Von Trauer, Krankheit und Hunger gezeichnet, war ich völlig hilflos.

Ich weinte, als ich mich an jene frühen Tage zurückerinnerte. Carls einziger Kommentar bestand in dem Hinweis, wenn das Schicksal zuschlage, müsse man zusammenhalten. Er versuchte mich zu trösten, indem er sagte, ich hätte die richtige Entscheidung getroffen, nach Phedi zurückzukehren statt im Schneesturm weiterzugehen. Mark hätte ausgesprochenes Glück gehabt, über den Paß zu gelangen. Das half mir wenig. Talu wäre nur noch eine halbe Tageswanderung entfernt gewesen. Für den Moment vergaß ich den tiefen, pulverigen Schnee, der mich gefangengehalten hatte. Und ich vergaß auch die Schwäche, die ich nach zweieinhalb Tagen ohne Nahrung verspürt hatte, und die dichte Vegetation, die mir das Weiterkommen unmöglich machte. Carl und der Rest der Suchmannschaft hatten es scheinbar so leicht geschafft, bis zu dem Ort vorzudringen, an dem ich lag. Ich empfand nur noch Scham und Schuld.

Die Männer hatten ein paar Kekse, Schokolade und Brot mitgebracht, wovon ich nur wenige Bissen bekam. Ich war mir der Gefahren sehr wohl bewußt, die mit der erneuten Nahrungsaufnahme einhergingen. Nach sechs Wochen wieder richtiges Essen zu schmecken war unglaublich, obwohl es sich nur um einfache, trockene Kekse handelte. Mit jedem Bissen nahm das Gefühl zu, daß das Leben langsam, aber sicher in meinen Körper zurückkehrte. Ich bekam auch ein wenig Schokolade. Die Energie würde mich über Nacht warm halten. Es läßt sich kaum beschreiben, wie sehr ich über dies alles erfreut war, wie ich zu schätzen wußte, was mir in jenen wenigen Stunden gegeben wurde. Ich fühlte mich wie ein König.

Meine nepalesischen Retter unterhielten sich immer noch aufgeregt untereinander. Carl sagte, sie könnten es einfach nicht fassen, daß ich am Leben sei. Immer wieder kam einer von ihnen herüber und berührte mich, um dann aufgeregt zu den anderen zurückzulaufen. Die saßen ums Lagerfeuer und starrten mich an. Ich konnte es kaum glauben, daß all dies Wirklichkeit war.

Schließlich sagte ich: »Davon müssen wir ein Foto machen.« Ich wollte eine Erinnerung an einen der erstaunlichsten Augenblicke meines Lebens besitzen. Carl erklärte ich, meine Kamera befände sich im Rucksack, und er und Ang Phury machten mehrere Bilder. Dann fragte ich Carl, ob er in Katmandu ein gutes Restaurant wüßte. Carl erzählte, er besäße sogar selbst eins in Thamel. Ich hatte dort noch nicht gegessen, erinnerte mich aber daran. Ich erklärte, ich müßte es einmal ausprobieren, wenn ich wieder nach Nepal zurückkäme.

Carl schien überrascht, daß ich schon von einer möglichen Rückkehr sprach, aber meine Liebe zu diesem Land hatte in den letzten sechs Wochen noch zugenommen. Ich versicherte ihm, ich würde wiederkommen, um weitere Wanderungen zu unternehmen. Vielleicht würde ich das nächste Mal sogar auf seine Agentur zurückgreifen! Ich erzählte Carl, wie dankbar ich war, und hoffte, seine Firma würde durch all die harte Arbeit zu meiner Rettung noch viel bekannter werden. Aus tiefstem Herzen war ich diesem Mann dankbar, der so viel für mich getan hatte. Ich empfand wirklich, daß ich ihm mein Leben verdankte.

Carl erläuterte die Pläne für den nächsten Tag. Ein Hubschrauber sollte aufsteigen, sobald die Wolken sich verzogen hätten. Er würde fünfzig Meter über dem Boden schweben, um ein Seil herabzulassen, an dem ein Sitzgurt befestigt war, den ich zu tragen hätte. Carl war so vorausschauend gewesen, einen Gurt zu besorgen, der mich nicht nur zwischen den Beinen stützte, sondern auch unter den Achseln. Die Gurte der Armee seien darauf ausgelegt, daß man die Ellenbogen aus eigener Kraft am Körper halten könne, erläuterte er. Ich glaubte wirklich, daß ich den zusätzlichen Halt gut brauchen konnte, und wußte Carls Voraussicht zu schätzen. Carl fügte hinzu, wenn das Wetter schlecht sei, würden sie mich hinuntertragen müssen. »Es ist für einen Hubschrauber sehr schwierig, in dieser Höhe auf der Stelle zu schweben«, erklärte er.

Da ich keine Trage gesehen hatte, fragte ich, womit sie mich ins Tal tragen würden. Carl entgegnete einfach: »Auf dem Rücken.«

»Schaffen wir das?« fragte ich.

»Es wird nicht leicht sein«, gab er zu. So blieb ich zurück mit der Frage, was wohl das kleinere Übel sei: An einem Seil unter einem Hubschrauber hängen oder auf dem Rücken eines armen kleinen Nepalesen durch knietiefen Schnee bergab getragen werden. Keine der beiden Möglichkeiten erschien mir besonders attraktiv, aber ich kam zu dem Schluß, ich würde einfach hinnehmen müssen, was das Schicksal für mich bereithielt. Carl hatte die Regie übernommen, und ich war mir sicher, er würde mich auf die eine oder die andere Weise hier herausbringen.

Die Nacht zog sich lang hin. Carl und Ang Phury waren eingeschlafen, und nach mehreren Stunden verstummten auch die Nepalesen. Ich lag wach und sah zu, wie die Sterne am Himmel sichtbar wurden, als sich die Wolken aus dem Tal verzogen. Der Anblick war mir vertraut. Ich wußte, der Morgen würde schön sein.

James: 3. Februar 1992

Es gelang mir, spät in der Nacht ein paar Stunden zu schlafen. Früh wurde ich geweckt, als die anderen sich regten. Carl versuchte noch einmal, sein kleines Funkgerät zu benutzen, jedoch ohne Erfolg. Er schien erfreut über das klare Wetter. Ich fragte ihn nach dem Hubschrauberflug. Meine Höhenangst würde ich wohl ignorieren müssen, da man mir sagte, es gebe keine Möglichkeit, mich hinauf in den Hubschrauber zu ziehen. Ich würde darunter hängen bleiben.

»Es dauert nur fünf Minuten bis Talu«, versprach mir Carl.

»Ich muß mal pinkeln, Carl.« Er antwortete nicht. Ich wiederholte meine Ankündigung noch einmal und betonte, daß ich nicht aufstehen könne. Carl legte offensichtlich keinen Wert darauf, an meiner Betreuung teilzuhaben. Er sagte etwas zu den Dorfbewohnern. Zwei von ihnen sprangen auf, und zu dritt schafften wir es, mich langsam auf die Füße zu stellen. Mit ein paar unsicheren Schritten erreichte ich meine Latrine. Mein Freund mit dem Strohhut stand neben mir, einen Arm hatte ich um seine Schulter gelegt, und er hielt den Arm um meine Taille geschlungen, so daß ich stehen konnte, während ich mich erleichterte. Ich war beeindruckt von der behutsamen Fürsorge, die dieser Mann mir zuteil werden ließ. Langsam ließ er mich zurück auf mein Lager sinken, als wäre ich ein Kleinkind.

Dann war das Heulen wieder da. Alle Männer sprangen auf und rannten auf die Lichtung. Sie ließen mich allein zurück. Ich blieb voll ängstlicher Erwartung liegen. Einige der Männer kamen zurück, und Carl sagte, sie hätten dem Hubschrauber ein Signal gegeben: In Kürze würde er mit dem Seil wieder da sein. »Die anderen da drüben räumen im Schnee eine Fläche frei, wo wir dich einbinden können.«

»Was sein muß, muß sein«, beschloß ich.

Als das Geheule unerträglich zu werden drohte, rief Carl einem der Dorfbewohner Anweisungen auf nepalesisch zu. Der Mann nahm mich mit Leichtigkeit hoch und trug mich auf dem Rücken. Dann hielten mich mehrere Männer, und Carl befestigte den Sitzgurt. Ich bekam eine Kapuze, die den größten Teil meines Gesichts bedeckte und nur ein kleines Guckloch für ein Auge frei ließ. Carl band das baumelnde Seil geschickt am Sitzgurt ein, mit einem einfachen Knoten, wie mir schien.

»Bist du sicher, daß der Knoten auch hält?« fragte ich. Keine Antwort. »Der Knoten ist doch in Ordnung so, oder?« wiederholte ich laut.

Aber Carl trat schon zurück, und ich konnte spüren, wie mein Gewicht vom Gurt aufgenommen wurde. Einen Moment lang schien es, als müsse der Hubschrauber darum kämpfen, mich in die Luft zu heben, dann stieg ich schnell in die Höhe, hing im eisigen Wind, während der Motorenlärm des Helikopters in meinen Ohren dröhnte.

Ich schwang wie ein Pendel hin und her, und der Gurt schnitt in meinen Unterleib und meine Achselhöhlen. Durch das Guckloch spähte ich hinunter zu meinem Felsüberhang, der schnell

Der Knoten hält.

kleiner wurde. Endlich entkam ich aus meinem Gefängnis. Ich hob den Blick zu der grandiosesten Aussicht, die ich je gesehen habe. Die Gipfel des Himalajas in der Ferne wurden von den ersten goldenen Strahlen der aufgehenden Sonne beleuchtet. Als ich wieder nach unten blickte, hatte gerodetes Bauernland den dichten Wald abgelöst, und wir näherten uns einem kleinen Dorf. Viele Nepalesen standen um die Hütten und sahen herauf. Der Hubschrauber ging runter, bis ich in Reichweite der Dorfbewohner gelangte. Fünf oder sechs Männer griffen nach mir und hielten mich fest, während einer sich bemühte, den Sitzgurt zu lösen. Ich lehnte mich zurück, ganz verwirrt von der Menge der Dorfbewohner, die helfen wollten, während sie aufgeregt durcheinanderriefen.

Schließlich war ich den Gurt los und wurde von den Männern zu einem anderen Hubschrauber hinübergetragen. Die Dörfler kamen zu mir gelaufen und berührten mich. Ein Mann schien das Sagen zu haben. Er sprach fließend Englisch und versuchte, mich zu beruhigen. »Willkommen unter den Lebenden. Entspann dich einfach. Sie berühren dich, weil sie glauben, daß es ihnen Glück bringt. Jetzt wird alles gut werden, Freund.«

Ich wurde auf den Rücksitz des zweiten Hubschraubers gesetzt. Immer noch stand da eine Menschenmenge, die das Ereignis fasziniert beobachtete. Der Mann, der mich angesprochen hatte, stellte sich als Tom vor. Ich konnte die Tränen in seinen Augen sehen, als er Carl Harrisons Einschätzung bestätigte, wie viel Arbeit es gekostet hatte, nach mir zu suchen.

Der Pilot stieg ein, und Tom stellte ihn als Colonel Pun vor. Der Colonel grinste von einem Ohr zum anderen, als ich ihm schwach die Hand schüttelte und mich bedankte. Ich fragte, ob wir auf Carl warten sollten, aber Tom sagte, er halte es für wichtig, mich so schnell wie möglich nach Katmandu zu bringen.

Als der Hubschrauber abhob, fragte Tom, ob ich etwas essen möge. Ich entgegnete, ich hätte wirklich gern ein wenig Tee. Langsam nippte ich an der Flüssigkeit und sah den Erdboden unter uns wegsausen. Der Lärm machte es schwierig, sich zu unterhalten. Ich trank zwei weitere Tassen Tee, bevor ich um etwas zu essen bat. Eine weiße Schachtel mit Broten wurde hervorgezogen. Ich sah zu, wie die dicke Wolkenbank über dem Katmandutal größer wurde, und wählte sorgfältig, nahm nur solche Stücke von den belegten Broten, die ich meinte vertragen zu können: ein bißchen Tomate, etwas Brot und ein winziges Stück Huhn, das ich wirklich nicht ausschlagen konnte.

Wir durchstießen die dicke Wolkendecke, und ich konnte die niedrigen Häuser von Katmandu sehen. Ohne Erfolg suchte ich nach Geländemerkmalen, die ich wiedererkennen würde. Es schien eine Ewigkeit her zu sein, seit ich Katmandu zuletzt gesehen hatte.

Als wir den Flughafen erreichten, erwartete mich wiederum eine Menschenmenge. Unter all den Gesichtern suchte ich nach Joanne. »Wo ist meine Schwester?« fragte ich Tom. Er zeigte auf eine Gestalt, die mit all den anderen verschwamm, die dort standen.

»Wink ihr zu«, sagte Tom. Als ich das tat, begannen die Tränen erneut zu fließen. Ich konnte eine Frau wie verrückt mit beiden Armen zurückwinken sehen.

Der Hubschrauber setzte sanft auf, und ich beobachtete, wie Joanne von mehreren Leuten zurückgehalten wurde, bis die Rotorblätter langsamer drehten. Tom sprang vom Vordersitz, um mir hinauszuhelfen. Die Leuten neben Joanne ließen sie los, und ich taumelte vorwärts. Ich schlang meine Arme um ihren Hals, und wir weinten beide.

Joanne: 3. Februar 1992

Die Nacht vom Sonntag, dem 2. Februar, war eine der längsten in meinem Leben. Da wir von der Suchmannschaft, die zu Fuß aufgebrochen war, nichts gehört hatten, wußte ich nicht, was ich hoffen oder denken sollte. Es bestand eine reelle Chance, daß der Gefundene James sein könnte, aber die Umstände waren allzu erstaunlich. Wie konnte jemand zweiundvierzig Tage lang Temperaturen unter null Grad ertragen ohne Nahrung, ohne Feuer und mit dürftiger Bekleidung?

Am liebsten hätte ich mit Calum darüber gesprochen, ihm meine Seelenqual mitgeteilt. Maria war großartig. Sie überredete mich, ich solle versuchen zu schlafen, und sie bemühte sich, mich vom Grübeln abzulenken, aber es nützte nichts. Ich warf mich die ganze Nacht schlaflos hin und her.

Meine größte Sorge war, daß jener Mensch, ganz egal, wer es war, nicht noch eine Nacht überstehen würde. Mit was für einem Gefühl müßte ich weiterleben, wenn die Suchmannschaft den Felsüberhang erreichte und eine Leiche vorfand? Wie könnte ich meinen Eltern je erzählen, daß James noch am Tag zuvor am Leben gewesen war, daß er jedoch starb, während seine Retter schon unterwegs waren? Maria versuchte, mich zu beruhigen. Wenn jener Mensch die Kraft gehabt hatte, dem Hubschrauber ein Signal zu geben, würde er auch aushalten, bis seine Retter kamen, zumal ihm der Anblick des Hubschraubers Kraft gegeben haben mußte. Das sah ich ein, machte mir aber immer noch Gedanken. Was wäre, wenn … In jener Nacht betete ich, daß James nicht aufgeben möge.

Um fünf Uhr morgens war ich bereit zum Aufbruch. Es war noch dunkel und sehr kalt. Der Funker stellte gerade den Empfänger an und rieb sich den Schlaf aus den Augen, als wir eintrafen. Es hatte keine weiteren Nachrichten gegeben, doch es hatte sich herumgesprochen, daß etwas vor sich ging. Reichlich viele Leute schienen herumzustehen. Maria und ich konnten nichts anderes tun als warten und spekulieren. Zwei Stunden später gab es noch immer nichts Neues. Colonel Puns Stellvertreter traf ein. Ich stürzte auf ihn zu und löcherte ihn nach all den möglichen Gründen, warum Colonel Pun keinen Kontakt zu uns aufgenommen hatte. Aber der arme Mann war nicht schlauer als ich.

Als es heller wurde, war die dichte Wolkendecke am Himmel deutlicher zu sehen.

»Großartig!« stöhnte ich im Gespräch mit Maria. »In den Bergen schneit es möglicherweise, und wir werden diesen Menschen wochenlang nicht erreichen können.«

Der Major erklärte, er würde einen Übungsflug nach Talu unternehmen, um zu sehen, wie die Dinge stünden. Ich beobachtete, wie die kleine *Alouette* abhob. Sie flog auf eine Lücke in den Wolken zu. Ich verfolgte den Hubschrauber mit den Augen, bis er zu einem winzigen Punkt in der Ferne geworden war, und schickte ein stummes Gebet mit zum Himmel.

Innerhalb von zehn Minuten meldete sich der Major über Funk. Er war aus dem Katmandutal heraus, und das Wetter war einfach großartig, der Himmel völlig wolkenlos.

Und so warteten wir. Ich rutschte unruhig hin und her und sorgte mich. Unfähig, still zu stehen, hatte ich doch Angst, mich zu entfernen, falls eine Nachricht eintreffen sollte. Der Major meldete sich noch einmal. Der andere Hubschrauber war in Talu aufgestiegen und befand sich ebenfalls in der Luft. Ich konnte spüren, wie mein Puls hämmerte. Meine Handflächen waren feucht von Schweiß. Ich wußte, daß ich nach all dieser Zeit in den nächsten Sekunden etwas Endgültiges hören würde.

»Bodenkontrolle, hier spricht *Army-two-nine.* Bodenkontrolle, bitte melden.« Mein Herz schlug mir bis zum Hals. Das war Colonel Puns Hubschrauber.

»*Army-two-nine,* hier Bodenkontrolle. Wir hören«, antwortete der Funker.

»Bodenkontrolle, ist Joanne da?« Der Funker rutschte zur Seite, so daß ich an das Mikrofon herankam. Ich spürte, wie meine Beine zitterten und mir Tränen in die Augen stiegen.

»Hier spricht Joanne. *Over.*«

»Joanne, hier ist Colonel Pun. Wir haben Ihren Bruder gefunden, und er lebt. Ich wiederhole, wir haben Ihren Bruder gefunden, und er lebt. *Over.*«

Es dauerte ein paar Sekunden, ehe die Worte ganz zu mir durchdrangen, dann begann ich zu schluchzen. Dies war genau die Nachricht, auf die ich die ganzen vergangenen fünf Wochen hindurch gewartet hatte. Ich spürte eine Mischung aus Euphorie und Erleichterung. Ich war so glücklich, daß ich kein Wort herausbrachte. Maria und ich umarmten uns. Der Funker sah verwirrt aus. Ich nehme an, er konnte an meiner Reaktion nicht ablesen, ob wir eine gute oder eine schlechte Nachricht erhalten hatten. Schnell bemühte ich mich, die Fassung wiederzugewinnen.

»Colonel Pun, geht es James gut?«

»Joanne, ich wiederhole, wir haben Ihren Bruder gefunden, und er ist am Leben.« Es gelang mir nicht, dem Colonel meine Frage verständlich zu machen. Er fuhr fort: »Wir bringen ihn mit der Winde von der Felswand zurück nach Talu und fliegen ihn dann nach Katmandu. *Over.*«

»Verstanden, Colonel. *Over and out.*«

Da erst begann ich wirklich zu verstehen. In welcher Verfassung würde James sein? War er bei Bewußtsein? Würde er mich erkennen können? Was für Verletzungen mochte er haben? Würde es erforderlich sein, ihn nach Bangkok zu evakuieren? Wir kümmerten uns um die praktischen Dinge. Maria rief schnell bei Auli an. Wir brauchten sofort die Botschaftslimousine. Dann rief sie Dorrilyn und Dr. Pandey an. Die beiden würden in zwanzig Minuten hier sein. Außerdem informierten wir das Krankenhaus in Patan.

»Bodenkontrolle, hier ist *Army-two-nine.* Bitte melden.« Ich wurde wieder vor den Empfänger gesetzt.

»Colonel Pun, hier ist Joanne. Ich höre.«

»Joanne, wir haben James im Hubschrauber und sind gerade in Talu gestartet. Er scheint völlig in Ordnung zu sein. Wir werden in zwanzig Minuten in Katmandu landen. *Over.*«

Wie konnte jemand, der zweiundvierzig Tage lang verschollen gewesen war, »völlig in Ordnung« sein? »Colonel Pun, wie geht es James? Ist er bei Bewußtsein? Wie ist sein Gesundheitszustand? *Over.*«

Doch der Colonel verstand mich immer noch nicht und wiederholte nur die gleiche Nachricht. Ich gab es auf und sagte: »Okay, Colonel, ich verstehe. Bis gleich. *Over and out.*«

Jene zwanzig Minuten schienen endlos. Die Leute, auf die wir warteten, brauchten ewig, bis sie eintrafen. Als erstes kam der Geländewagen. Auli und Larry saßen darin, zusammen mit Dorrilyn. Wir umarmten uns alle. Diese Menschen waren die ganze Zeit an der Suche beteiligt gewesen, und genau wie ich waren sie überwältigt.

»Es ist ein Wunder«, sagte ich zu Auli. »Ich kann es noch gar nicht fassen.« Irgendwo hatten wir Wolldecken gefunden. Ich schritt um den Landeplatz herum, eine Decke im Arm, und warf ängstliche Blicke zum Himmel, als könne ich dadurch den Hubschrauber schneller erscheinen lassen. Dr. Pandey und Dorrilyn sprachen über die medizinische Versorgung. Ich hörte den Rotor des Hubschraubers, aber die Maschine selbst war wegen der tiefhängenden Wolken und wegen des Dunstes noch nicht zu sehen. Wieder mußte ich weinen. Dorrilyn legte ihren Arm um mich.

»Du mußt jetzt stark sein«, sagte sie.

»Ich weiß«, flüsterte ich. »Aber in was für einer Verfassung wird er sein?«

»Du hast ihn gefunden, und er lebt. Nur darauf kommt es im Moment an.«

Der Hubschrauber tauchte in unserem Blickfeld auf. Er war noch weit weg, kam aber mit jeder Sekunde näher.

»Sieh mal!« rief Dorrilyn. »Da winkt jemand! Wink zurück!«

»Es kann nicht James sein, der da winkt«, sagte ich. »Wie kann er denn winken?«

»Wink zurück«, beharrte sie. »Er wartet darauf.«

Ich fing an zu winken, brach jedoch erneut in Tränen aus, als der Hubschrauber am Boden aufsetzte. Hunderte von Menschen standen am Rande des Landeplatzes. Sie schienen plötzlich von überallher gekommen zu sein. Ich wartete ungeduldig darauf, daß die Rotorblätter langsamer werden würden, aber Tom war schon aus dem Hubschrauber gesprungen. Er stand davor, die Arme ausgestreckt, als wolle er zu mir sagen: »Sieh mal, was wir dir mitgebracht haben!«

Noch immer weinend, näherte ich mich der seitlichen Tür des Hubschraubers. Tom öffnete sie, und da war James. Ich wußte sofort, daß es James war, und in jenem Moment begriff ich wirklich, daß wir ihn gefunden hatten. Er sah alt und eingefallen aus. Seine Haut spannte sich straff über den Wangenknochen, und seine Stirn war tief gefurcht. Er hatte einen leuchtend roten Bart, der vielleicht drei Zentimeter lang war. Sein Haar war fettig, und er war schmutzig. Er sah unvorstellbar dünn aus, wie ein Skelett. Er blickte mich an, und ich schluchzte seinen Namen.

James begann auch zu weinen, kam aus dem Hubschrauber geklettert und machte einen Schritt auf mich zu. Wir umarmten uns, und ich sagte ihm, wie sehr ich ihn liebe. Er entgegnete: »Ich kann es gar nicht glauben, daß du hier bist. Danke. Vielen, vielen Dank.«

»Oh, nein«, sagte ich. Dann blickte ich an James vorbei und sah Colonel Pun, Captain Koirala und Tom. Obwohl sie alle von einem Ohr zum anderen grinsten, glänzte auch in ihren Augen ein Tränenschimmer.

Fast ein Jahr später kehrten James, Gaye und Joanne nach Nepal zurück. Sie trafen sich mit den einheimischen Sherpas, die bei James' Rettung geholfen hatten, und gingen noch einmal an den Ort, wo er eingeschneit gewesen war. Obwohl kein Schnee lag und die Wanderer in bester Verfassung waren, blieb es ein äußerst anstrengendes und gefährliches Unterfangen, den Felsen zu erreichen, wo James Schutz gefunden hatte.

Epilog

Joanne:

Erst am 14. Februar, dem Valentinstag, kehrten James und ich nach Brisbane zurück. Die elf Tage, nachdem James am Flughafen von Katmandu aus dem Hubschrauber getreten war, hatten sich in vieler Hinsicht als genauso aufreibend erwiesen wie die Wochen, die ihnen vorausgegangen waren. Allein der Umstand, daß James überlebt hatte und unsere Familie auf uns wartete, ließ mich durchhalten. Noch nie zuvor war ich so in Hochstimmung, so erschöpft, so besorgt, so dankbar, so durcheinander und so wütend gewesen.

Rückblickend kann ich mich gar nicht richtig daran erinnern, wie ich von der Landebahn auf den Rücksitz des Geländewagens gelangt bin. Gerade hielt ich noch mühsam James aufrecht, und im nächsten Moment lag er schon langgestreckt auf der Rückbank des Wagens, eng an mich gelehnt. Larry fuhr, Auli saß neben ihm. Dorrilyn hockte geduckt ganz hinten im Auto, beugte sich über die Rückenlehne und überwachte James' Puls und Blutdruck. Dr. Pandey hatte eine kurze Untersuchung vorgenommen, und wir befanden uns auf dem Weg ins Krankenhaus von Patan.

Von dem ersten Schock bei James' Anblick hatte ich mich erholt. Fast hätte es mir das Herz gebrochen, meinen kräftigen, athletischen Bruder zu einem solchen eingefallenen Skelett abgemagert zu sehen. Sein Haar war verfilzt, und jede Falte seiner Haut saß voll mit Erde und Schmutz. Seine Fingernägel starrten vor Dreck, und selbst seine Ohren waren völlig verstopft. James' Lippen schienen ganz und gar ausgetrocknet, an mehreren Stellen waren sie eingerissen und mit Geschwüren bedeckt. Durch den unregelmäßig gewachsenen roten Bart wirkte er stark gealtert. Seine Haut saß stramm über den vorspringenden Wangenknochen, und seine grauen Augen wirkten riesengroß. Durch die gefütterte Jacke hindurch konnte ich seine Rippen und Schulterblätter fühlen. Ich schätzte, daß er ungefähr dreißig Kilogramm Gewicht verloren haben mußte. Er strömte einen charakteristischen Geruch aus, eine schale Mischung aus Schweiß und Rauch, aus Schmutz und Heu. Dieser Geruch war tief in seine Kleider eingedrungen. Wir sprachen auf dem Weg zum Krankenhaus die ganze Zeit miteinander und brachen beide immer wieder in Tränen aus. Aber James' Verstand war völlig klar. Ich berichtete ihm, allen unseren Angehörigen gehe es gut.

»Gaye sagt, ich soll dir ausrichten, daß sie dich lieb hat und dich heiraten will«, fügte ich hinzu. Ich erzählte ihm auch, daß sie alle noch von nichts wußten. »Wie um alles in der Welt hast du bloß die ganze Zeit durchgehalten, James? Wie hast du es geschafft?«

»Ich habe nichts getan, einfach nur dagesessen«, antwortete er. »Ich kann gar nicht glauben, daß du mich gefunden hast. Ich kann nicht glauben, daß du die ganze Zeit immer weitergesucht hast.«

Im Krankenhaus schienen überall Leute herumzustehen. Sie betrachteten uns neugierig. Dr. Garlick, der medizinische Direktor, wartete bereits. Er ließ James geradewegs in ein Untersuchungszimmer bringen – sehr einfach, gemessen an australischen Standards –, wo er zusammen mit Dr. Johnson, einem jungen Mann mit englischem Akzent, seinen Gesundheitszustand überprüfte.

»Ich fürchte, ich habe sehr viel Flüssigkeit verloren«, sagte James. »Glauben Sie, ich könnte etwas zu trinken bekommen?« Jemand wurde geschickt, um für James eine Tasse Tee zu holen.

Dr. Johnson legte umgehend einen Tropf in James' Arm. Seine Körpertemperatur lag so niedrig, daß sie mit dem Fieberthermometer nicht mehr zu messen war, und sein Blutdruck fiel bei jeder Lageveränderung unter 55 mm Quecksilbersäule.

Mir blieb fast die Luft weg, als James' Schuhe und Strümpfe ausgezogen wurden. Seine Füße waren blau und fühlten sich an wie Eisklumpen. Sie waren von einer dicken Schicht toter Haut umgeben. Ich beobachtete Dr. Johnson, wie er sie untersuchte. Zu meiner Erleichterung schien er nicht allzu entsetzt. Der Puls war scheinbar gut, das hieß, die Blutversorgung funktionierte im Prinzip noch.

Zu diesem Zeitpunkt hatte James bereits drei Tassen Tee in sich hineingeschlürft und bat um einen Softdrink. In Null Komma nichts hatte er ein Glas Coca-Cola ausgetrunken. Sekunden später erbrach er alles zusammen wieder.

Ich schätze, seit unserem Eintreffen im Krankenhaus waren ungefähr zwanzig Minuten vergangen. Die Aufnahmeuntersuchung deutete darauf hin, daß James den Umständen entsprechend in recht guter Verfassung war.

»Wird er sich wieder erholen?« fragte ich die Ärzte.

»Ich wüßte nicht, warum er das nicht tun sollte«, versetzte Dr. Garlick.

»Wenn dem so ist, möchte ich bitte telefonieren.«

Ich erklärte James, daß ich Mum und Dad anrufen würde. Er bat mich, ihnen zu sagen, er liebe sie sehr. Als Dr. Garlick mich durch die Korridore in sein Büro führte, konnte ich das Gefühl immer noch nicht loswerden, daß ich träumte. Ich schien nicht in der Lage, meine Umgebung wirklich wahrzunehmen. Ich hatte keine Ahnung, wo im Gebäude wir uns befanden oder wohin wir gingen. Ich konnte wirklich nicht glauben, daß ich nach all dieser Zeit tatsächlich dieses Telefongespräch führen sollte.

Meine Finger zitterten, als ich die Nummer wählte. Ungeduldig wartete ich auf die Pieptöne, welche die internationale Verbindung ankündigten. Dad war am Telefon.

»Hier spricht Ken Scott.«

»Dad, hier ist Joanne.«

»Joanne! Wie geht es dir?«

»Dad, mir geht es gut. Mir geht es wirklich gut. Ich habe fantastische Neuigkeiten. Wir haben James gefunden. James ist bei uns, und er lebt.«

Einen Moment herrschte Stille, dann wiederholte Dad: »Du hast James gefunden, und er lebt«, als könne er nicht ganz glauben, was ich ihm soeben erzählt hatte. »Er lebt.« Ich meinte zu hören, wie seine Stimme brach. »Nach all dieser Zeit. Er lebt!«

»Dad, es ist ein Wunder.«

»Wo war er?«

»Südwestlich von Gopte. Er hockte unter einem hochgelegenen Felsüberhang, eingeschneit an einer Bergwand.«

»Das ist großartig. Das ist einfach wunderbar.«

Meine Mutter schrie auf: »Ich kann es nicht glauben!« Dann verfiel sie vor Freude in hysterisches Schluchzen.

Es dauerte etwa eine Stunde, bis James in einem Zimmer im zweiten Stock untergebracht war. Die einfache Einrichtung ließ mich erneut wünschen, wir könnten Nepal sofort verlassen, obwohl Dorrilyn sagte, hier sei alles wesentlich besser als im anderen Krankenhaus der Stadt.

James' Zimmer hatte zwei Betten. Das andere war von einem jungen Mann belegt, der fortwährend hustete. Wie es in Nepal üblich ist, befanden sich ständig mehrere Verwandte bei ihm. Allenfalls konnten wir James mit einem Vorhang von ihnen abschirmen. Die Verwandten unterhielten sich lautstark und kamen und gingen ohne Unterlaß. Das machte es wirklich schwierig, Ruhe zu finden.

Eine elektrische Heizdecke wurde über James' Bett gelegt und eine Heizsonne in die Nähe gestellt. Dr. Zimmermann, der speziell für James zuständig war, kam zur Untersuchung. Natürlich kannte James ihn. Mark Zimmermann hatte meinen Bruder und Tim vor fast zwei Monaten auf Arztvisiten mitgenommen. Der Arzt muß entsetzt gewesen sein, wie stark James verfallen war. Er erklärte, er nehme an, James leide an einer Gehirnischämie, einer Art Schlaganfall.

Es ist beileibe keine Kleinigkeit, sich in einem Land der Dritten Welt um einen lebensbedrohlich Kranken zu kümmern. Während der Suche hatte ich vor allen Dingen die enorme Verpflichtung gefühlt, herauszufinden, was passiert war. Jetzt war die Verantwortung, die ich zu tragen hatte, sogar noch größer. Ich hatte James lebendig gefunden und damit Gaye und meinen Eltern neue Hoffnung gegeben. Nun mußte ich ihn auch lebend nach Australien zurückbringen. Die Zeit im Krankenhaus von Patan war ein Alptraum.

Drei oder vier Tage lang war James emotional extrem instabil. In einer Minute noch himmelhoch jauchzend, war er in der nächsten zu Tode betrübt. Er weinte sich das Herz aus dem Leibe und wünschte sich sogar, wieder unter seinem Felsen zu liegen. Es ist sicherlich nicht leicht, nach sechs Wochen Einsamkeit mitten in die Geschäftigkeit eines Krankenhausalltags zu geraten. James' Sehvermögen war so schlecht geworden, daß er keine Gesichter erkennen konnte. Kurz nachdem Dr. Zimmermann James untersucht hatte, änderte er seine Diagnose. James' Sehprobleme, sagte er, könnten die Folge von Thiamin-(Vitamin-B_1-)Mangel sein. Wird in einem solchen Fall nicht sofort Thiamin gegeben, können irreversible Hirnschäden die Folge sein. Sobald Mark Zimmermann die gedankliche Verbindung hergestellt hatte, erhielt James Thiaminspritzen. Das gleichzeitige Auftreten einer Sehbehinderung, emotionaler Instabilität und einer organischen Gehirnfunktionsstörung aufgrund von Mangelernährung riefen fast eine Paranoia hervor. James zitterte vor Angst, wenn jemand das Zimmer betrat, und rief: »Wer ist da?« oder »Was wollen Sie jetzt schon wieder?« Es erschien unbedingt notwendig, daß jemand, den er kannte und dem er vertraute, ständig bei ihm war. Dorrilyn und Anne-Marie Young halfen mir dabei abwechselnd.

Glücklicherweise war der andere Patient in James' Zimmer freiwillig dazu bereit, auszuziehen, weil er sich zusammen mit einem Westler im gleichen Raum nicht wohl fühlte. So hatten wir das Zimmer ganz für uns – ein großer Luxus. Ich schlief auf einem hölzernen Feldbett. Tom und Maria hatten mir eine Matratze gebracht, dazu Decken, Handtücher und Krüge mit Wasser.

Eines Tages kam eine Schwester herein und wollte James' elektrische Heizdecke mitnehmen. Ich schrie sie an und wollte wissen, was sie da täte. Sie sagte, ein anderer Patient brauche die Decke. Ohne jede Rücksicht auf diesen anderen Menschen lehnte ich ihr Ansinnen ab und hinderte sie daran, die Decke wegzunehmen. Soweit es mich anging, brauchte James die Decke immer noch, und er würde sie auch behalten. Es war nicht mein Problem, wenn es nicht genug Heizdecken für alle gab.

James' Körper wieder an die Aufnahme von Nahrung zu gewöhnen bedurfte sorgfältiger Planung. Ihm *irgendwelche* Nahrungsmittel zu geben, ohne an die damit verbundenen chemischen Vorgänge zu denken, hätte alle nur möglichen Folgen haben können von Herzversagen bis zum Tod. James' Speiseplan bestand mehrere Tage lang aus klaren Flüssigkeiten, gefolgt von Suppen und dickeren Brühen. Der nächste Schritt waren Brot und Teigwaren mit kleinen Mengen Ei und Gemüse. Ich erinnere mich an einen Tag, als Dr. Zimmermann gesagt hatte – und da war ich mir sicher –, James solle »tüchtig Eier essen«. Um elf Uhr vormittags zwang sich James gerade, das sechste gekochte Ei zu löffeln. Dr. Zimmermann kam auf seiner Visite herein, und James und ich erzählten stolz, wie viele Eier er bereits verspeist hatte. Die Augen des Arztes weiteten sich.

»Ich habe gesagt, nicht mehr als drei Eier im Laufe des Tages«, erklärte er uns. James mußte für diesen Irrtum später mit schrecklichen Magenkrämpfen bezahlen.

All die Brühen, Suppen und weiteren Mahlzeiten wurden von Maria, Val Garlick, Anna Johnson und anderen um James besorgten Frauen zubereitet. Ich weiß nicht, wie ich je ohne ihre Hilfe und Unterstützung zurechtgekommen wäre. James erinnerte mich an einen kleinen Vogel oder ein Tier, das nach Bedarf gefüttert werden muß. Alle zwei bis drei Stunden, egal ob am Tag oder in der Nacht, wollte er etwas zu essen oder zu trinken haben. Dadurch wurde meine Nachtruhe häufig unterbrochen. Auch seine Füße quälten ihn. Die Schmerzen meldeten sich gleich in der ersten Nacht im Krankenhaus. James weinte fast vor Verzweiflung und schlug hilflos auf das Kopfkissen ein. Pethidin-Injektionen und das Reiben seiner Füße schienen zu helfen. Ich hatte seit der Nacht des zweiten Februar kaum geschlafen. Das Krankenhaus verließ ich nur einmal am Tag kurz, um zu duschen, mich umzuziehen, die Wäsche abzugeben und mehr Essen und

Wasser für James zu holen. (Wir hatten beschlossen, es sei sicherer, weder das eine noch das andere aus der Krankenhausküche zu nehmen.) Mehrere Tage nachdem James gerettet worden war, massierte ich ihm die Füße und fiel in tiefen Schlaf, während ich noch auf dem Hocker am Fußende seines Bettes saß. Immer wieder sagte man mir, ich solle zurück zu *Blue Mountain* gehen und ein wenig schlafen, aber ich lehnte ab. Ich hatte viel zu viel Angst, daß James während meiner Abwesenheit etwas zustoßen könnte.

Mag sein, daß wir die Schwestern mit unseren beharrlichen Fragen fast zur Verzweiflung getrieben haben, aber wir hatten guten Grund dazu. Einmal erwischte Dorrilyn nämlich eine Schwester dabei, wie sie James' Körpertemperatur im Mund messen wollte, nachdem mit dem gleichen Thermometer die Rektaltemperatur eines anderen Patienten gemessen worden war! Trotz allem war ich jedoch sehr froh über den Standard der medizinischen Versorgung, die James im Krankenhaus zuteil wurde. Wir hatten wirklich Glück mit den erfahrenen und fürsorglichen Mitarbeitern, die sich um uns kümmerten.

Wenn James untersucht wurde oder wenn er sich mit jemand anders unterhalten wollte, wanderte ich die Flure des Krankenhauses auf und ab. Nachts traf ich Menschen vor den Zimmern ihrer Verwandten, die auf dem harten kalten Boden lagen, lediglich in eine Decke gewickelt. In Abständen waren Spucknäpfe aufgestellt, und das Geräusch abhustender Menschen widerhallte im ganzen Gebäude. Immer wieder traf ich einen jungen Mann, der versuchte, auf dem Flur seinen Sohn zu beschäftigen. Seine Frau war im Krankenhaus, weil sie Verbrennungen dritten Grades erlitten hatte. Dieser Mann versorgte sie und kümmerte sich gleichzeitig um seinen Sohn. Ein Mädchen von vielleicht zwölf oder dreizehn Jahren lächelte mir immer schüchtern unter einem roten Schal hervor zu. Sie pflegte ihre Großmutter, die im Sterben lag. Manchmal sah ich ganze Familien besorgt vor den Operationssälen sitzen.

James und ich standen zu diesem Zeitpunkt beide unter psychologischer Betreuung. Er mußte eine gewaltige psychische

Anpassungsleistung vollbringen. Es dauerte Tage, bis er sich damit abgefunden hatte, daß er vermutlich weiterleben würde, und er brauchte Hilfe, um mit dem daraus resultierenden Schuldgefühl fertig zu werden. Es sollte noch lange dauern, bis er sich von alledem erholt haben würde.

Wir hatten strikte Anweisungen von James' Ärzten, daß er kaum Besuch haben durfte und so wenig wie möglich gestört werden sollte. Unzählige Leute wollten ihn ständig sehen – sei es, weil sie bei der Suche geholfen hatten oder weil es sich um australische Touristen handelte, die gehört hatten, er sei gerettet worden und befinde sich im Krankenhaus.

Am 18. Januar hatte James' Verschwinden in ganz Australien Schlagzeilen gemacht, und meine Eltern waren von der Betroffenheit der Leute gerührt gewesen. Über den Beistand von Freunden und Verwandten hinaus waren mitfühlende Briefe aus aller Welt eingetroffen. Jetzt wollten wir, daß all diese Menschen so schnell wie möglich erfahren sollten, daß James lebendig gefunden worden war. Mum und Dad beschlossen, es sei das beste, *ABC Radio* und eine Regionalzeitung in Brisbane namens *Courier Mail* zu informieren. Der gewünschte Erfolg stellte sich zweifelsfrei ein. Es dauerte keine Stunde, und die Fernsehübertragung eines internationalen Kricketspiels wurde unterbrochen, um mitzuteilen, daß James gefunden worden sei. Noch ahnten wir nicht, welche Folgen das haben sollte.

Die Reaktionen der Leute waren bewegend. Ich habe Geschichten von völlig Unbekannten gehört, die in Tränen ausgebrochen sind. Gaye arbeitete gerade, als die Nachricht sie erreichte. Der Leiter des Colleges kam in ihre Klasse und sagte, sie solle ihre Mutter zu Hause anrufen. Gaye machte sich auf die Nachricht gefaßt, daß eine Leiche gefunden worden sei. Wie bei meiner Mutter war Gayes erste Reaktion ungläubiger Schock.

Andrew Ross befand sich ebenfalls bei der Arbeit, als Beverley ihn anrief. Er sagte nur, das sei ja eine erfreuliche Nachricht, und hängte auf. Andrew hatte so lange damit zugebracht, sich auf den Fund einer Leiche einzustellen, daß es mehrere Minuten dauerte, ehe er registrierte, was Beverley tatsächlich gesagt hatte.

Dann rief er meinen Vater an, weil er einfach nicht glauben konnte, daß er die Nachricht richtig verstanden hatte. Sobald Dad bestätigt hatte, daß James wirklich am Leben war, verließ Andrew seinen Arbeitsplatz, um die Neuigkeit zu verbreiten und zu feiern.

Ein Freund von Auli erzählte ihr einige Tage bevor James gefunden wurde, er habe geträumt, mein Bruder befinde sich lebendig in einer Höhle. In Australien hatte ein ehemaliger Kommilitone von James seiner neunjährigen Tochter erklärt, daß James im Himmel sei. Das kleine Mädchen hatte sich plötzlich zu Wort gemeldet. Sie sagte: »Du hast unrecht, Daddy. James ist nicht im Himmel. Sie müssen sich beeilen und ihn finden.« Und natürlich klangen mir noch die Worte von Thrangu Rinpoche im Ohr, von jenem Lama, den ich am 11. Januar in Boudha aufgesucht hatte. Er hatte auf die richtige Gegend gewiesen und mir gesagt, ich würde meinen Bruder wiedersehen.

Am Nachmittag des 3. Februar, nachdem mein Vater mit der Zeitung und dem Radiosender gesprochen hatte, brach die Telefonzentrale der Universität unter den eingehenden Anrufen völlig überlastet zusammen. Die Telefonate kamen von den unterschiedlichsten Leuten: von Freunden, Bekannten, Verwandten, aber selbst zu diesem frühen Zeitpunkt stammte eine erhebliche Zahl von den Medien. In der Universität fanden sich ganze Heerscharen von Journalisten ein, um meine Eltern zu interviewen.

Als meine Eltern schließlich zu Hause eintrafen, war die Farm von Leuten geradezu überschwemmt. Zunächst waren da Gaye, Beverley und Andrews Eltern, dann stellten sich mehrere von James' Freunden ein, und bald darauf erschienen auch die Medien auf dem Plan in der Absicht, das Freudenfest zu filmen. Das Telefon hörte überhaupt nicht mehr auf zu klingeln, und es wurde nach elf Uhr abends, ehe die Kamerateams und die Fotografen gingen. Ein Reporter versuchte sogar, meinen Vater vom Telefon wegzuholen, während ich mit ihm sprach.

Am Dienstagmorgen, dem 4. Februar, wurden meine Eltern um vier Uhr in der Frühe vom Anruf eines Journalisten geweckt, dem unzählige weitere folgen sollten. Um acht Uhr waren die Kamerateams zweier Fernsehsender eingetroffen und trommelten gegen die Haustür. Am Arbeitsplatz meiner Eltern waren die Treppenaufgänge mit Medienleuten verstopft, die Interviews haben wollten. Die Journalisten kamen ins Labor geplatzt und zogen wahllos wissenschaftliche Geräte aus den Steckdosen, um ihre eigenen Gerätschaften anzuschließen. Sämtliche Arbeiten im Labor kamen zum Stillstand.

In Nepal begannen die Anrufe der Journalisten um fünf Uhr früh am Morgen des 4. Februar. Zu jenem Zeitpunkt hatte ich seit achtundvierzig Stunden nicht geschlafen. Die Schwestern auf der Station sprachen nicht genug Englisch, um mehr herauszuhören, als daß der Anruf aus Australien kam. Weil ich dachte, es handle sich um meine Eltern, ging ich ans Telefon. Es war ein Reporter von der Fernsehgesellschaft *ABC*. Ehe ich mehrere seiner Fragen beantwortete, wies ich ihn ziemlich unwirsch zurecht wegen der Zeit seines Anrufs. All das wurde mitgeschnitten, ohne daß ich davon wußte. Von jenem Gespräch an stand das Telefon keinen Moment still. Dorrilyn und ich übernahmen es abwechselnd, die Anrufe zu beantworten. Ein Sender wollte, daß ich im Krankenhaus alles stehen- und liegenließe, um mich an einer per Satelliten geschalteten Sendung mit meinen Eltern zu beteiligen. Ich sagte, nach allem, was wir durchgemacht hätten, wollte ich verflucht sein, wenn sich das erste Wiedersehen mit meinen Eltern vor Tausenden von Leuten abspielte. Dr. Garlick kam und sagte, er werde seit vier Uhr morgens angerufen. Tom und Maria wurden gleichfalls von Telefonaten überschwemmt.

Die Situation verschlimmerte sich in den nächsten Tagen, als Journalisten und Kamerateams aus aller Welt das Krankenhaus heimsuchten. James war gesundheitlich nicht in der Verfassung, interviewt zu werden, und ich war es auch nicht. Wir konnten wohl verstehen, warum unsere Geschichte so viel Aufmerksamkeit erregte, und ich sagte den Journalisten wiederholt, wir wären mehr als glücklich, ihnen die Story bei passender Gelegenheit zu erzählen. Das allerwichtigste zu jener Zeit war jedoch James' Gesundheit – und seine sichere Rückkehr nach Australien.

Die Geldfrage stellte sich bei der ganzen Angelegenheit bereits recht früh. Ich wurde aus James' Zimmer in das Schwesternzimmer gerufen, um wieder einmal einen Anruf aus Australien entgegenzunehmen. Mein Gesprächspartner arbeitete für eine bekannte aktuelle Fernsehshow. Er bot mir fünfzigtausend Dollar für die Story. Ich sagte ihm, völlig unabhängig davon, wie viel sie zu zahlen bereit wären, würden wir weder mit ihm noch mit sonst jemandem sprechen, bis es James gut genug ginge. Zu Hause in Brisbane nahmen Fernsehsender und Zeitungen seit Mittwoch, dem 5. Februar, wiederholt Kontakt mit meinem Vater auf und unterbreiteten ihm reizvolle Angebote für einen Exklusivvertrag. Sie bekamen zur Antwort, sie sollten sich mit uns darüber unterhalten, sobald wir nach Australien zurückgekehrt seien und James sich erholt habe.

So langsam begannen wir zu begreifen, daß die Geschichte etwas wert war. Bisher hatte sich keiner von uns ein Interview bezahlen lassen. James machte sich Sorgen wegen des Geldes, das ausgegeben worden war – mindestens fünfzigtausend Dollar. Die Geschichte zu verkaufen konnte eine Möglichkeit sein, die Kosten für die Suchaktion zurückzuzahlen.

Wie weit manche Journalisten gingen, um an eine Story zu kommen, versetzte mich in Erstaunen. Jemand versuchte, James' Krankenberichte zu stehlen. Fotografen probierten, durch die Fenster in sein Zimmer einzusteigen. Reporter gaben sich als James' Reiseversicherer aus. Ich lehnte es ab, auch nur mit einem von ihnen zu sprechen. Wie nicht anders zu erwarten, dauerte es mehrere Tage, bis die nepalesische Presse mitbekam, daß es eine Story gab. Dann kamen sie in James' Krankenzimmer gestürmt. Ich mußte sie mit physischer Gewalt daraus vertreiben. Der schlecht geschriebene Artikel, der am nächsten Tag in der Zeitung *Rising Nepal* erschien, klang höchst skeptisch im Hinblick auf das, was James durchgemacht hatte. Der Verfasser behauptete auch, ich habe es abgelehnt, mit ihm zu sprechen, weil ich »nicht in der Stimmung gewesen« sei. Wenn Reporter versuchten, mich unter Hinweis auf die mit ihrer Anreise verbundenen Kosten zu einem Interview zu überreden, wies ich sie darauf hin, daß ich sie nicht eingeladen hatte! Es erschien mir bizarr, daß ich mich wochenlang abgemüht hatte, um das Interesse der Leute an James' Verschwinden wachzuhalten, und jetzt waren alle so interessiert an der ganzen Geschichte, daß sie es sogar riskierten, James' Leben zu gefährden! Ich bin mir sicher, sie hätten sich überhaupt nicht dafür interessiert, wenn wir lediglich James' Leiche gefunden hätten.

Mir ging es völlig gegen den Strich, daß ich so viel zusätzlichen Streß zu ertragen hatte, und ich konnte nicht verstehen, warum es meinen Eltern nicht gelang, die Medien aufzuhalten. Ich telefonierte mit Calum und meinem Vater in einer äußerst schlechten Verfassung, beunruhigt und erschöpft, fast am Rande des Nervenzusammenbruchs. Ich bat sie inständig, etwas wegen der Presse zu unternehmen. An jenem Abend – es war Mittwoch, der 5. Februar – trat mein Vater in einer aktuellen Livesendung, die in ganz Australien ausgestrahlt wurde, an die Öffentlichkeit und appellierte an die Medien, sich zurückzuhalten. Er erklärte, daß ich Tag und Nacht von der Presse belästigt werde und daß ich mich einfach darauf konzentrieren wolle, James nach Hause zu bringen. Sein Appell wurde ignoriert.

Am gleichen Abend gingen meine Eltern nach einem nervlich anstrengenden Tag voller Interviews und Telefonanrufe um Mitternacht zu Bett. Kurz darauf klingelte das Telefon. Es war ein Reporter, der wissen wollte, was mein Vater empfinde, wenn er höre, sein Sohn habe ein Nierenversagen erlitten. Aus irgendeinem Grund wollte der Reporter eine Reaktion auf diese Frage zu Protokoll nehmen. James' Nieren funktionierten wie eh und je.

Ungefähr am 6. Februar begannen meine Eltern einzusehen, daß die Dinge außer Kontrolle geraten waren. Die Angebote, die sie für die Exklusivrechte an der Story bekamen, wurden zusehends eindrucksvoller. Ich hatte offensichtlich Schwierigkeiten, mit der Situation zurechtzukommen. Die ganze Familie wurde Tag und Nacht belästigt, und das Krankenhaus bekam auch sein Teil ab. Manche Reporter wanderten einfach von Zimmer zu Zimmer in der Hoffnung, James zu finden. Dabei störten sie lebensbedrohlich erkrankte Menschen. Die Ärzte, die James behandelten, sahen seine Gesundheit gefährdet. Er befand sich emotional noch immer in einem höchst sensiblen Zustand und war extrem anfällig für Infektionen. Sein Sehvermögen war sehr begrenzt, und er bekam alle vier Stunden eine Pethidinspritze, um die Schmerzen in den Füßen zu regulieren. Wir brauchten Hilfe.

Andrew Ross sprach mit einem befreundeten Anwalt, der vorschlug, Dad solle sich an den Agenten für Öffentlichkeitsarbeit Harry M. Miller wenden. Dad hätte es vorgezogen, der Universität diese Aufgabe zu übertragen, damit dorthin die Provision floß, aber das hatte nicht geklappt. Als Dad anrief, sagte Harry Miller, er habe schon damit gerechnet, von uns zu hören, und er sei gern bereit, als unser Agent aufzutreten. Er legte keinen Wert darauf, erst etwas Schriftliches in Händen zu halten. Seine einzige Bedingung war, daß er allein sämtliche Gespräche mit der Presse führen würde. Meine Eltern gaben daher keine weiteren Presseinterviews mehr. Sie hätten es vorgezogen, alle auf dem laufenden zu halten, aber das aufdringliche Verhalten der Medien machte es unmöglich, dies auf informelle und zurückhaltende Art zu erreichen.

Der Name Harry M. Miller klang mir vage vertraut. Bei unserem ersten Gespräch, einer Konferenzschaltung mit Herrn Miller in Sydney und Dad in Brisbane, war ich alles andere als herzlich.

Harry Miller sagte: »Ich weiß, was ihr jetzt durchmacht. Ihr werdet von einer Horde Aasgeier belagert.«

»Ja, nun«, entgegnete ich, »ich bin mir sicher, daß Sie auch nicht viel besser sind. Was wollen Sie?«

Trotz meiner Unhöflichkeit fuhr er unbeirrt fort, seine Rolle zu erläutern. Es gab zwei Aspekte: Erstens wollte er die Presse dazu bewegen, daß sie uns in Frieden ließ – zumindest bis James sicher zu Hause eingetroffen sein würde. Und zweitens wollte er versuchen, uns dabei zu helfen, die Kosten für die Suchaktion wieder einzubringen. Er entschied, daß er kurzfristig nach Katmandu kommen müsse. Zufällig traf er mit der gleichen Maschine ein wie unser medizinisches Betreuungsteam für den Rückflug.

Weitere Vorkommnisse hatten die Dinge kompliziert. James erzählte mir von den Fotos: Noch unter dem Felsüberhang hatte er darum gebeten, einige Aufnahmen zu machen. Seine Kamera und andere persönliche Besitztümer waren zu Auli nach Hause gebracht worden. Die Botschaft ließ den Film entwickeln. Man hat mir versichert, es handle sich um einen furchtbaren Irrtum, aber irgendwie war ein Foto von James in die Weltpresse gelangt, das zeigt, wie er unter dem Hubschrauber hängt. James hatte die Aufnahmen natürlich noch nicht gesehen und machte sich größte Sorgen, daß darunter einige allzu drastische Bilder von ihm in seinem schrecklichen Zustand sein könnten. Er wollte nicht, daß unsere Eltern und Gaye ein Foto von ihm unmittelbar nach seiner Rettung zu Gesicht bekämen, bevor sie ihn nicht bei sich zu Hause in Sicherheit gesehen hätten.

Ungefähr einen Tag später – vielleicht drei Tage nach James' Rettung – war ich bei *Blue Mountain,* um meine tägliche Dusche zu nehmen. Carl Harrison befand sich ebenfalls dort und diskutierte mit Tom über das Verhalten der Presse. Weil er davon lebt, Wandergruppen und Expeditionen durch Nepal zu führen, schien es mir nur natürlich, daß Carl aus dem Vorfall publizistisches Kapital schlagen wollte. Ich war also nicht sonderlich überrascht, als er mir erklärte, er würde am nächsten Tag mit einem Team der australischen Sendereihe *A Current Affair* nach Talu zurückkehren. Für dieses Interview würde er bezahlt werden. Wir mußten immer noch die per Plakat ausgeschriebene Belohnung von dreitausend Dollar verteilen. Ich fragte Carl, ob er nicht das Geld nach Talu mitnehmen und es zwischen sich, Ang Phury und den Dorfbewohnern aufteilen könne. Mir schien das die beste Art, mit der Belohnung zu verfahren. James hatte mir seine Geschichte erzählt. Wären da nicht die beiden Dorfbewohner gewesen, die am Nachmittag einfach weitergegangen waren, hätte ihn an jenem Abend niemand mehr erreicht. Tom hatte mir schon zuvor erzählt, er habe versucht, einen Suchtrupp zu organisieren, der zu Fuß von Talu in die Berge aufbrechen sollte, sobald er erfahren hatte, daß jemand gesehen worden war. Carl hatte jedoch gesagt, es solle niemand aufbrechen, ehe er nicht aus Katmandu zurückgekehrt sei. Als der Hubschrauber wieder in Talu eintraf, hinderte ihn das Wetter daran, weiter hinauf zu fliegen und James zu retten. Carl wollte abwarten in der Hoffnung, daß sich die Wolken verziehen würden und er vom Hubschrauber aus zu James abgelassen werden könne. Tom hatte es für so unwahrscheinlich gehalten, daß sich das Wetter bessern sollte, und gleichzeitig für so wichtig, daß jemand James noch an jenem Tag erreichte, daß er damit drohte, mit fünf Dorfbewohnern aus Talu selbst loszugehen. Erst als er das hörte, habe Carl sich zum Aufbruch umstimmen lassen. Tom hatte mir erzählt, das Hauptmotiv für die Dörfler, die den Berghang hinaufstiegen, sei die Belohnung gewesen. Carl und Ang Phury waren von mir angeheuert worden, was sie, streng genommen, von einer Beteiligung an der Belohnung ausschloß. Ich dachte, am fairsten wäre es, wenn sich alle das Geld teilten. Carls Reaktion schockierte mich.

»Die Dorfbewohner von Talu haben kein Anrecht auf eine Belohnung«, sagte er zu mir. »Sie haben James nicht gefunden. Ich habe James gefunden.« Weiter fuhr er fort, die Dörfler wollten lediglich ihre Namen im Radio hören, und sie hätten sicherlich gern einen Abzug von den Fotos, die unter dem Felsen gemacht worden waren. Carls Einstellung gefiel mir überhaupt nicht. Ganz offensichtlich blieb es mir überlassen, die Angelegenheit zu regeln. Zwar konnte ich mich ohne weiteres darum kümmern, daß den Dorfbewohnern im Radio gedankt wurde, aber woher sollte ich die Zeit nehmen, mich um die Abzüge der Fotos zu kümmern? Folglich händigte ich Carl die Negative aus und bat ihn, sie zurückzugeben, wenn die Abzüge gemacht wären. In dem Moment sah ich Tom zusammenzucken. Ich ahnte ja nicht, daß Carl mit der Ankündigung in Toms Büro gekommen war, er habe es satt, daß alle anderen mit dieser Geschichte Geld machten – er würde das jetzt auch tun. Zu jenem Zeitpunkt hatten wir noch keinen Cent mit der Story verdient. Tom hatte *A Current Affair* ein Interview berechnet, das er mit Colonel Pun geführt hatte, aber sein Honorar war meinen Eltern überwiesen worden, um zur Deckung der Kosten für die

Suchaktion beizutragen. Sobald Carl die Negative in Händen hielt, sagte er: »Die gehören mir.«

»Das tun sie nicht«, entgegnete ich. »Sie wurden mit James' Kamera auf James' Film gemacht, und das auf seinen Wunsch.«

»Es war mein Vorschlag, die Bilder zu machen«, behauptete Carl. Ich sah keine Möglichkeit, wie ich die Negative wiederbekommen sollte. Carls Verhalten war mir unverständlich. James zeigte sich am Boden zerstört, als er hörte, was ich getan hatte. Er fragte mich, wie er auf den Fotos ausgesehen habe. Ich hatte die Aufnahmen betrachtet, aber in meiner Verfassung hatte ich nicht bemerkt, was darauf zu sehen war!

Erst drei Tage nach seiner Rettung fühlte James sich in der Lage, mit Mum, Dad und Gaye zu telefonieren. (Die Presse stand bereits Schlange wegen eines Interviews, bevor er noch mit seiner Familie gesprochen hatte!) Das erste Gespräch ermüdete ihn sehr. Danach versuchte er, jeden Tag mit seinen Angehörigen zu sprechen. Außerdem erhielten wir Faxnachrichten aus Australien, zum größten Teil Genesungswünsche, aber gelegentlich auch Zeitungsartikel. Meist zensierte ich die eintreffenden Nachrichten ein wenig. Eines Tages, als ich für kurze Zeit nicht da war, bekam James eine Karikatur zu sehen, die ihn in einem Krankenhausbett zeigte. Daneben stand Dr. Garlick und sagte zu den Reportern: »Es tut mir leid, aber es geht ihm noch nicht so gut, daß er für weniger als 100 000 Dollar mit jemandem sprechen könnte.« James reagierte ganz erregt, und mir wurde klar, wie richtig wir gehandelt hatten, ihn von der Presse abzuschirmen.

Den Medienleuten gefiel das Eingreifen von Harry Miller gar nicht, wohl weil er ihnen die Arbeit erschwerte. Sobald er die ganze Angelegenheit übernommen hatte, beruhigte sich die Lage für uns deutlich. Wenn Journalisten bei uns anriefen, sagten wir einfach, sie sollten sich an Herrn Miller wenden. Zu meiner großen Erleichterung konnte ich mich jetzt etwas erholen. Das Krankenhaus funktionierte wieder normal, und meine Eltern wurden in Ruhe gelassen. Allerdings gingen einige Journalisten dazu über, Geschichten zu erfinden oder sich etwas auszudenken, seit ihnen der Zugang zu uns erschwert war.

Die Frage, ob James' Story ein Schwindel sei, gewann an Bedeutung, nachdem wir Harry Miller um seine Unterstützung gebeten hatten. In verschiedenen Zeitungsartikeln und aktuellen Fernsehsendungen waren sogenannte Bergsteigerexperten zu Wort gekommen, und im Ergebnis schien man sich auf den Umstand zu konzentrieren, daß James für die Wanderung nicht so gut ausgerüstet gewesen war, wie er es hätte sein sollen. Weil sie so erstaunlich war, konnte die Geschichte einfach nicht wahr sein. In der Sendung, die Carl Harrison mit *A Current Affair* machte, behauptete er, James habe »sämtliche klassischen Fehler« begangen und sei auf die Wanderbedingungen, die ihn tatsächlich erwarteten, nicht vorbereitet gewesen. Da er bei der ganzen Geschichte eine so wichtige Rolle spielte, war Carl durchaus berechtigt, seine Meinung in aller Öffentlichkeit zu äußern. Was uns erstaunte, war die Art und Weise, wie eine Reihe von anderen Leuten sich seiner Meinung sofort anschlossen. Der *Adelaide Advertiser* und *A Current Affair* interviewten ein Mitglied der Australisch-Nepalesischen Freundschaftsgesellschaft, einen Mann, der behauptete, James »könne fast des versuchten Selbstmords angeklagt werden«. Er sagte, James' Tollkühnheit sei ihm unverständlich, und er nehme an, bei meinem Bruder »sei im Oberstübchen etwas nicht ganz richtig«. Wörtlich wurde er auch folgendermaßen zitiert: »Ich kann einfach nicht verstehen, wie James Scott unter den Bedingungen, denen er ausgesetzt war, länger als zehn Tage überleben konnte.« Der Mann wußte wenig von den näheren Umständen der Geschichte, aber seine Worte wurden in der Presse groß herausgestellt. In dem gleichen Artikel kam auch jemand anders zu Wort, der gesagt haben sollte, er finde, die Geschichte sei »kaum zu glauben«, und er bezweifle, »daß irgend jemand überleben könne, indem er Schnee esse«. In einem anderen Bericht der Zeitung *Courier Mail* wurde der Königlich-nepalesische Generalkonsul aus Sydney folgendermaßen zitiert: »Es ist höchst seltsam, daß jemand, der bei guter Gesundheit war, nicht mit irgend jemandem in den Bergen Kontakt aufnehmen konnte.« Im gleichen Artikel wurde berichtet, der Leiter von *World Expeditions* habe gesagt, James sei von einem fürchterlichen Schneesturm in der Nähe des Ganja-La-Passes abgeschnitten worden. Dort hatte mein Bruder sich nie aufgehalten. Später hieß es in der *Sunday Mail* unter dem Titel »Wanderer stehen vor einem Rätsel: Scott unterhalb der Schneegrenze«, der gleiche Mann habe behauptet, James sei nur eine halbe Tageswanderung von Tarke Ghyang entfernt gewesen. Phedi ist in Nepal ein verbreiteter Dorfname, und er meinte das falsche Phedi! Außerdem wurde er folgendermaßen zitiert: »Scott ist ein Medizinstudent, und er hatte nicht einmal eine medizinische Erste-Hilfe-Ausrüstung bei sich.« Wir waren so wütend über das, was gedruckt wurde, daß wir diesen Mann selbst anriefen. Er sagte, er habe schon seit langem nicht mehr mit einem Journalisten gesprochen, und seine Äußerungen seien völlig aus dem Zusammenhang gerissen.

Die Zeitung *Rising Nepal* veröffentlichte einen Artikel unter der Überschrift: »Scott der Stoiker oder James der Witzbold?« Darin wurde nahegelegt, James sei von einem »grazilen weiblichen Yeti – sehr sexy« gepflegt worden, der »über den verirrten Wanderer stolperte und sich sofort in ihn verliebte. Das Opfer Cupidos spielte die Krankenschwester für den Medizinstudenten und hielt ihn mit Yakfleisch und trauter Umarmung am Leben.«

Meine erste Begegnung mit Harry Miller fand im *Yak-und-Yeti-Hotel* statt. Ich kam aus dem Krankenhaus und war mit Thermosflaschen und Plastikdosen beladen. Ich sah nicht besonders gut aus. Als ich an der Rezeption versuchte, auf dem Zimmer anzurufen, kam ich nicht durch, daher ging ich geradewegs nach oben und klopfte an die Tür. Harry Miller öffnete mit einem schnurlosen Telefon in der Hand.

Ich fürchte, wir waren beide ein wenig überrascht vom Erscheinungsbild des jeweils anderen. Herr Miller bat mich herein und bot mir eine Tasse Tee an. Als erstes fragte ich ihn, wer für seinen Aufenthalt hier bezahle. Er antwortete, er zahle selbst. Etwas besänftigt kam ich auf das Geschäftliche zu sprechen. Harry Miller riet mir, der beste Weg, eine Heimreise ohne größere Auseinandersetzungen sicherzustellen, liege darin, so bald wie möglich einen Exklusivvertrag mit einer Zeitung zu unterzeichnen. Mehrere Angebote standen zur Auswahl. Mir erschien das etwas problematisch, weil es James nicht gut genug ging, um einen Vertrag zu unterschreiben oder sich auch nur mit dieser Frage auseinanderzusetzen. Wohl oder übel übernahm ich daher die Verantwortung, an seiner Stelle zu unterzeichnen. Weil ich wußte, daß James geschäftlich sehr viel cleverer war als ich, bezweifelte ich durchaus, daß ich die beste Entscheidung fällen würde. Harry Miller erläuterte mir die Angebote, und ich sagte, ich würde darüber nachdenken. Innerhalb von vierundzwanzig Stunden unterzeichnete ich einen Vertrag mit *60 Minutes,* aber dabei ging es nicht um Geld. Tatsächlich hatten wir ein finanziell lohnenderes Angebot von einem anderen Sender vorliegen, aber *60 Minutes* war bereit, mit einem Interview zu warten, bis es James wieder besser ginge. Außerdem wurden wir mit dem Londoner *Daily Telegraph* und *Fairfax Papers* in Australien einig. Naturgemäß handelte es sich bei jedem dieser Verträge um die Exklusivrechte. Das heißt, sobald man unterschrieben hat, steht es einem nicht mehr frei, mit irgendeiner anderen Zeitung zu sprechen oder sich von irgend jemand anders fotografieren zu lassen. Das entsprach genau unseren Vorstellungen. Das Geld aus diesen Verträgen reichte aus, um jeden Cent zurückzuzahlen, der für die Such- und Rettungsaktion gespendet worden war. Wollte ein Spender sein Geld nicht erstattet bekommen, wurde die Summe an das Krankenhaus in Patan überwiesen.

Eine Zeitung behauptete, James seien zwei Millionen Dollar geboten worden, wenn er die Marke der Schokoladenriegel nenne, die er bei sich hatte. Das Interesse an der Schokoladensorte versetzte uns in Erstaunen. Bereits am zweiten Tag nachdem James sich verirrt hatte, waren die Riegel aufgegessen. Sie hatten nichts mit seinem Überleben zu tun. Trotzdem erschienen Berichte, in denen stand, James habe sich von Schnee und Schokolade ernährt. Warum fragten die Leute nicht nach der Marke seines Anoraks, oder was für einen Schlafsack er gehabt hatte? Diese Dinge hatten ihm geholfen zu überleben.

Ich konnte es nicht erwarten, nach Brisbane zurückzukehren. Sobald ich zu Hause eingetroffen wäre, würde mir die Verantwortung abgenommen werden. Ich hatte von all den Freudenfesten zu Hause gehört und ärgerte mich ein wenig, daß alle anderen feierten, während ich mich in Katmandu mit lauter Problemen herumschlagen mußte. Auli hatte in ihrem Haus am Samstag, dem 8. Februar, eine Party veranstaltet. Bei dieser Gelegenheit hatte ich allen Menschen gedankt, die bei der Suche ihr Leben aufs Spiel gesetzt hatten. Ich empfand es wirklich so: Ohne die gemeinsame Anstrengung, die es ermöglichte, bestimmte Gegenden auszuklammern und alle Spuren zu verfolgen, hätten wir James nie gefunden. Später nahm mich Debbie Harrison beiseite und beklagte sich, ich hätte mich bei Carl persönlich bedanken sollen. Und das, nachdem er sich wegen der Belohnung so ungnädig gezeigt und die Negative an sich genommen hatte! Ich teilte ihre Ansicht nicht. Als ich Carl noch einmal bat, die Negative zurückzugeben, lehnte er wiederum ab. Er sagte, er wolle nicht, daß andere Leute Geld damit machten. »Schön«, entgegnete ich, »dann können wir sie ja verbrennen.« Auch das lehnte Carl ab. Daraufhin sagte ich: »Okay, Carl, wenn du die Fotos behältst, versprich mir wenigstens, daß du sie nicht verkaufst.« Dazu erklärte er sich bereit.

Bevor wir nach Hause flogen, besuchte Carl James im Krankenhaus. Bei dieser Gelegenheit bat mein Bruder darum, daß es ihm wenigstens möglich sein solle, jederzeit, wenn er es wünsche, Abzüge der Fotos zu erhalten – wenn Carl schon die Negative behielte. Carl sagte ihm, das gehe in Ordnung.

Schließlich kam der Mittwoch, der Tag unseres medizinisch betreuten Rückflugs, und wir bestiegen eine Maschine von *Thai Air* nach Singapur. Die Angestellten im Flugzeug waren großartig. Bei einem Krankenflug wird eine Trage über neun Sitzplätze der Economy-Klasse ganz hinten im Flugzeug gelegt. Dann wird sie vor den Blicken der anderen durch einen Vorhang abgeschirmt. James, Dorrilyn und der Arzt stiegen zuerst ein. Die australische Schwester vom Betreuungsteam und ich füllten die Ausreisepapiere auch für die anderen aus. Ich verabschiedete mich von all den Freunden, die ich gewonnen hatte, und Tränen der Erleichterung standen mir in den Augen, als wir abhoben.

Man sollte denken, die Leute würden die Privatsphäre eines Kranken, der hinter zugezogenem Vorhang reist, respektieren. Zu meinem völligen Erstaunen scheuten sich jedoch eine Reihe von Menschen nicht, zwischen den Stoffbahnen hindurchzuspähen, um festzustellen, was dahinter verborgen lag. Ein großer dicker Mann tat das zufällig genau mir gegenüber. Ich knuffte ihn hart gegen den Arm und sagte, er solle sich verpissen. Er widersprach nicht.

Selbst in Bangkok gab es noch einen Zwischenfall. Als sämtliche Passagiere nach der Landung ausgestiegen waren, nahmen wir die Vorhänge ab. Es war zu heiß, um sie an Ort und Stelle zu lassen. Plötzlich kamen zwei Männer den Gang heruntergerannt, die behaupteten, sie wären Freunde der Familie und wollten mit uns sprechen. Es handelte sich um Journalisten der Zeitung *Courier Mail.* Sie hatten sich in der Toilette des Flugzeugs versteckt in der Hoffnung, ein Foto und ein Interview ergattern zu können. James sagte ihnen, er habe »reichlich beschissene sechs Wochen hinter sich« und wolle nur in Ruhe gelassen werden. Wir beförderten sie schnellstens hinaus.

Unser Zwischenstopp in Singapur war in so mancher Hinsicht erstaunlich. Der Empfang durch die Presse brachte den Krankenwagen zum Halten. Reporter schwärmten durch das Krankenhaus, so daß wir James am Morgen durch die Leichenhalle hinausschmuggeln mußten.

Einen Tag später landete unsere *Qantas*-Maschine auf dem Flughafen von Brisbane. Ich wußte nicht, wo meine Familie auf uns warten würde oder was sie vorhatte. Ein Vertreter der Flughafenverwaltung kam an Bord. Er zeigte sich erstaunt über die Anzahl von Reportern, die in der Ankunftshalle des Flughafengebäudes versammelt waren und die Straße säumten. Mit einem Kameramann hatte er verabredet, er dürfe zur Landebahn hinauskommen. Mein Bedarf an Kameras war inzwischen mehr als gedeckt. Ich sagte, wir würden das Flugzeug nicht verlassen, solange der Mann dort nicht weggebracht würde. Wir alle waren zutiefst bewegt, wieder in Brisbane zu sein, und ich wollte nicht, daß unsere privaten Gefühle per Video festgehalten wurden.

Dorrilyn, James und der Arzt fuhren mit dem ersten Krankenwagen. Auf James' Wunsch wurde eine Decke in die Höhe gehalten, um seine Privatsphäre zu wahren. In einem zweiten Krankenwagen sollte die Ausrüstung des medizinischen Betreuungsteams transportiert werden. Bei jedem Krankenflug wird Gerät im Wert von mehreren tausend Dollar mitgeführt, um auf alle möglichen Umstände vorbereitet zu sein. Es ist daher durchaus üblich, daß ein sogenannter »Medivac-Patient« von zwei Krankenwagen abgeholt wird.

Inzwischen war ich so müde, daß ich kaum noch stehen konnte. Um der Menge von Reportern aus dem Weg zu gehen, holten John, Robbie und Calum mich an der Hintertür der Gepäckhalle ab. Es war großartig, sie alle wiederzusehen, besonders Calum, aber ich war so müde und erschöpft, daß ich wie in Trance auf sie zutrat.

Was wir in den Tagen seit James' Rettung erlebt hatten, war ein Vorgeschmack auf das, was noch kommen sollte. Die Schlagzeilen des 14. Februar drehten sich um einen angeblichen Sicherheitsskandal wegen James' Transport ins *Royal Brisbane Hospital.* Es wurde behauptet, der Krankenwagen sei mit Blaulicht und Sirene durch die Straßen gerast und habe sogar auf der falschen Straßenseite eine Ampelkreuzung überquert – und das alles mit einer großen Polizeieskorte. Beim Eintreffen im *RBH* seien Kameraleute vom Sicherheitspersonal des Krankenhauses »angerempelt« worden. All dies legte man Harry Miller zur Last. Eine offizielle Untersuchung ergab jedoch später, daß er rein gar nichts damit zu tun gehabt hatte. Offensichtlich waren mehrere Polizisten aus eigenem Antrieb zum Flughafen gefahren, und das Krankenhaus hatte jedes Recht, die Medien von seinem Grund und Boden fernzuhalten und die Privatsphäre eines Patienten auf dessen ausdrücklichen Wunsch zu schützen. Die Medien machten sehr viel mehr Aufhebens von den Ereignissen um James' Transport ins Krankenhaus, als tatsächlich gerechtfertigt war. Möglicherweise waren sie etwas verschnupft, weil wir ihnen nicht gestatteten, ihre Nasen in eine ausgesprochen private Angelegenheit zu stecken.

Eric Bailey vom Londoner *Daily Telegraph* interviewte uns und machte seine Sache sehr gut. Was *60 Minutes* sendete, beeindruckte uns demgegenüber nicht so sehr. Stundenlange Aufzeichnungen für meinen Part ergaben am Ende einige wenige Minuten lauen Journalismus. James bekam einen Tag Urlaub im Krankenhaus, um die Filmaufnahmen zu vervollständigen, was angeblich nur vierzig Minuten dauern sollte. Drei Stunden später waren die Kameraleute immer noch nicht fertig. James fühlte sich erschöpft und wollte aufhören. Er erhielt zur Antwort, es handele sich nur noch um zwei oder drei Minuten. Dann schoß der Interviewer eine Reihe aggressiver, beschuldigender Fragen ab, die darin gipfelten, daß James die Beherrschung verlor, den Journalisten beschimpfte und vor Wut fast einen Anfall bekam. Wir beruhigten ihn und brachten ihn sofort zurück ins Krankenhaus. Danach lehnten wir es ab, noch irgend etwas mit dem Fragesteller oder dem Produzenten jener Sendeabschnitte zu tun zu haben. Es blieb uns ein Rätsel, warum sie es angesichts der großartigen Story, die sie hätten haben können, vorzogen, zwei nichtssagende, banale Beiträge zu senden.

Und wir lernten auch, was sogenannte »Spoiler«-Artikel sind. Jene Zeitungen und Fernsehmagazine, die keine Exklusivrechte gekauft hatten, veröffentlichten gewissermaßen »Gegenberichte«. Manche davon waren recht clever gemacht. An jenem Tag, als meine Geschichte in der Zeitung erschien, brachte ein Konkurrenzblatt die Schlagzeile »Unser echter Eismann«. Es ging um jemanden, der die Antarktis durchquert hatte. Und mehrere Zeitungen brachten am gleichen Tag lange Artikel, die angeblich James' Geschichte vom Überleben erzählten, ja, sie gingen sogar so weit zu schreiben, was er ihrer Ansicht nach gedacht und zu sich selbst gesagt haben mußte. Leser, die es nicht besser wußten, hätten alles geglaubt. Es war wirklich erstaunlich, was diese Presseleute produzieren konnten, ohne daß James oder ich auch nur ein Wort mit ihnen gewechselt hatten. Bei dem verzweifelten Versuch, eine Story zu bekommen, rief ein Reporter sogar mit James befreundete Medizinstudenten an in der Hoffnung, »irgendwelche schmutzigen alten Geschichten« auszugraben.

Es wäre jedoch zu einfach, sich auf die negativen Seiten zu konzentrieren und die positiven Aspekte außer acht zu lassen. Wir erhielten einige sehr aufmunternde Briefe, die an die Zeitungsredaktionen gesandt wurden, und es erschienen auch einige wirklich großartige Leitartikel. Überhaupt waren eine ganze Reihe Berichte recht positiv. Seit James' Gesundheitszustand sich gebessert hat und er ohne Scheu mit den Leuten spricht, dauert die positive Berichterstattung an. Briefe mit guten Wünschen aus aller Welt treffen täglich bei uns ein. Manche, die einfach nur an »James Scott, Überlebender im Himalaja, Australien« adressiert waren, haben ihren Weg ins Haus meiner Eltern gefunden.

Ende April hatten wir jeden Cent zurückgezahlt, der je in die Suchaktion investiert worden war. Ohne das große Interesse der Medien wären wir dazu niemals in der Lage gewesen. Auf der Farm meiner Eltern veranstalteten wir eine große Party, zu der wir alle Leute einluden, die uns in jenen traumatischen Monaten zur Seite gestanden hatten.

James und ich sind beide in der Öffentlichkeit aufgetreten, um Geld für das Krankenhaus von Patan zu sammeln. Ingo Schnabel vom Trainingszentrum für Hunderettung im Himalaja hat uns gebeten, ihm bei der Einrichtung einer James-Scott-Such-und-Rettungsakademie in Sundarijal zu helfen. Und James spendete seinen Strohhut zur Versteigerung auf dem Flohmarkt des *Royal Brisbane Hospital,* um so Geld für das Krankenhaus einzubringen.

Die Negative, die Carl Harrison sich angeeignet hatte, tauchten in den Redaktionsräumen einer französischen Zeitschrift wieder auf. Dank des Londoner *Daily Telegraph* wurden sie zurückgegeben, bevor sie veröffentlicht werden konnten.

Die Belohnung wurde an die Dorfbewohner von Talu verteilt, die das Geld zum Wohle aller verwenden werden, die in dem Dorf leben. Sie haben James eingeladen, sie in einem Jahr besuchen zu kommen und zu sehen, was daraus geworden ist.

Wenn ich Bilanz ziehe, bleibt trotz des Negativen, trotz Unglauben und Streß vieles, wofür wir dankbar sein müssen.

Fünf Wochen lang gingen wir durch die Hölle in der Angst, daß James tot sei und wir nie erfahren würden, was ihm zugestoßen war. Wir mußten annehmen, daß er eine weitere Zahl in der nepalesischen Statistik von Bergtoten werden würde und wir weiterleben müßten ohne ihn. James und ich haben es beide geschafft, aller Wahrscheinlichkeit zum Trotz die Schwierigkeiten zu ignorieren und über das Negative hinauszuwachsen. Ich weiß, daß ich sehr stolz bin auf das, was ich in Nepal erreicht habe, und auf James. Eins ist uns überdeutlich geworden: Mit der Liebe und der Unterstützung unserer Familie und unserer Freunde, mit Gottes Hilfe und mit Entschlossenheit und Vertrauen in unsere eigenen Fähigkeiten war es möglich, das zu erreichen, von dem alle glaubten, es sei unmöglich. In unserem Fall war der Lohn für all unsere Bemühungen etwas ganz Wunderbares: James ist immer noch bei uns.

James:

Sechzehn Monate sind vergangen, seit ich mit einem medizinischen Krankentransport aus Nepal ausgeflogen wurde. Nach dem Drama der Heimreise war es eine willkommene Erleichterung, das Krankenhaus in Brisbane zu erreichen. Ich wurde in eins der Untersuchungszimmer in der Notaufnahme gebracht, wo ich endlich meine Eltern und Gaye wiedersehen durfte. Obwohl ich mich lange mit ihnen am Telefon unterhalten hatte, konnte ich es fast nicht glauben, wieder bei ihnen zu sein. Alle waren am Anfang ein bißchen übervorsichtig und wählten ihre Worte sorgsam aus Angst, ich würde mich aufregen. Immer noch litt ich unter Schuldgefühlen wegen all des Leids, das ich meinen Angehörigen bereitet hatte, und eine Zeitlang verlief das Gespräch etwas gedrückt. Doch es dauerte nicht lange, bis wir uns entspannten und uns unterhielten und scherzten, als sei alles in Ordnung. Für eine kurze Zeit war ich einfach nur James Scott, und es war wunderbar, mit all den Menschen zusammenzusein, von denen ich schon geglaubt hatte, ich hätte sie für immer verloren.

Die Wochen nach meiner Rettung waren eine fast ebensogroße Herausforderung wie die dreiundvierzig Tage in den Bergen. Körperlich und seelisch meine alte Gesundheit wiederzuerlangen erwies sich als schwierig. Ich hegte unrealistische Erwartungen und glaubte, es würde nur ein paar Monate dauern, bis ich völlig wiederhergestellt sei. Geistig erholte ich mich schneller. Anfangs fühlte ich den Zwang, mit jedermann über das, was mir widerfahren war, zu reden. Ich bin sicher, die Leute wurden es schnell müde, mir zuzuhören, aber sie gaben sich alle sehr geduldig. Allmählich ließ dann der Zwang zum Reden nach, und ungefähr nach einem Monat war ich in der Lage, mich wieder normal zu unterhalten. Dabei hatte ich keine der dauerhaften emotionalen Narben davongetragen, die mich nach Ansicht der Medien noch jahrelang plagen sollten.

Die Haut schälte sich immer noch von meinen Füßen ab, aber darunter wuchs neues Gewebe nach. Ich hatte einige Erfrierungen, aber schon sehr früh in meiner Genesungszeit versicherte man mir, es würden keinerlei Amputationen erforderlich sein. Die Schmerzen wurden durch die modernen Medikamente, die in Australien zur Verfügung standen, in Grenzen gehalten, und nach mehreren Monaten klangen sie zu einem leichten Kribbeln ab. Meine Füße waren noch immer gefühllos – ein Resultat des Vitaminmangels. Spritzen und Multivitamintabletten ergänzten meine Körpervorräte, und nach und nach kehrte das Tastempfinden zurück. Vier Monate nach meiner Rettung konnte ich mit den Zehen wieder spüren, woran ich stieß.

Wieviel Gewicht ich genau verloren habe, wird man nie wissen. Ich wurde erst am zweiten Tag gewogen, nachdem ich durch einen intravenösen Tropf komplett rehydriert worden war. Die Waage zeigte etwas mehr als sechzig Kilogramm. Die Flüssigkeitsmenge, die meinem Körper wieder zugeführt worden war, mußte zwischen drei und fünf Kilogramm liegen. Die Zahlen bedeuteten jedoch nichts. In meinem ausgezehrten Zustand hatte ich immer noch Schwierigkeiten, überhaupt ein Bein aus dem Bett zu heben. Ein Physiotherapeut entwickelte ein Trainingsprogramm mit Gewichten, um mir zu helfen. Tagelang kämpfte ich mit leeren oder leichtgewichtigen Hanteln, aber langsam bauten sich meine Muskeln wieder auf. Es dauerte drei Monate, bis ich mein ursprüngliches Gewicht wieder erreicht hatte, wobei ich eine Diät mit wenig Fett einhalten mußte. So sollte die Gefahr der Fettleibigkeit vermieden werden, eine verbreitete Komplikation nach längerem Hungern. Neun Monate nach der Rettung hatte ich annähernd meine alte Körperkraft und Statur wiedererlangt.

Ausgeprägte Schwierigkeiten hatte ich mit meinem Gleichgewichtssinn, das heißt ich ging meist langsam, die Beine weit gespreizt. Mit geschlossenen Beinen konnte ich nicht stehen, ohne hin- und herzuschwanken. Noch immer ist mein Gleichgewichtssinn nicht perfekt, aber man muß schon längere Zeit genau hinsehen, um das zu bemerken. Dennoch tue ich jeden Schritt mit Sorgfalt und Bedacht, um nicht zu stolpern oder zu taumeln.

Das einzige andere Handicap, das geblieben ist, betrifft mein Sehvermögen. Jeden wachen Moment verbringe ich damit, die Welt auf und ab tanzen zu sehen, wobei ein Bild etwas höher liegt als das andere. Ein Teil meines Gehirns, der die Bewegungen der Augen kontrolliert, hat Schaden genommen – wiederum eine Folge des Vitamin-B_1-Mangels. Meine Augen wandern in ihren Höhlen ständig auf und ab. Am Anfang quälte mich das sehr, weil ich nicht einmal Gesichter erkennen konnte. Wie sollte ich je mein Studium wieder aufnehmen? Es dauerte mehrere Monate, bis ich lesen konnte, ohne daß mir übel dabei wurde, weil die Worte auf der Seite herumtanzten. Aber sogar das heilte mit der Zeit, und zwar so gut, daß ich schließlich in der Lage war, mein Medizinstudium abzuschließen. Jetzt nehme ich wieder am Karatetraining teil, und trotz der Anomalien meines Sehvermögens und meines Gleichgewichtssinns kann ich in dieser Sportart, die mir so gut gefällt, hart trainieren.

Ich bin wirklich dankbar, daß ich aus allem so relativ unbeschadet herausgekommen bin. Und ich bin auch dankbar, daß Gott mir Heilung ermöglichte, so daß ich wieder ein normales Leben aufnehmen kann. Andere Leute scheinen sich über meine kleinen Behinderungen sehr viel mehr Gedanken zu machen als ich selbst. Ich bin schon froh, daß es mir so gut geht, *wie* es mir geht – wenn man bedenkt, wie sehr mein Körper gelitten hat.

Über den Empfang, den mir die australischen Medien bereiteten, bin ich immer noch erstaunt. Die ersten Artikel, deren erklärtes Ziel es war, meine Geschichte zu diskreditieren, riefen viel Skepsis und Feindseligkeit hervor. Die Ansichten, die in diesem Zusammenhang von schlecht informierten Leuten geäußert wurden, taten weh. Mein einziger Wunsch bestand darin, in Ruhe gelassen zu werden und nur mit Gaye, meiner Familie und meinen Freunden zusammen zu sein. Als ich mich erholte, war ich zunehmend bereit, mich interviewen zu lassen und mit Journalisten zu sprechen, die daraufhin zutreffendere Berichte schrieben. Der Einfluß der Medien auf die öffentliche Meinung und die Macht, die sie besitzen, schockierte alle, die meiner Familie nahestanden.

Noch während ich dies schreibe, bin ich mir bewußt, daß viele Leute meiner Geschichte nach wie vor skeptisch gegenüberstehen. Bis heute warte ich darauf, daß jemand mich unmittelbar mit dieser Ansicht konfrontiert; allenfalls erzählen mir Freunde gelegentlich, sie hätten gehört, wie andere Menschen ihren Zweifeln Ausdruck gaben.

Diese Skepsis ist etwas, das ich durchaus verstehen kann. Es liegt in der menschlichen Natur, sich eine Meinung zu bilden, und sei es aufgrund der wenigen Informationen, die man zufällig erhält. Und häufig ändern wir unsere Meinung nicht gern. Viel zu oft ist geschrieben worden, ich habe mich von Schnee und Schokolade ernährt und so überlebt. Eine derart vereinfachende Zusammenfassung meiner Überlebenstechnik wirft natürlich Fragen auf.

Doch von dem Tag an, als ich nach Brisbane zurückkehrte, trafen auch Glückwünsche und ermutigende Briefe ein. Jedem kritischen Kommentar, den ich in den Medien hörte oder las, standen gleich mehrere aufmunternde Briefe gegenüber.

Was ich durchmachen mußte, hat mir eine neue Einstellung zum Leben gegeben. Ich habe zweiundvierzig Tage ohne Nahrung, Wärme oder menschliche Gesellschaft verbracht. Jede Nacht kämpfte ich gegen die Kälte, meinen Pessimismus und tiefe Depression. Zu Hause sollten Gaye und ich im australischen Sommer, umgeben von liebevollen Freunden und unserer Familie, eigentlich heiraten. Jetzt ist mein Leben voller Freude. Was spielt es schon für eine Rolle, was andere denken, wenn ich alles habe, was ich mir nur wünschen kann?

Joanne, Gaye und ich kehrten im November 1992 nach Nepal zurück. Diese wundervolle Reise gab mir die Gelegenheit, viele der Menschen, die an der Suche und der Rettungsaktion beteiligt gewesen waren, zu treffen und ihnen zu danken. Tom Crees tat immer noch, was er nur konnte, um uns in jeder möglichen Weise zu helfen. Es war großartig, Graeme und Auli von der Botschaft zu sehen und ihnen persönlich meinen Dank auszusprechen für das, was sie getan hatten. Wir verabredeten uns auf einen Drink mit Graeme im *Tom and Jerry's*. Bei diesem Gespräch erzählte er mir, er sei sehr pessimistisch gewesen, was meine Überlebenschancen anging, als er von meinem Verschwinden hörte. Trotz seiner persönlichen Überzeugung, die er für sich behielt, hatte er sich immer eingesetzt, um die Suche zu ermöglichen. Ich bin tief gerührt über die Sorge, die er Joanne und meiner Familie zuteil werden ließ, und über die Anstrengungen, die er unternahm, um mich zu finden.

Das einzige, was unsere Reise beeinträchtigte, war ein Treffen, das Gaye und ich mit dem australischen Botschafter hatten. Wir gingen zu ihm in der Absicht, uns für die Hilfe zu bedanken, welche die Angestellten der Botschaft Joanne hatten zukommen lassen. Der Botschafter kritisierte unverdientermaßen Joanne, meine Familie, mich und verschiedene andere Leute, die entscheidend an der Suchaktion beteiligt gewesen waren. Wir gingen mit einem bitteren Geschmack im Mund.

Dies war der einzige Tiefpunkt einer im übrigen sehr erfreulichen Zeit. *60 Minutes,* die unseren Nepalbesuch als Sponsoren unterstützten, brachten uns auch hinauf nach Talu, wo wir sehr warmherzig aufgenommen wurden. Wir erreichten meinen Felsüberhang nach anstrengender Kletterei. Die Gegend war genauso kalt und trostlos wie vor einem Jahr, allerdings lag weniger Schnee. Die übliche Fröhlichkeit ließ das Filmteam im Stich, als sie meinen Zufluchtsort und seine Umgebung sahen.

Eine der häufigsten Fragen, die mir gestellt werden, wenn ich in der Öffentlichkeit spreche, ist: Haben sich seit den zweiundvierzig Tagen am Berghang meine Werthaltungen im Leben verändert, und haben sich diese neuen Werte mit der Zeit abgeschliffen?

Eine solche Frage ist nicht leicht zu beantworten. Mit Sicherheit kann ich sagen, daß mein Glaube an Gott sehr viel stärker geworden ist. Ich bin mir gewiß, daß Er existiert.

Und ich weiß auch, wie wichtig es ist, andere gut zu behandeln. Anders als Pip in *Große Erwartungen* hatte ich das Glück, mich nicht wegen der Art und Weise grämen zu müssen, wie ich andere Menschen behandelt habe.

Und ich habe auch begriffen, wie wichtig mir die Menschen sind, die mir nahestehen. Das habe ich nicht vergessen und werde es wahrscheinlich nie vergessen. Einen engen Freund oder ein Familienmitglied zu verlieren ist eine Tragödie. Alle geliebten Menschen auf einmal zu verlieren entzieht sich der Vorstellungskraft.

Schließlich glaube ich, daß ich in meiner Zeit in den Bergen eine innere Klarheit gefunden habe, die ich nie wieder erreichen werde, solange ich in einer westlichen Gesellschaft lebe. Die Bedingungen meiner Existenz waren so primitiv, daß die Gelüste und die Begierden, die wir alle zeitweise nach Geld und materiellen Besitztümern verspüren, durch die Sehnsucht nach den einfachen Grundbedürfnissen des Lebens ersetzt wurden. Alles, was ich mir herbeiwünschte, als ich mich durch jene Tage kämpfte, war etwas zu essen, ein wenig Wärme und Liebe. Nie zuvor hatte ich wirklich gewürdigt, wie wunderschön ein kleiner Vogel aussehen kann. Die Herrlichkeit einer sternenklaren Nacht war mir nie mit solcher Deutlichkeit ins Bewußtsein gedrungen. Ich war so demütig geworden, daß etwas derart Einfaches wie ein paar Stunden Sonnenlicht mich mit Wärme und Dankbarkeit erfüllten. Jetzt, seit ich wieder zu Hause bin, versorgt mit allem, was ich nur brauchen kann, finde ich an so einfachen Dingen nicht mehr die gleiche Freude. Aber ich weiß immer noch die Kraft zu schätzen, die mir diese Erlebnisse gaben, als ich keine anderen Freuden hatte.

So bleibt eine letzte Frage: Was ist es, das mir erlaubte, dreiundvierzig Tage unter derart unwirtlichen Bedingungen zu überleben, obwohl man doch üblicherweise davon ausgeht, daß es in einem solchen Fall unmöglich ist, länger als eine Woche am Leben zu bleiben? Die Antwort darauf ist wiederum nicht einfach. Meine Einstellung während der Tage unter dem Felsvorsprung war grundsätzlich voller Hoffnung und Optimismus. Ich tat alles, was ich konnte, um mich über die Schwierigkeiten, mit denen ich konfrontiert war, hinwegzusetzen, und ich versuchte, mich auch noch an den schwankendsten Halm zu klammern, der mir erreichbar schien. Ich hatte einiges medizinisches Wissen, das mir half, Erfrierungen und Unterkühlung zu vermeiden. Und ich hatte sechs Jahre Karatetraining hinter mir, die mir geistige Disziplin und körperliche Kraft gaben, wovon ich zehren konnte.

In einem Punkt allerdings bin ich mir sicher: An mir ist nichts Außergewöhnliches. Bevor sich diese schrecklichen Dinge ereigneten, hätte ich nicht eine Sekunde lang geglaubt, daß ich in der Lage sein würde, im Angesicht einer solchen Ausweglosigkeit zu überstehen. Trotzdem bin ich noch am Leben und kann meine Geschichte erzählen. Die Lektion, die ich aus dem Ganzen gelernt habe, ist simpel: Es gibt keine Schwierigkeiten, die sich nicht überwinden lassen. Es gibt keine Herausforderung im Leben, die zu schwer wäre, als daß man sich ihr nicht stellen könnte. Ich bin nur ein ganz normaler Mensch, der in eine außergewöhnliche Situation geriet. Durch die Hilfe vieler anderer und durch den beispiellosen Einsatz Joannes erreichten wir ein bemerkenswertes Resultat. Ich wünsche mir, daß meine Erfahrungen anderen als Ansporn dienen mögen, die Schwierigkeiten des Lebens zu meistern. Denn nur indem man schwierige Herausforderungen meistert, lernt man die Belohnungen, die das Leben zu bieten hat, wirklich schätzen.

James' Rückkehr unter den Felsüberhang, wo er eingeschneit gewesen war (Mitte). Die beiden ersten Sherpas, die James in jener letzten Nacht unter dem Felsvorsprung erreichten, waren Jih Bahadur Tamang (links von James) und Karsingi Sherpa (rechts von James). Viele Menschen in jener Region sprechen heute noch von James als von einem Gott, weil es ihm gelungen ist, unter winterlichen Witterungsbedingungen um so viel länger als jeder andere Mensch zu überleben. Gaye (ganz links) und Joanne (ganz rechts) vervollständigen das Treffen unter James' Felsen zu einem Bild aus glücklicheren Tagen.

Nachwort

*Von Tim Macartney-Snape**

Zum ersten Mal hörte ich von James Scott, als ich mit Telefonanrufen von Zeitungen und Rundfunksendern bombardiert wurde, die dem, was den Anschein eines Medienspektakels ersten Ranges hatte, die Meinung eines erfahrenen Bergsteigers hinzufügen wollten. Ich war mir sehr wohl der Neigung der Medien bewußt, eine »Story« möglichst aufzubauschen und die Fakten dabei völlig zu verdrehen. Zu jener Zeit war ich nicht auf dem laufenden, aber man sagte mir, der junge Mann aus Brisbane sei lebendig aufgefunden worden, nachdem er dreiundvierzig Tage in einer Eishöhle verbracht hatte, ohne irgendwelche Nahrung zu sich zu nehmen – mit Ausnahme von zwei Schokoladenriegeln. Ich bemühte mich zu erklären, daß die Erwähnung der beiden Schokoladenriegel völlig irrelevant war, wenn er wirklich dreiundvierzig Tage lang festgesessen hatte – vergleichbar etwa dem Hinweis, er habe bei seiner letzten Mahlzeit einen Schokoladenpudding zum Dessert gegessen. Als man mir erzählte, der junge Mann sei in einer Höhe von ungefähr 3500 Metern gefunden worden, versuchte ich wiederum zu erklären, daß es sich wahrscheinlich nicht um eine Eishöhle gehandelt habe, sondern vermutlich um einen Felsüberhang. Wie auch immer – wenn es der Wahrheit entsprach, daß der Mann dreiundvierzig Tage lang völlig von der Außenwelt abgeschnitten gewesen war, stellte diese Geschichte seinen Mut und seine Entschlossenheit auf höchst bemerkenswerte Art und Weise unter Beweis. Angesichts der Brocken echter Information, die ich aus all dem Medienrummel herausfiltern konnte, fand ich es erstaunlich, daß jemand, der den Willen und die Fähigkeit besaß, unter solchen Bedingungen so lange zu überleben, nicht in der Lage gewesen war, einen Weg hinunter in eins der vielen Dörfer an den Flanken der Bergkette zu finden, an der er sich verirrt hatte.

Da ich nicht im einzelnen über James' Erlebnis informiert war, konnte ich über die Beharrlichkeit seiner Schwester Joanne nur staunen, die so lange nach ihrem Bruder suchte, obwohl er unter so hoffnungslosen Bedingungen verschwunden war.

Es dauerte mehrere Wochen, bis ich so langsam schlau wurde aus der klassisch schlechten Berichterstattung der Journalisten, die viele Menschen am Wahrheitsgehalt von James' Geschichte zweifeln ließ. Erst als ich einen verläßlichen Hinweis darauf bekommen hatte, wo genau er eingeschneit gewesen war, begann ich zu verstehen, wie ein kräftiger, gesunder und offensichtlich vernünftiger Mensch sich in eine scheinbar so unmögliche Lage hineinmanövrieren konnte. Rückblickend fällt es nur allzu leicht, Kritik anzumelden, besonders, wenn man nicht alle Fakten kennt. Jetzt, da ich die ganze Geschichte gelesen habe, begreife ich, daß James nichts getan hat, das die Kritik verdient, die ihm zuteil wurde. Jeder macht leicht einmal Fehler, und wir können aus unseren Fehlschlägen und aus denen unserer Mitmenschen ebensoviel lernen wie aus unseren erfolgreichen Aktionen. Beides zu tun ermöglicht uns die Geschichte in diesem Buch. Bei genauerem Hinsehen werden wir jedoch sehr viel mehr aus den Erfolgen lernen. Was James zu Anfang widerfuhr, könnte Tausenden von Trekkern passieren, die jedes Jahr in die hochgelegenen Ausläufer des Himalaja aufbrechen. Nur wenige von ihnen, so glaube ich, hätten eine derartige Erfahrung ähnlich unbeschadet überstanden wie James.

James hatte sich mitten im Winter verirrt. In letzter Minute änderte er seine Pläne und beschloß, mit Mark Fulton, einem befreundeten Trekker, Australier wie er selbst, einen hochgelegenen Paß zu überqueren, weil diese Route den beiden spannender schien. Obwohl sie nur sehr einfach ausgerüstet waren, lohnte es, das Risiko einzugehen. Jeder abenteuerlich Gesinnte hätte das Gleiche getan. Es gehört einfach zur Entwicklung einer gesunden menschlichen Gesellschaft, immer wieder kalkulierte Risiken einzugehen. Leider setzten die ersten schweren Schneefälle des Winters plötzlich ein, wie es um Weihnachten herum häufig der Fall ist, gerade als James und Mark sich aufmachten, die letzte Etappe der Paßüberquerung in Angriff zu nehmen. Da der Weg bergaufwärts durch einen Schneesturm verwehrt schien, beschloß James, umzukehren, doch Mark wollte unbedingt weitergehen. James' Entscheidung war mit Sicherheit die vernünftigere, wenn man bedenkt, welche Informationen den beiden zur Verfügung standen. Ironischerweise war es James, der in Schwierigkeiten geriet, nicht Mark. Unter diesen Bedingungen in solchem Gelände einem abwärts führenden Pfad zu folgen ist eins der größten Orientierungsprobleme überhaupt. Selbst erfahrene Bergwanderer haben Mühe, den Weg zu finden, und es ist ausgesprochen verlockend, früher abzusteigen, als gut ist.

James befand sich in einem hochgelegenen Gebiet nicht weit von bewohnten Siedlungen entfernt. Außerdem war er gesund und kräftig. Wenn man die wirklichen Schwierigkeiten des Geländes nicht kannte, mußte man daher annehmen, daß er in der Lage wäre, sich in Sicherheit zu bringen. Daß er dies nicht getan hatte, schien zunächst darauf hinzuweisen, daß er auf dem steilen Hang gestürzt war und an Unterkühlung litt. Doch das war nicht der Fall.

Ich selbst habe nicht wenige Wander- und Klettertouren in Nepal hinter mir. Gewandert bin ich zum größten Teil auf den gut angelegten Wegen, die seit Jahrhunderten von den Einheimischen benutzt werden. Gelegentlich habe ich die ausgetretenen Pfade verlassen und mußte dann fürchterlich kämpfen, um erneut einen vernünftigen Trail zu erreichen. Bedenkt man alle Umstände, so gehören die bewaldeten Schluchten und hohen Berge, wo James sich verirrte, zum psychisch und physisch schwierigsten Gelände, das mir je untergekommen ist. Wenn über dem dichten Unterholz an den steilen felsigen Hängen tiefer Schnee liegt, wird es wirklich lebensgefährlich, dieses Gelände zu bezwingen. Es ist eins der frustrierendsten Gelände überhaupt. Mit unzureichender, durchweichter Bekleidung und einem leeren Magen, bei schlechter Sicht und ohne zu wissen, wo er sich wirklich befand, tat James gut daran, in der Nähe einer Lichtung Schutz zu suchen. Wenn man nie unter solchen Bedingungen unterwegs gewesen ist, fällt es leicht, darüber zu spotten, daß er nur wenige Stunden Fußwanderung von einem Dorf entfernt im Schnee festsaß. Als Kenner der Verhältnisse und im Rückblick auf eigene frühe, ähnlich dramatische Erlebnisse, wenn ich den Weg verloren hatte, denke ich, daß James seine Sache wirklich sehr gut gemacht hat: Er hat so lange überlebt, daß er gerettet werden konnte. Wäre er weitergegangen, hätte er ob seiner begrenzten Vertrautheit mit den Verhältnissen, dem tiefen Schnee und der Kälte fast mit Sicherheit den tödlichen Kampf gegen Erfrierungen und Unterkühlung verloren. Daß es James gelang, jene Gefahren zu vermeiden, und daß er an einem trockenen Platz überlebte, wo ihm relativ warm war, zeugt von einem ungewöhnlichen Grad an Selbstdisziplin und von gesundem Menschenverstand.

Wie die meisten erfahrenen Bergwanderer hätte auch ich wenig Hoffnung gehabt, James nach zwei Wochen noch lebend zu finden. Aber es gab eine winzige Chance, daß er, den großen naturgegebenen Schwierigkeiten zum Trotz, noch am Leben sein könnte. Zwei Dinge waren es, die James' Schwester Joanne unbeirrt weitermachen ließen, obwohl sie in einer fast ebenso beängstigenden – wenngleich andersartigen – Situation war wie ihr Bruder: Sie weigerte sich, auch nur die geringste Chance außer acht zu lassen, und sie wollte hartnäckig wissen, was passiert war. Ihre Weigerung, einer unfähigen und gedankenlosen Bürokratie nachzugeben, ist ein ermutigendes Beispiel für all jene, die sich der sturen Unnachgiebigkeit dünkelhafter Menschen gegenübersehen, welche vergessen, daß es ihre Aufgabe ist, dem öffentlichen Wohl zu dienen. Daß es Joanne gelang, trotz vieler Unwägbarkeiten und Fehlschläge eine gut organisierte Suchaktion im Gang zu halten, bis wirklich alles unternommen war, ist ein herausragendes Beispiel dafür, daß man, solange es auch nur einen Funken Hoffnung gibt, niemals aufgeben darf.

Noch bedeutungsvoller aber erscheint mir – und das zeichnet diese Geschichte eines bemerkenswerten Überlebenskampfes und der zähen Hartnäckigkeit aus –, daß James' Bericht ständig, wenn nicht sogar zunehmend, erfüllt ist von einer Sensibilität und einer warmen, positiven Empfindung für seine Umgebung. Als Gefangener der Natur, deren vollständige Gleichgültigkeit für sein Leiden er ebenso erfahren mußte wie das überwältigende Gefühl, ganz und gar unbedeutend zu sein, reagierte er weder egozentrisch noch wütend. Er war in der Lage, die Schönheit des Lebens in einem Ausmaß zu würdigen, wie es unter der Last alltäglicher Lebensumstände nur wenigen von uns vergönnt ist.

* Tim Macartney-Snape ist ein australischer Bergsteiger mit fünfzehnjähriger Himalaja-Erfahrung, sowohl als Trekker wie auch am Berg. Zweimal hat er den Mount Everest ohne Sauerstoffgerät bestiegen. Beim ersten Mal beging er mit einer kleinen Gruppe von Freunden eine neue Route an der Nordwand des Berges. Die zweite Besteigung begann auf Meereshöhe; es handelt sich um die bekannte Sea-to-Summit-Expedition. Allein und ohne fremde Hilfe kletterte Tim Macartney-Snape vom Basislager zum Gipfel. Damit ist er der einzige Mensch, der die Besteigung des Mount Everest von Meereshöhe aus unternommen hat.

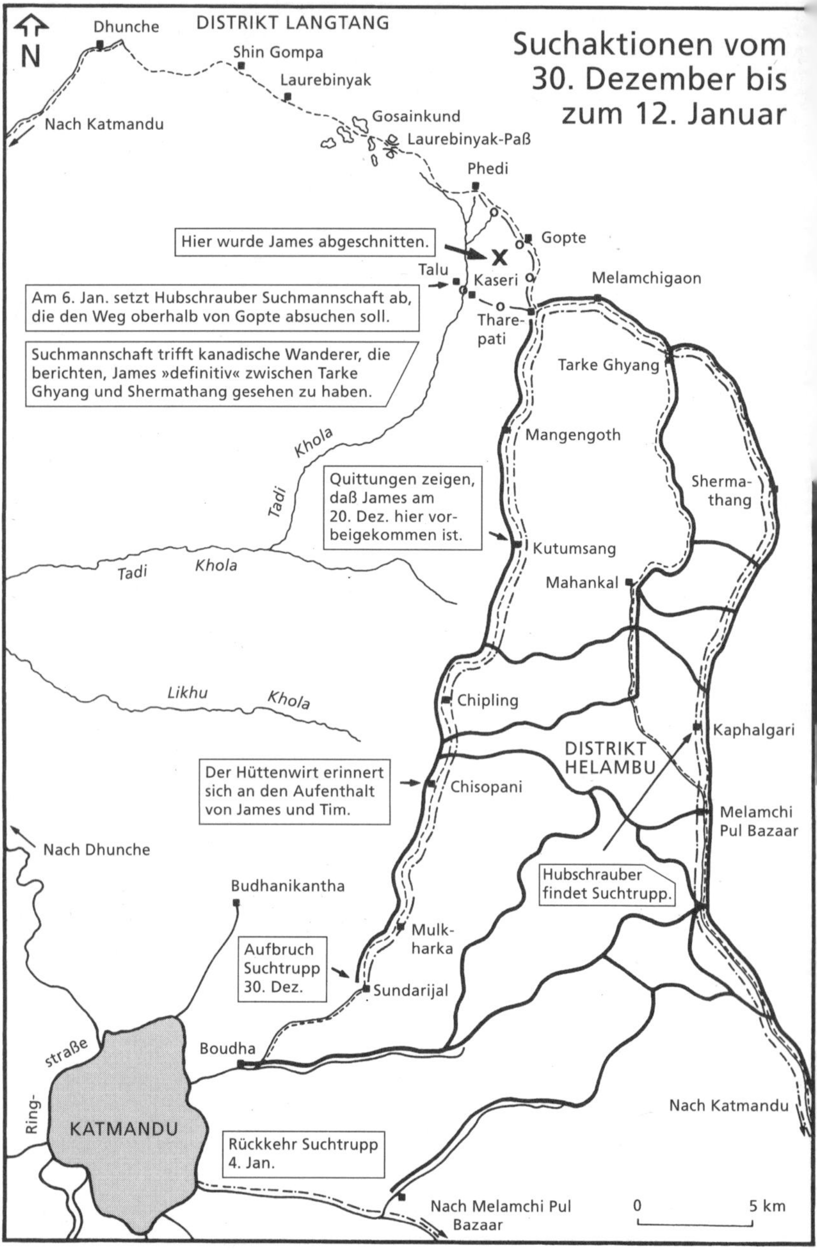

Drei Suchtrupps durchkämmen vom 5. bis 12. Januar den Helambu-Distrikt.

Harrison, Schnabel, Sherpas und Suchhunde vom 6. bis 12. Januar

30. Dezember bis 4. Januar